V. Ebendt, M. Enderle, E. Hoffmann, D. Konanz, G. Springer

Fachkunde
Farbtechnik und Raumgestaltung

Maler, Lackierer und verwandte Berufe

Grundstufe
Fachstufe I
Fachstufe II

2. Auflage

Stam 0252

Stam-Verlag Köln · München

Vorwort

Dieses Fachbuch für das Berufsfeld Farbtechnik und Raumgestaltung ist zum einen als Lehrbuch für das berufliche Schulwesen, zum anderen als Nachschlagewerk für alle gedacht, die im Verkauf oder in der Weiterbildung mit Beschichtungsstoffen aller Art zu tun haben.

Besonderer Wert wurde auf die Berücksichtigung von Normen und Vorschriften sowie auf eine praxisorientierte Information gelegt. Diesem Ziel diente auch die formale Zusammenstellung des Stoffes in vielen Kapiteln in der Art der Technischen Merkblätter, wie sie vom Hauptverband des deutschen Maler- und Lackiererhandwerks empfohlen werden.

Fachliche Informationen wurden soweit irgend möglich von namhaften Firmen der Farben- und Lackindustrie und anderer wichtiger Bereiche eingeholt. Für die großzügige Zurverfügungstellung von technischen Unterlagen und Bildmaterialien danken wir allen im Anhang angeführten Firmen.

Unser besonderer Dank gilt Herrn Noa aus dem Hause Stam für seine kritische und sachkundige Begleitung unserer Arbeit.

Für kritische Hinweise und Vorschläge zur Verbesserung sagen wir allen Lesern im voraus unseren Dank.

V. Ebendt – M. Enderle – E. Hoffmann – D. Konanz – G. Springer

Vorwort zur 2. Auflage

Für die konstruktive Kritik an dem Fachbuch „Fachkunde Farbtechnik und Raumgestaltung" haben wir zu danken.
Soweit vom Konzept her zu realisieren, haben wir diese kritischen Hinweise und Anregungen verarbeitet und aufgenommen. Auch weiterhin sind wir auf die kritische Begleitung unseres Fachkundebuches angewiesen.
Allen Lesern sagen wir für diese Mitarbeit unseren besten Dank.

V. Ebendt – M. Enderle – E. Hoffmann – D. Konanz – G. Springer

Verlag H. Stam GmbH
Fuggerstraße 7 · 51149 Köln
Fernruf (0 22 03) 30 29-0

ISBN 3-8237-**0252**-1

Inhaltsverzeichnis

1 Grundlagen – Farbtechnik

1.0 Fachbegriffe, Fachausdrücke

Die im Fachbereich Farbtechnik und Raumgestaltung verwendeten Fachbegriffe sind in den Normblättern

- DIN 55 945 Anstrichstoffe und ähnliche Beschichtungsstoffe
- DIN 18 363 Maler- und Lackiererarbeiten
- DIN 18 364 Korrosionsschutz
- DIN 18 365 Bodenbelagarbeiten
- DIN 18 366 Tapezierarbeiten u. a.

festgelegt.

Die darin aufgeführten Fachbegriffe und Fachausdrücke werden laufend dem jeweiligen Stand der Technik angepaßt und angeglichen. Fachbegriffe können sich wandeln.

Nachfolgende Fachausdrücke sind in diesem Fachbuch verwendet worden; sie stimmen mit den Normen überein:

- **Beschichtungsstoff**
  ist ein nicht vorgeformter Stoff
- **Anstrichstoff**
  ist ein flüssiger bis pastenförmiger oder auch pulverförmiger Beschichtungsstoff. Anstrichstoffe können auch Anstrichmittel genannt werden
- **Beschichtung**
  ist der Sammelname für eine Schicht oder mehrere zusammenhängende Schichten auf einem Untergrund, die mit Hilfe von Beschichtungsstoffen hergestellt sind. Auch der Überzug aus metallischen Stoffen – wie z. B. Blattgold – gilt als Beschichtung
- **Anstrich**
  ist eine aus Anstrichstoffen hergestellte Beschichtung auf einem Untergrund
- **Beläge, Belagstoffe**
  sind vorgeformte (feste) Stoffe unterschiedlicher Schichtdicke. Sie können ein- oder mehrschichtig sein. Boden-, Wand- und Deckenbeläge zählen **nicht** zu den Beschichtungsstoffen.

Beispiele:

- Anstrichfarben und Lacke sind flüssige Beschichtungsstoffe
- Anstriche und Lackierungen sind Beschichtungen mit Anstrichfarben und Lacken
- Spachtelmassen und Putze sind pastenförmige Beschichtungsstoffe; ihre Beschichtung nennt man Spachtelung und Verputz
- Pulverlacke sind pulverförmige Beschichtungsstoffe; ihre Beschichtung nennt man Pulverlackierung
- geschlagene Metallfolien (wie Blattgold, Blattsilber) sind feste Beschichtungsstoffe; ihre Beschichtung nennt man z. B. Vergoldung.

Beschichtungsstoffe und Beläge werden durch bestimmte Auftragsverfahren (z. B. Streichen, Walzen, Spritzen, Tauchen, Spachteln, Aufschmelzen, Belegen) aufgebracht. Die Verfahren werden in dem Fachbuch erläutert.

1.1 Aufgaben der Beschichtungsstoffe und Belagstoffe

Beschichtungsstoffe umfassen u. a. die Anstrichstoffe, die Bronzen und geschlagenen Metallfolien. Anstrichstoffe sind flüssig bis pastenförmig oder auch pulverförmig. Belagstoffe, z. B. Tapeten und Bodenbeläge, sind fest.

Beschichtungs- und Belagstoffe erfüllen oft mehrere Aufgaben gleichzeitig.

Ihre wichtigsten Aufgaben sind:

- *Schutz*
- *Gestaltung*
- *Reinigungsmöglichkeit*
- *Energieersparnis*
- *Lärmschutz*

Aufgaben		Beispiele
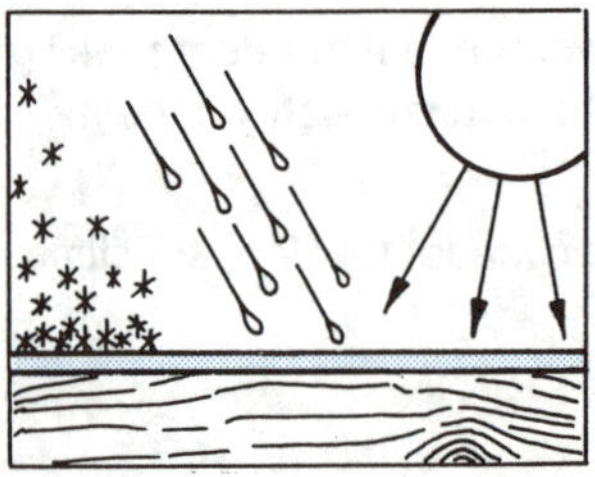	**Schutz** Schützen, erhalten, erneuern, konservieren, bewahren	Untergründe und Objekte schützen, z. B. Holzanstriche, Kfz-Lackierungen, Korrosionsschutzanstriche
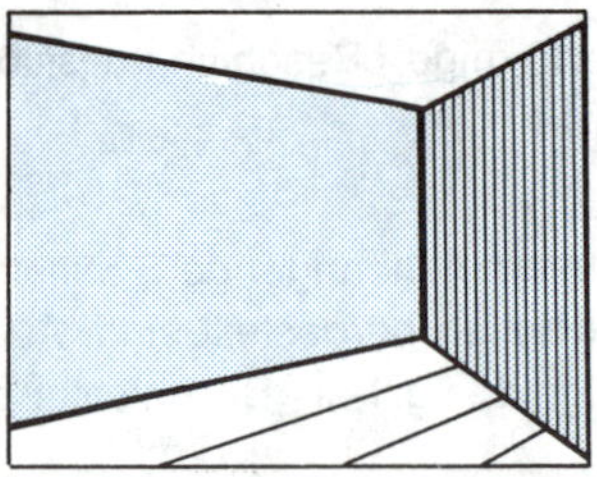	**Gestaltung** Gestalten, verschönern, werben, kennzeichnen, sich orientieren, beschriften, bemalen	Untergründe und Objekte gestalten, z. B. Tapezierarbeiten, Fassadenanstriche, Bodenbelagsarbeiten, Markierungsarbeiten, Werbeschilder, Verkehrsschilder
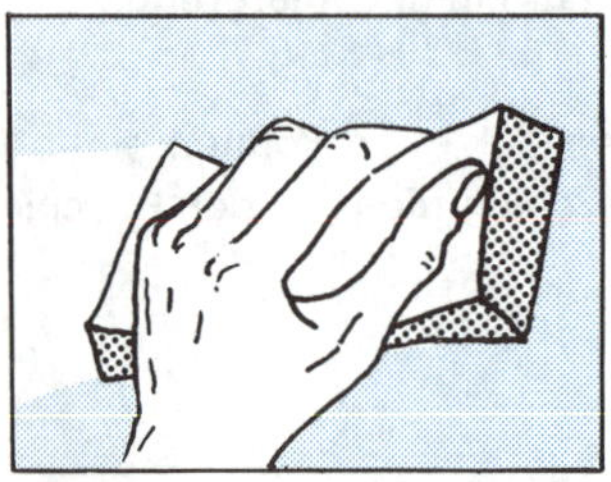	**Reinigungsmöglichkeit** Reinigen, abwaschen, säubern, abreiben, desinfizieren, Schimmelbefall verhindern	Oberflächen reinigen, z. B. Anstriche in medizinischen und hygienischen Räumen wie Labors, Küchen, Toiletten, schimmel- und pilzbeständige Beschichtungen
	**Energieersparnis** Sparen, Behaglichkeit fördern, dämmen, Wohnklima verbessern	Räume gegen Wärmeverluste schützen, z. B. Montage von Hartschaumplatten an Fassaden, Teppichböden verlegen, Anbringen von Dämmtapeten in Heizkörpernischen

Aufgaben	Beispiele
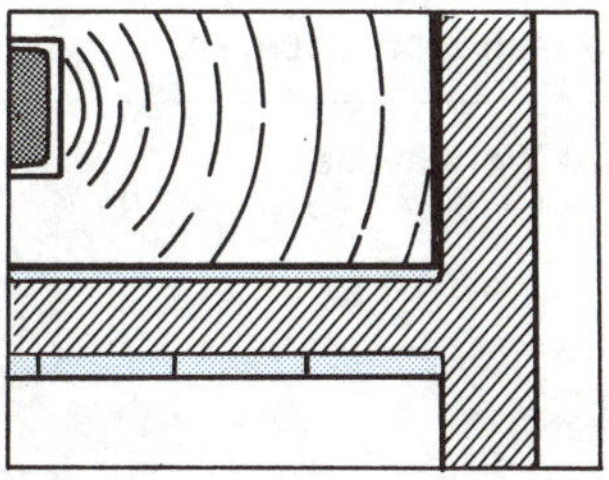 **Lärmschutz** Wohnqualität verbessern, Schaffung menschengerechter Arbeitsplätze	Räume gegen Lärm schützen, z. B. Montage von Strukturplatten an Decken, Montage von Schaumstoffplatten an Wänden, Teppichböden verlegen

Aufgaben *zu „Aufgaben der Beschichtungsstoffe und Belagstoffe"*

A 1. Welche Aufgaben erfüllen Beschichtungsstoffe?

A 2. An einer Fassade wird ein Wärmedämm-Verbundsystem angebracht. Welche Aufgabe hat diese Maßnahme, und was wird dadurch erreicht?

A 3. In einem Großraumbüro werden
- Klinkerböden mit Teppichboden belegt,
- Stoffbespannungen an den Wänden angebracht und
- Strukturplatten an die Betondecke geklebt.

Welchen Zweck haben diese Maßnahmen?

A 4. Bei der Gestaltung mit Schriften, Farben, Formen und Zeichen werden besondere Aufgaben erfüllt.
Nennen Sie die Aufgaben, und geben Sie treffende Beispiele an.

A 5. Die Hervorhebung durch Farben, Formen, Zeichen und Schriften ist oft notwendig, z. B. beim Feuerwehrauto, beim Notarztwagen, beim Polizeifahrzeug, beim Piktogramm, beim Verkehrsschild, beim Werbeplakat.
Welche Wirkungen werden dadurch erzielt?

1.2 Untergründe für Beschichtungen

Die verschiedenen Untergründe sind **Beschichtungsträger,** z. B. für den Maler, Lackierer, Raumausstatter, Siebdrucker, Schriftenmaler, Keramikmaler.
Von besonderem fachlichen Interesse ist die Beschaffenheit der Oberfläche von Untergründen. Die Untergründe kann man nach unterschiedlichen Gesichtspunkten einteilen, z. B. Untergründe für den Außen- und Innenbereich, nach der Funktion und dem Zweck, nach der Beanspruchung und der chemischen Zusammensetzung.

Anstrichuntergründe teilt man zweckmäßigerweise in anorganische und organische Untergründe ein.

Anstrichuntergründe			
Anorganische		Organische	
Mineralische	**Metallische**	**Natürliche**	**Künstliche**
– Putze – Natursteine – Asbestzement – Glas – Gewebe	– Eisenmetalle (Fe-Metalle) – Nichteisenmetalle (NE-Metalle)	– Holz und Holzwerkstoffe – Papier (Tapeten) – Pappe – Gewebe	– Kunststoffe (Duromere und Plastomere) – Gewebe

Auch Altanstriche können Anstrichuntergründe sein.

Diese verschiedenen Untergründe haben unterschiedliche **Eigenschaften**, die der Fachmann kennen muß, um das richtige Beschichtungssystem anzuwenden. Vor jeder Beschichtung muß daher die **Prüfung** der Untergrundeigenschaften erfolgen.

Untergründe und Werkstoffe am Beispiel eines Wohnhauses

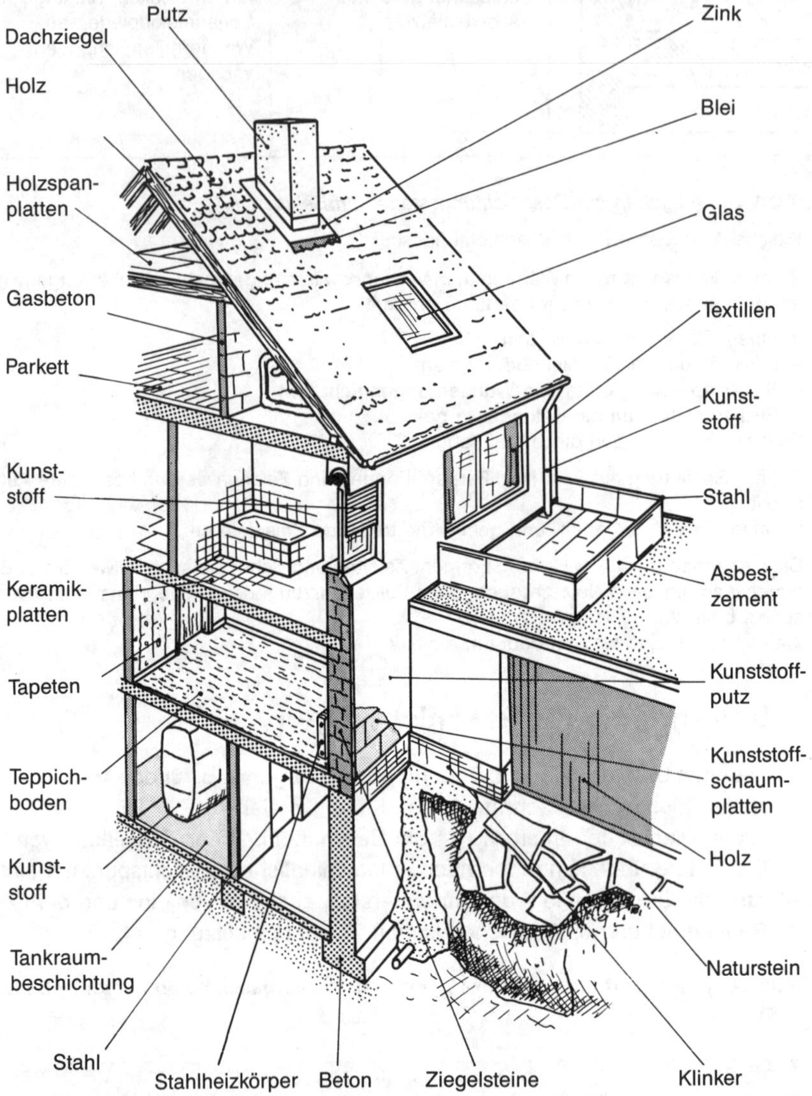

Aufgaben *zu „Untergründe für Beschichtungen"*

A 1. Nach welchen Gesichtspunkten können die Anstrichuntergründe eingeteilt werden?

A 2. Welches ist die zweckmäßigste Unterscheidung von Anstrichuntergründen?

A 3. Bestimmen Sie anhand der Zeichnung des Wohnhauses
a) organische Anstrichuntergründe,
b) anorganische Anstrichuntergründe.

A 4. Welche Werkstoffe können beschichtet werden?

1.3 Schutz von Untergründen und Beschichtungen vor Zerstörung

Untergründe und Beschichtungen werden im Laufe der Zeit zerstört. Deshalb müssen Untergründe durch geeignete Beschichtungsstoffe geschützt werden. Aber auch die Beschichtungsstoffe selbst unterliegen wieder der Zerstörung.

Ursachen der Zerstörung	Wirkungen (Beispiele)
Witterung Regen, Kälte, Wärme, Nebel, Sonnenstrahlung (UV-Strahlen) 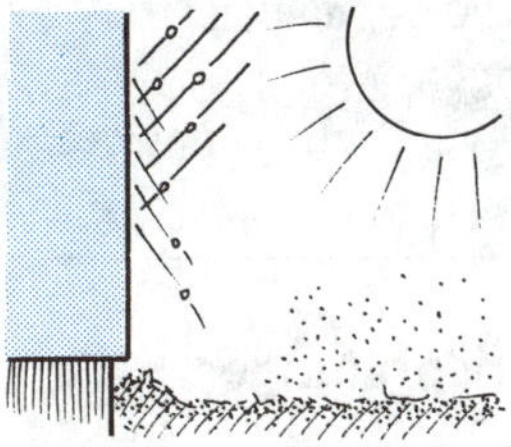	– Putze beginnen zu sanden – Sandsteine wittern ab – Eisenmetalle rosten – Tapeten vergilben – Holzfenster bekommen Risse – Kunststoffe verspröden
Organismen Insekten, Pilze, Bakterien, Algen 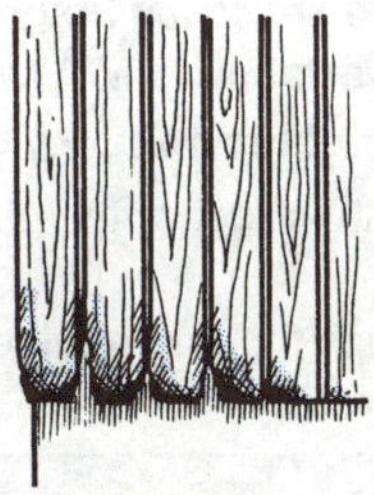	– Holzfenster faulen – Fassaden werden von Algen bewachsen – Holzgebälk wird von Insekten zerfressen – Wetterschenkel aus Holz laufen blau an
Mechanische Einwirkungen Stoß, Schlag, Abrieb 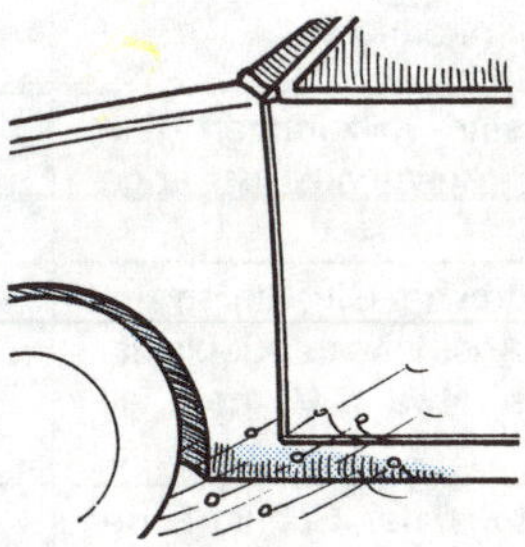	– Steinschlag bei Kraftfahrzeugen ergibt Löcher im Lack – Glanzverlust beim Lack – Abtragen des Beschichtungsstoffes bei Fahrbahnmarkierungen – Abnahme der Schichtdicke von Beschichtungen an Fassaden
Chemische Einwirkungen Korrosion, Abgase, Laugen, saures Wasser, Salzwasser 	– Zerstörung von Stahlblechen durch Korrosion – Natursteine werden zerstört – Zerstörung von Stahlkonstruktionen durch Korrosion

Aufgaben *zu „Schutz von Untergründen und Beschichtungen vor Zerstörung"*

A 1. Durch welche Ursachen können Untergründe und Beschichtungen zerstört werden?

A 2. Begründen Sie die Notwendigkeit, Objekte im Außenbereich zu schützen.

A 3. Was versteht man unter „Korrosion"? Versuchen Sie, diesen wichtigen Fachbegriff genau zu erklären (siehe Kap. 2.8.1).

1.4 Untergrundprüfungen

1.4.1 Allgemeines

Jeder Untergrund muß vor Beginn der Untergrundvorbehandlung geprüft werden, um
- den fachlich richtigen Beschichtungsaufbau zu bestimmen (Wahl des richtigen Beschichtungssystems = der technisch richtige stufenweise Aufbau von Schichten einer Beschichtung)
- Fehler beim Beschichtungsaufbau zu vermeiden
- kostengünstige Angebote zu erbringen
- Gewährleistungsansprüche nach VOB zu vermeiden (**VOB** = **V**erdingungs-**O**rdnung für **B**auleistungen)

1.4.2 Einige wichtige Untergrundprüfungen

Die Prüfung erstreckt sich auf sichtbare und erkennbare Mängel. Für die Untergrundprüfungen sind geeignete Prüfverfahren (Methoden) und Prüfgeräte entwickelt worden, die meist relativ schnell und problemlos die kritischen Fragen des Fachmannes an den Untergrund beantworten. Hier einige **Prüfverfahren für Altanstriche:**

1. Prüfung der Haftfestigkeit (Gitterschnittprüfung) nach DIN 53 151

- Mit scharfer Schneide oder Ritzsträhler (genormtes Mehrschneidengerät) Gitterschnitt auf Altanstrich anbringen
- Gitterschnittfläche mit harter Kunststoffbürste reinigen
- Haftfestigkeit nach Tabelle beurteilen:

Bewertungstabelle, DIN 53 151			
Gitterschnitt-Kennwert	Beschreibung	Bild	Beurteilung
Gt 0	Die Schnittränder sind vollkommen glatt, kein Teilstück des Anstriches ist abgeplatzt.	–	Unbedenklich
Gt 1	An den Schnittpunkten der Gitterlinien sind kleine Splitter des Anstriches abgeplatzt. Abgeplatzte Fläche etwa 5 % der Teilstücke.		Noch geeignet
Gt 2	Der Anstrich ist längs der Schnittränder und/oder an den Schnittpunkten der Gitterlinien abgeplatzt. Abgeplatzte Fläche etwa 15 % der Teilstücke.	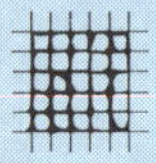	Bedingt geeignet
Gt 3	Der Anstrich ist längs der Schnittränder teilweise oder ganz in breiten Streifen abgeplatzt, und/oder der Anstrich ist von einzelnen Teilstücken ganz oder teilweise abgeplatzt. Abgeplatzte Fläche etwa 35 % der Teilstücke.	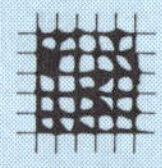	Ungeeignet
Gt 4	Der Anstrich ist längs der Schnittränder in breiten Streifen und/oder von einzelnen Teilstücken ganz oder teilweise abgeplatzt. Abgeplatzte Fläche etwa 65 % oder mehr der Teilstücke.	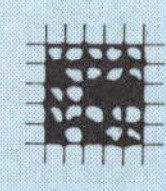	Ungeeignet

2. Prüfung der Haftfestigkeit (Tesa-Abrißprüfung)

- Kreuzschnitt mit scharfer Klinge auf Anstrichfilm aufbringen
- Tesabandstreifen Nr. 651 fest und kräftig auf Kreuzschnitt kleben
- Nach einer Minute das Tesaband ruckartig und rechtwinklig abziehen

Beurteilung der Haftfestigkeit (Kreuzschnitt)

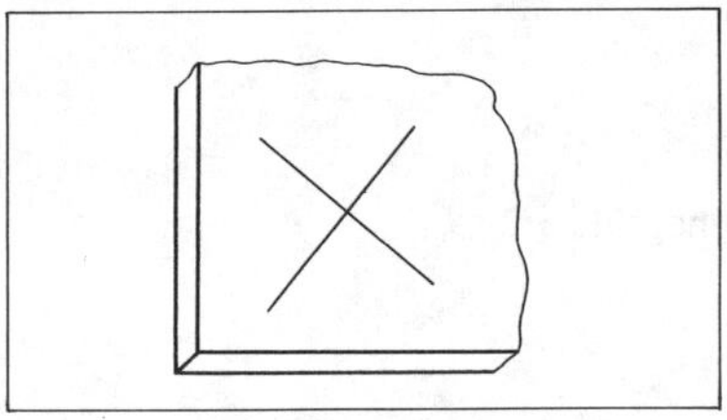

Kein Abplatzen oder Abbröckeln des Altanstrichs = *gute Haftung*

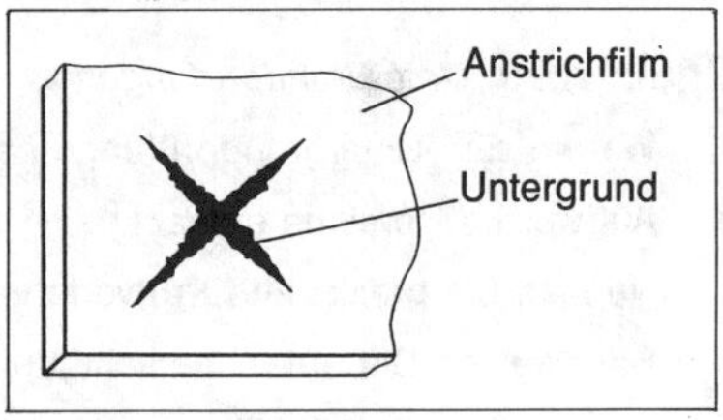

Teile des Altanstrichs platzen ab und bleiben am Tesa-Band hängen = *schlechte Haftung*

3. Prüfung auf Abkreidung – nach DIN 53 223

- Farbloses Selbstklebeband auf Altanstrich kleben (das Selbstklebeband muß fest und kräftig angedrückt werden)
- Nach einer Minute Klebeband ruckartig und rechtwinklig abziehen
- Zur besseren Beurteilung farbloses Klebeband auf hellem Untergrund – und umgekehrt – aufkleben

Beurteilung der Abkreidung

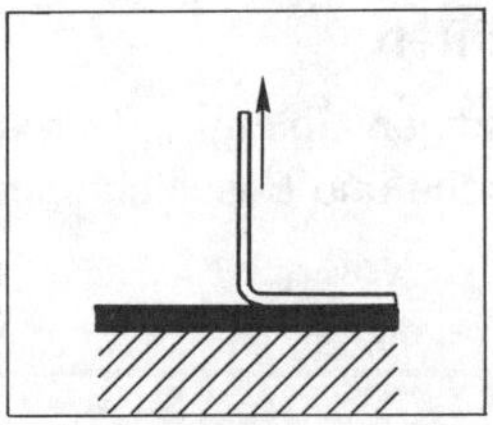

Auf dem farblosen Selbstklebeband ist kein Anstrichrest erkennbar = *keine Abkreidung*

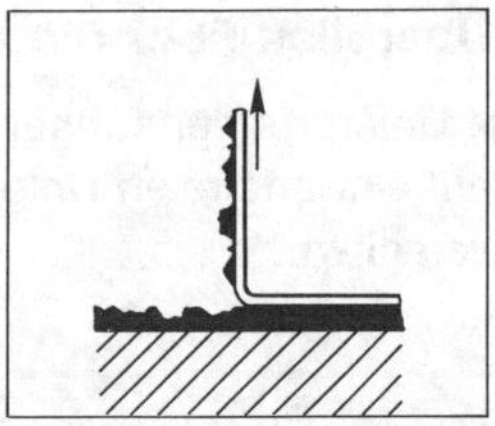

Anstrichreste sind deutlich erkennbar = *Abkreidung*

4. Prüfung der Elastizität

- Mit schräg gehaltener Klinge einen mindestens 30 mm langen und durchgehenden Schnitt auf Altanstrich ausführen
- Schnitt muß bis auf den Untergrund durchgehen (Es soll dabei ein zusammenhängender Filmspan entstehen)

Beurteilung der Spanbildung

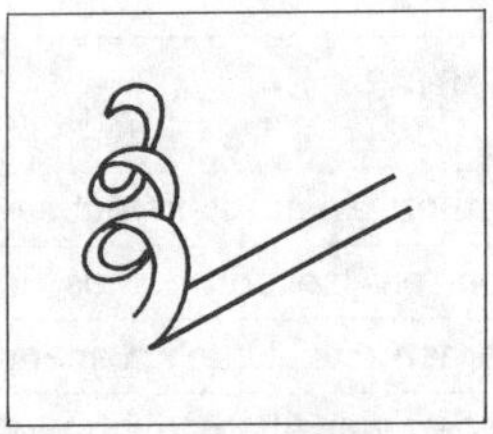

Entstehung eines zusammenhängenden Filmspans, kein Abreißen des Films = *elastischer Altanstrich*

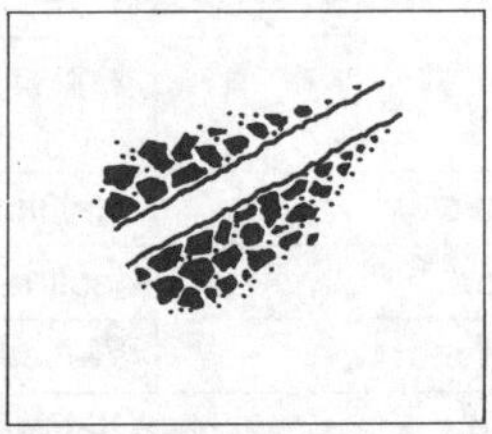

Wegen der Sprödigkeit kann ein Filmspan nicht entstehen = *spröder Altanstrich*

Hinweis zur Prüfung von Altanstrichen:
Anstrichprüfungen sind mehrmals an verschiedenen Stellen zu wiederholen, um genauere Prüfwerte und Durchschnittswerte zu erhalten.

Abgeplatzte und spröde Altanstriche müssen entfernt werden, da sie für nachfolgende Anstriche keine richtige Haftung bieten. Sie sind nicht tragfähig.

Aufgaben *zu „Untergrundprüfungen"*

A 1. Warum sind Untergrundprüfungen erforderlich?

A 2. Auf welche Bereiche erstreckt sich eine Untergrundprüfung?

A 3. Nennen Sie praxisnahe Prüfverfahren.

A 4. Beschreiben Sie die „Gitterschnittprüfung".

A 5. Beschreiben Sie die „Tesa-Abrißprüfung".

A 6. Wie prüft man die Abkreidung von Altanstrichen?

A 7. Auf welche Weise kann man die Elastizität eines Altanstrichs prüfen?

A 8. Warum müssen spröde und abplatzende alte Anstrichfilme entfernt werden?

1.5 Vorbehandlung von Untergründen für Anstriche und andere Beschichtungen

1.5.1 Überblick über die verschiedenen Verfahren

Sorgfältige Untergrundprüfungen bestimmen die notwendigen Untergrundvorbehandlungen. Nur auf einwandfreien Untergründen können Anstriche und Beschichtungen haften und sich verankern.

Es gilt:

Untergründe müssen im allgemeinen fest, tragfähig, sauber und trocken sein.

Immer wiederkehrende Verfahren zur Vorbehandlung von Untergründen sind:

- **Spachteln**
- **Schleifen**
- **Entfernen von Altanstrichen**

Nachfolgende Übersicht zeigt in alphabetischer Reihenfolge u. a. auch die weniger häufigen Verfahren.

Verfahren und Materialien zur Vorbehandlung von Untergründen

Verfahren	Mittel, Werkzeuge und Geräte	Beispiele
Abbrennen	Heißluft-Abbrenngerät	Entfernen eines Altanstrichs
Absperren	Isolierlack	Absperren (isolieren) eines Rostflecks
Abwaschen	Wasser	Entfernen alter Leimfarbenanstriche
Anlaugen	Salmiakgeist	Reinigen von Altanstrichen
● **Entfernen von Altanstrichen**	Abbeizmittel	Abbeizen eines Altanstrichs (siehe auch „Abbrennen")

Verfahren	Mittel, Werkzeuge und Geräte	Beispiele
Entfernen von Tapeten	Tapetenablöser	Entfernen alter Tapeten
Entfetten	Lösemittel	Entfetten von Metallen
Flammstrahlentrosten	Acetylen-Sauerstoff-Flamme	Entfernen großflächiger Rostschichten an Stahlkonstruktionen
Grundieren	Polymerisatharzlacke	Grundieren von Sperrholzplatten
Hochdruckreinigen	Hochdruckreinigungsgerät, Wasserdampf	Reinigen von Naturstein
Imprägnieren	Imprägniermittel	Imprägnieren von Nadelholz gegen Braunfäule, Bläue und Insektenbefall
Neutralisieren	Fluat	Fluatieren (Neutralisieren) alkalischer Kalk- oder Zementputze
Reinigen	Drahtbürste	Entfernen loser Teile (alte Anstrichschichten, Rostschichten)
Rißüberbrücken	Armierungsgewebe (Glasfasergewebe)	Verfestigen rissiger Putzflächen mit Hilfe von Glasvliesbahnen, die in Dispersionskleber vollflächig eingebettet werden
Sandstrahlen	Quarzsand	Reinigen stark verschmutzter Natursteinfassaden, beseitigen von Rost oder Altanstrichen
● Schleifen	Korund-Schleifpapier	Aufrauhen von Altanstrichen, Glätten unebener Flächen
● Spachteln	Spachtelmassen (Lackspachtel)	Glätten unebener Flächen
Verfestigung mineralischer Untergründe	Grundhärter (Tiefgrundiermittel)	Verfestigen einer Putzoberfläche

1.5.2 Spachteln

1. Aufgaben des Spachtelns

Das Spachteln hat die Aufgaben, mit Hilfe von Spachtelmassen u. a. auf Untergründen Unebenheiten, Poren und Risse auszufüllen sowie Untergründe auf die volle Fläche (vollflächig) abzuziehen:

Unebenheiten verspachteln

Poren schließen

Risse ausfüllen

Untergrund vollflächig abziehen

2. Spachtelmassen – Übersicht

Arten	Beispiele	Verwendung u. a.
Kitte	Leinölkitt, Ein- und Zweikomponentenkitte	Füllen von Poren und Rissen im Holz *(außen)*
Spachtelmassen	Füllstoffe, Zement- und Dispersionsspachtelmassen	Verspachteln von mineralischen Untergründen
	Kunstharz- (KH-)[1]), Nitrocellulose- (NC-)[1]), Polyester- (UP-)[1]) Spachtelmassen	Verspachteln von Holz, Metallen, Altlackierungen
Porenfüller, Ziehgründe	KH-Ziehgrund	Abporen von Holzflächen *(innen)*
Spritzspachtel, Füller	KH-Basis, Zweikomponenten-Acryl-Basis	Füllen von Holz *(innen)* und bei Fahrzeuglackierungen
Fugendicht-massen	Silikonbasis, Polyurethanbasis, Acrylharzbasis, Polyvinylbasis, synthetischer Kautschuk	Verfugungen zwischen verschiedenen Baukörpern (hoher Bindemittelanteil, z. T. überstreichbar)

3. Verarbeitung von Spachtelmassen u. a. (Beispiele)

Beispiel 1: Eine **Holzfläche** *soll mit KH-Spachtelmasse vollflächig abgezogen werden.*

1. 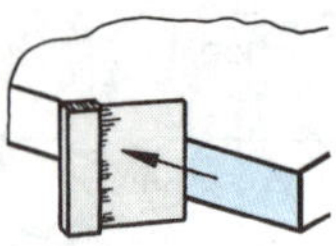	2. 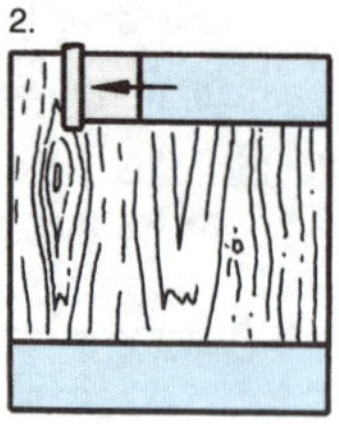	3. 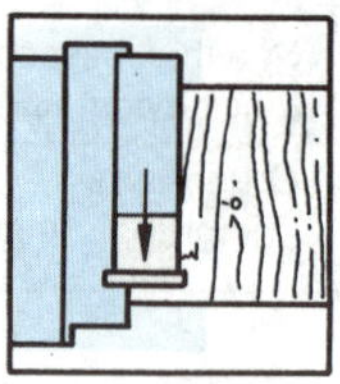	4. 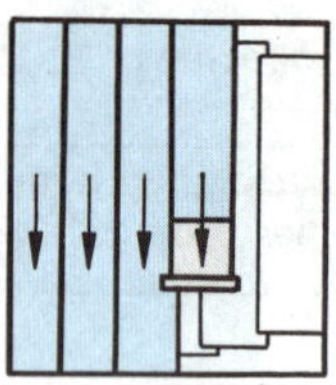
An Kanten Spachtelmasse gleichmäßig abziehen	Je einen Streifen Spachtelmasse **quer zur Maserrichtung** anlegen	Spachtelmasse **in Maserrichtung** anlegen (überlappend)	Spachtelmasse gleichmäßig, ansatzfrei abziehen

Verarbeitungshinweis:

Eine steile Spachtelhaltung und fester Druck ergeben eine zu dünne Spachtelschicht. Eine flache Spachtelhaltung und leichter Druck ergeben eine zu dicke Spachtelschicht.

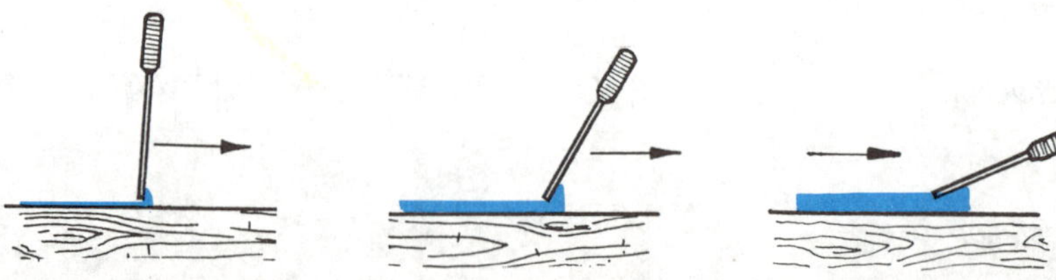

zu steil: zu dünn — richtig — zu flach: zu dick

[1]) KH = Kunstharz, NC = Nitrocellulose, UP = Polyester

*Beispiel 2: Ein **Riß** an einer verputzten Innenwand ist mit Füllspachtelmasse zu schließen.*

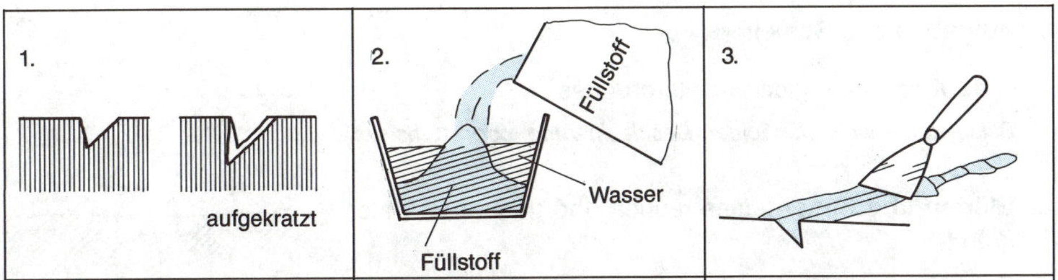

1.	2.	3.
Risse schräg aufkratzen, glatte Stellen aufrauhen	Füllstoff in Wasser zu dicker Spachtelmasse verrühren	Spachtelmasse mit Stielspachtel in den Riß eindrücken und eben abziehen

*Beispiel 3: An einem **PKW-Kotflügel** soll eine Vertiefung mit Polyesterspachtelmasse verspachtelt werden.*

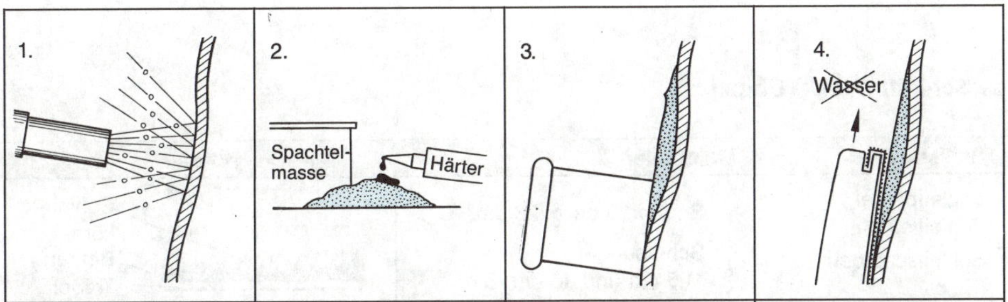

1.	2.	3.	4.
Vertiefung mit Sand abstrahlen (oder schleifen)	Spachtelmasse mit Härter mischen	Vertiefung erhöht abspachteln	Nach ca. 30 Minuten trocken schleifen

*Beispiel 4: Eine **Fuge** zwischen zwei Baukörpern (z. B. Fensterrahmen und Kunststeinfensterbank) ist mit Fugendichtmasse zu schließen.*

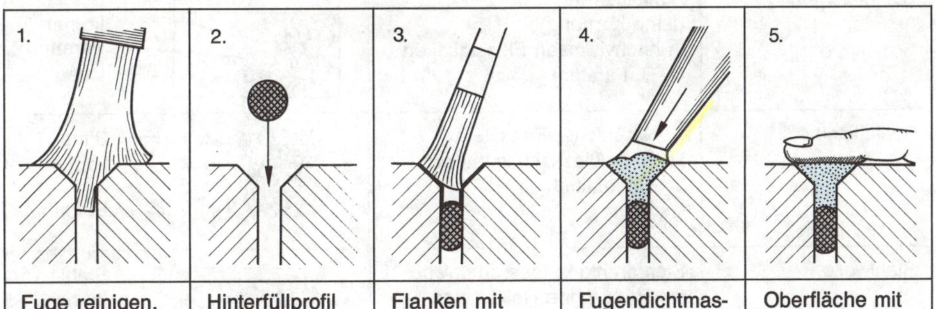

1.	2.	3.	4.	5.
Fuge reinigen, lose Teile entfernen	Hinterfüllprofil einschieben (Schaumgummi)	Flanken mit Haftgrundiermittel (Haftprimer) streichen	Fugendichtmasse mit Handpistole einspritzen	Oberfläche mit Wasser und Pril ebnen.

1.5.3 Schleifen

1. Aufgaben des Schleifens

1. **Aufrauhen** eines glatten Untergrundes

   Beispiele: Anschleifen einer Decklackierung oder Kunststoffoberfläche

2. **Glätten und Ebnen** eines rauhen und unebenen Untergrundes

   Beispiel: Spachtelmasse schleifen

3. **Entfernen von Schmutz,** losen Teilen und nicht tragfähigen Beschichtungen

   Beispiele: Entrosten einer Stahloberfläche; Holzfasern entfernen

4. **Polieren** eines rauhen Untergrundes

   Beispiel: Aufpolieren einer stumpf gewordenen Fahrzeuglackierung

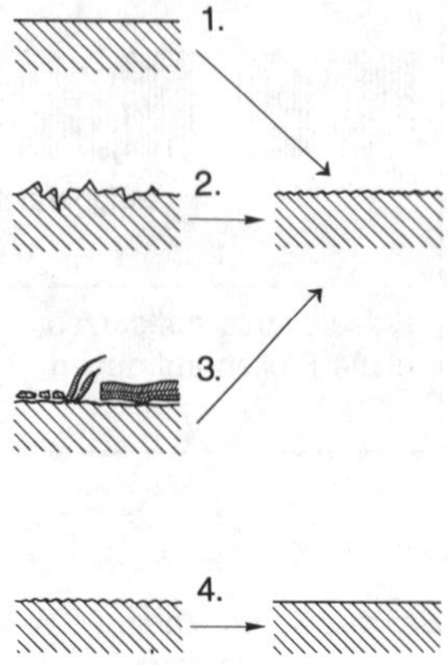

2. Schleifmittel – Übersicht

Schleifmittel	Materialien	Aufbau
Schleifpapier Schleifleinen Schleifscheiben (Discs) Schleifbänder (endlos)	Bogen 23 cm x 28 cm Scheiben 11,5 cm und 18 cm ∅ Rollen 11,5 cm x 50 m Länge	
Schleifmatten (Pads) Schleifvliese (Scotch-Britte) Schleifgitter	Nylonmatten mit Bindung getränkt und mit Schleifkörnern durchsetzt (Type A und S)	
Schleifpasten	Schleifkörner (feine Körnung) in hochviskosen Flüssigkeiten (z. B. Paraffin)	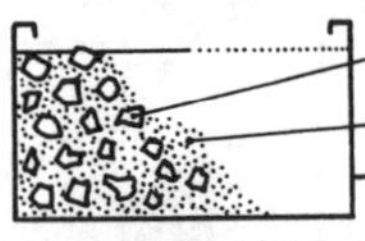
Schleifsteine	1. Natürlicher Bimsstein 2. Gepreßtes Bimsmehl mit Bindemittel	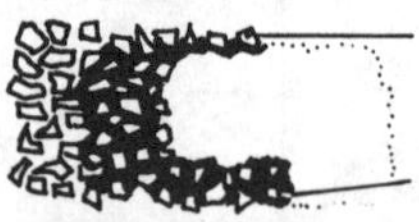
Stahlwolle	Stahldrähte in lose durchwebter Form (ohne Reinigungsmittel)	

3. Aufbau von Schleifpapier und -leinen

Die am meisten verwendeten Schleifmittel sind ebene Schleifträger (Schleifpapiere und Schleifleinen). Sie unterscheiden sich durch die auf der Rückseite gedruckten Kennzeichnungen.

Beispiele zur Kennzeichnung:

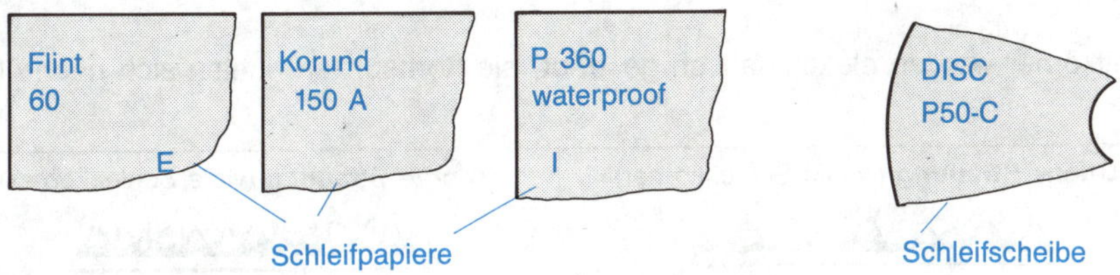

Die Unterscheidungsmerkmale sind:
Körnung, Streuung, Material der Schleifkörner, Trägerwerkstoff.

● Körnung (Korngröße)

Man unterscheidet eine internationale Siebskala und eine P-Numerierung nach DIN 69 176:

Die **internationale Siebskala** besteht aus Nummern (z. B. 80). Die Nummer gibt die Anzahl der Maschen eines Siebes auf 1 Quadratzoll Fläche an. 1 Zoll (1") = 2,54 cm.

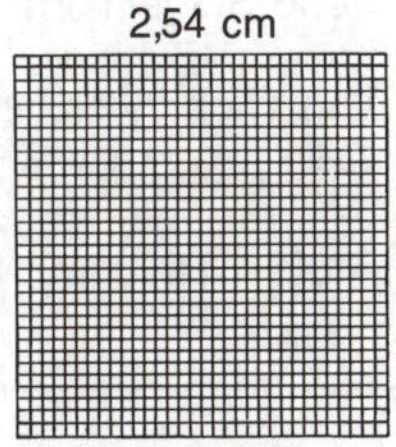

Je größer die Nummer, um so kleiner die Körner, die beim Sieben gerade noch durchgelassen werden.
Die **P-Numerierung** hat im feinen Bereich (ab P 220) eine umfangreichere Unterteilung. Dies ist besonders im Fahrzeuglackiererhandwerk von Vorteil.

Vergleich: P-Reihe / Internationale Siebskala

P-Reihe	P 220	P 240	P 280	P 320	P 360	P 400	P 500	P 600	P 800	P 1000	P 1200
Internat. Siebskala	220	–	240	–	280	320	360	–	400	500	600

Einteilung des Schleifkornmaterials nach der Körnung

Körnung	Internationale Siebskala	P-Nummern (Hersteller)	Schleifen von ...
Sehr grob	8, **12,** 16, 20, **24,** 30, 36, **40**	P 8 bis P 40	nichttragfähigen Beschichtungen, Estrichen (Winkelschleifer)
Grob	50, **60, 80**	P 50 bis P 80	Holz, Stahl, mineralischen Untergründen (Winkelschleifer)
Mittel	100, **120,** 150, **180**	P 100 bis P 180	Spachtelmassen, Grundanstrichen (Schwingschleifer)
Fein	220, **240,** 280	P 220 bis P 360	Vorlack, Füller, Decklack (Exzenterschleifer, z. T. naß)
Sehr fein	320, **360,** 400, **500,** 600	P 400 bis P 1200	Füller, Feinspachtel, Decklacke (Hand, Exzenterschleifer)

● Streuung

Die Streuung gibt die Abstände der einzelnen Schleifkörner zueinander an. Man unterscheidet besonders bei groben Schleifmitteln eine **offene** und eine **dichte** Streuung.

Die offene Streuung verhindert das Heißlaufen und Zuschmieren z. B. einer Schleifscheibe.

Schleifkörner werden elektrostatisch gestreut, die Kornspitzen richten sich nach oben.

Offene Streuung (wenig Schleifkörner)	**Dichte Streuung** (viele Schleifkörner)

● Material der Schleifkörner

Nach Art des Untergrundes, Körnung, Trocken- oder Naßschliff verwendet man verschiedene Schleifkornmaterialien.

Von Wichtigkeit ist dabei die Härte der Körner. Als Grundlage dient die **Mohs'sche** Härteskala, die sich in 10 Stufen unterteilt:

Stufe 1 (Talkum), Stufe 2 (Gips), ... 9 (Korund) und 10 (Diamant).

Material der Schleifkörner	Mohs'sche Härte	Verwendung	
		für Körnungen	Schleifart
Glas	4–6	P 40–P 180	Trockenschliff
Flint	7	P 60–P 180	Trockenschliff
Korund	8–9	P 12–P 220	Trockenschliff
Edelkorund	9–9,5	P 80–P 1200	Naßschliff
Siliciumcarbid	9,5	P 180–P 800	Naßschliff

● Trägerwerkstoff

Kennbuchstaben	Trägerwerkstoff	Papiergewicht	Verwendung
A	Dünnes Papier	75 g/m²	Hand- und Maschinenschliff (Schwing-, Exzenterschleifer)
B	Mittleres Papier	100 g/m²	Hand- und Maschinenschliff (Schwing-, Exzenterschleifer)
C	Mittleres Papier	125 g/m²	Hand- und Maschinenschliff (Schwing-, Exzenterschleifer)
D	Schweres Papier	150 g/m²	Maschineller Grobschliff (Winkel-, Bandschleifer)
E	Schweres Fiber-Papier	225 g/m²	Maschineller Grobschliff (Winkel-, Bandschleifer)
I + X	Leinen-Gewebe	————	Alle Verwendungen

- **Zusammenfassung** *zur Kennzeichnung von Schleifpapier und -leinen*

Beispiel 1: P 1200 – B Siliciumcarbid waterproof

- waterproof: Wasserfest für Naßschliff
- Siliciumcarbid: Sehr hartes Körnermaterial
- B: Mittleres Papier
- 1200: 1200 entspricht 600 Maschen auf 1" nach der *internationalen Siebskala*
- P: P — Nummer der Schleifmittelhersteller

Dieses Naßschleifpapier wird zum Beischleifen für Kfz-Decklackierungen verwendet.

Beispiel 2: DISC 60 – E Korund

- Korund: Hartes Körnermaterial
- E: Sehr schweres Papier
- 60: 60 Maschen der internationalen Siebskala auf 1"
- DISC: Schleifscheibe

Diese Schleifscheibe wird für maschinelles Entrosten einer Stahlfläche verwendet.

4. Schleifverfahren/Werkzeuge

Verfahren/Werkzeuge, Verwendung	Bauart	Schleifbewegung
Handschliff a) direkt b) Schleifklotz aus Gummi, Holz oder Kunststoff *Für Trocken- und Naßschliff*	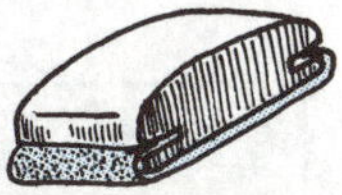	Bei Holz in Maserrichtung, sonst beliebig
Schwing- und Vibrationsschleifer in elektrischer und pneumatischer Ausführung (z. T. mit Staubabsaugung) *Für Naß- und Trockenschliff*		
Winkelschleifer (Rundschleifmaschine), elektrisch oder pneumatisch (mit Druckluft) betrieben *Für Trockenschliff*		
Exzenterschleifmaschine in elektrischer Ausführung *Für Trocken- und Naßschliff* *Vorteil:* Gleichzeitige Schleifbewegung in 2 Richtungen		
Bandschleifmaschine in elektrischer Ausführung *Für Trockenschliff*		

5. Unfallverhütung beim Schleifen

- Elektrische Leitungen und Steckeinrichtungen dürfen nicht beschädigt sein
- Beim Naßschleifen nur zugelassene elektrische Maschinen mit diesen Zeichen benützen

strahlwassergeschützt

- Beim Rundschleifen Schutzbrille tragen
- Für eine genügende Staubabsaugung und Raumbe- und entlüftung sorgen
- Atemschutzmaske tragen (Einwegmasken)
- Nicht in Räumen mit leicht entzündlichen Arbeitsstoffen schleifen – Entzündung wegen Funkenflug
- Vorsichtig schleifen wegen Verletzungsgefahr
- Bleifarbenanstriche nicht trocken schleifen – Vergiftungsgefahr
- Asbestzement nicht schleifen (wegen Asbestose)

6. Fehler beim Schleifen

Fehler	Ursachen	Abhilfen
Papier schmiert zu 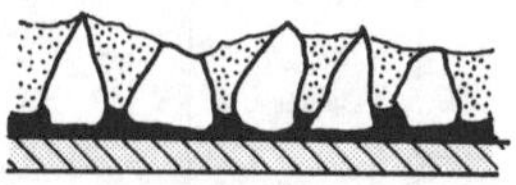	– Körnung zu dicht ..... – Körnung zu fein ...... – Untergrund feucht ..... – Untergrund nicht hart .. – Schleifpapier abgenützt – Zu lange auf einer Stelle geschliffen	Offene Streuung Grobere Körnung Trocknen Durchhärten lassen Neues Schleifpapier Verändern der Schleifposition
Untergrund wird zu rauh 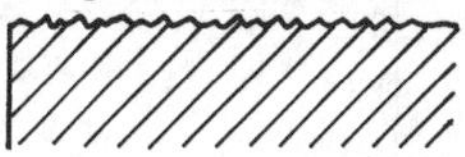	– Körnung zu grob ...... – Falsche Maschinenart gewählt (Winkelschleifer) – Unsachgemäß geschliffen	Feinere Körnung z. B. Exzenterschleifer wählen Anpreßdruck verringern
Kanten durchgeschliffen 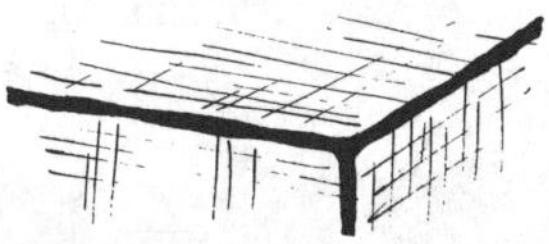	– Unsachgemäße Handhabung, besonders bei Schleifmaschinen ..... – Zu lange geschliffen ...	Flächen maschinell und Kanten von Hand schleifen Kanten nochmals vorlackieren und vorsichtig schleifen
Schleifpapier löst sich bei Naßschliff auf 	– Kein wasserfestes Schleifpapier gewählt	Waterproof-Papier oder Leinen (I + X) wählen

1.5.4 Entfernung von Altanstrichen

Altanstriche können durch folgende **handwerklichen Verfahren** entfernt werden:

Abbrennen mit Heißluftgerät, Propangasbrenner

Mechanisch entfernen mit Kratzeisen, Ziehklingen, Rundschleifmaschine, Schwingschleifer

Abbeizen mit alkalischen und lösenden Abbeizmitteln

Abbeizmittel, das sind Ablaugmittel und Abbeizfluide, werden in der folgenden Tabelle näher beschrieben.

Materialdaten und Verarbeitungshinweise von Abbeizmitteln

	Abbeizmittel	
	Ablaugmittel	**Abbeizfluide**
Werkstoffart	**Laugen:** Salmiakgeist Kalilauge Natronlauge **Alkalische Abbeizpasten** **Kalkbrei**	**Lösemittel,** z. B. Nitroverdünnung **Verarbeitungsfertige Abbeizfluide** aus chlorierten Kohlenwasserstoffen (Dichlormethan, Methanol mit – Verdickungsmitteln (Cellulose, Wachse) – Verdunstungsverzögerern (Paraffin) – Emulgatoren, die ein Nachwaschen mit Wasser ermöglichen
Anwendung	Entfernung von – Ölfarben – Alkydharzlacken – ölhaltigen Lacken	Entfernung von – Ölfarben – Alkydharzlacken – Nitrocelluloselacken – Chlorkautschuklacken – Dispersionsfarben – Plastikmassen – Kunststoffputzen
Eigenschaften	– Ätzend, alkalisch – Verseift ölige Fettsäuren (Öle und Harze werden wasserlöslich) – Greift Leichtmetalle an – Naturborsten werden zerfressen – Natürliche Gewebe werden zerfressen – Gerbstoffhaltige Hölzer (z. B. Eiche) werden stark gebräunt – Einwirkzeit bis zu zwei Stunden	– Intensive Tiefenwirkung – Schnelle Durchdringung auch mehrerer Anstrichschichten – Greift Holz, Metall und mineralische Untergründe nicht an – Eindringzeit ca. 10-30 Minuten – Volle Wirksamkeit nur gegeben, solange der Abbeizer feucht ist – Bei Kunststoffen Löseproben erforderlich
Erkennung	**pH-Wert größer 7,** Lackmuspapier färbt sich blau	**Neutral,** Lösemittelgeruch
Abbeizvorgang	**Chemischer Vorgang** Die öligen Fettsäuren werden durch Laugen verseift. Diese Seifen sind mit Wasser abwaschbar	**Physikalischer Vorgang** Abbeizfluide (starke Lösemittel) lösen Altanstriche

	Abbeizmittel	
	Ablaugmittel	**Abbeizfluide**
Kennzeichnung/	C = ätzend	C = ätzend Xn = gesundheitsschädlich z. T. auch VbF[1]) A I, A II
Unfallverhütung	Schutzbrille, Schutzkleidung und Schutzhandschuhe tragen Gefäße mit Laugen verschlossen aufbewahren	Schutzbrille, Schutzkleidung und Schutzhandschuhe tragen Rauch- und Feuerverbot Räume gut durchlüften
Verarbeitung	– Mit Pinsel satt auftragen – Einwirken lassen, bis Runzelbildung auftritt – Mit Spachtel abschieben – Evtl. zweiter Auftrag – Mit Wasser nachwaschen	– Mit Pinsel satt auftragen – 10–20 Min. einwirken lassen – Evtl. zweiter Auftrag – Bei Holz- und Metalluntergründen Reste mit Spachtel abschieben und mit Terpentin nachwaschen – Mineralische Untergründe mit Wasser (Hochdruckreiniger) nachwaschen
Werkzeuge	Pinsel, Bürsten mit Fiberborsten oder laugenbeständige Kunststoffborsten, keine Metallgefäße	Pinsel, Bürsten mit Naturborsten oder Lammfellroller; keine Nylon- oder Perlonborsten
Hinweise	Gerbsäurehaltige Hölzer färben sich dunkel (Eiche)	Abbeizfluide sind umweltschädigend (nicht ins Grundwasser gelangen lassen)

Aufgaben *zu „Vorbehandlung von Untergründen für Anstriche und Beschichtungen"*

Überblick über die verschiedenen Verfahren

A 1. Warum sind Vorbehandlungen von Untergründen notwendig?

A 2. Welche Anforderungen müssen an einen einwandfreien Untergrund gestellt werden?

A 3. Nennen Sie fünf wichtige Vorbehandlungsmethoden, und geben Sie dazu passende Beispiele an.

A 4. Ordnen Sie bestimmten Vorbehandlungsverfahren bestimmte Vorbehandlungsmittel zu.

Spachteln

A 5. Welche Aufgaben hat das Spachteln?

A 6. Welche verschiedenen Materialien kann man zum Ausfüllen von Poren und Rissen und zur Beseitigung von Unebenheiten verwenden?

A 7. Auf welcher Bindemittelbasis können derartige Stoffe aufgebaut sein?

A 8. Welchen Einfluß hat die Spachtelhaltung auf die Dicke der Spachtelschicht?

A 9. Eine Holzplatte soll einseitig einschließlich der Kanten gespachtelt werden. In welcher Reihenfolge führen Sie die notwendigen Arbeitsschritte aus?

A 10. Ein Riß an einer Innenwand ist mit Füllspachtel zu schließen.
Wie gehen Sie vor?

---

[1]) Gefahrenklassen VbF (Verordnung über die Errichtung und den Betrieb von Anlagen zur Lagerung, Abfüllung und Beförderung brennbarer Flüssigkeiten zu Lande)

A 11. Eine Vertiefung an einem PKW-Kotflügel soll mit Polyesterspachtel geschlossen werden. Nennen Sie die einzelnen Arbeitsschritte.

A 12. Die Fuge zwischen einer Kunststeinfensterbank und einem Holzfensterrahmen soll geschlossen werden. Unterbreiten Sie einen fachmännischen Vorschlag.

Schleifen

A 13. Welche Aufgaben kann das Schleifen erfüllen?

A 14. Zählen Sie einige wichtige Schleifmittelarten auf.

A 15. Wie ist ein Schleifpapier aufgebaut?

A 16. Wo werden Schleifpads verwendet?

A 17. Auf einem Schleifpapier steht die Zahl 80. – Erklären Sie die Angabe.

A 18. Welche Bedeutung hat der Buchstabe „P" auf einem Schleifpapier?

A 19. Zu welchen Arbeiten kann man Schleifpapier mit folgenden Angaben verwenden:
a) P 40, **b)** P 120, **c)** P 280?

A 20. Welcher P-Nummer ist die Nr. 320 der internationalen Siebskala zugeordnet?

A 21. Zu welchen Schleifarbeiten werden Schleifmittel mit offener Streuung verwendet?

A 22. Aus welchen Materialien können Schleifkörner bestehen?

A 23. Ordnen Sie aufgrund der Mohs'schen Härteskala die einzelnen Schleifkornmaterialien.

A 24. Welche Trägerwerkstoffe sind für den Naßschliff geeignet?

A 25. Erklären Sie folgende Bezeichnung:
„P 600 X Siliciumcarbid waterproof".

A 26. Welches Werkzeug kann man zum Handschleifen verwenden?

A 27. Nennen Sie drei verschiedene Schleifmaschinenarten.

A 28. Wie wird eine pneumatische Schleifmaschine angetrieben?

A 29. Warum verwendet man pneumatisch angetriebene Schleifmaschinen?

A 30. Zählen Sie fünf Unfallgefahren beim Schleifen auf.

A 31. Skizzieren Sie die Schleifbewegung einer Exzenterschleifmaschine.

A 32. Zum Naßschleifen muß eine elektrische Schleifmaschine besonders geschützt werden. Welches Sicherheitszeichen muß deshalb auf der Maschine angebracht sein?

A 33. Warum darf man Asbest nicht schleifen?

A 34. Warum darf man Bleifarbenanstriche nur naß schleifen?

A 35. Eine Schleifscheibe schmiert beim Schleifen zu. Welche Ursachen könnte dieser Vorgang haben?

A 36. An den Kanten einer weiß vorlackierten Holztüre zeichnet sich nach dem Schleifen der Holzfarbton ab. Welcher Schleiffehler wurde begangen?

A 37. Ein geschliffener Untergrund ist zu rauh. Worauf ist dies zurückzuführen?

Entfernung von Altanstrichen

A 38. Auf welche Weise kann man Altanstriche entfernen?

A 39. Wie können Altanstriche mechanisch entfernt werden?

A 40. Aus welchen wesentlichen Bestandteilen bestehen Ablaugmittel?

A 41. Aus welchen wesentlichen Bestandteilen bestehen Abbeizfluide?

A 42. Worauf ist beim Verarbeiten von Ablaugmitteln besonders zu achten?

A 43. Worauf ist beim Verarbeiten von Abbeizfluiden besonders zu achten?

1.6 Beschichtungsstoffe, Belagstoffe und Hilfsmittel

1.6.1 Überblick

Beschichtungsstoffe

- Bronzen
  - Goldbronze, Silberbronze, Aluminiumbronze
- Geschlagene Metallfolien
  - Blattgold, Kompositionsgold, Blattsilber Blattaluminium
- Anstrichstoffe
  flüssig, pulverförmig, pastenförmig
  - **Bindemittel** (Filmbildner)
    z. B. wässerige Bindemittel, ölige Bindemittel, Naturharze, Kunstharze, Kunststoff-Dispersionsbindemittel
  - **Lösemittel** (Verdünnungsmittel)
    z. B. Wasser, Kohlenwasserstoffe, Alkohole, Ester, Ketone
  - **Zusatzstoffe** (Additive)
    z. B. Verlaufsmittel, Hautverhütungsmittel, Schwebemittel, Konservierungsmittel, Trockenstoffe, Mattierungsmittel
  - **Farbmittel** (Pigmente, Farbstoffe)
    z. B. mineralische Pigmente, künstlich-organische Pigmente, Leuchtpigmente, metallische Pigmente, organische Farbstoffe

Belagstoffe (Beläge)
fest

- Unterscheidung nach **Materialarten**
  z. B. Kunststoffbeläge, textile Beläge, Keramikplatten, Papier/Tapeten, Holzbeläge
- Unterscheidung nach **Verwendungszwecken**
  z. B. Deckenbeläge, Fußbodenbeläge, Wandbeläge

Hilfsmittel

- Untergrundvorbehandlungsmittel .... z. B. Grundanstrichstoffe, Sperrmittel (Isoliermittel)
- Untergrundnachbehandlungsmittel ..... z. B. Poliermittel, Klarlacke
- Imprägniermittel .... z. B. Holzschutzmittel, Fassadenimprägniermittel, Flammschutzmittel
- Entfernungsmittel .... z. B. Abbeizfluide, Entfettungsmittel, Entrostungsmittel, Tapetenablösemittel

1.6.2 Einteilungsgesichtspunkte bei Anstrichstoffen

Der wichtigste Gesichtspunkt zur Einteilung der Anstrichstoffe ist ihre *Bindemittelart*. Daneben gibt es aber eine ganze Reihe anderer Möglichkeiten:

Einteilungsmerkmal	*Beispiele*
nach der **Bindemittelart**	Alkydharzlacke, Acrylharzlacke, Polyesterlacke
nach der Pigmentart	Zinkstaubfarbe
nach dem Anstrichobjekt	Fassadenfarbe
nach dem Verarbeitungsverfahren	Flutlack, Spritzlack
nach der Trocknungsart	Lufttrocknende Lacke, ofentrocknende Lacke, säurehärtende Lacke
nach dem Untergrund	Metall-Lack, Holz-Lack
nach der Beanspruchung	Flammschutzfarbe, Unterwasserfarbe
nach der Stellung im Anstrichaufbau	Imprägnierung, Grundierung, Füller, Vorlack, Schlußlack
nach dem Oberflächeneffekt	Seidenglanzlack, Hammerschlaglack

Nach DIN 18 363 – Maler- und Lackiererarbeiten (VOB Teil C) – unterscheidet man folgende Anstrichstoffe:

- Stoffe zur Untergrundvorbehandlung
- Wasserverdünnbare Anstrichstoffe
- Lösemittelverdünnbare Anstrichstoffe
- Spachtelmassen
- Armierungsstoffe für Rißüberbrückung
- Metallische Überzugsstoffe
- Kitte
- Flammschutzanstrichstoffe
- Wasserabweisende Anstrichstoffe
- Faserstoffe zur Strukturbildung
- Holzschutzmittel

Für die Praxis des Malers und Lackierers reicht im allgemeinen diese Unterscheidung aus:

- **Wasserverdünnbare Anstrichstoffe**
- **Lösemittelverdünnbare Anstrichstoffe**

Aufgaben *zu „Beschichtungsstoffe, Belagstoffe und Hilfsmittel"*

A 1. In welche Gruppen werden die Werkstoffe im Fachbereich Farbtechnik eingeteilt?

A 2. Was versteht man unter „Beschichtungsstoffe"?

A 3. Was sind „Anstrichstoffe"?

A 4. Nennen Sie die Hauptbestandteile der Anstrichstoffe.

A 5. Welche Bindemittelgruppen unterscheidet man u. a.?

A 6. Zählen Sie Lösemittelgruppen auf.

A 7. Nennen Sie Zusatzstoffe, und geben Sie an, welche Wirkungen mit ihnen erzielt werden können.

A 8. Aus welchen Materialien können Belagstoffe bestehen?

A 9. Nennen Sie die wichtigsten Gruppen der Hilfsmittel.

A 10. Nach welchen Gesichtspunkten können Anstrichstoffe eingeteilt werden?

1.7 Beschichtungssysteme

1.7.1 Allgemeines

Unter „Beschichtungs- oder Anstrichsystem" versteht man den technisch richtigen und stufenweisen Aufbau von Schichten (Beschichtungs- oder Anstrichaufbau).

Die **Bezeichnungen der Schichten** sind unterschiedlich:

	Anstrich *auf Holz*		*Fahrzeuglackierung*
4	Schlußanstrichschicht ↑	——	Decklackschicht ↑
3	Zwischenanstrichschicht	——	Füller- oder Vorlackschicht
2	Spachtelschicht	——	Spachtelschicht
1	Grundanstrichschicht	——	Grundschicht
	(Untergrund)		

Aufgaben der Schichten

	Anstrichschicht	**Aufgaben**
4	Decklack- oder Schlußlackanstrichschicht	Haltbarkeit, Wetterbeständigkeit, Abriebfestigkeit, Chemikalienbeständigkeit
3	Füller-, Vorlack- oder Zwischenanstrichschicht	Gleichmäßigkeit der Decklack- oder Schlußanstrichschicht; Verbindung der Schichten untereinander
2	Spachtelschicht	Ausgleich von Unebenheiten
1	Grundschicht oder Grundanstrichschicht	Verankerung des Beschichtungssystems mit dem Untergrund
	(Untergrund)	

In der Praxis weicht man von diesem Schichtaufbau dann ab, wenn zum Beispiel nicht zu spachteln ist.

1.7.2 Beispiele von Beschichtungssystemen

Beispiel 1	*Beispiel 2*	*Beispiel 3*	*Beispiel 4*
Neuanstrich	**Renovierungs-anstrich**	**Korrosions-schutzanstrich**	**2-Schicht-Metal-lic-Lackierung**
mit Kunststoff-Dispersionsfarbe	mit Alkydharz-lackfarbe	mit Alkydharz-lackfarbe	als Fahrzeugrepa-raturlackierung

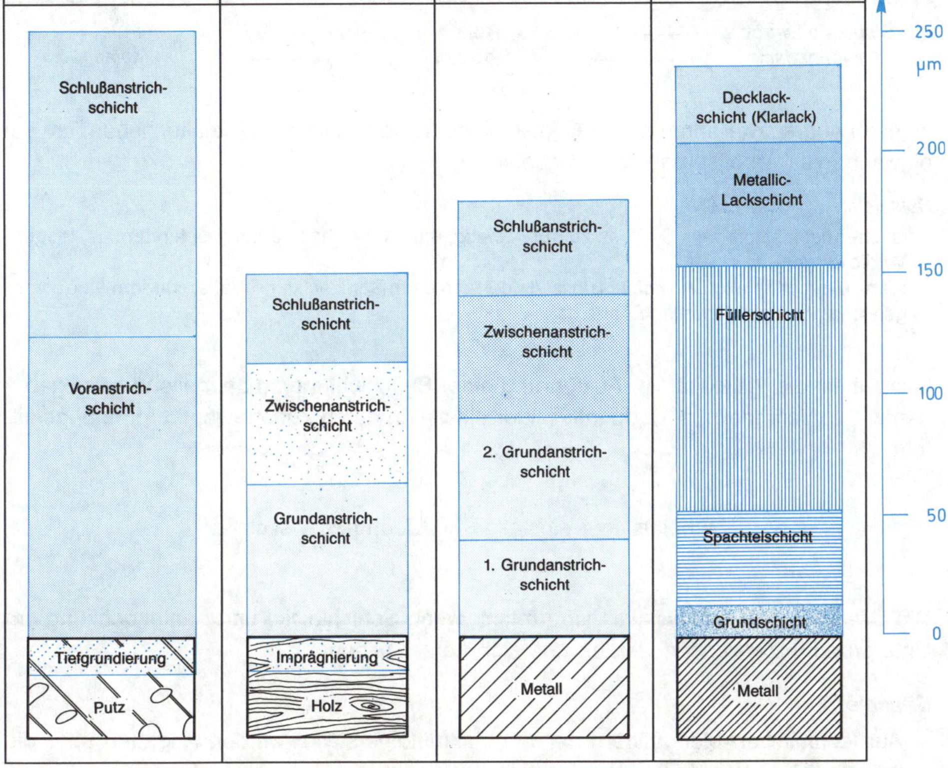

Die Schichtdicke ist in Mikrometer (µm) angegeben; $1\ \mu m = \frac{1}{1000}$ mm.

Aufgaben *zu „Beschichtungssysteme"*

A 1. Erklären Sie den Begriff Beschichtungssystem.

A 2. Welche Schichten unterscheidet man bei einer Fahrzeuglackierung (Spritzverfahren)?

A 3. Welche Schichten unterscheidet man z. B. bei einem Holzfensteranstrich (Streichverfahren)?

A 4. Welche Aufgabe hat eine Grundschicht bzw. Grundanstrichschicht?

A 5. Welche Aufgaben erfüllt eine Füller-, Vorlack- bzw. Zwischenanstrichschicht?

A 6. Welche Aufgaben werden von einer Decklack- bzw. Schlußanstrichschicht übernommen?

A 7. Geben Sie ein Beispiel eines Anstrichsystems.

1.8 Beschichtungsverfahren

1.8.1 Viskosität (Fließverhalten von Flüssigkeiten)

Anstrich- und Beschichtungsstoffe werden durch bestimmte Auftrags- und Beschichtungsverfahren auf einen Untergrund aufgebracht.

Beispiele:

Anstrichstoff	→	Auftragsverfahren	→	Anstrichuntergrund
Dispersionsfarbe	→	**Rollen**	→	*Putz*
Alkydharzlack	→	**Spritzen**	→	*Metall*

Je nach Auftragsverfahren muß der Anstrichstoff eine bestimmte Viskosität haben, um ein einwandfreies Arbeitsergebnis zu erzielen.

Beispiele:

- Ist ein Anstrichstoff beim Spritzen *zu dünnflüssig*, dann entstehen Läufer (tropfenförmige, längere Verdickungen).
- Wenn ein Anstrichstoff *zu dickflüssig* ist, bildet sich beim Spritzen keine glatte, sondern eine „orangenschalenartige“ Oberfläche aus.

Deshalb ist die Viskosität vor Ausführung einer Beschichtung zu beurteilen und gegebenenfalls zu verändern, z. B. dünnflüssiger einstellen durch Zugabe von Verdünnungsmitteln.

Dünnflüssiger einstellen = Niedrigere Viskosität

Die Grenze der Dünnflüssigkeit ist erreicht, wenn Schichtdicke und Kantendeckung am Untergrund unzureichend werden und sich Läufer bilden.

Beachte:

- Auf technischen Merkblättern der Anstrichmittelhersteller werden Angaben über die erforderlichen Verarbeitungsviskositäten gemacht.
- *Veränderte Umgebungstemperaturen* beeinflussen die Viskosität: Bei Kälte z. B. ist der gleiche Lack dickflüssiger als bei Wärme.
- Bei *Offenstehen von Gebinden* tritt durch Verdunstung des Löse- und Verdünnungsmittels eine Viskositätsänderung (dickflüssiger) ein.

1.8.2 Beurteilungs- und Prüfverfahren der Viskosität

1. Viskositätsbeurteilung aufgrund von Erfahrungen

In der Praxis stehen nicht immer Geräte zur Viskositätsmessung zur Verfügung. Oft genügen Erfahrungswerte, die im Laufe der Zeit erworben werden. Das genaue Beobachten des Ablaufens des Anstrichstoffes oder Hilfsmittels vom Rührstab gibt dem Fachmann gute Aufschlüsse über das Fließverhalten.

2. Viskositätsmessung mit Viskospatel (Ablaufspachtel)

Gemessen wird die Zeit in Sekunden zwischen dem Sichtbarwerden der oberen und der unteren Bohrung. Die Stärke der beiden Kapillarspalten ist so bemessen, daß bei einer Fließzeit von 5 Sekunden mit dem feinen Spalt die Spritz- und mit dem groben Spalt die Streichviskosität erfaßt wird.

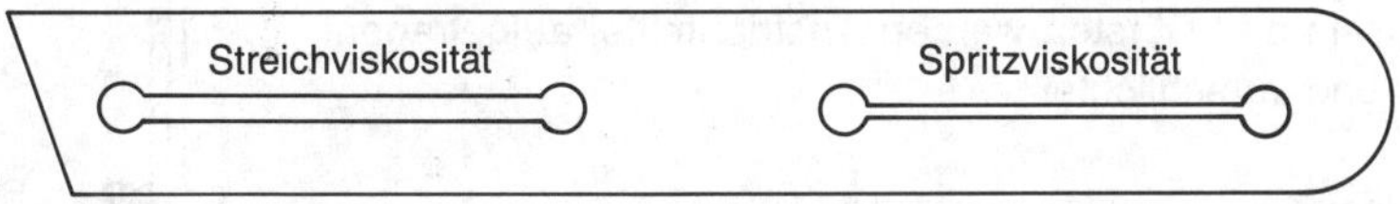

3. Viskositätsmessung mit dem Tauchauslaufbecher

Dieser Becher wird ganz in das Anstrichmittel eingetaucht. Nach dem Herausziehen des gefüllten Bechers wird die Zeit bis zum Auslaufen gemessen. (Abriß des Anstrichmittelfadens)

4. Viskositätsmessung mit dem DIN-Becher

Der Standbecher mit Stativ ist vor der Messung waagerecht auszurichten. Nach dem Zuhalten der Auslaufdüse wird der DIN-Becher mit Anstrichmittel gefüllt. Die Auslaufzeit, bis zum Abreißen des Lackfadens, wird in Sekunden gemessen.
Die Auslaufdüsen sind auswechselbar.
Für Lacke ist der Düsendurchmesser von **4 mm** festgelegt.

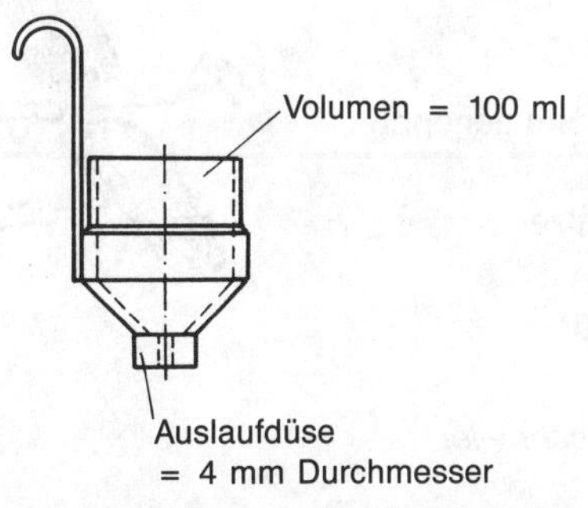

Der Tauchauslaufbecher

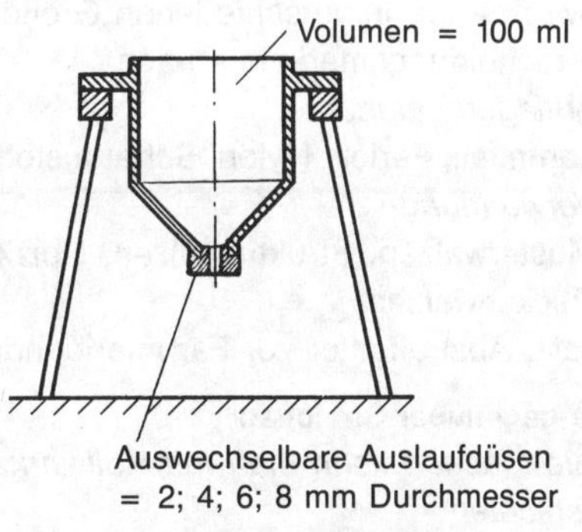

Der DIN-Becher

Alle Prüfverfahren zur Viskositätsbestimmung sind bei einer Raum- und Anstrichstofftemperatur von 20 °C auszuführen.

Beispiele für Viskositätswerte einer Heizkörperlackfarbe auf Alkydharzbasis:

Auftragsverfahren	**Auslaufzeit** (4-mm-Düse; 20 °C)	**Viskositätsstufe**	**Viskositätsbezeichnung**
Airless-Spritzen	80 Sek.	Hochviskos	Spritzviskosität
Streichen	70 Sek.	↓	Streichviskosität
Fluten	60 Sek.		Flutviskosität
Hochdruckspritzen	40 Sek.	Niedrigviskos	Spritzviskosität

1.8.3 Beschichtungsverfahren von Anstrichstoffen

Verfahren von Hand

1. Streichen (ältestes Verfahren)

- Mit Pinseln und Bürsten werden Anstrichmittel aufgetragen, verteilt und verschlichtet

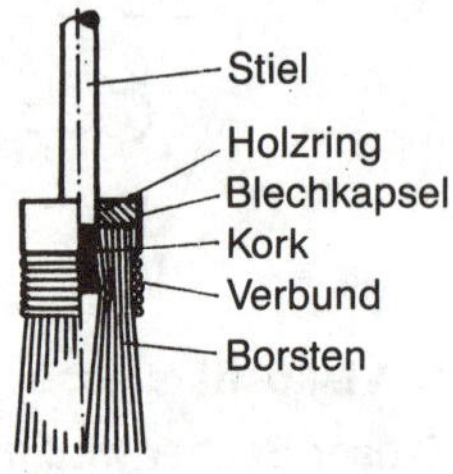

Ringpinsel

- Unterscheidungsmerkmale der Pinsel nach
  - *Bindung und Bauform*
    Ring-, Flach-, Kluppen- und Kapselpinsel; Bürsten
  - *Besteckmaterial (Borsten und Haare) z. B.*
    a) tierisch: Schweine- und Rinderborsten
    b) pflanzlich: Kokos- und Fiberborsten
    c) künstlich: Synthetikborsten (Nylon- und Perlon)
  - *Anstrichobjekt und Anstrichmittel*
    Deckenbürste, Lasurpinsel, Heizkörperpinsel, Strichzieher, Abbeizpinsel

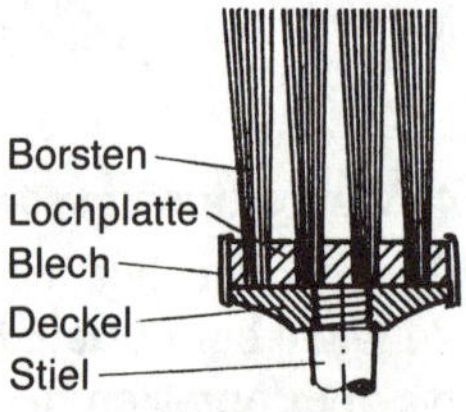

Bürste

- Pinselgröße (Nr.)

Pinselgröße (Nr.)	2	6	10	14	18	20	22
Durchmesser (mm)	20	30	40	50	60	65	70

2. Rollen

- Rollwerkzeuge in verschiedenen Größen
- Unterscheidungsmerkmale nach
  - *Auflagenmaterial*
    Lammfell, Perlon, Nylon, Schaumstoffe (glatt und genoppt)
  - *Verwendung*
    Musterwalzen, Strukturwalzen, Heizkörperwalzen, Deckenwalzen
- Zusatz: Abstreifgitter zur Farbmengendosierung

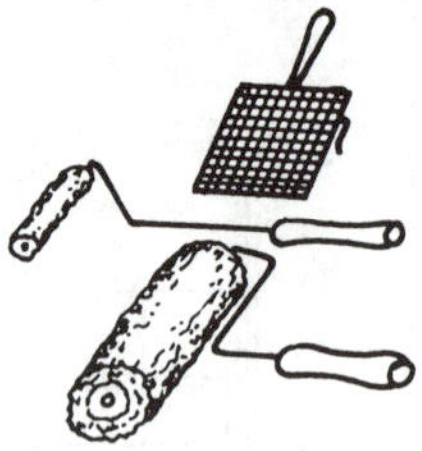

Vorteile gegenüber Streichen
- *Große Flächen kann man mit Rollwerkzeugen schneller beschichten*
- *Strukturierte Beschichtungen sind einfacher herzustellen*

Niederdruckverfahren (bis 1 bar)

3. Niederdruckspritzen

- Staubsaugerartiges Drucklufterzeugungsgerät; Lack wird mit Hilfe von Luft zerstäubt
- Merkmale
  - Fließbecherpistole (1 Liter Volumen)
  - Auswechselbare Düsen von 1 mm bis 6 mm Durchmesser
  - Luftmengenregelung

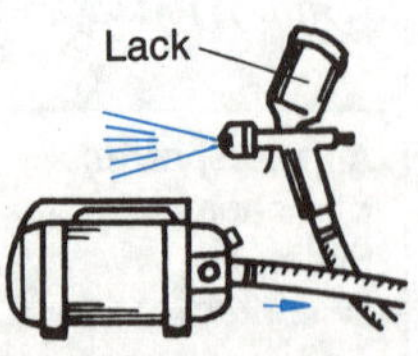

Vor- und Nachteile gegenüber Streichen

Vorteile	*Nachteile*
Mittelviskose, feinkörnige, mehrfarbige Beschichtungen sind schnell aufzutragen	*Grobes Spritzbild*

4. Putzspritzgerät

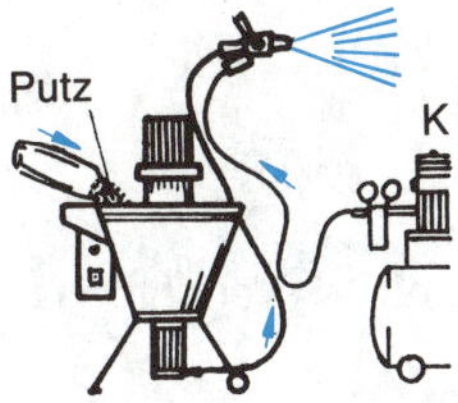

- Das Putzspritzgerät mischt, verdichtet und fördert den Beschichtungsstoff zur Pistole. Die Druckluftversorgung kommt von einem Kompressor K (Luftverdichter)
- Merkmale
  - Auswechselbare Düsen von 2 mm bis 10 mm Durchmesser
  - Putze bis 3 mm Korn zu verarbeiten
  - Leistung: 1,5 Liter bis 8 Liter Putz/Minute

Vor- und Nachteile gegenüber Streichen

Vorteile	*Nachteile*
Schnelles Auftragen von Putzen, Plastikmassen, gefüllten Beschichtungsstoffen	*Nachträgliches Glätten (z. B. mit Traufel) ist erforderlich*

Hochdruckverfahren (bis 15 bar)

5. Hochdruckspritzen

a)

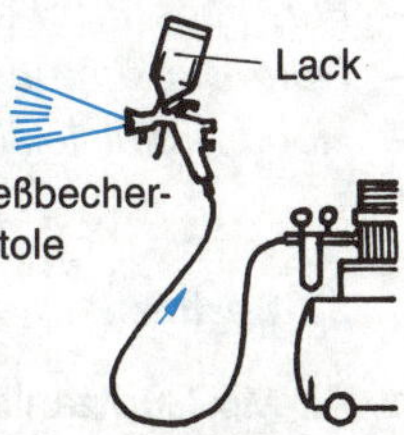

b)

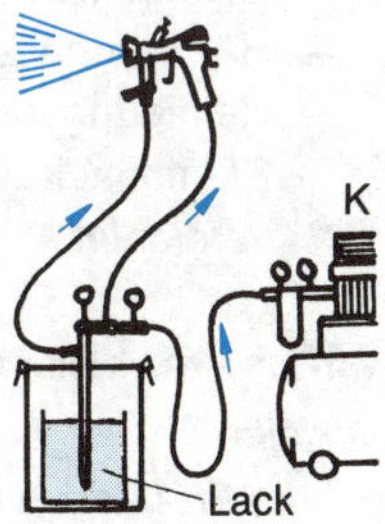

Druckkesselsystem

- Ein Kompressor verdichtet Luft (1 bar bis 15 bar) und fördert sie über einen Druckluftschlauch zur Pistole; dort wird der Lack mitgerissen und zerstäubt
- Merkmale
  - Pistolen im Fließbechersystem, Saugbechersystem, Druckkesselsystem
  - Strahlregulierung als Breit-, Rundstrahl und kontinuierliche Einstellung
  - Auswechselbare Düsen von 0,8 mm bis 4 mm Durchmesser
  - Luftdruck an Verdichter und Pistole regulierbar (gebräuchlich 3,5 bar bis 5 bar)
- Umrüstbar, z. B. Sandstrahlen, Unterbodenschutz, Hohlraumversiegelung, Heißspritzen
- *Beispiel:* Hochdruckspritzen eines 2K-Acryl-Lackes
  Druck: 4 bar Düsendurchmesser: 1,3 mm
  Luftdurchsatz: 250 Liter/Minute bis 300 Liter/Minute

(siehe Kapitel 2.11: Fahrzeuglackierungen)

Vor- und Nachteile gegenüber Streichen

Vorteile
- *Am meisten verwendetes Spritzverfahren*
- *Sehr gute Oberfläche (Finish)*
- *Einfache Bedienung und Reinigung*
- *Vielseitig umrüstbar und verwendbar*

Nachteile
- *Starke Farbnebelbildung*
- *Absauganlage und Atemschutz erforderlich*
- *Gefüllte Beschichtungsstoffe kaum verarbeitbar*
- *Genaue Viskositätseinstellung erforderlich*

Air-Mix-Verfahren (bis 60 bar)

6. Air-Mix-Spritzen

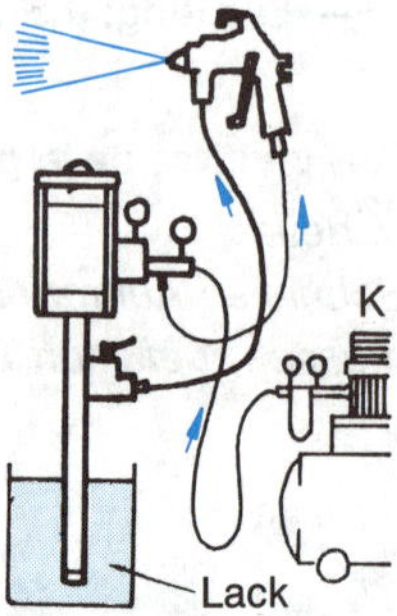

- Kombiniertes System aus Hoch- und Höchstdruckverfahren
- Merkmale
  - Eine Kolbenpumpe verdichtet den Beschichtungsstoff auf 50 bar
  - Gleichzeitig wird eine geringe Luftmenge von einem Kompressor zugeführt
  - In der Pistole werden Beschichtungsstoff und Druckluft gemischt
  - Druck regelbar, Materialmenge nur durch Düsenwechsel (0,2 mm bis 0,5 mm Durchmesser) veränderbar

Vor- und Nachteile gegenüber Streichen

Vorteile
- *Für große Flächen (LKW)*
- *Gute Deckung bei Profilen*
- *Hohe Arbeitsleistung*

Nachteile
- *Anschaffungskosten*
- *Mittelmäßiges Spritzbild*

7. 2K-Spritzen

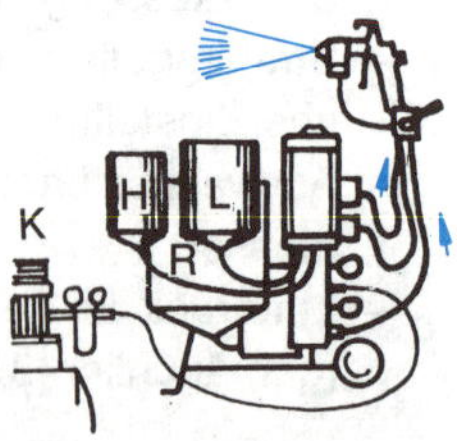

- Air-Mix-Spritzanlage zum Verarbeiten von Zweikomponentenlacken (2K-Lacken)
- Merkmale
  - Stammlackbehälter L
  - Härterbehälter H
  - Reinigungsbehälter R (mit Lösemittel)
  - Stammlack und Härter werden gemischt (2:1 bis 10:1) und verdichtet

Vor- und Nachteile gegenüber Streichen

Vorteile
- *Alle 2K-Lacke verarbeitbar*
- *Zeitersparnis, da Mischen entfällt*

Nachteile
- *Anschaffungskosten*
- *Reinigung*

Höchstdruckverfahren (bis 300 bar)

8. Airless-Spritzen

- Eine Kolben- oder Membranpumpe verdichtet den Beschichtungsstoff auf 150 bar bis 300 bar und versprüht den Lack luftlos (airless)
- Merkmale
  - Eigener elektrischer Antrieb oder
  - Antrieb durch Druckluft mit Kompressor
  - Höchstdruckschlauch zur Materialförderung
  - Spezialpistole mit auswechselbaren Düsen von 0,1 mm bis 1,3 mm Durchmesser
  - Materialmenge nur durch Düsenwechsel veränderbar (Verarbeitungsmenge 1 Liter bis 5 Liter pro Minute)
  - Sonderverfahren: Elektrostatisches Höchstdruckspritzen

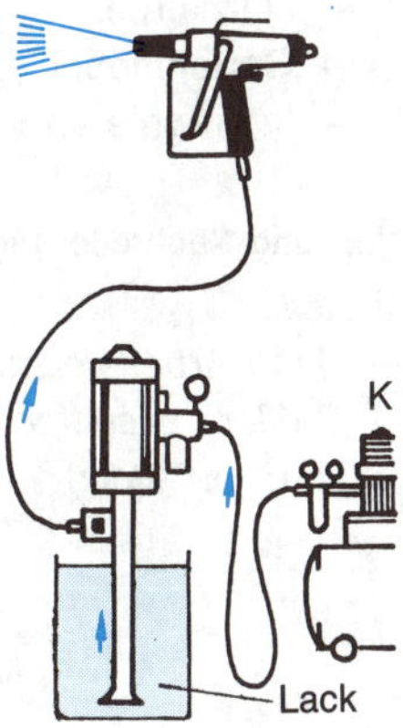

Vor- und Nachteile gegenüber Streichen

Vorteile
- *Hoher Materialeinsatz*
- *Große Abstände zwischen Pistole und Untergrund*
- *Geringe Spritznebelbildung*

Nachteile
- *Anschaffungskosten*
- *Unfallverhütungsvorschriften beachten*
- *Mittelmäßiges Spritzbild*
- *Läuferbildung eher möglich*

Fluten, Tauchen

9. Fluten

- Umlaufsystem mit elektrischer Flutpumpe
- Merkmale
  - Der Anstrichuntergrund (z. B. Heizkörper) wird mit Lack überflutet
  - Der überschüssige Lack läuft in die Flutwanne und wird über die Flutpumpe wieder angesaugt
  - Einzelteile: Flutpumpe mit geschlitztem Flutrohr, Flutwanne, Abtropfblech

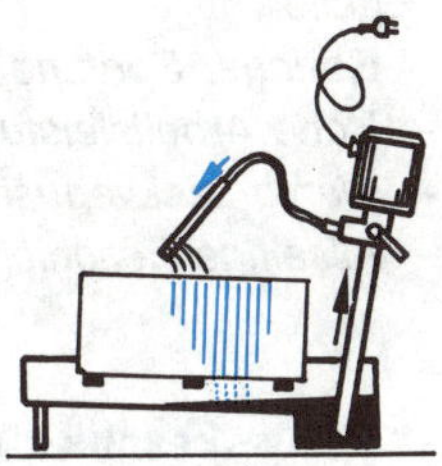

Vor- und Nachteile gegenüber Streichen

Vorteile
- *Hohe Arbeitsleistung (m²/Stunde)*
- *Große Schichtdicke in einem Arbeitsgang*

Nachteile
- *Große Umlaufmenge (ca. 30 l)*
- *Reinigung*
- *Schwieriges Hantieren mit den Beschichtungsuntergründen*

10. Tauchen

- In einer Wanne, gefüllt mit Beschichtungsmittel, werden die Untergründe eingetaucht
- *Anwendungsbeispiele*
  - Heizkörper
  - Gartenmöbel
  - Imprägnieren von Holzfenstern

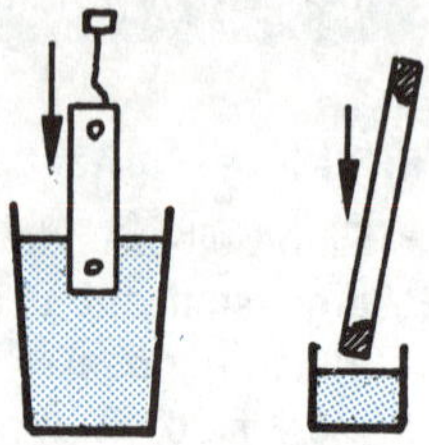

Vor- und Nachteile gegenüber Streichen

Vorteile
- *Hohe Arbeitsleistung*
- *Größere allseitige Eindringtiefe (z. B. bei Holz)*

Nachteile
- *Hoher Materialeinsatz*
- *Geringe Oberflächengüte*
- *Abkleben*
- *Schwieriges Hantieren*

Sonder-Verfahren

11. Elektrostatisches Spritzen

- Im Höchstdruck- (Airless-) oder Air-Mix-Verfahren werden leitende Untergründe in einem elektrischen Feld beschichtet
- Merkmale
  - Untergrund positiv, Pistole und Beschichtungsstoff negativ
  - Gleichspannung: 30 kV bis 150 kV, 0,2 mA (ungefähr-lich)
  - Beschichtungsstoff (flüssig) muß elektrisch leitend sein

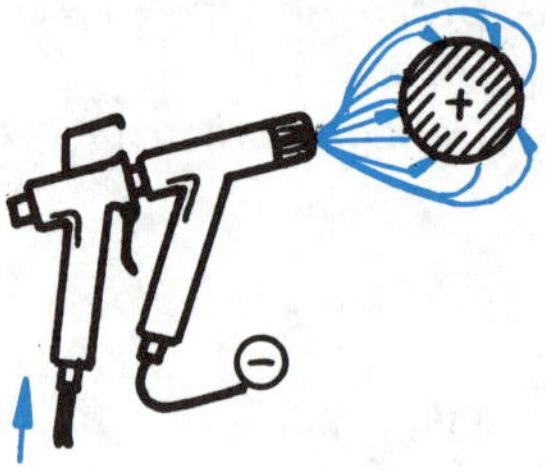

Vor- und Nachteile gegenüber Streichen

Vorteile
- *Geringer Spritznebel*
- *Hohe Arbeitsleistung*
- *Wenig Lackverluste*
- *Allseitige Beschichtung*

Nachteile
- *Leitende Teile*
- *Anschaffungskosten*
- *Spezielle Lacke*

12. Pulverbeschichtung

- Pulverförmige Lackteile werden auf erwärmte Untergründe gespritzt
- Merkmale
  - Elektrostatisches Verfahren
  - Spezielle Pistolen
  - Sonderverfahren: Wirbelsintern
  - Der Pulverlack verflüssigt sich und bildet eine Lack-schicht

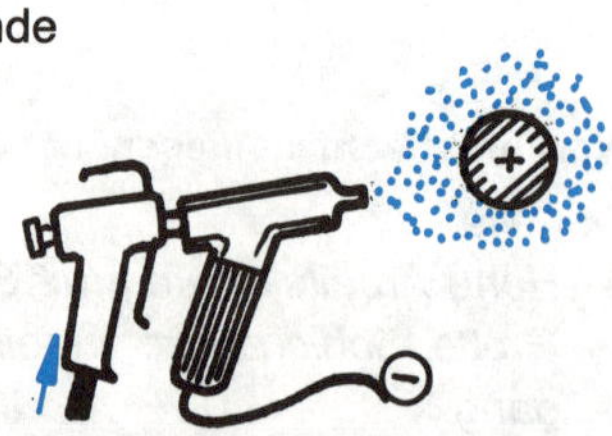

Vor- und Nachteile gegenüber Streichen

Vorteile
- *Keine Lösemittel*
- *Keine Lackverluste*
- *Einbrennen*
- *Ohne Lösemitteldämpfe*

Nachteile
- *Spezieller Pulverlack*

13. Elektrotauchlackierung

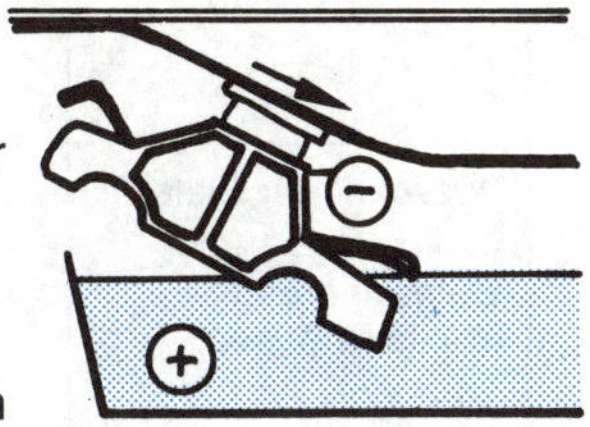

- Industrielles Verfahren durch Tauchen
- Merkmale
  - Kataphorese: Lack an der Anode (+), Untergrund an der Katode (–)
  - Nur leitende Teile
  - Gleichspannung
- *Anwendungsbeispiele:* Phosphatieren und Grundieren von Karosserien

Vor- und Nachteile gegenüber Streichen

Vorteile
- *Hohe Arbeitsleistung*
- *Wasserverdünnbare Lacke*
- *Vollautomatisch*
- *Keine Lösemittel*

Nachteile
- *Speziallacke*
- *Anschaffungskosten*
- *Hoher Materialbedarf*

Aufgaben *zu „Beschichtungsverfahren"*

A 1. Erklären Sie den Begriff Viskosität.

A 2. Welche Fehler entstehen, wenn ein Anstrichstoff zu dünnflüssig ist?

A 3. Welcher Fehler entsteht bei einem zu dickflüssigen Anstrichstoff beim Spritzen?

A 4. Auf welche Arten kann man die Viskosität bestimmen?

A 5. Zeigen Sie den Zusammenhang zwischen Auslaufzeit eines Lackes und dem Auftragsverfahren auf.

A 6. Zeichnen Sie den Querschnitt eines Ringpinsels.

A 7. Welche Vorteile bietet das Rollen gegenüber dem Streichen?

A 8. Wozu benötigt man ein Abstreifgitter?

A 9. Wie funktioniert ein Niederdruckspritzgerät?

A 10. Welcher Funktionsunterschied besteht zwischen dem Niederdruck- und dem Hochdruckspritzen?

A 11. Welche Nachteile weist das Hochdruckspritzen auf?

A 12. Wie funktioniert das Airless-Spritzen?

A 13. Erklären Sie das Prinzip des Flutens.

A 14. Warum ist das Tauchverfahren für das Imprägnieren von Holzfenstern am besten geeignet?

A 15. Welche besonderen Auftragsverfahren gibt es?

1.9 Wichtige Vorschriften im Fachbereich Farbtechnik

Normen, Vorschriften, Richtlinien	Kurzzeichen	Inhalte im Fachbereich	Beispiele
Deutsches **I**nstitut für **N**ormung	DIN	Prüfverfahren, Anstrichstoffe, Farbmittel, Bindemittel, Holzschutz, Papier, Baunormen, Bauleistungen	*DIN 6164* DIN-Farbenkarte *DIN 55 943* Farbmittel: Begriffe *DIN 55 945* Anstrichstoffe und ähnliche Beschichtungsstoffe: Begriffe
Ausschuß für **L**ieferbedingungen und Gütesicherung (früher „**R**eichsausschuß...")	RAL	Lieferbedingungen, Farbkarten, Richtlinien, Prüfverfahren, Gütebedingungen, Gütezeichen	*RAL 840 HR* Farbhauptregister *RAL 844 B* Lieferbedingungen und Prüfverfahren für Bleimennige
Verdingungs-**O**rdnung für **B**auleistungen	VOB	Teil A: Vergabe von Bauleistungen, Teil B: Vertragsbestimmungen, Teil C: Technische Vorschriften	*VOB Teil C* Maler- und Lackiererarbeiten (DIN 18 363) Tapezierarbeiten (DIN 18 366) Korrosionsschutz (DIN 18 364)
Internationale Norm (**I**nternational **O**rganization for **S**tandardization)	ISO	Prüfverfahren, Anstrichstoffe, Farbmittel (Pigmente)	*787/ 22 – 1980* Allgemeine Prüfverfahren für Pigmente und Füllstoffe – Teil 22: Vergleich der Beständigkeit von Pigmenten gegen Ausbluten
Bundesausschuß **F**arbe und **S**achwertschutz	BFS	Technische Richtlinien, Merkblätter	*Merkblatt Nr. 18, Stand September 1980* Beschichtungen auf Fenstern und Außentüren sowie Fensterwartung Technische Richtlinien für Fensteranstriche
Technische **L**ieferbedingungen der Deutschen Bundesbahn	TL	Lieferbedingungen für Anstrichstoffe, Fertigungsbedingungen für den Anstrich der Fahrzeuge	*TL 918 300* Technische Lieferbedingungen für Anstrichstoffe
(Unfall) **V**erhütungsvorschriften der **G**ewerblichen **B**erufsgenossenschaften	VGB	Elektrische Anlagen, Unfallverhütungsvorschriften, Druckbehälter, Krankheitsverhütungsvorschriften, Liste der Berufskrankheiten, Schutz gegen gefährliche chemische Stoffe, **m**aximale **A**rbeitsplatz**k**onzentration schädlicher Gase und Schwebestoffe (MAK)	*Unfallverhütungsvorschrift* Gerüste *Unfallverhütungsvorschrift* Farbspritzen, -tauchen und Anstricharbeiten *Unfallverhütungsvorschrift* Leitern und Tritte

Normen, Vorschriften, Richtlinien	Kurzzeichen	Inhalte im Fachbereich	Beispiele
Verordnung über die Errichtung und den Betrieb von Anlagen zur Lagerung, Abfüllung und Beförderung **b**rennbarer **F**lüssigkeiten zu Lande	**VbF**	Sicherheitsmaßnahmen, Flammpunkte und Gefahrenklassen brennbarer Flüssigkeiten	*Gefahrenklassen* Gruppe A = Flüssigkeiten, die einen Flammpunkt nicht über 100 °C haben Gefahrenklasse I: Flammpunkt unter 21 °C (z. B. Benzol, Leichtbenzin) Gefahrenklasse II: Flammpunkt 21–55 °C (z. B. Testbenzin) Gefahrenklasse III: 55–100 °C (z. B. Heizöle, Dieselöle)
Merkblätter Herausgegeben vom Hauptverband der Gewerblichen Berufsgenossenschaften, **Ze**ntralstelle **f**ür **U**nfallverhütung Herausgegeben vom Bundesminister für Arbeit und Sozialordnung	**ZEFU**	Tri-Merkblatt, Ausrüstung mit Handfeuerlöschern, Umgang mit Lösemitteln, Umgang mit Giften, Arbeiten mit ätzenden Stoffen, Sicherheitsregeln, Berufskrankheiten	*Bleimerkblatt* Erkennung und Verhütung der Bleikrankheit, Verordnungen zum Schutz gegen Bleivergiftungen bei Anstricharbeiten
Verein **D**eutscher **I**ngenieure	**VDI**	Oberflächenschutz, Lüftung, Staubbekämpfung, Meßgenauigkeit, Sicherheit	*VDI 2534* Oberflächenschutz mit thermoplastischen Kunststoffen Blatt 1: PVC hart
Grundlagen **d**er **P**reisberechnung im Maler- und Lackiererhandwerk Herausgegeben vom Hauptverband des deutschen Maler- und Lackiererhandwerks	**GdP**	Erläuterungen, Einzelleistungen, Gesamtleistungen	Leistungsbeschreibungen für Anstrich-, Tapezier-, Klebe- und Bodenbelagarbeiten, z. B. Innenanstriche auf Holz (auf Türen, Wandschränken, Holzverkleidungen)

1.10 Sicherheit am Arbeitsplatz

1.10.1 Allgemeines

Besondere Bedeutung haben bei den Arbeiten im Fachbereich „Farbtechnik"

- der Gesundheitsschutz,
- der Sachwertschutz,
- der Umweltschutz,
- die Verwendung von Leitern und Behelfsgerüsten sowie
- der Umgang mit elektrischen Geräten.

Unbedingt zu beachten sind bei der Verarbeitung von Anstrich- und Beschichtungsstoffen die einschlägigen

- Gesetze,
- Verordnungen,
- Unfallverhütungsvorschriften (der Gewerblichen Berufsgenossenschaften),
- Sicherheitsvorschriften und
- Hinweise (z. B. der Hersteller).

Auch Eigenverantwortung und persönliche Vorsichtsmaßnahmen sind gefordert.

1.10.2 Gesundheits- und Sachwertschutz

Gefährdungen können von den Anstrichstoffen vor und während ihrer Verarbeitung ausgehen (einschließlich möglicher Vorarbeiten). Die schädigende Wirkung der Anstrichstoffe hängt von der Zusammensetzung, den Eigenschaften und der Konzentration der schädlichen Stoffe ab.

Grundsätzlich sind die Hinweise und Sicherheitsregeln zu beachten.

Beispiele für den Umgang mit gefährlichen Stoffen

Anstrichstoffe	Gesundheitsschutz, Beispiele
Bindemittel	– Hinweise auf den Aufklebern der Gebinde beachten – Merkblätter der Hersteller anfordern und beachten – Im Regelfall sind die üblichen Sicherheitsmaßnahmen ausreichend
Lösemittel	– Einatmen der Dämpfe vermeiden – Möglichst Dämpfe am Entstehungsort absaugen – Für gute Be- und Entlüftung sorgen – Gefahrenklassen beachten – Maximale Arbeitsplatz-Konzentration(MAK)-Werte beachten, die Aufschluß über die schädigende Wirkung der verwendeten Lösemittel geben – Handreinigung mit Lösemittel vermeiden – Nicht rauchen, kein offenes Feuer und Licht – Aufbewahrung in bruchsicheren Behältern, besondere Kennzeichnung beachten
Pigmente, Farbstoffe, Füllstoffe	– Führen zur Staubentwicklung, deshalb für Absaugung sorgen oder Staubmaske anlegen – Besondere Schutzmaßnahmen erfordern Arbeiten mit Bleiweiß, Bleimennige, Bleisulfat (giftig) und Metallpulver (hohe Staubentwicklung beim Trockenschleifen, Gefahr für die Lunge)
Additive (Zusatzstoffe)	– Hinweise in den Merkblättern zum Gesundheitsschutz beachten

Kennzeichnung von gefährlichen Stoffen nach der Arbeitsstoffverordnung:

Gefahrensymbole und Gefahrenbezeichnungen (schwarzer Aufdruck auf orangegelbem Grund)

C

Ätzend

E

Explosionsgefährlich

O

Brandfördernd

F

Leicht entzündlich

T

Giftig

Xi

Reizend

Xn

Gesundheitsschädlich

1.10.3 Umweltschutz

Von den Anstrich- und Beschichtungsstoffen, den Arbeitsverfahren und den Hilfsmitteln gehen z. T. Umweltbelastungen aus.

Gesetze, Verordnungen und Richtlinien bestimmen die möglichen Untergrenzen für die Umweltbelastungen. Diese dürfen nicht überschritten werden.

Belastungen der Umwelt	Beispiele
Luftverunreinigung Geregelt durch das Immissionsschutzgesetz	– Verdunstung von Lösemitteln – Staubentwicklung beim Schleifen – Verbrennen von Lackresten
Wasserverunreinigung Geregelt durch Gesetze zum Schutz der öffentlichen Wasserversorgung und Reinhaltung der Gewässer	– Abbeizmittel gelangen in die Kanalisation – Lösemittel werden in das Erdreich geschüttet – Einleiten von Lackresten in Abwässer oder Flüsse
Abfallbeseitigung Geregelt durch Gesetze und Verordnungen zur Abfallbeseitigung	– Lagerung von Anstrichresten mit lösemittelhaltigen Stoffen in normalen Mülldeponien – Gedankenloses Wegwerfen von Gebinden, in denen umweltbelastendes Material übrigbleibt

- Die regionalen und kommunalen Vorschriften müssen beachtet werden
- Abfälle, die Sondermüll sind, müssen von Fachfirmen entsorgt werden
- Die Eigenverantwortung ist im Umweltschutzbereich besonders gefordert

1.10.4 Sicherheitsregeln bei Leitern und Behelfsgerüsten

Allgemeine Regeln
- Die Unfallverhütungsvorschriften der Berufsgenossenschaften sind zu beachten
- Leitern und Bohlen müssen unbeschädigt sein
- Leitern und Behelfsgerüste dürfen nur auf standsichere Untergründe gestellt werden

1. Stehleiter
- Leiterenden müssen abgerundet sein
- 2 Spreizsicherungen (Ketten, Gurte) müssen gespannt sein
- Bei Holzleitern müssen Verbindungsbolzen zwischen den Holmen sein
- Die oberste Sprosse darf nicht bestiegen werden. Zum Besteigen von höher gelegenen Arbeitsplätzen darf keine Stehleiter verwendet werden.
- Stehleitern dürfen nicht als Anlegeleiter mißbraucht werden.

2. Anlegeleiter
- Der Anstellwinkel soll ca. 68–75 ° betragen
- Der Überstand muß mindestens 1 m groß sein
- Anlegeleitern dürfen nur für Arbeiten mit geringem Umfang benutzt werden

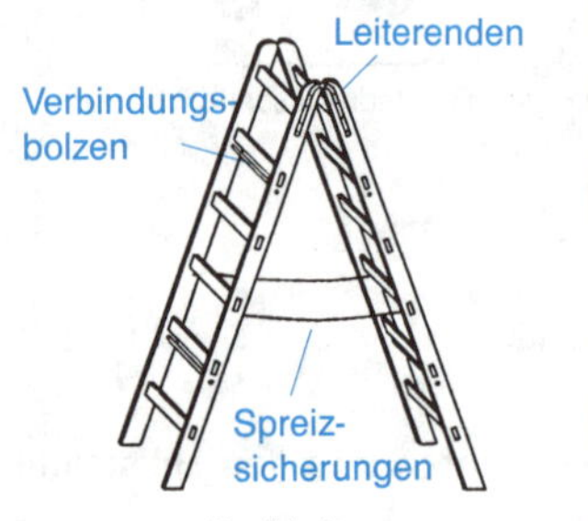

Stehleiter

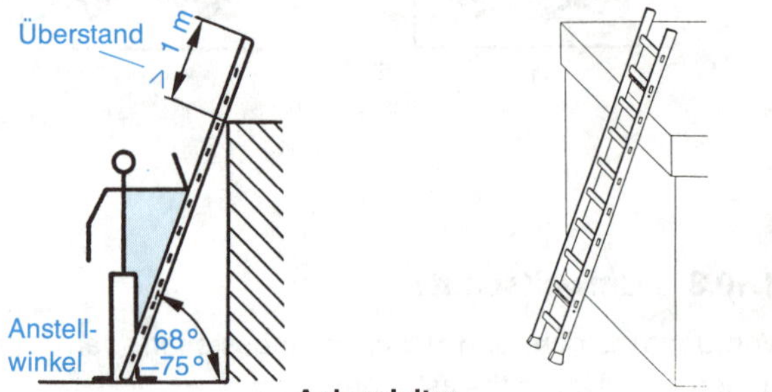

Anlegeleiter

3. Behelfsgerüst (Leitergerüst)

... bis 2 m Belaghöhe

- Bohle muß auf 4 Sprossen aufliegen
- Überstand: 10–30 cm
- 2 Sprossen müssen oben frei bleiben
- Stützweite ist abhängig von Bohlenbreite und Bohlendicke
- Bohlenbreite mindestens 28 cm

Bohlen-breite	x	*Bohlen-dicke*	*Stütz-weite*
28 cm	x	4 cm	2,75 m
28 cm	x	4,50 cm	3,00 m
28 cm	x	5 cm	3,50 m

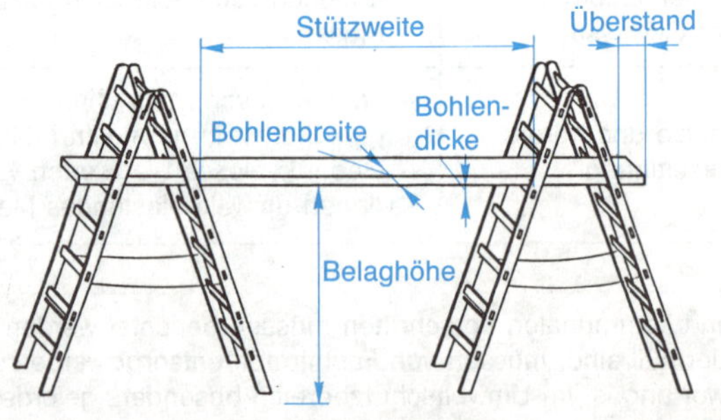

... 2 m–3 m Belaghöhe

- Doppelte Rückensicherung und ein Bordbrett anbringen
- Gleiche Unfallverhütungsvorschriften wie Gerüst
- Maximaler Wandabstand = 30 cm

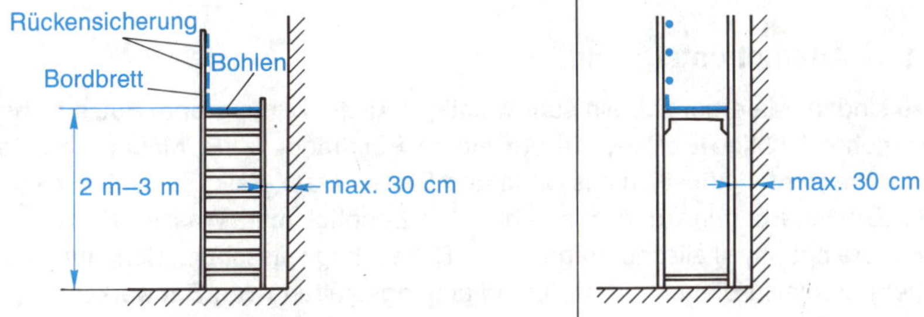

Behelfsgerüst **Gerüst**

Aufgaben *zu „Sicherheit am Arbeitsplatz"*

A 1. Durch welche Maßnahmen werden Gesundheits-, Sachwert- und Umweltschutz am Arbeitsplatz grundsätzlich geregelt?

A 2. Warum ist es unbedingt notwendig, vor der Verarbeitung von Anstrichmitteln die Aufkleber der Behälter (Gebinde) genau zu lesen und ggf. die Technischen Merkblätter der Hersteller zu Rate zu ziehen?

A 3. Welches Gefahrensymbol muß ein Gebinde mit ätzendem Inhalt tragen?

A 4. Wie ist ein Gebinde mit leichtentzündlichem Inhalt gekennzeichnet?

A 5. Welche Bedeutung hat ein schwarzes Kreuz auf orangegelbem Grund mit dem Buchstaben Xi?

X **A 6.** Geben Sie Beispiele dafür an, wann Anstrichmittel unsere Umwelt belasten können.

X **A 7.** Wann ist eine Stehleiter funktionssicher?

A 8. Worauf müssen Sie achten, wenn Sie eine Anlegeleiter benutzen?

A 9. Welche Vorschriften werden beim Arbeiten mit einem Behelfsgerüst gemacht?

4 X **A 10.** Bis zu welcher Höhe kann ein Behelfsgerüst verwendet werden?

A 11. Ab welcher Höhe sind bei einem Behelfsgerüst ein Bordbrett und eine Rückensicherung vorgeschrieben?

2 Was ist im Umgang mit Säuren zu beachten?

Schutzmaßnahmen beim Umg. mit [illegible]

\ Schleifen von Bleifa.

2 Untergründe und ihre Beschichtungen

2.1 Putze

2.1.1 Anstrichuntergrund

Putze sind im Malerbereich ein sehr wichtiger Anstrichuntergrund. Putze selbst sind ein- oder mehrschichtige Beläge, die auf einem Putzträger (z. B. Mauerwerk, Beton u. a.) haften. Sie werden künstlich aus *Sand* und *Bindemitteln* (Kalk, Zement, Gips u. a.) hergestellt. Zur Verarbeitung und zum Abbinden benötigt man Wasser. Putze übernehmen besondere bauphysikalische Aufgaben (z. B. Feuchtigkeitsschutz, Schaffung glatter Oberflächen), zugleich dienen sie der Oberflächengestaltung von Bauwerken.

Die unterschiedlichen Strukturen werden mit Hilfe verschiedener Auftragstechniken erzielt.

Die glatten und strukturierten Putze werden durch Aufbringen eines Anstrichs in ihrer Schutzfunktion verstärkt und in ihrer gestalterischen Wirkung verbessert.

Beispiele für ***Putzstrukturen:***

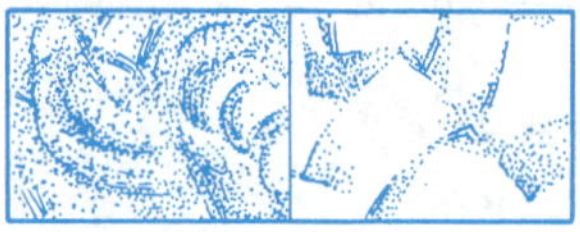

Gefilzter oder geglätteter Putz
erhält seine Oberfläche durch Bearbeitung mit Filzscheibe bzw. Glättkelle (Traufel).

Reibeputz
wird je nach verwendetem Werkzeug (Holzscheibe, Traufel u. a.) als Münchener Rauhputz, Rillenputz, Altdeutscher Putz usw. bezeichnet.

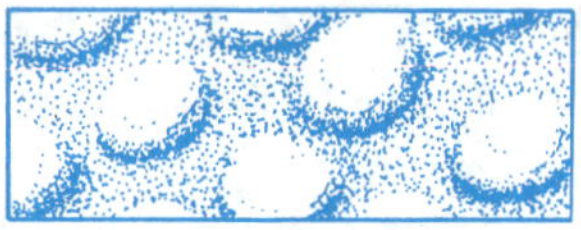

Kellenwurfputz
erhält seine Struktur durch das Anwerfen des Mörtels in bestimmter Konsistenz.

Kellenstrichputz
wird nach dem Auftrag mittels Kelle oder Traufel fächer- oder schuppenförmig verstrichen.

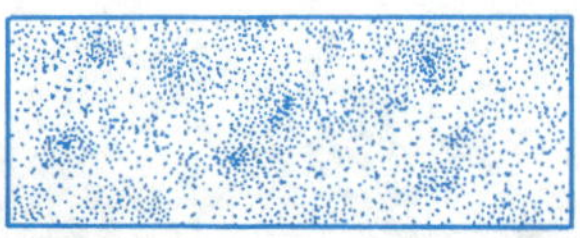

Spritzputz
wird durch zwei- oder mehrlagiges Aufsprenkeln eines feinkörnigen Mörtels mittels Spritzputzgerät (Putzhexe) hergestellt.

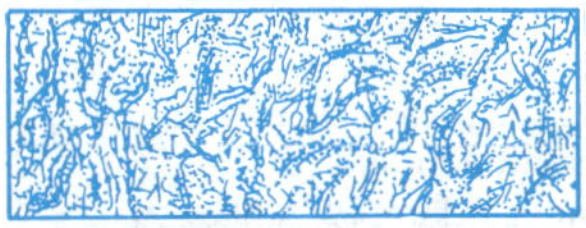

Kratzputz
wird durch Kratzen mit Nagelbrett oder Sägeblatt hergestellt.

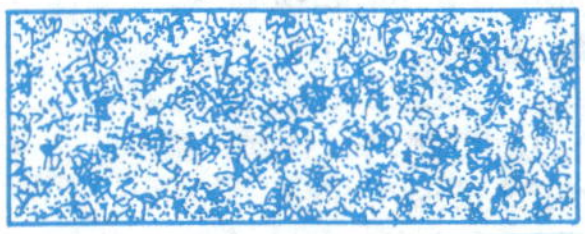

Waschputz
erhält seine Struktur durch Abwaschen der an der Oberfläche befindlichen, noch nicht erhärteten Bindemittelschlämme.

2.1.2 Mörtelgruppen nach DIN 18550

Die DIN 18550 unterscheidet auf Grund der verschiedenen Bindemittel folgende Mörtelgruppen *(Zusammensetzung der Mörtelgruppen ohne Wasser dargestellt):*

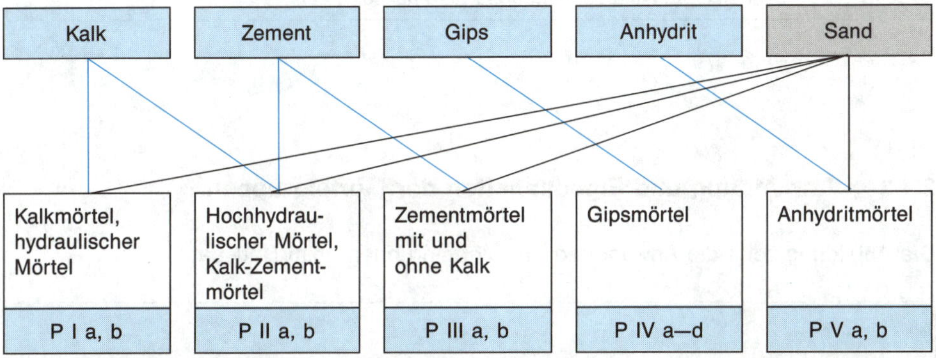

Die Unterscheidungsmerkmale der einzelnen Mörtelarten zeigt folgende Tabelle:

Mörtelgruppe		*Mörtelart*	*Anwendung des Putzes*	*Eigenschaften*
P I	a	Luftkalkmörtel (Kalkteig) Wasserkalkmörtel (Kalkhydrat)	Übliche Außenputze bei normaler Witterungsbeanspruchung, übliche Innenputze	Stark saugend, wasserdampfdurchlässig, wasserabweisend nur bei Zusätzen, fest, sehr dehnungsfähig, schnell verdunstend
	b	Hydraulischer Mörtel	Außenputze bei ungünstigen Witterungsverhältnissen	
P II	a	Hochhydraulischer Mörtel	Wasserabweisende Außenputze für ungünstige Witterungsverhältnisse, beanspruchte Innenputze	Schwach saugend, wasserdampfdurchlässig, gering dehnungsfähig, gut beanspruchbar
	b	Kalk-Zement-Mörtel		
P III	a	Zementmörtel mit Luftkalk	Wassersperrende Putze für Sockel, Wandputze mit Anstrich im Erdreich, Innenputze für Wandbeläge	Kaum saugend, wassersperrend, kaum wasserdampfdurchlässig, stark beanspruchbar, wenig dehnungsfähig
	b	Zementmörtel		

Mörtelgruppe		Mörtelart	Anwendung des Putzes	Eigenschaften
P IV	a	Gipsmörtel	Innenputze (auch Küche und Bäder), Außendeckenputze	Stark saugfähig, wasserdampfdurchlässig, kaum dehnungsfähig, gering beanspruchbar, nicht wasserfest
	b	Gipssandmörtel		
	c	Gipskalkmörtel		
	d	Kalkgipsmörtel		
P V	a	Anhydritmörtel	Innenputze, Fußbodenestriche	Saugfähig, wasserdampfdurchlässig, fest, dehnungsfähig
	b	Anhydritkalkmörtel		

Daneben unterscheidet die DIN 18550 noch Putze mit organischen Bindemitteln.

P Org 1	bedeutet „Kunstharzgebundene Putze für innen und außen“.
P Org 2	bedeutet „Kunstharzgebundene Putze nur für innen“.

2.1.3 Anwendung und Eigenschaften der Mörtelgruppen

Die Abbildung zeigt die Anwendung der Mörtelgruppen beim Hausbau:

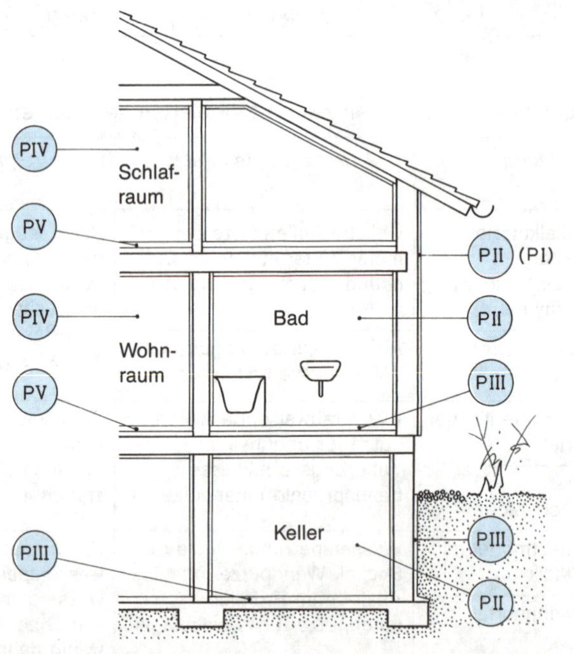

Vergleich der wichtigsten Eigenschaften der Mörtelgruppen:

Eigenschaften	Mörtelgruppen				
	P I	**P II**	**P III**	**P IV**	**P V**
Alkalität (pH-Wert)	pH 12	pH 12	pH 13	pH 7	pH 11
Porosität	sehr groß	gering	sehr gering	sehr groß	groß
Härte	gering	gut	sehr gut	gering	gut
Wetterbeständigkeit	gering	gut	sehr gut	nicht	nicht
Wasserfestigkeit	nicht	bedingt	sehr fest	nicht	nicht

2.1.4 Untergrundprüfungen und Untergrundvorbehandlungen bei Putz

Die Prüfungen beschränken sich auf die Beurteilung der Oberfläche des Putzes sowie auf sichtbare und erkennbare Mängel.

Die Vorbehandlung der Putzoberfläche wird nach ihrer Beschaffenheit vorgenommen, unabhängig von dem nachfolgenden Anstrichsystem.

Untergrundmängel	Prüfmethode/ Feststellung	Untergrundvorbehandlung
Unebenheit 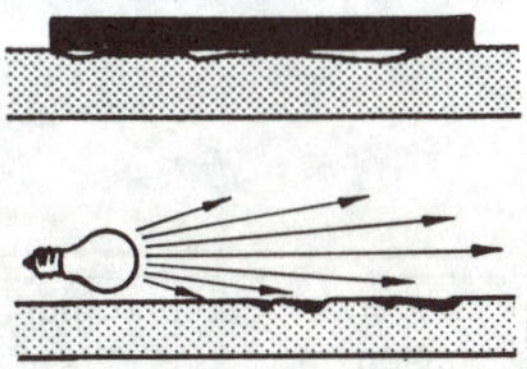	Fühlen mit der Handfläche, Lineal auflegen, streifende **Wandbeleuchtung** Lichtspalte und Schatten	Abschleifen der Erhöhungen. Glätten mit Spachtelmasse bei Innenputzen Außenputze mit Flickmörtel (Außenspachtel) beispachteln. Trocknen lassen
Feine Risse (Netz- und Haarrisse) 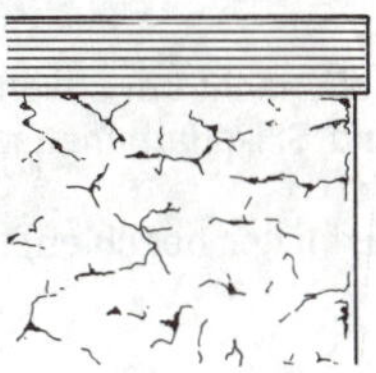	Benetzen mit Wasser Risse zeichnen sich durch starkes Saugvermögen dunkel ab	Beschichtung mit rißüberbrückenden Anstrichstoffen Überbrückung mit Gewebearmierungsmittel
Wandbildnerrisse (Schwund- und Fugenrisse) 	Augenschein Abzeichnen der einzelnen Mauerfugen	Beschichtung mit rißüberbrückenden Anstrichstoffen Überbrückung mit Gewebearmierungsmittel

Untergrundmängel	Prüfmethode/ Feststellung	Untergrundvorbehandlung
Baudynamische Risse (Statische Risse) 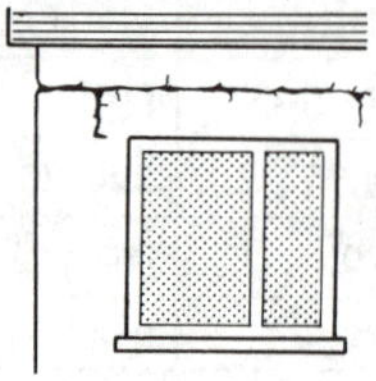	Augenschein Tiefe Aufplatzungen an Bauteilgrenzen (Decken, Betonstürze, Dehnungsfugen)	Überbrückung mit Armierungssystemen Einarbeitung dauerelastischer Fugenmassen und Fugendichtungsprofilen
Unsauberer Untergrund 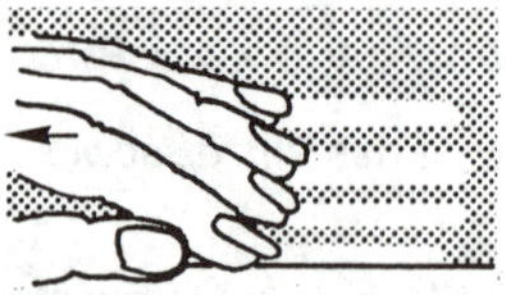	Abwischen mit der Hand, Augenschein Staub sichtbar und an der Hand	Abfegen, Abwaschen
Feuchter Untergrund 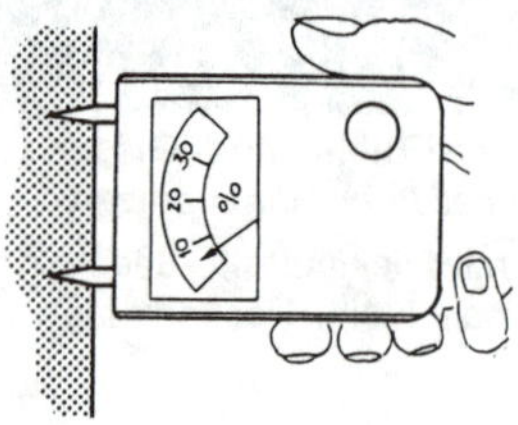	Augenschein, Befühlen, Prüfen mit **Feuchtigkeitsmeßgerät** Überschreiten der zulässigen Feuchtigkeitswerte (%) (produktabhängig)	– Trocknung – Durchfeuchtungsursachen feststellen, beheben und trocknen *Maximale Feuchtigkeitswerte:* Kalkputze 1–1,5 % Gipsputze 0,5–1,5 %
Mangelnde Festigkeit Lose Teile 	Abwischen mit der Hand, Daumennagel eindrücken, **Kratzprobe** mit kantigem Gegenstand in trockenen und angefeuchteten Untergrund, **Klebebandtest** Absanden, aufplatzen und abreißen der Oberfläche	– Kreidende, sandende, lose und mürbe Teile abbürsten – Mit Grundanstrichstoff festigen – Durchgehend mürbe Schichten entfernen – Neuer Auftrag Grundanstrichstoffe nicht bei anschließendem Kalk- und Silikatfarbenanstrich verwenden (Technische Merkblätter beachten)
Verschiedene Saugfähigkeit des Untergrundes 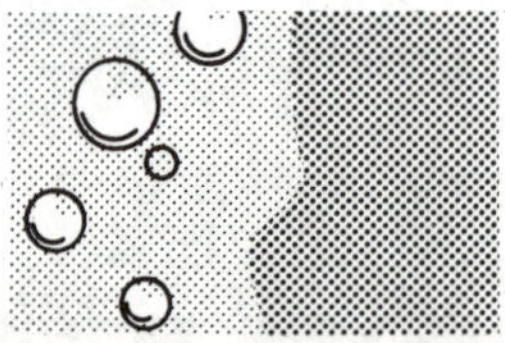	Benetzen mit Wasser Bei saugenden Untergründen Fleckenbildung, bei nichtsaugenden bilden sich Wasserperlen	Stark und unterschiedlich saugende Untergründe mit Grundanstrichstoff behandeln Grundanstrichstoff nicht bei anschließendem Kalk- und Silikatfarbenanstrich verwenden

Untergrundmängel	Prüfmethode/ Feststellung	Untergrundvorbehandlung
Sinterschichten[1] 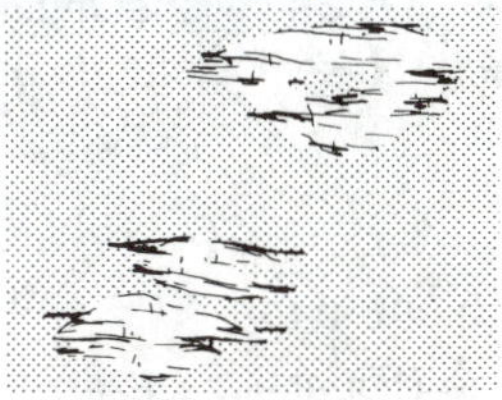	Ankratzen, Benetzen mit Wasser Im trockenen Zustand glänzende, harte Oberfläche, Kratzspur färbt sich dunkel (naß)	Manuell oder maschinell entfernen
Alkalität (pH > 8) 	Benetzen mit destilliertem Wasser **Universalindikatorpapier** wird grün bis dunkelblau	Ursache der Alkalität ist ein noch nicht restlos erhärteter (karbonatisierter) Putz Neutralisieren mit Fluaten möglich
Moos-, Algen- und Pilzbefall (Stockflecke) 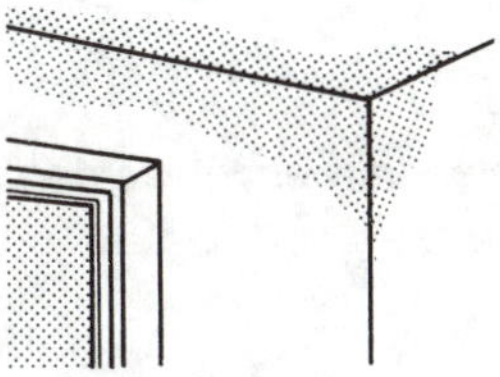	Augenschein Dunkle und graugrüne Flecken	Ursache ist Feuchtigkeit, besonders durch geringe Kältedämmung und hohen Feuchtigkeitsniederschlag Mechanisch und/oder chemisch entfernen. Chemisch nachbehandeln. Lüften, heizen, Dämmung verbessern
Ausblühungen 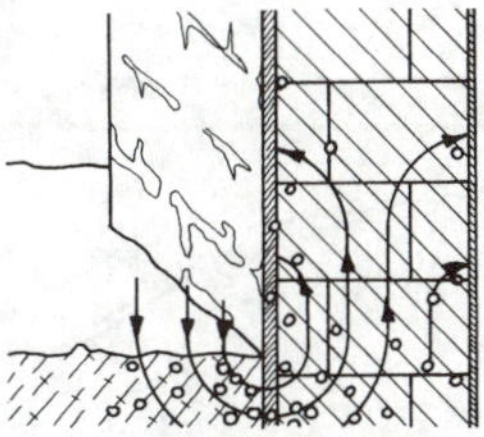	Augenschein, Abwischen mit der Hand Weiße Salze oder Kalkauslaugungen, Putzzermürbungen und -abplatzungen	Trocken abbürsten. Feuchtigkeitstransport im Mauerwerk unterbinden durch Horizontalisolierung Eine Minderung ist durch Fluatbehandlung zu erreichen (Neutralisation)
Metallteile (Rödeldrähte, Rostflecken) 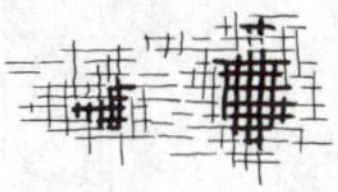	Augenschein Rotbraune Flecken und offenliegende Drähte, Putzabplatzungen	Rödeldrähte entfernen Eisenteile freilegen und gegen Rost schützen Roststellen absperren
Tragfähigkeit vorhandener Altanstriche 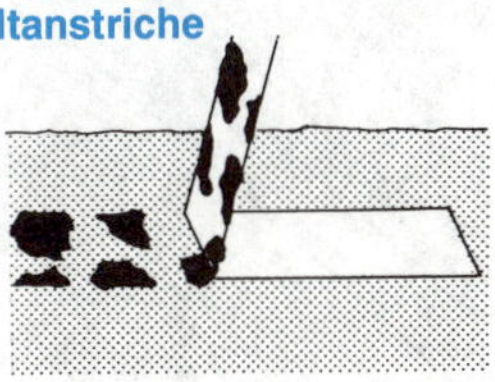	**Kratzprobe** mit kantigem Gegenstand, **Klebebandtest** Aufplatzen der Kratzspur, Rückstände am Klebeband	Mechanisches oder/und chemisches Entfernen nichttragender Anstriche *Zum Beispiel:* – Sandstrahlen – Dampfstrahlen – Hochdruckreinigen

[1]) Anreicherung von Bindemitteln an der Oberfläche

2.1.5 Anstrich- und Beschichtungssysteme auf Putz

Nach einer Zusammenstellung des Bundesausschusses Farbe- und Sachwertschutz in Frankfurt können zur Beschichtung von **Außenputzen** folgende farblose, lasierende und deckende Anstrichmittel Verwendung finden:

Farblose Beschichtungen

- Spezial-Wasserglaslösung
- Silikonharzlösung

Lasierende Beschichtungen

- Silikatfarbe ohne Dispersionszusatz

Deckende Beschichtungen

- Kalkfarbe
- Weißzementfarbe
- Silikatfarbe ohne Dispersionszusatz
- Dispersions-Silikatfarbe
- Wetterbeständige Dispersionsfarbe
- Dispersionsputz
- Mineralputz (kunststoffvergütet)
- Polymerisatharzfarbe
- Alkydharzlackfarbe

Im **Innenbereich** können daneben noch Leimfarben und Tapeten verwendet werden.

*Beispiel eines **Schichtenaufbaus** bei einem Fassadenanstrich*

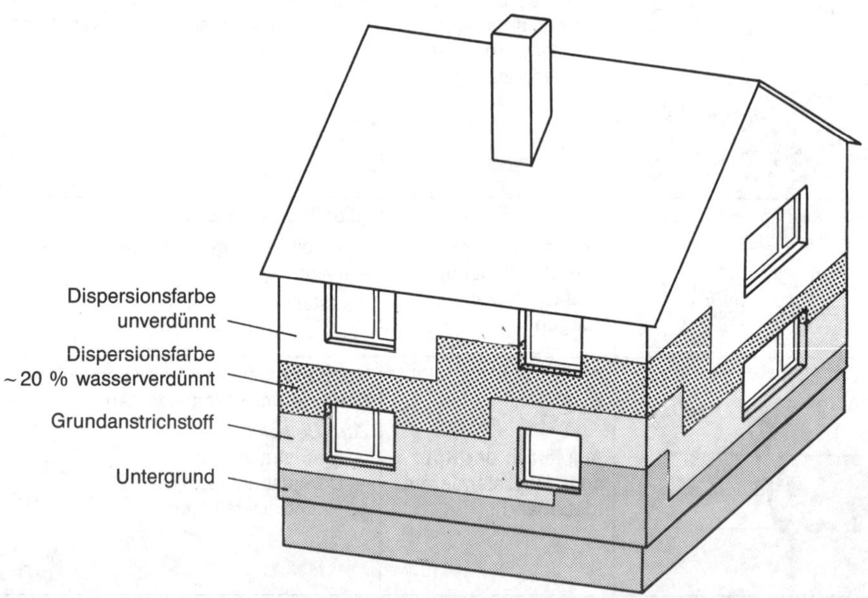

Anstrich- und Beschichtungssysteme auf Putzen (Übersicht)

Diese Übersicht ist gültig für:

— Neuanstriche
— Erneuerungs- oder Renovierungsanstriche (hier entfällt **2.**)
— Überholungsanstriche (hier entfällt **3.**)

6.	**Schlußanstrich**	**Dispersions-Silikatfarbe** (~ 10 % wasserverdünnt)	**Dispersionsfarbe** (unverdünnt)	**Kunststoff-Putz** (unverdünnt)	**Dispersions-Lackfarbe** (unverdünnt)	**PVC-Mischpolymerisatharz-Lackfarbe** (unverdünnt)	**KH-Lackfarbe** (unverdünnt)
5.	**Zwischenanstrich**				**Dispersions-Lackfarbe** (~ 5 % wasserverdünnt)	**PVC-Mischpolymerisatharz-Lackfarbe** (unverdünnt)	**Vorlack oder KH-Lackfarbe** (10 % verdünnt)
4.	**Spachtelung**						**KH-Spachtelmasse** (vollflächig)
3.	**Grundanstrich**	**Dispersions-Silikatfarbe** + Grundierkonzentrat + Wasser (~ 30 %)	**Dispersionsfarbe** (~ 20 % wasserverdünnt)	**Gefüllte Dispersionsfarbe** (~ 10 % wasserverdünnt)	**Dispersions-Lackfarbe** (~ 10 % wasserverdünnt)	**PVC-Mischpolymerisatharz-Lackfarbe** (~ 20 % lösemittelverdünnt)	**Grundanstrichmittel**
2.	**Grundierung**	**Grundierkonzentrat** + Wasser 1 : 3	**Tiefgrundiermittel** (lösemittelhaltig oder wasserverdünnbar)	**Tiefgrundiermittel** (lösemittelhaltig oder wasserverdünnbar)	**Tiefgrundiermittel** (lösemittelhaltig oder wasserverdünnbar)		
1.	**Untergrund-vorbehandlung**	Je nach Untergrundart, Untergrundzustand und Beschichtungsmaterial: Spachteln, neutralisieren, Risse armieren					
Untergrund		Mineralische Untergründe (z. B. Putze)					

2.1.6 Vorbehandlungsmittel

Für die Untergrundvorbehandlung und Grundierung von Putzen kommen folgende Mittel in Frage:

- **Spachtelmassen** – zum *Egalisieren* des Untergrundes
- **Fluate** – zum *Neutralisieren* alkalischer Putze
- **Grundiermittel** – zum *Festigen* sandender Putze und zur *Herabsetzung der Saugfähigkeit*
- **Rißarmierungen** – zum *Überbrücken* von Rissen

1. Spachtelmassen

	Füllspachtel	Zementspachtel	Dispersionsspachtel
Eigenschaften/ Verwendung	Spachtelmasse auf **Gipsbasis** für den **Innen**bereich Neutral, gut füllend, lösemittelbeständig, klebstoffbeständig, elastisch, gut verarbeitbar, schnell trocknend, gut schleifbar, wasserdampfdurchlässig, nicht für dauerfeuchte Belastung	Spachtelmasse auf **Zementbasis** für den Innen- und **Außen**bereich Feuchtigkeitsunempfindlich, wetterbeständig, quellfrei, hohe Anfangshaftung Wird außerdem als Blitzzement, Fugenmaterial und Klebemörtel verwendet	**Kunststoff-, Dispersions**spachtelmasse für den Innen- und **Außen**bereich Sehr gut füllend, gut haftend, nicht verseifend, wetterbeständig, wasserdampfdurchlässig Auch als plastischer Putz verwendbar. Kleber für **Wärmedämmplatten** (PS-Schaum)
Anwendung/ Untergründe	– Mineralische Untergründe – Gipskarton – Hart- und Weichfaserholzplatten – Angeschliffene Öl- und Lackanstriche – Plastische Anstriche	– Mineralische Untergründe – Fachwerke – Kunststeine – Verlegearbeiten – Modellieren, z. B. Gesimse	– Mineralische Untergründe – Holz, Holzwerkstoffe – Fliesen – Gasbeton
Lieferzustand	Pulverform in Säcken	Pulverform in Säcken	Verarbeitungsfertig als Pasten in Eimern
Bindemittel	**Gips** (Halbhydrat) mit **Methylcellulose**	Eisen-Portland-**Zement** grau oder weiß, kunststoffvergütet	Kunststoff-Dispersion (**Polyacrylat**)
Pigmente/ Füllstoffe	Füllstoffe	Füllstoffe	Titandioxid, Füllstoffe weiß
Verdünnung	Wasser	Wasser	Verarbeitungsfertig, evtl. Wasser zusetzen
Mischungsverhältnis	2 RT[1]) Füllspachtel : 1 RT Wasser	3 RT Zementspachtel : 1 RT Wasser	Bis zu 20 % mit Zement mischbar (zusätzlich Wasser)
Topfzeit	30–50 Min (20 °C)	3–4 Std. (20 °C)	Bei Zementzusatz 3 Std. (20 °C)

[1]) RT = Raumteil

	Füllspachtel	Zementspachtel	Dispersionsspachtel
Trockenzeit	2 Std.	Nach 24 Std. überarbeitbar, nach 28 Tagen durchgetrocknet	Nach 6-24 Std. überarbeitbar, nach 28 Tagen durchgetrocknet
Erhärtungsart	Kristallisation (Gipskristalle)	Hydraulische Härtung (Zementkristalle)	Verdunsten des Wassers „Kalter Fluß" (physikalische Trocknung)
Lagerzeit	2 Jahre (trocken)	2 Jahre (trocken)	1 Jahr (geschlossene Gebinde)
Verbrauch	0,5–1 kg/m²	0,5–1,5 kg/m²	1,5–2,0 kg/m²
Verarbeitungshinweise	Nicht unter 5 °C Sofort nach Anrühren mit Wasser verarbeitbar. Kein Vornässen des Untergrundes	Nicht unter 5 °C Sofort nach Anrühren verarbeitbar. Trockenen Untergrund vornässen	Nicht unter 5 °C Kalk-, Zement- und Silikatfarbenanstriche entfernen. Leimfarben abwaschen. Mit Tiefgrund vorstreichen

2. Fluate

Werkstoffart/ Bindemittel	Wäßrige, farblose Lösung von mehreren Fluorsilikaten, kurz Fluate genannt. Dies sind Metallsalze (Metallsilikofluoride), z. B. Aluminium-, Magnesium-, Zink- und Bleifluat der sehr giftigen Kieselfluorwasserstoffsäure
Anwendung	– Zum Neutralisieren von frischem bzw. noch alkalischem Kalkputz, Zementputz, Beton, Asbestzement und anderen zementgebundenen Bauteilen – Zur Härtung und Festigung „weicher" bzw. sandender Putzoberflächen – Zur Verringerung der Saugfähigkeit von Putzen – Zur Eindämmung von Salzausblühungen an Putz-, Beton- und Mauerfugen sowie an kalkhaltigen Kunst- und Natursteinen – Zum Schutz vor störenden Einflüssen aus der Luft (schweflige Rauchgase) – Zur Bekämpfung und Verhütung von Pilzbefall, Algen und Moosbewuchs. Ebenso Schädlingsvernichtung – Zum Absperren von Rauch- und Wasserflecken – Zum Anlösen alter Leim-, Kalk- und Mineralfarbenschichten (ca. 10 % Fluat zum Waschwasser zugeben) – Grundierung für nachfolgende Silikatfarben- und Dispersions-Silikatfarbenanstriche
Eigenschaften	Die chemische Umsetzung der Fluate führt zu wasser- und ölunlöslichen Verbindungen Neutralisation des sauren Fluates mit dem alkalischen Untergrund Porenverengung des Putzes, jedoch kein Porenverschluß
Verarbeitung	Mehrfaches Fluatieren ist je nach Untergrund notwendig. Verdünnungsverhältnis des Herstellers beachten. Gründliches Nachwaschen mit klarem Wasser
Hinweise	Die unmittelbaren Flächen gut abdecken. Fluatspritzer hinterlassen auf Glasscheiben, Marmor, Kacheln usw. angeätzte Flecken, die sehr schwer zu entfernen sind. Ansonsten sofort mit Wasser nachwaschen. Fluate sind auf reinem Gipsputz (unter 20 % Kalkanteil) unwirksam
Unfallgefahren	*Achtung:* Gift-Klasse, Abt. 2. Stark ätzend. Berührung mit Haut und Augen vermeiden. Schutzbrille, Schutzhandschuhe tragen, gegebenenfalls sofort mit reichlich Wasser spülen; Arzt aufsuchen

3. Grundiermittel

	Lösemittelhaltiges Tiefgrundiermittel (Grundanstrichstoff)
Werkstoffart/ Bindemittel	Lösung von schwer verseifbaren Kunstharzen oder Kunstharzkombinationen Bindemittel: Acrylatharz und Polymerisatharz
Eigenschaften	Verseifungsbeständig, wetterbeständig, wasserdampfdurchlässig, wasserabstoßend (hydrophobierend), verfestigend, farblos, innen und außen verwendbar
Anwendung	– Zum Festigen und Grundieren alter, an der Oberfläche sandender Putze – Auf bereits mechanisch gereinigten alten Kalk-, Zement- und Silikatfarbenanstrichen – Gipshaltige Putze (Mörtelgruppe P IV) – Auf Beton und Asbestzement, zur Erhöhung der Haftfestigkeit – Gipskartonplatten – Flächen, die durch Leim- und Makulaturreste verunreinigt sind
Verarbeitung	Sattes Einarbeiten des Grundiermittels mit Pinsel und Bürste. Verarbeitung mit Airlessgerät möglich. Bei stark saugenden Untergründen kann auch eine zweimalige Grundierung naß-in-naß erfolgen
Verdünnung	Testbenzin (Terpentinersatz) bis zu 10 % (Herstellervorschrift beachten)
Trockenzeit	Nach ca. 2 Std. kleb- und staubfrei Nach ca. 8 Std. überstreichbar
Verbrauch	Je nach Putzkörnung und Saugfähigkeit 100–400 g/m^2 bei Gasbeton ca. doppelte Menge
Hinweise	*Vorsicht!* Leicht entzündlich! Explosionsgefahr! Gefahrenklasse A II (Flammpunkt ca. 35 °C). Rauchen verboten! Die Vorschriften über den Umgang mit feuergefährlichen Lösemitteln sind zu beachten Streichwerkzeuge mit Testbenzin oder Nitroverdünnung reinigen Lösemittelbeständige Bürsten und Pinsel verwenden

	Wasserverdünnbares Tiefgrundiermittel (Grundanstrichstoff)
Werkstoffart/ Bindemittel	Lösemittelfreie Kunstharzdispersionen in feinstdisperser Form; wasserverdünnbar; Bindemittelbasis: Acrylharze, Vinylacetat oder Mischpolymerisate
Eigenschaften	Wasserfest, unverseifbar, wasserdampfdurchlässig, hohe Eindringtiefe, hohe verfestigende Wirkung
Anwendung	– Zum Verfestigen und Grundieren mineralischer Untergründe, innen und außen (nicht geeignet auf kreidenden und staubenden Untergründen) – Zum Ausgleichen unterschiedlich stark saugender mineralischer Flächen – In Lagerräumen für Lebensmittel – In explosionsgeschützten Räumen – Zusatz zu Kalk- und Leimfarben (max. 5 %) *Nicht anzuwenden:* Auf dichten, glatten Flächen, wie Altanstrichen, neuem Asbestzement und Bauelementen aus reinem Gips, stärker sandenden Putzen
Verarbeitung	Sattes Einarbeiten mit Pinsel und Bürste; Verarbeitung mit Airlessgerät möglich Bei extremen Untergründen kann naß-in-naß gearbeitet werden.
Verdünnung	Wenn notwendig mit Wasser, jedoch Herstellervorschriften für Mischungsverhältnis beachten.
Trockenzeit	Nach ca. 2 Stunden kleb- und staubfrei Nach ca. 6 bis 12 Stunden überstreichbar
Verbrauch	200–500 g/m^2 je nach Putzkörnung und Saugfähigkeit des Untergrundes
Hinweise	Nicht unter 5 °Celsius (Luft- und Untergrund) verarbeiten Frostsicher lagern. Maximale Lagerzeit: 1 Jahr Grundiermittel immer so auftragen und verdünnen, daß kein geschlossener, glänzender Anstrichfilm entsteht. Streichwerkzeuge mit Wasser reinigen

4. Rißarmierungen

Rißarten

Risse	*Ursachen*	*Zu beheben mit ...*
Haar- und Netzrisse 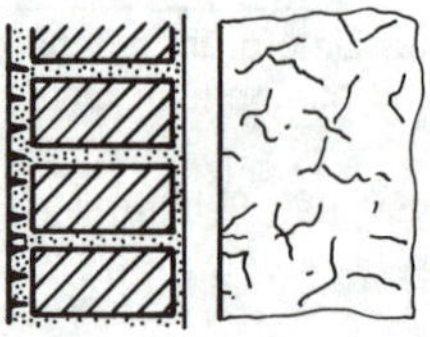	Risse im Putz durch schnelle Trocknung, falsche Zusammensetzung	**(1)–(10)** (siehe rechte Seite)
Schwund- und Fugenrisse 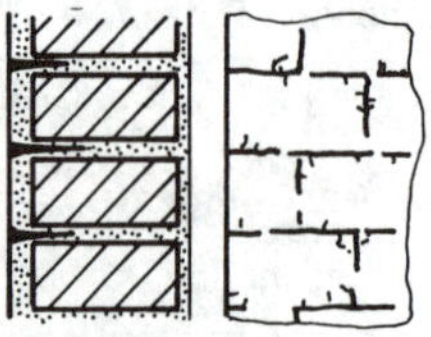	Risse im Putz und in den Mauerfugen durch feuchte Verarbeitung	**(5), (6), (8)–(10)** (siehe rechte Seite)
Statische und baudynamische Risse 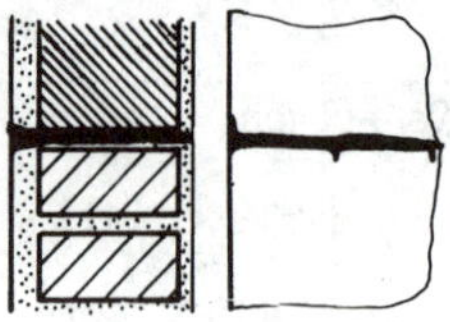	Risse zwischen Bauteilen durch Baugrundsenkung	**(6), (11), (12)** (siehe rechte Seite)

Rißüberbrückende Systeme im Innen- und Außenbereich

Vollflächig – außen und innen		
(1) **Elastische Anstrichsysteme** 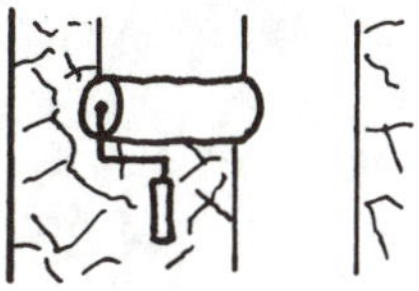 Dispersionsfarben (z. B. Latexfarben)	(2) **Gefüllte Anstrichsysteme**  Dispersionsfarben mit Fasern	(3) **Kunststoffputze** 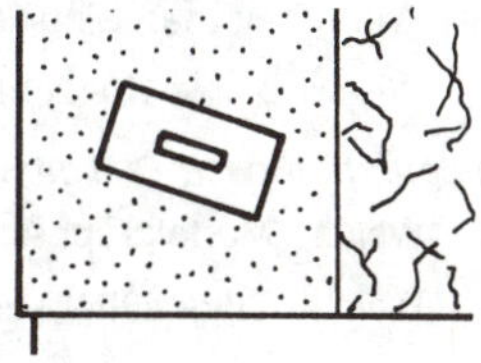
(4) **Armierungen in Dispersionsfarbe**  Glasfaservlies, Polyesterfaservlies	(5) **Armierungen (starke Ausführung)** 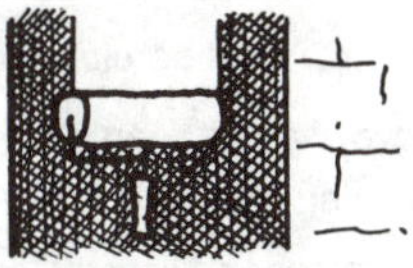 Polyester-, Glasgitter- und Glasseidengewebe	(6) **Wärmedämm-Verbundsystem (nur außen)** 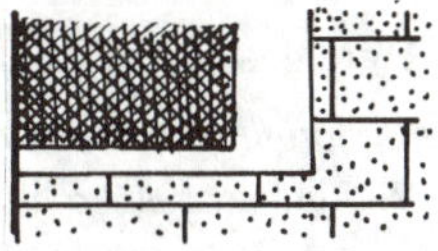 Kunststoff- und mineralische Basis mit Glasgittergewebe
Vollflächig – innen		
(7) **Tapeten** 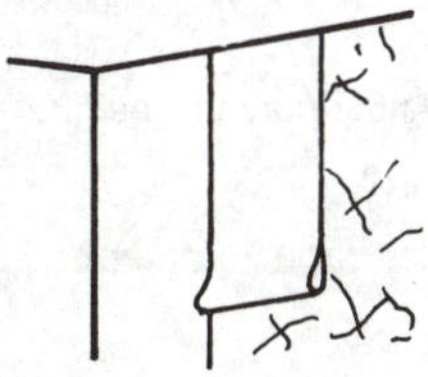 Untertapeten, bedruckte -, überstreichbare Tapeten	(8) **Wand- und Bodenbeläge** 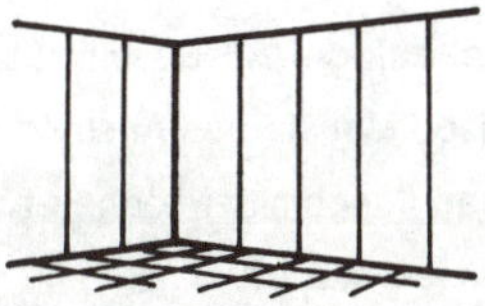 Textilien, synthetische und natürliche Beläge	(9) **Dekorplatten** 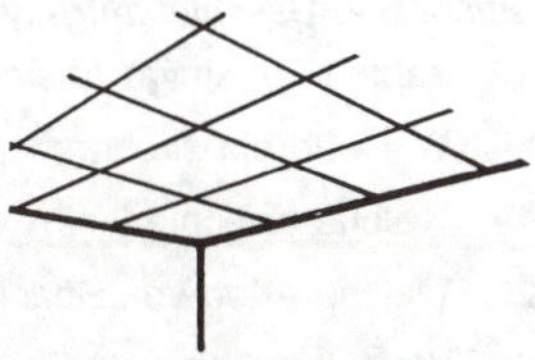 Polyesterschaumplatten
Teilflächig – innen und außen		
(10) **Verspachteln**  Zement-, Gips-, Dispersionsspachtel	(11) **Fugendichtmassen**  Haftprimer (grundieren), Dichtmasse einspritzen	(12) **Streifenarmierung** 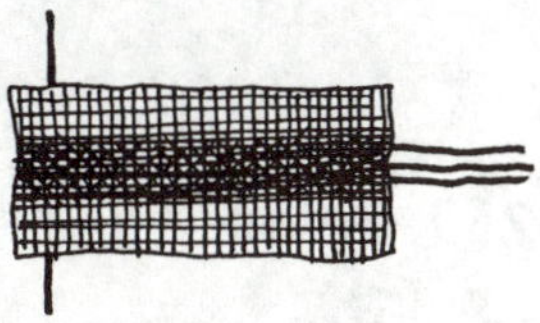 Polyestergewebe mit Mittenverstärkung

Aufgaben *zu „Putze"*

Anstrichuntergrund

A 1. Erklären Sie den Begriff „Putz".

A 2. Welche Aufgaben können Putze übernehmen?

A 3. Wie erhält man eine Reibeputzstruktur?

A 4. Wie wird eine Kratzputzstruktur erzielt?

Mörtelgruppen nach DIN 18 550

A 5. Welche Mörtelgruppen unterscheidet die DIN 18 550?

A 6. Welche Bindemittel kommen für Mörtel in Frage?

Anwendung und Eigenschaften der Mörtelgruppen

A 7. Welche Mörtelgruppe wird zum Verputzen eines Kellergeschosses verwendet?

A 8. Welche besonderen Eigenschaften hat die Mörtelgruppe P III?

A 9. Welche Mörtelgruppe wird für das Verputzen von Fassaden verwendet?

A 10. Warum ist die Mörtelgruppe P IV im Außenbereich nicht einsetzbar?

Untergrundprüfungen und Untergrundvorbehandlungen

A 11. Wie unterscheiden sich Haarrisse von Fugenrissen?

A 12. Was verstehen Sie unter baudynamischen Rissen?

A 13. Wie kann man die Putzfeuchte feststellen?

A 14. Auf welche Weise können Sie die mangelnde Festigkeit von Putzen ermitteln?

A 15. Wie können Sie feststellen, ob ein Putz unterschiedlich saugt?

A 16. Zu welchen Schäden können durchfeuchtete Wandteile führen?

Anstrich- und Beschichtungssysteme

A 17. Zählen Sie einige Anstrichmittel auf, die zur Beschichtung von Außenputzen geeignet sind.

A 18. Wie wird ein sachgerechter Dispersionsfarben-Anstrich ausgeführt?

A 19. Welche verschiedenen Vorbehandlungsmittel können für Putze in Frage kommen?

A 20. Welche Arten von Spachtelmassen gibt es?

A 21. Wozu benötigt man Fluate?

A 22. Welche Möglichkeiten bestehen, Schwundrisse im Außenbereich zu überbrücken (armieren)?

A 23. Wie kann man baudynamische Risse fachmännisch behandeln?

A 24. Für welchen Zweck verwendet man ein lösemittelhaltiges Tiefgrundiermittel?

A 25. Für welchen Zweck sind wasserverdünnbare Tiefgrundiermittel nicht geeignet?

2.2 Beton

2.2.1 Anstrichuntergrund

Aufgrund der durch Umwelteinflüsse immer größer werdenden Zerstörung (Korrosion) von Beton und aus gestalterischen Gesichtspunkten wird Beton ein immer häufigerer Anstrichuntergrund.

Nach DIN 1045 ist Beton ein *künstlicher Stein*, der aus einem erhärteten Gemisch aus *Zement, Wasser* und *Zuschlagstoffen* (Kies, Sand, gebrochene Natursteine, Granit, Basalt usw.) besteht.

Es können noch *Betonzusatzmittel*, z. B. für Wasserdichtigkeit, bessere Verarbeitbarkeit usw., beigegeben werden.

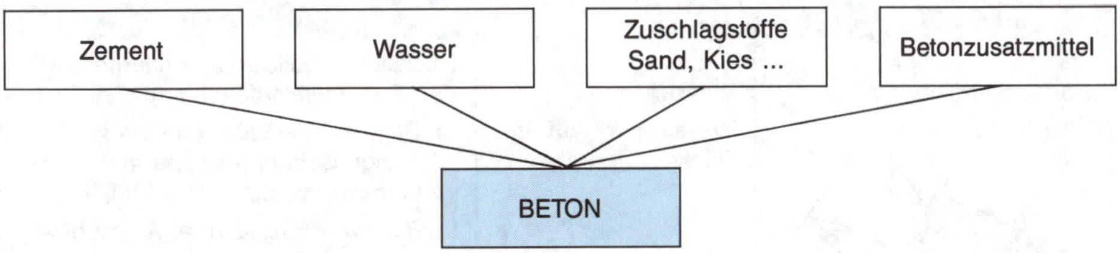

Beton mit Stahleinlagen nennt man Stahlbeton. Dadurch wird Beton zug- und druckfest.

2.2.2 Korrosion und Schutz des Betons

Seit den 50er Jahren wurde bewehrter Sichtbeton (Stahlbeton) ohne schützenden Anstrich eingesetzt. Nach ca. 20 Jahren zeigten sich große Schäden durch Betonabplatzungen und offenliegende, rostige Bewehrungsstähle. Die statische Sicherheit der Bauwerke minderte sich oder war nicht mehr gegeben. Deshalb muß Beton geschützt bzw. saniert werden.

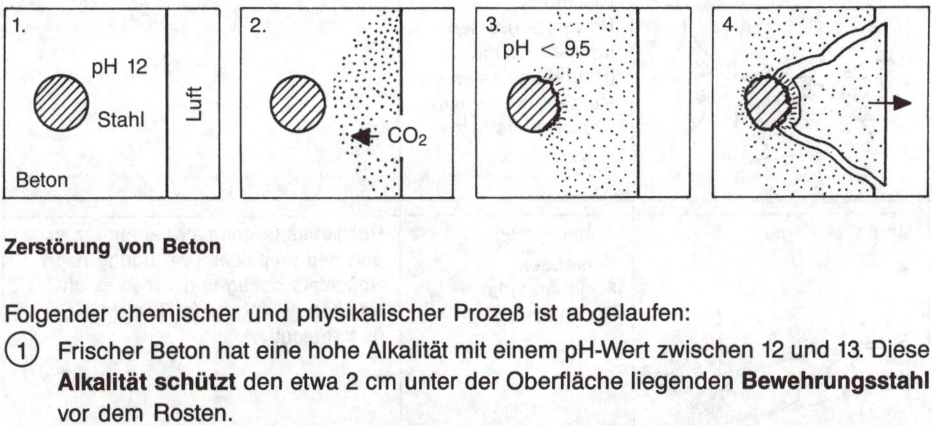

Zerstörung von Beton

Folgender chemischer und physikalischer Prozeß ist abgelaufen:

(1) Frischer Beton hat eine hohe Alkalität mit einem pH-Wert zwischen 12 und 13. Diese **Alkalität schützt** den etwa 2 cm unter der Oberfläche liegenden **Bewehrungsstahl** vor dem Rosten.

(2) Mit den Jahren wandert das Kohlendioxid der Luft durch das Porenwasser immer tiefer in die Oberfläche. Dabei wird das alkalische Calciumhydroxid des Betons umgewandelt.

(3) Durch diesen chemischen Prozeß wird Wasser freigesetzt. Jetzt beginnt der Bewehrungsstahl zu rosten.

(4) Der sich bildende Rost vergrößert sein Volumen um das 2- bis 3fache gegenüber Stahl. Der Beton bricht aus. Der jetzt an der Oberfläche liegende Stahl rostet durch die aggressive Luft schnell weiter.

Ganz besonders muß auf die Gefährlichkeit von Rissen hingewiesen werden. Eindringende Feuchtigkeit führt zusammen mit aggressiven Abgasen zu einem schnelleren Alkalitätsverlust und damit zur Zerstörung.

2.2.3 Untergrundprüfungen und Untergrundvorbehandlungen bei Beton

Untergrundmängel	Prüfmethode/ Feststellung	Untergrundvorbehandlung
Trennmittelrückstände, Nachbehandlungsmittel-rückstände 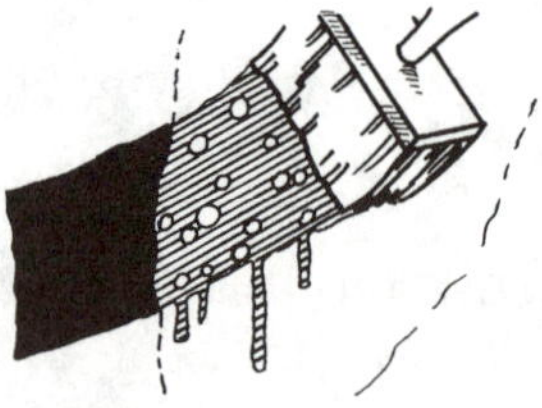	Benetzen mit Wasser Wasser perlt auf den Rückständen ab	Rückstände vollständig entfernen (Art des Trennmittels beachten) a) *Ölige Rückstände:* Ein- bis zweimalige **Schaumwäsche** mit Wasser und Spülmittel (Pril) b) *Bitumen- Rückstände:* **Ammoniakschaumwäsche** (Salmiakgeist + Wasser + Spülmittel) c) *Wachshaltige Rückstände:* Kombinierte **Fluatschaumwäsche** (1 Teil Fluat + 4 Teile Wasser + Spülmittel) Nach jeder Schaumwäsche gründlich mit klarem Wasser **nachwaschen.** Keine organischen Lösemittel (z. B. Testbenzin) verwenden
Freiliegende Bewehrungseisen, Betonabsprengungen 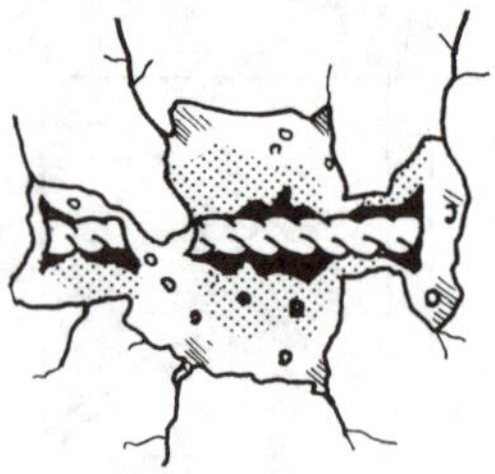	Augenschein Aufgeplatzter und hohler Beton; offenliegendes, rostendes Bewehrungseisen Indikatorlösung (Phenolphathalein) stellt die Karbonatisierungstiefe fest	Sind mit anstrichtechnischen Mitteln nicht zu beheben Siehe Betonsanierung
Undichte Fugen 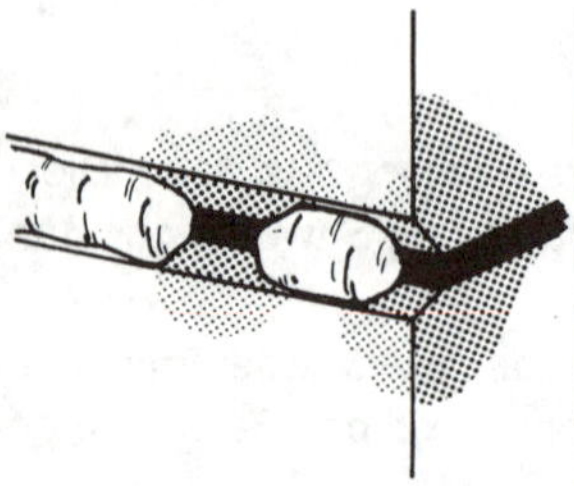	Augenschein Fehlendes Fugenmaterial, Feuchtstellen	Restliches Fugenmaterial entfernen und neu ausbilden. Verfugung nach Spachtelarbeiten und vor Anstricharbeiten ausführen (z. T. nicht überstreichbar)
Gepuderte Betonfläche 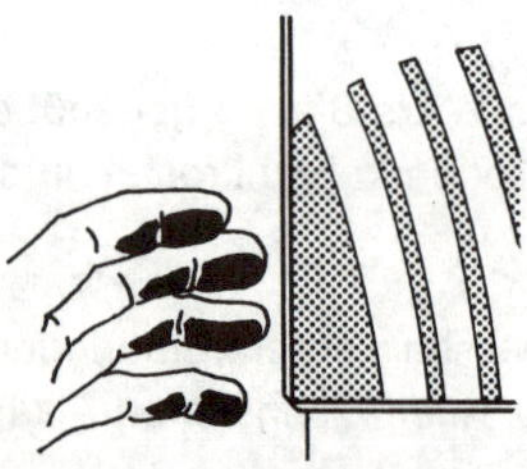	Wischprobe Mehliger Abrieb	Abbürsten, abstrahlen, grundieren mit Grundanstrichstoff

Untergrundmängel	Prüfmethode/ Feststellung	Untergrundvorbehandlung
Betonausbesserungs-stellen 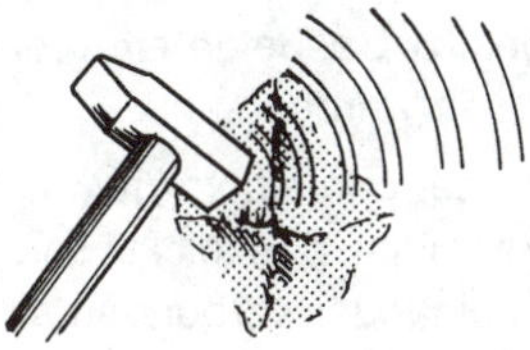	Mit Hammer abklopfen Dumpfer Klang bei vorhandenen Hohl-stellen	Fehlerhafte Stellen freilegen, aus-stemmen, fachgerecht verfüllen
Zementschlämme 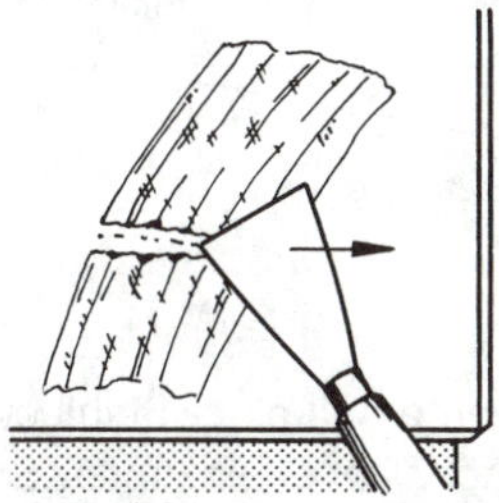	Kratzprobe mit kantigem Gegenstand Absplittern, abblättern, sichtbare Streichspuren	Abbürsten, abschaben, grundieren mit Grundanstrichstoff

2.2.4 Anstrich- und Beschichtungssysteme (außen und innen)

Beton kann unter anderem mit folgenden Anstrichstoffen beschichtet werden:

Farblose Beschichtungen

- Silikat-Imprägniermittel (ohne Dispersionszusatz)
- Silikonharzlösungen (mit wäßrigen und organischen Lösemitteln)
- Polymerisatharzlösungen

Lasierende Beschichtungen

- Silikat-Lasurfarbe (ohne Dispersionszusatz)
- Dispersions-Silikat-Lasurfarbe
- Dispersions-Lasurfarbe
- Polymerisatharz-Lasurfarbe

Deckende Beschichtungen

- Kalkzementfarbe
- Weißzementfarbe
- Silikatfarbe (ohne Dispersionszusatz)
- Dispersions-Silikatfarbe
- Dispersionsfarbe
- Dispersionsputz
- Polymerisatharzfarbe
- Dispersionslackfarbe
- Zweikomponenten-Systeme (z. B. Epoxidharz-Lack)

Aufgaben *zu „Beton“*

A 1. Erklären Sie den Begriff Beton.

A 2. Aus welchen Bestandteilen wird Beton hergestellt?

A 3. Warum muß Beton durch Anstriche geschützt werden?

A 4. Aus welchem Grund rosten die in Beton eingebetteten Bewehrungsstähle?

A 5. Warum sind Risse im Beton besonders gefährlich?

A 6. Wie kann man Trennmittelrückstände auf Beton feststellen?

A 7. Wie kann man Trennmittelrückstände entfernen?

A 8. Welche Maßnahmen sind zu ergreifen, wenn die Betonoberfläche pudert?

A 9. Welche Anstrichmittel kommen z. B. für eine Betonbeschichtung in Frage?

2.3 Gasbeton

2.3.1 Anstrichuntergrund

Gasbetonelemente werden zur Auskleidung von Hallen, die in Stahlkonstruktion ausgeführt wurden, verwendet. Aufgrund seiner großen Porigkeit besitzt Gasbeton ein großes Saugvermögen, das durch entsprechende Anstriche aufgehoben werden kann.

Gasbeton besteht aus den Rohstoffen Zement, Kalk, Sand, Wasser und einem Treibmittel (meist Aluminiumpulver). Nach dem Mischen bläht das Treibmittel den dickflüssigen (pastenförmigen) Gasbeton auf und bildet viele Poren, die miteinander verbunden sind.

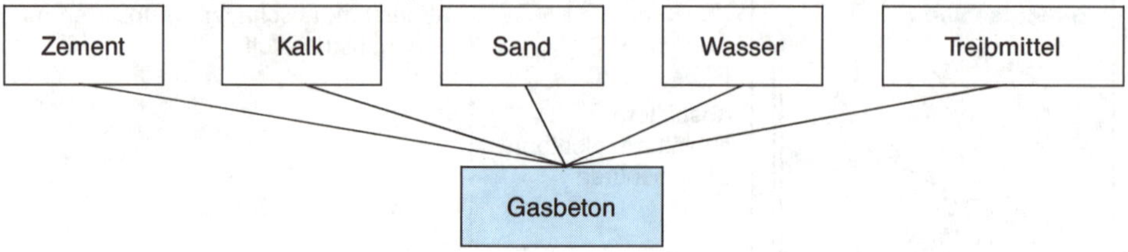

Gasbeton ist leicht, wärmedämmend, nicht brennbar und, wenn er mit einer Stahlbewehrung versehen ist, tragfähig. Durch seine rauhe, porige Oberfläche hat er ein großes Saugvermögen und eine geringe Härte. Feuchter Gasbeton ist sehr gering wärmedämmend.

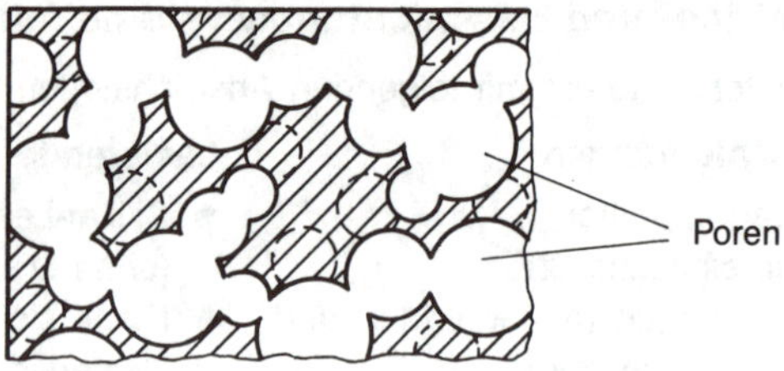

Querschnitt durch Gasbeton

2.3.2 Untergrundprüfungen und Untergrundvorbehandlungen bei Gasbeton

Untergrundmängel	Prüfmethode/ Feststellung	Untergrundvorbehandlung
Verschmutzungen, Lose, sandende Teile an der Oberfläche	Augenschein, Abwischen mit der Hand	Abkehren, abfegen (nicht abwaschen)
Offenliegende Bewehrungsstähle, besonders an Schnittstellen 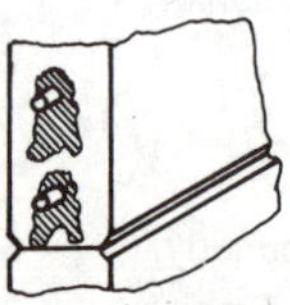	Augenschein Offenliegender Stahl und Rostflecken	Es muß eine Mindestschicht von 10 mm zwischen Oberfläche und Bewehrungsstahl vorhanden sein

Untergrundmängel	Prüfmethode/ Feststellung	Untergrundvorbehandlung
Feine Risse (Netz- und Haarrisse) 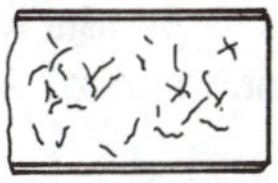	Sichtprüfung Im trockenen Zustand sind die feinen Risse kaum sichtbar	Beschichtung mit rißüberbrückenden Anstrichsystemen (Herstellervorschrift beachten) Verspachteln mit Dispersionsspachtelmasse (Herstellervorschrift beachten)
Offene Fugen zwischen gefasten Platten (waagerechte Fugen) 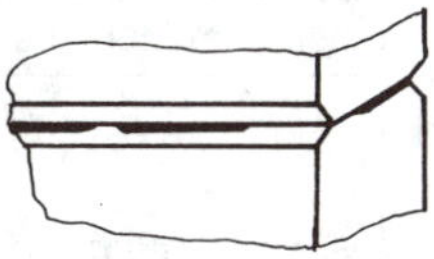	Sichtprüfung Dunkle Fugen	Füllen mit faserverstärktem Kunststoff-Klebemörtel auf Latex-Basis und anschließend glätten
(senkrechte Fugen) 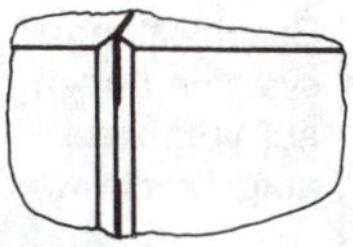		Fugenflanken grundieren mit Fugendichtmasse; 1:5 mit Wasser verdünnt Füllen mit Fugendichtmasse (Acryl-Basis)
Dehnungsfugen an Bauabschlüssen 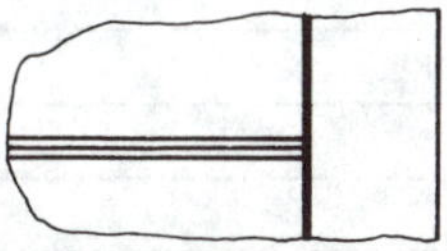	Sichtprüfung Breite Fugen zwischen Bauteilen	Grundieren, Verfüllen mit dauerelastischer Fugenmasse (Polysulfid-Zweikomponenten-Fugenmasse; (Herstellervorschriften beachten)
Feuchtigkeit, Ausblühungen 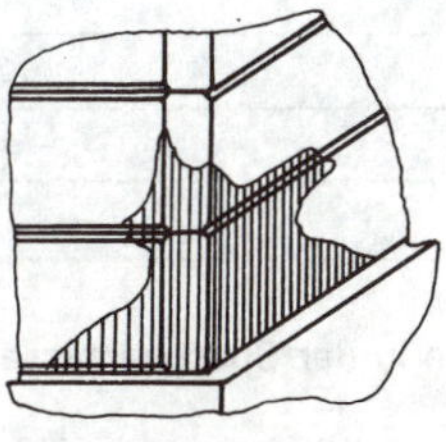	Augenschein, befühlen, prüfen mit Feuchtigkeitsmeßgerät Nasser und durchgefeuchteter Gasbeton	Aufsteigende Feuchtigkeit und fehlende Abdeckungen sind zu beheben Feuchter Gasbeton reagiert alkalisch, eine nachhaltige Neutralisation mit Fluaten ist nicht möglich Trocknen durch lange Standzeit. Heizen Bei Feuchträumen mit Hydrophobierungsmitteln grundieren
Abbruchstellen 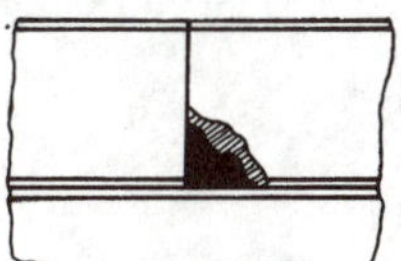	Augenschein Fehlende Ecken und Kanten	Vornässen und mit zementhaltigem Reparaturmörtel ausbessern

2.3.3 Anstrich- und Beschichtungssysteme (außen und innen)

- Es sind nur alkalibeständige (nicht verseifbare) Anstrichstoffe zulässig.
- Dunkel und satt getönte Anstrich- und Beschichtungssysteme führen bei Sonneneinstrahlung zu starker Erwärmung des Gasbetons und zur Rissebildung.
- Bei Innenräumen mit zeitweilig hoher Luftfeuchtigkeit (bei über 70 % relativer Luftfeuchte) sind innen an den Außenwänden dampfsperrende Maßnahmen zu ergreifen (z. B. Hydrophobierung mit Silikonharzlösung).

Untergrundvorbehandlung					**Gasbetonuntergründe**	
Anstrich- und Beschichtungssysteme für	Ungespachtelt	Mit Zementspachtel	Mit Füllspachtel (Gips)	Mit Dispersionsspachtel	Liegende und stehende Wandplatten und -tafeln: Kanten gefast 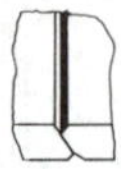 / Kanten ungefast 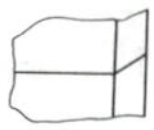	Plansteine im Dünnbettverfahren, Blocksteine im Mörtelbett 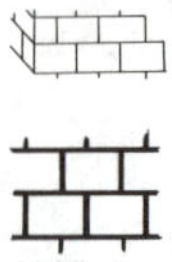
	Vollflächig gespachtelt					
Außen Abbruchstellen und Fugen immer vorbehandeln	X[2])				Dispersions-Silikatfarben, wenn vom Hersteller zugelassen	Anstrich- und Beschichtungssysteme dürfen nur auf **verputzte** Flächen aufgebracht werden
	X[2])				Dispersionsfarbe gefüllt, wetterbeständig	
	X[2])			X[1])	Dispersionsputz P Org 1	
Innen Nur Abbruchstellen vorbehandeln	X	X[2])	X[2])	X	Dispersionsfarbe waschbeständig	
	X	X	X[2])	X	Dispersionsfarbe gefüllt	
	X[2])	X	X[2])	X	Dispersionsfarbe mit Rauhfasereffekt	
	X	X[2])	X[2])	X	Dispersionsputz P Org 2	
	X[2])	X[2])	X[2])	X	Dispersions-Plastikmasse	
		X			Silikatfarbe	
	X	X			Dispersions-Silikatfarbe	
	X	X			Polymerisatharzfarbe	
		X[3])			Kunstharzputz lösemittelhaltig	
		X[2])	X[2])	X[3])	Leichte und schwere Tapeten	

X = Jeweilige Spachtelmasse oder ungespachtelt
[1]) = Bei ungefasten Platten müssen die Fugen mit Armierungsgewebe in der Spachtelmasse abgedeckt werden
[2]) = Grundanstrich nach Herstellerangabe
[3]) = Tiefgrundiermittel lösemittelhaltig

Aufgaben *zu „Gasbeton"*

A 1. Warum muß Gasbeton einen Anstrich erhalten?
A 2. Aus welchen Rohstoffen wird Gasbeton hergestellt?
A 3. Welche Eigenschaften besitzt Gasbeton?
A 4. Worauf sind Gasbetonflächen besonders zu prüfen?
A 5. Wie müssen offene Fugen im Außenbereich behandelt werden?
A 6. Wie werden Abbruchstellen ausgebessert?
A 7. Welche Eigenschaft muß ein Anstrichstoff für Gasbeton aufweisen?
A 8. Warum dürfen dunkel getönte Anstrichstoffe nicht für einen Außenanstrich verwendet werden?

2.4 Asbestzement

2.4.1 Anstrichuntergrund

Asbestzement soll aufgrund seiner gesundheitsschädigenden Wirkung zwar nicht mehr hergestellt werden, als eingebaute Formteile bleibt er jedoch noch lange ein Anstrichuntergrund.

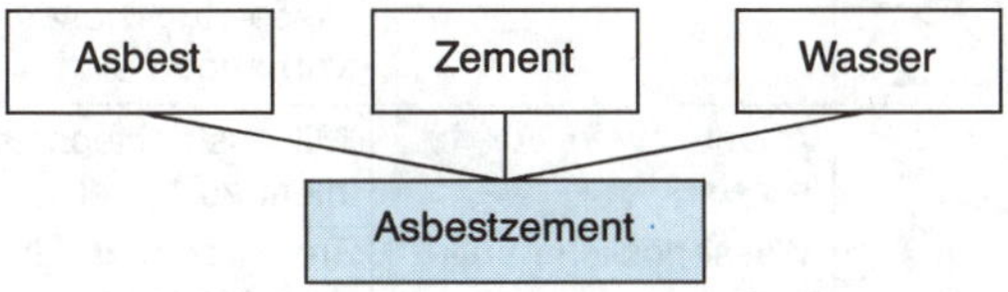

Asbestzement ist ein künstlicher, anorganischer Baustoff. Die mineralischen, filzartigen Asbestfasern wurden mit Zement und Wasser normal (hydraulisch) und unter Dampf gehärtet. Durch die spezielle Herstellung im Druckverfahren ist Asbestzement mit Trennmittelrückständen behaftet.

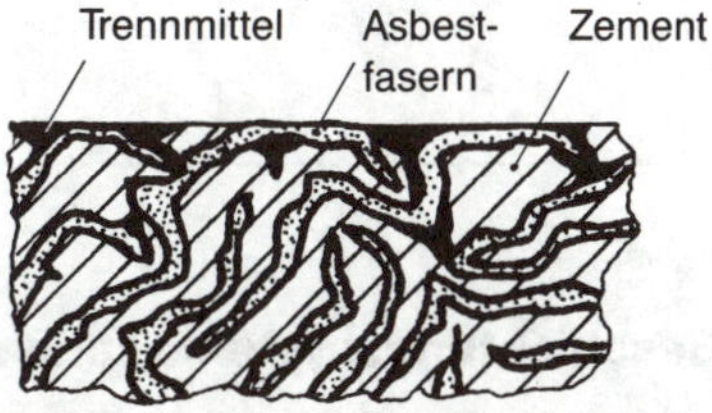

Querschnitt durch Asbestzement

Normalgehärteter Asbestzement hat eine dunkelgraue Oberfläche. Dampfgehärteter Asbestzement sieht hellgrau aus. Er ist sehr stark alkalisch. Das Schleifen, Trennen und Sägen ist wegen der Gefahr von Lungenerkrankungen (Asbestose) nur mit Atemschutz zulässig.

2.4.2 Untergrundprüfungen und Untergrundvorbehandlungen

Untergrundmängel	Prüfmethode/ Feststellung	Untergrundvorbehandlung
Alkalität 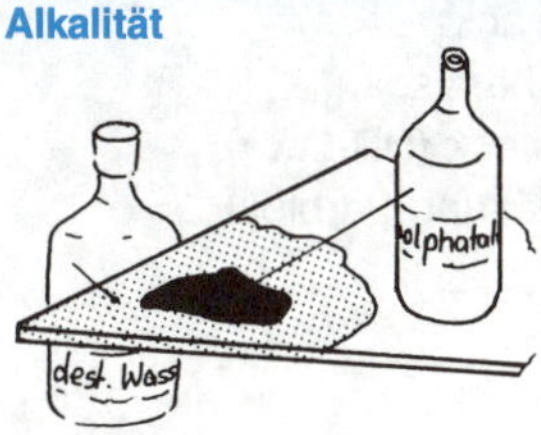	Benetzen mit destilliertem Wasser Indikatorpapier wird blau, Universalindikatorpapier wird grün bis dunkelblau, Phenolphtalein wird rot	Eine Fluatbehandlung zur Neutralisation ist nicht möglich, eine Säurebehandlung würde Asbestzement zerstören Längere Zeit auslagern Alkalibeständige Beschichtungsstoffe verwenden
Feuchtigkeit 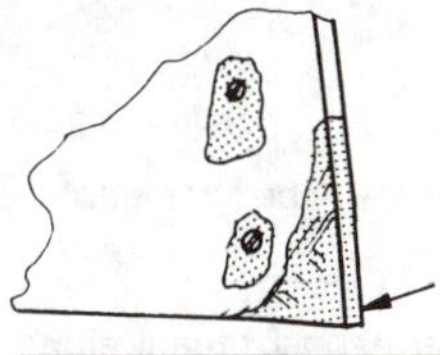	Augenschein; Befühlen elektrischer Feuchtemesser Durchfeuchtungen, besonders an Bohrlöchern, Verwerfungen, Aufquellen	Bautechnische Voraussetzungen müssen erfüllt sein, z. B. mindestens 2 % Gefälle, allseitiger Schutz im Außenbereich, Bohrlöcher dichten Trocknen, allseitig behandeln

Untergrundmängel	Prüfmethode/ Feststellung	Untergrundvorbehandlung
Trennmittelrückstände 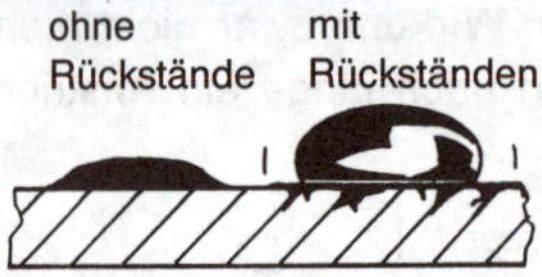	Wasserprobe Wasser perlt ab	Geringe Trennmittelrückstände; behandeln Bei ganzflächigen Trennmittelrückständen keine Vorbehandlung möglich, da diese Rückstände im ganzen Werkstoff vorhanden sind
Ausblühungen 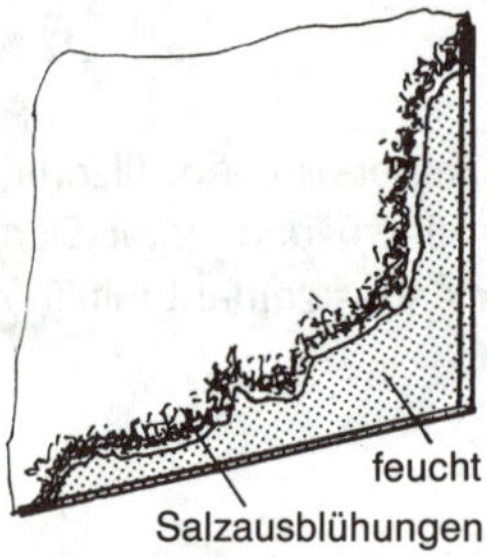	Augenschein, Abwischen Wasserlösliche Kalkteile entstehen bei Feuchtigkeit, besonders bei normalgehärtetem Asbestzement	Mit anstrichtechnischen Maßnahmen nicht zu beheben Trocknen und Feuchtigkeitstransport unterbinden

2.4.3 Anstrich- und Beschichtungssysteme (außen und innen)

Asbestzement ist ein besonders schwieriger Untergrund, deshalb ist zu beachten:

1. Der Hersteller muß die Eignung des Beschichtungs- und Anstrichstoffes auf Asbestzement ausdrücklich zugesichert haben.
   Normalgehärtete Asbestzementplatten sind im Außenbereich allseitig zu beschichten.
2. Bei allen Beschichtungen im Außen- und Innenbereich ist der einseitige Untergrund mit einem, vom Hersteller zugelassenen Grundanstrichstoff zu behandeln.
3. Besonders bei Silikat- und Dispersions-Silikatfarben kann es im Außenbereich zu Salzausblühungen durch die erhöhte Alkalität und Feuchtigkeit kommen.
4. Es sind nur alkalibeständige Beschichtungsmittel zu verwenden;
   z. B.:
   - Silikatfarbe
   - Dispersions-Silikatfarbe
   - Dispersionsfarbe (verseifungsfest)
   - Dispersionsputz P Org 1
   - Dispersionslack
   - Polymerisatharzlack
   - Polyurethanlack (DD-Lack)
   - Silikonharzlösung (farblos)

Aufgaben *zu „Asbestzement"*

A 1. Warum wird Asbestzement nicht mehr hergestellt?

A 2. Aus welchen Bestandteilen besteht Asbestzement?

A 3. Wodurch unterscheidet sich normalgehärteter von dampfgehärtetem Asbestzement?

A 4. Wie kann man die Alkalität feststellen?

A 5. Zählen Sie einige Beschichtungsmittel auf, die sich prinzipiell für Asbestzement eignen.

2.5 Natur- und Kunststeine

2.5.1 Anstrichuntergrund

Natur- und Kunststeine sind vorgefertigte Bauelemente (Blöcke, Steine, Platten, Riemchen, Fensterbänke, Gewände), die am Objekt (Wohnhaus, Treppen, Fassaden) besonders im Außenbereich eingesetzt werden und vom Maler behandelt werden müssen (reinigen, streichen, ausbessern).

Man unterscheidet folgende Arten:

Natursteine
z. B. gelbliche, rötliche, grünliche und bläuliche Sandsteine, Kalksteine, Grauwacke

Beispiel:
Sandsteine an Fenster und Fassade

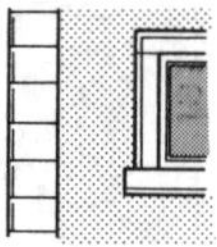

Kunststeine

1. Gebundene Kunststeine
z. B. Kalksandsteine, Betonwerksteine, Asbestzementplatten, Gasbetonplatten

2. Gebrannte Kunststeine
z. B. Mauersteine, Verblendklinker

Beispiel:
Fassade mit Verblendklinker

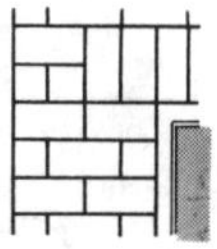

2.5.2 Zerstörung von Natur- und Kunststeinen

Besonders Natursteine zeigten in den letzten Jahrzehnten starke Verwitterungserscheinungen.

Die **Ursachen** waren:

Mechanische Zerstörungen
- Eindringendes Wasser gefriert, vergrößert sein Volumen, die Folgen sind Risse und Abplatzungen
- Salzausblühungen und Salzabsprengungen
- Starke Temperaturänderungen

Biologische Zerstörungen
- Moos- und Algenbefall
- Bakterien

Chemische Zerstörungen
- Schwefelhaltige Abgase (SO_2) von Feuerungsanlagen und Verbrennungsmotoren bilden mit dem Regen schweflige Säure H_2SO_3. Diese dringt in den porösen Naturstein ein
- Durch Sauerstoffzufuhr aus der Luft bildet sich die Schwefelsäure (H_2SO_4)
- Diese Schwefelsäure zersetzt das Hauptbindemittel aller Natursteine, den Kalk, zu nicht wasserbeständigem Gips.
  Dieser Gips wird an der Oberfläche zerstört und ausgewaschen

Man unterscheidet (besonders bei Natursteinen) folgende **Arbeiten:**

- *Steinreinigung* (Entfernung von Schmutz)
- *Steinkonservierung* (innerer Aufbau eines Bindemittels)
- *Steinrestaurierung* (Neuaufbau von Teilen)
- *Steinimprägnierung* (Verhinderung der Wasseraufnahme)

2.5.3 Untergrundprüfungen und Untergrundvorbehandlungen

Untergrundmängel	Prüfmethode/ Feststellung	Untergrundvorbehandlung
Verschmutzte Oberfläche, nichttragfähige Altbeschichtungen 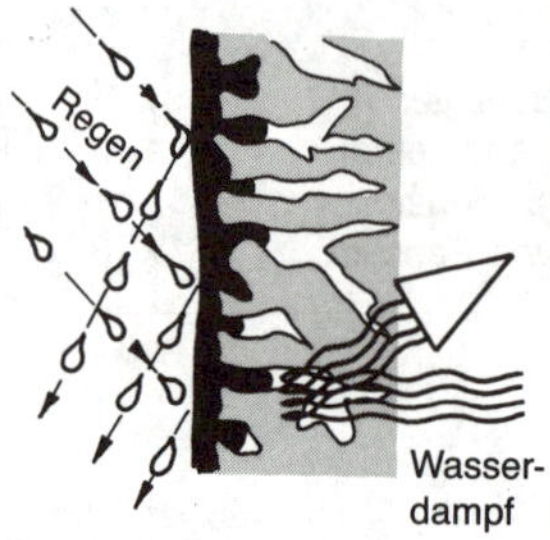	Augenschein Schmutz, Abplatzungen (Deckende Altanstriche lassen keinen Wasserdampf nach außen. Diese geschlossenen Anstriche platzen ab.)	**Steinreinigung** mit: – Hochdruckreinigern – Dampfhochdruckreinigern – Abbeizern [1] – Alkalien (Kali-, Natronlauge) [1] – Säuren (Fluß-, Salz-, Phosphorsäure) [1] – Sandstrahlen, jedoch mit Substanzverlust [1] *Trotz Nachwaschen verbleiben schädigende Rückstände im Untergrund*
Zerstörungen (z. B. Sandstein) 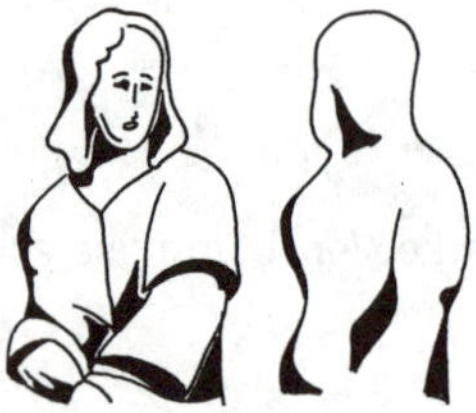 Vergleich: Sandsteinfigur nach 80 Jahren Bewitterung	Augenschein Sandende Abplatzungen. (Eindringendes Wasser, Salze, biologische Stoffe und besonders schwefelhaltige Abgase zersetzen den Naturstein.)	**Steinkonservierung**, z. B. mit: Kieselsäureester Bei der Konservierung wird ein Bindemittelaufbau im Stein erreicht **Steinrestaurierung:** – 2K-Epoxidharze und Sandsteinmehl – Neue Bauteile
Feuchtigkeit 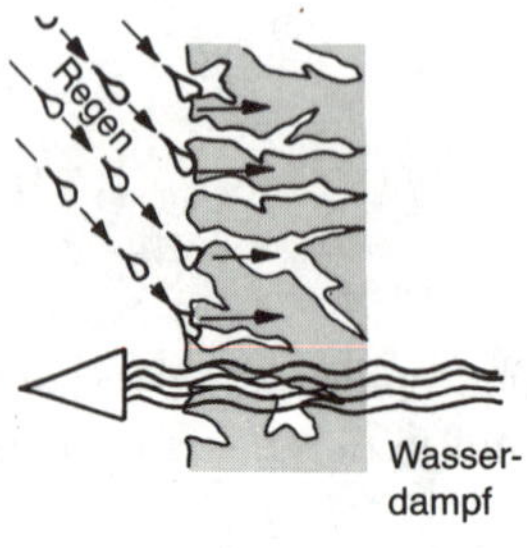	Augenschein Wasser dringt in poröse Natursteine ein	**Steinimprägnierung** mit Hydrophobierungsmittel: Silikonharzlösungen 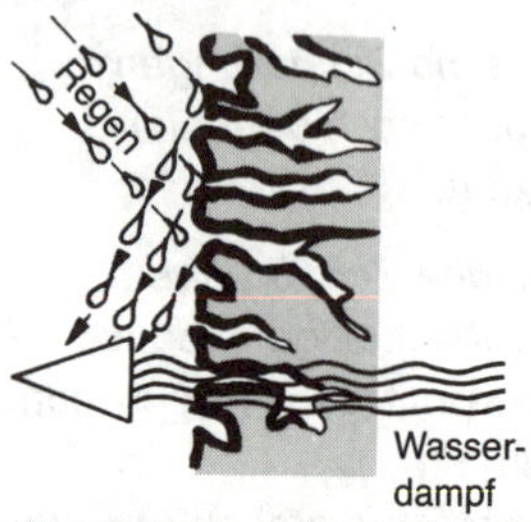 Regen kann nicht mehr eindringen, Wasserdampf aber von innen austreten

Untergrundmängel	Prüfmethode/ Feststellung	Untergrundvorbehandlung
Vanadinausblühungen am Ziegelsichtmauerwerk 	Augenschein Grünliche Verfärbungen in der Steinmitte	Spezialbehandlung nach Herstellervorschrift
Aufplatzungen am Ziegelmauerwerk 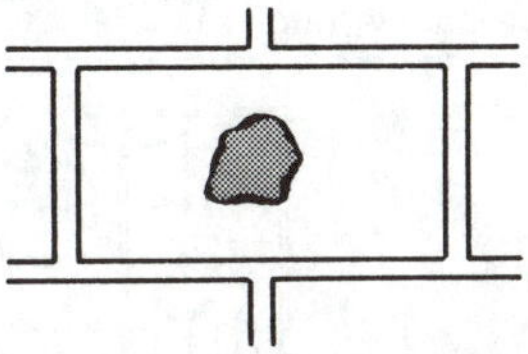	Augenschein – Kratzprobe mit scharfkantigem Gegenstand Ungebundene Kalktreiber und lose Sinterschichten führen zu Abplatzungen	Vollkommenes Entfernen der losen Schichten Untergrund mit Grundanstrichstoff behandeln

2.5.4 Hochdruckreinigen von Natur- und Kunststeinen

Mit Hilfe von Hochdruck- und Dampfhochdruckreinigern werden besonders Fassaden von Schmutz und nichttragenden Altbeschichtungen gereinigt. Dem Reinigungswasser werden meistens Abbeizmittel (Fluide) zugegeben.

Leistungsangaben verschiedener Hochdruckreiniger:	
Fördermenge:	300–800 l/h
Druck:	20–170 bar
Temperatur:	30–150 °C

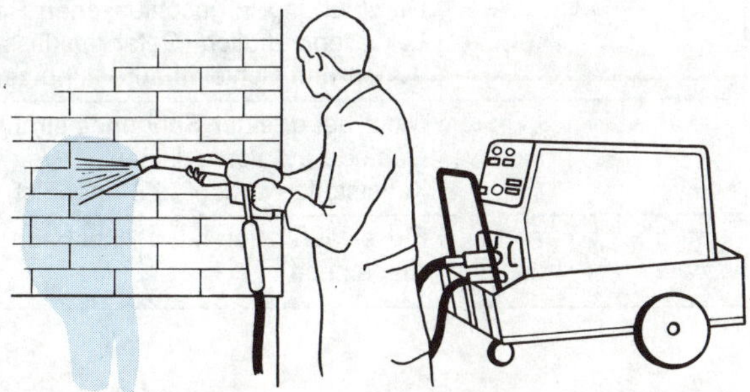

Die Unfallverhütungsvorschriften sind zu beachten.
Abbeizfluide nicht ins Erdreich und in die Kanalisation eindringen lassen oder nur solche Mittel verwenden, die als unschädlich bezeichnet sind und in die Kanalisation gelangen dürfen.

2.5.5 Vorbehandlungsmittel: Kieselsäureester

Materialdaten

Werkstoffart/ Bindemittel	Lösemittelhaltiges Einkomponentenmaterial auf der Basis von Kieselsäureethylester
Anwendung	Imprägnier- und Konservierungsmittel für Natursteine, Stuck und Fresken
Eigenschaften	– Einkomponentensystem, einfache Verarbeitung – Niedermolekular, große Eindringtiefe (bis 10 cm) – Klebfreie Auftrocknung, keine Verschmutzung – Keine Nebenprodukte – Neubildung eines mineralischen, glasartigen Bindemittels, dem Kieselsäuregel (SiO_2 aqua) – Das neue Bindemittel ist säurebeständig, somit auch beständig gegen schwefelsauren Regen – Kein Porenverschluß – Geringer Abperleffekt, jedoch keine Hydrophobierung
Verarbeitung	– Durch Sprühen, Streichen, Tauchen – Kompressionsverfahren: Langzeitiges Benässen unter Luftabschluß – Tauchen loser Skulpturen Beim Streichen und Sprühen naß-in-naß arbeiten, bis Untergrund nicht mehr saugt. Nach 2–3 Wochen nochmals naß-in-naß behandeln  **Kompressionsverfahren**
Auftragsmenge	0,5 bis 15 l/m² bei mehrfacher Behandlung
Trockenzeit	3 Tage bis 4 Wochen zur Schlußbeschichtung
Lagerzeit	6 Monate
Vorsichtsmaßnahmen	Durchlüftung in geschlossenen Räumen vornehmen Leicht entzündlich (Gefahrenklasse A I) Augen und Schleimhäute schützen
Verarbeitungshinweise	Nicht bei direkter Sonneneinstrahlung verarbeiten Gebinde gut verschließen Kunststoffe werden z. T. angelöst, deshalb abdecken
Ähnliches Vorbehandlungsmittel	Kieselsäureester mit Silikonharzlösung als zusätzliches Hydrophobierungsmittel

2.5.6 Anstrich- und Beschichtungssysteme (außen und innen)

Für Beschichtungen von Natur- und Kunststeinen eignen sich z. B. folgende Anstrichmittel:

Farblose Beschichtungen

- Kieselsäure-Imprägniermittel
- Silikonharzlösungen

Deckende Beschichtungen

- Silikatfarben
- Dispersions-Silikatfarben
- Weißzementfarben
- Dispersionsfarben
- Dispersionsputze
- Polymerisatharzfarben
- Siloxanfarben

Aufgaben *zu „Natur- und Kunststeine“*

A 1. Wo hat es der Maler mit Natur- und Kunststeinen als zu behandelndem Untergrund zu tun?

A 2. Zählen Sie einige Natursteinarten auf.

A 3. Welche Kunststeine kennen Sie?

A 4. Welche Ursachen haben die Zerstörungen von Natursteinen?

A 5. Welche verschiedenen Arbeitsgänge können an Natur- und Kunststeinuntergründen ausgeführt werden?

A 6. Warum werden manche Natursteine mit Kieselsäureester behandelt?

A 7. Welche Wirkung hat die Behandlung von Natursteinen mit einer Silikonharzlösung?

A 8. Welche Ursache haben Aufplatzungen an Ziegelmauerwerken?

A 9. Worauf ist beim Arbeiten mit Hochdruckreinigern besonders zu achten?

A 10. Zählen Sie einige Anstrichmittel auf, die für Natur- und Kunststein-Anstriche geeignet sind.

2.6 Glas

2.6.1 Beschichtungsträger

Glas ist für den Maler und Lackierer ein vielseitiger Untergrund. Neben dem Beschichten mit Anstrichmitteln kann man Glasflächen durch Sandstrahlen, Ätzen, Vergolden, Beschriften u. a. gestalten.

Glas wird aus den Rohstoffen Quarzsand, Pottasche, Kalk und anderen Zusätzen bei ca. 1400 °C in Wannen- bzw. Hafenöfen erschmolzen.

Nach dem Schmelzen erstarrt der neuentstandene Stoff *Glas* zu einer festen, lichtdurchlässigen Masse.

Glas ist sehr glatt, porenlos, druckfest, beständig gegen viele Laugen und Säuren. Es läßt sich mit Glasschneidern in Stücke schneiden.

Seine Nachteile: Glas bricht leicht und wird von Flußsäure zerstört. Außerdem können in Feuchtigkeit gelagerte Gläser erblinden.

Durch verschiedene Verfahren können aus der zähflüssigen Glasmasse Glastafeln, Hohlgläser und Glasfasern hergestellt werden.

2.6.2 Untergrundprüfungen und Untergrundvorbehandlungen

Untergrundmängel	Prüfmethode/ Feststellung	Untergrundvorbehandlung
Staub, Verunreinigung 	Augenschein	Abreiben mit Staubbindetuch

Untergrundmängel	Prüfmethode/ Feststellung	Untergrundvorbehandlung
Ölige und fettige Rückstände 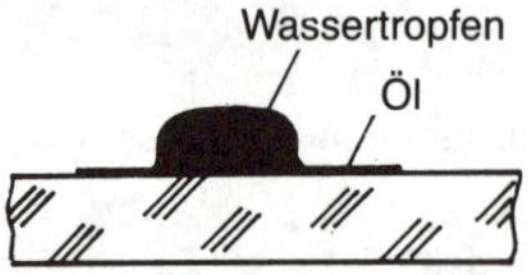	Augenschein, Benetzen mit Wasser Wasser perlt ab	Entfernen mit organischem Lösemittel oder Spiritus und Kreide
Feuchtigkeit, z. B. Schwitzwasser, Handschweiß 	Augenschein	Abreiben mit angefeuchtetem Ledertuch und Netzmittel. Trocknen
Risse, Blasen, Absplitterungen 	Augenschein	Austauschen
Haftfestigkeit von Altanstrichen 	Gitterschnittprobe, Klebebandtest	Entfernung mit Abbeizmitteln

2.6.3 Beschichtung und Gestaltung von Glasoberflächen

Verfahren	Merkmale
Beschichten mit Anstrichmitteln 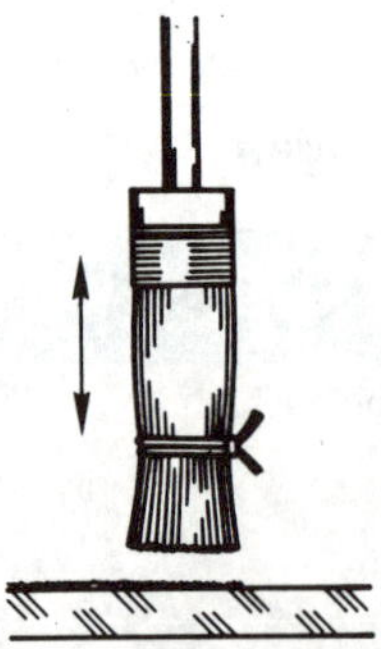 	Für eine gleichmäßige Farbverteilung ist zu sorgen Besonders geeignet ist das Stupfen mit Pinseln, das Hochdruckspritzen mit Dekorpistolen (1–2 bar) *Ungeeignet:* Rollen, Streichen **Beschichtungsmittel** ● Langölige Alkydharzlacke ● Fette Ölfarben und Öllacke ● Spezialfarben nach Herstellervorschrift Für innen: ● Temperafarben (Plakafarben) ● Dispersionsfarben Beschichtungen sind transparent, lasierend und deckend

Verfahren	Merkmale
Sandstrahlen 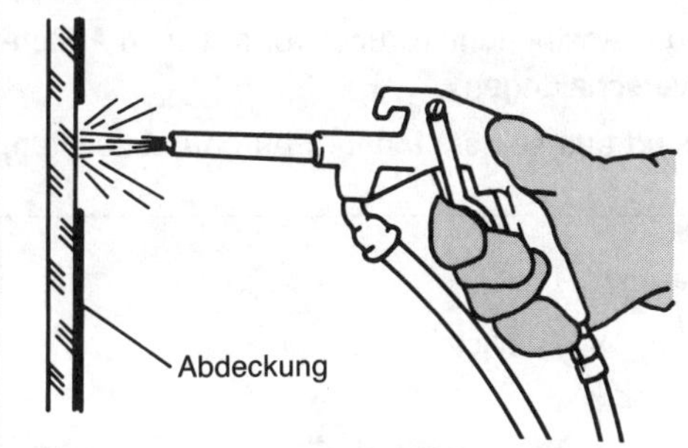	Nicht zu bestrahlende Flächen sind abzukleben Je nach Körnung und Strahldauer ergeben sich verschiedene Oberflächenstrukturen Durch Schleifen kann man ähnliche Oberflächen erzielen Unfallverhütungsvorschriften beachten
Ätzen 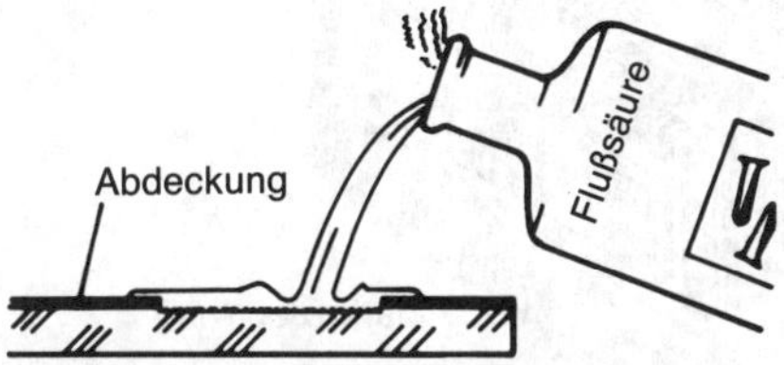	Ätzmittel sind Flußsäure und Salze der Flußsäure Eine anätzende Wirkung haben außerdem Alkalien, z. B. Kalk, Zement, Silikatfarben, Laugen Nicht zu ätzende Flächen sind abzudecken, geeignet sind z. B. Asphaltlacke Unfallverhütungsvorschriften beachten
Vergolden (Belegen mit Goldfolien) 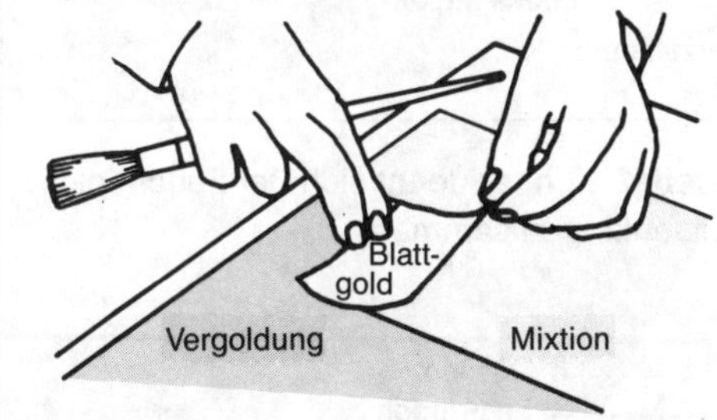	● Blattmetalle (meistens Blattgold) werden mit Hilfe von z. B. Mixtion „angeklebt“: Matt- oder Ölvergoldung. ● Blattmetalle werden mit Hilfe von z. B. Gelantine „angeklebt“: Glanzvergoldung. ● Deck- und Schutzlackierungen

Aufgaben *zu „Glas“*

A 1. Zählen Sie einige Möglichkeiten einer Glasbehandlung durch den Maler und Lackierer auf.

A 2. Aus welchen Rohstoffen wird Glas erschmolzen?

A 3. Welche positiven Eigenschaften besitzt Glas?

A 4. Welche nachteiligen Eigenschaften weist Glas auf?

A 5. Wie kann eine Glasoberfläche von Öl- und Fettrückständen gereinigt werden?

A 6. Mit welchen Anstrichmitteln können Sie eine Glasoberfläche beschichten?

A 7. Wie gehen Sie vor, wenn Sie ein Muster in einer Glasfläche durch Sandstrahlen erzeugen wollen?

A 8. Mit welchen Materialien läßt sich Glas ätzen?

A 9. Erklären Sie das Prinzip des Vergoldens einer Glasfläche.

2.7 Holz und Holzwerkstoffe

2.7.1 Anstrichuntergrund

Holz ist ein wichtiger, aber auch ein schwieriger Anstrichuntergrund, vor allem im Außenbereich, wie z. B. bei Fenstern, Türen und Verschalungen.

Die besonderen Eigenschaften des Holzes sind aus seinem inneren Aufbau abzuleiten.

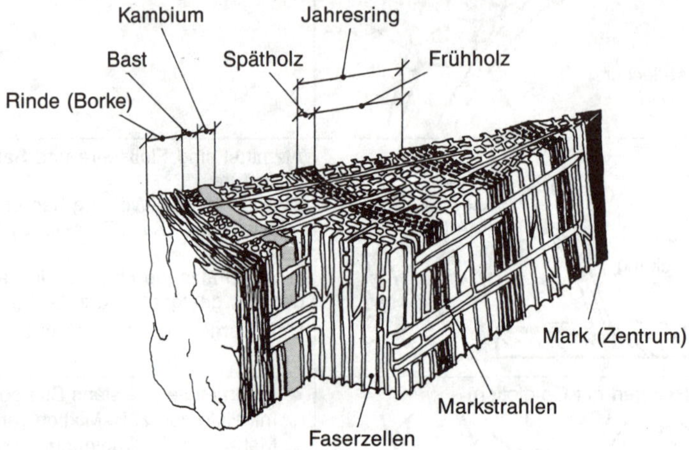

Innerer Aufbau von Holz

Der organische und porige Werkstoff **Holz arbeitet**, d. h. er dehnt sich bei Feuchtigkeitsaufnahme aus und zieht sich bei Feuchtigkeitsentzug zusammen.

Feuchtigkeitsaufnahme ⟶ Quellen
Feuchtigkeitsentzug ⟶ Schwinden

Es ist zu beachten, daß Holz immer eine Restfeuchte (Haushaltsfeuchte) besitzt.

2.7.2 Fehler und Schäden bei Holz und bei Holzbauteilen

Risse – an Holzverbindungen
– im Anstrichfilm

Fugen – bei Verglasungen
– an Nahtstellen zwischen Holz und Putz

Pilze – Verfärbung
Insekten – Zerstörung

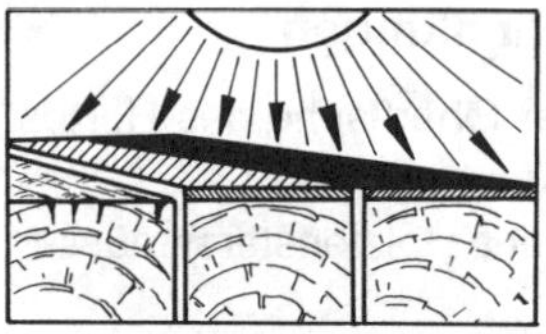

Ultraviolette (UV)-Strahlen des Sonnenlichts vergrauen die Holzoberfläche und zerstören sie. Ein lasierender Anstrich vermindert, ein deckender Anstrich verhindert dies.

Hohe Holzfeuchtigkeit führt bei dichten Anstrichen zu Blasen und Abplatzungen. Vor jedem Anstrich muß die Holzfeuchtigkeit geprüft werden. Zu nasses Holz darf nicht gestrichen werden.

(Im Normalfall max. 15 %)

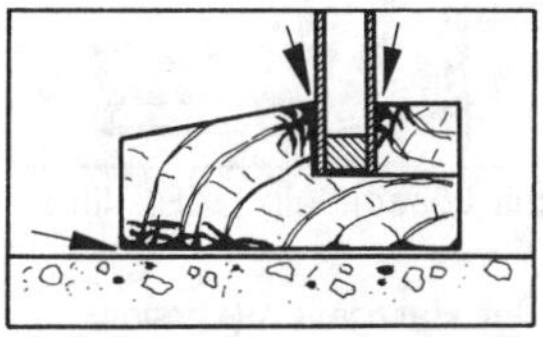

Fäulnis – durch eindringende Feuchtigkeit

Harze – Haftungsschwierigkeit
Inhaltsstoffe – Farbtonänderung
– Trocknungsschwierigkeiten

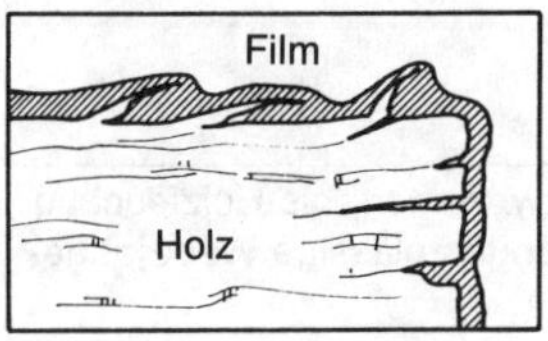

Poren und Fasern ergeben eine rauhe Anstrichoberfläche. Durch Spachteln und Schleifen ist dieser Fehler zu vermeiden.

2.7.3 Schutz des Holzes durch Anstriche

Ein Holzanstrich sorgt für gleichbleibende Feuchte und beugt dem Pilz- und Insektenbefall vor.

Vor einem Anstrich sind Harze und Inhaltsstoffe zu entfernen.

- Holz muß durch verschiedene Anstrichstoffe geschützt werden (*Vorbeugend* bei gesundem Holz, *bekämpfend* bei krankem — befallenem — Holz).
- Eine **Vorbehandlung** des Holzes vor einer abschließenden Beschichtung ist *immer* erforderlich.
- Die **Art der Vorbehandlung** richtet sich nach dem Zustand des Anstrichuntergrundes.

2.7.4 Untergrundprüfungen und Untergrundvorbehandlungen

Die Untergrundprüfung beschränkt sich auf die Beurteilung der Oberfläche des Holzes, des Holzwerkstoffes sowie auf sichtbare und erkennbare Mängel.
Fehler und Mängel in der Konstruktion (Bauweise, z. B. Bauart des Holzfensters) müssen vor der anstrichtechnischen Behandlung beseitigt werden.

Untergrundmängel	Prüfmethode/ Feststellung	Untergrundvorbehandlung
Unebenheit, Poren, Risse, abstehende **Holzfasern** 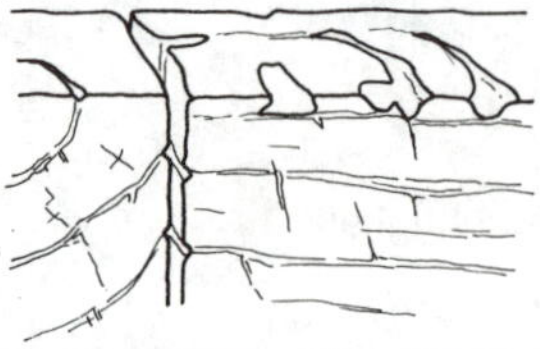	Augenschein, Befühlen Unebene Oberfläche	Schleifen, verkitten, spachteln 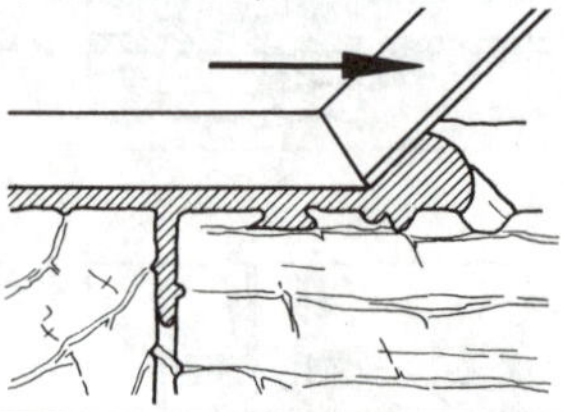
Harzausfluß, -gallen 	Augenschein, Befühlen Aufplatzender Altanstrich; klebriges, klares, hellbraunes Harz	Abwaschen mit Lösemitteln (z. B. Nitroverdünnung) Ausbrennen der Harzgallen (Vorsicht bei Glasscheiben) Aufbringen von Sperrgründen (z. B. Polyurethan- Sperrgrund)
Holzinhaltstoffe bei tropischen Hölzern 	Augenschein, Befühlen Helle, z. T. staubende Rückstände (besonders auf tropischen Hölzern, z. B. Kambala-Holz)	Mit Aceton abwaschen, dünn mit Sperrgrund (z. B. auf Polyurethan-Basis) streichen
Feuchtigkeit 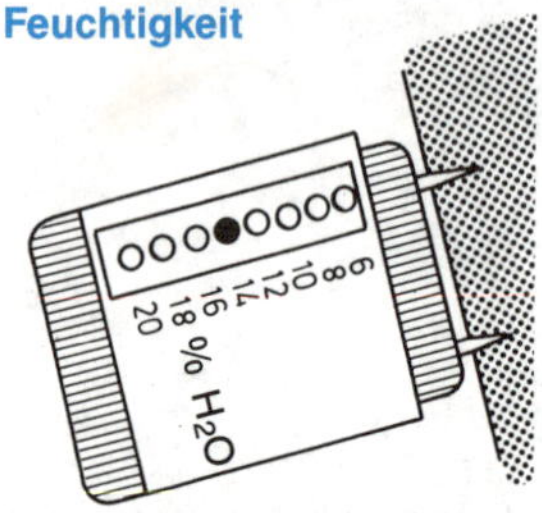	Augenschein und Messen mit Feuchtigkeitsmeßgerät; mindestens 5 mm tief im Holz messen Feuchtes Holz und erhöhte Feuchtigkeitswerte	Trocknen, bzw. warten, bis Holzfeuchtigkeit auf folgende zulässige Werte abgesunken ist: *Farblose und deckende Lackierungen:* – Weichholz max. 15 % – Tropische Hölzer max. 12 % *Lasuranstriche:* – Weichholz max. 20 % – Tropische Hölzer max. 15 %
Scharfe Kanten und waagrechte Profile 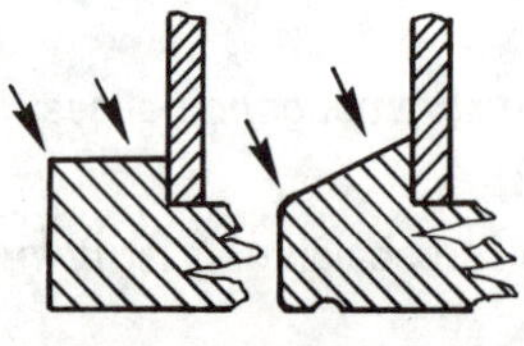 falsch richtig	Augenschein Feuchtigkeit bleibt stehen, Quellen und Fäulnis	Ablaufneigung durch Schreiner ändern Kanten durch Schleifen runden; der Radius soll größer als 2 mm sein

Untergrundmängel	Prüfmethode/ Feststellung	Untergrundvorbehandlung
Lose Eckverbindungen, Risse im Stirnholz, lose **Glashalteleisten** 	Augenschein Starke Risse, loser Altanstrich, feuchtes Stirnholz Dunkelfärbung des offenliegenden Holzes, Fäulnis	Glashalteleisten dürfen in der Regel nur innen liegen Losen Altanstrich entfernen, trocknen Mit Holzschutzmittel grundieren, Eckverbindungen direkt oder durch Bohrlöcher imprägnieren. Kleine Stellen verkitten oder verspachteln. Große Freistellen mit Holzfüllmasse (2K-Material) verspachteln 
Lose Äste 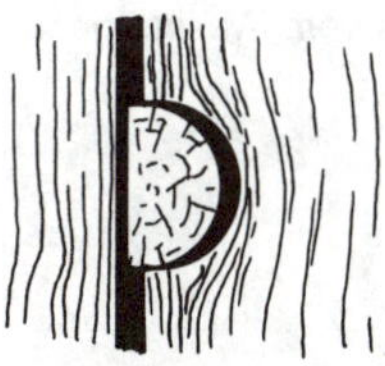	Augenschein Äste sitzen nicht fest und haben eine Dunkelfärbung durch Feuchtigkeitsaufnahme	Behebung durch den Schreiner Ein deckender Anstrichaufbau ist zu empfehlen
Dübelstellen 	Augenschein Andere Maserung durch eingesetzte Holzteile	Ein deckender Anstrichaufbau ist zu empfehlen
Offene Dichtstellen zwischen Holz und Glas 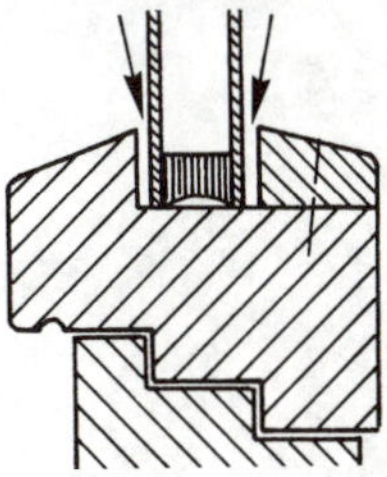	Augenschein Spalt zwischen Glasscheibe und Holzrahmen	Nach Schlußanstrich mit Reiniger bzw. Haftvermittler (Primer) behandeln und Fugendichtmasse mit Handpistole auftragen. Bei überstreichbaren Dichtstoffen darf die Fugenbreite nicht größer als 1 mm sein (Herstellervorschriften sind unbedingt zu beachten) Verkitten nach Grundierung ist ein anderes Verfahren

Untergrundmängel	Prüfmethode/ Feststellung	Untergrundvorbehandlung
Offene Dichtstellen zwischen Holz und Bauanschluß (Putz) 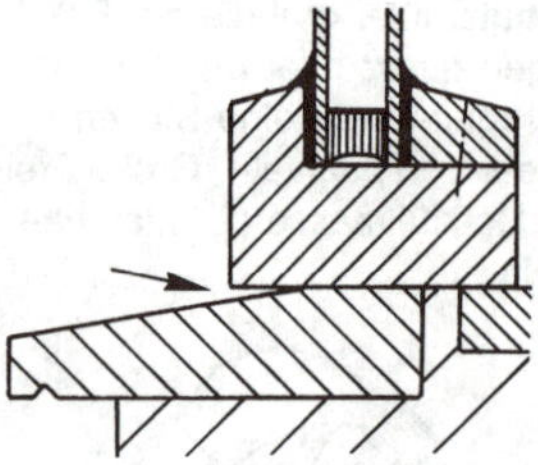	Augenschein Spalt zwischen Holzrahmen und Putz bzw. Mauerwerk (Fensterbank)	Nach Schlußanstrich mit Reiniger bzw. Haftvermittler behandeln. Fugendichtmasse mit Handpistole auftragen (Herstellervorschrift beachten) 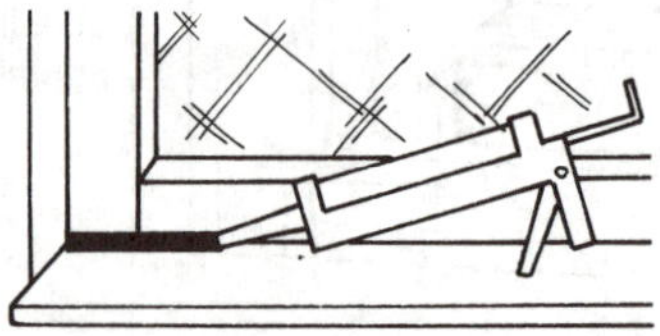
Tragfähigkeit alter Anstriche 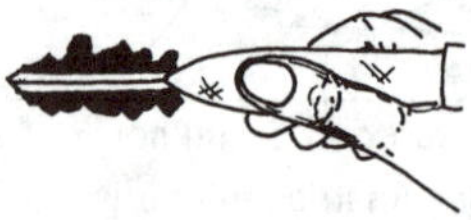 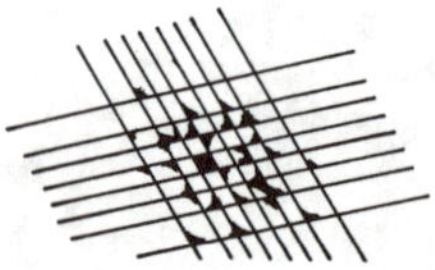	Kratzprobe mit kantigem Gegenstand, Gitterschnittprüfung, Klebebandtest, Befühlen Kratzspur platzt muschelartig auf, Rückstände am Klebeband, Aufplatzungen am geschnittenen Gitter, klebrige Rückstände	Nichttragfähige Anstriche sind restlos durch Schleifen, Abbrennen, Abbeizen zu entfernen Tragfähige Anstriche sind mit Wasser + 10 % Salmiakgeist oder Anlauger zu reinigen; mit klarem Wasser nachwaschen
Aufgequollene Sperrholz- und Holzspanplatten 	Augenschein Erhabene, weiche Holzstellen durch aufgenommene Feuchtigkeit	Behebung durch den Schreiner. Holzwerkstoffe sind nicht für Außenverwendung und Feuchträume geeignet Neue Holzwerkstoffe allseitig grundieren

2.7.5 Anstrich- und Beschichtungssysteme für Holz (Beispiele)

Deckende Außenanstriche

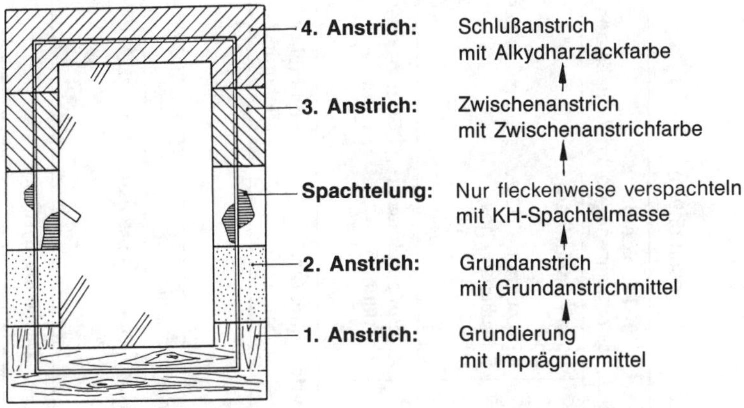

Deckende Innenanstriche

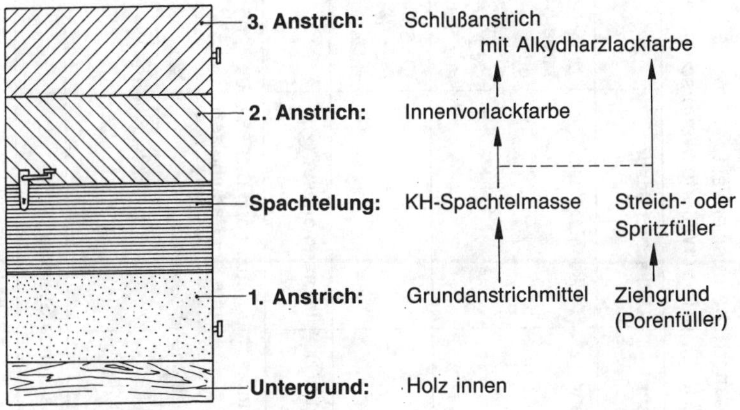

2.7.6 Anstrich- und Beschichtungssysteme für Holz (Übersicht)

Diese Übersicht ist gültig für:

- **Neuanstriche**
- **Erneuerungs- und Renovierungsanstriche** (hier entfällt ①)
- **Überholungsanstriche** (hier entfällt ②, evtl. verwitterte Wetterschenkel mit Grundanstrich beschichten)

6.	**Schlußanstrich**	**Dispersionslasur**	**Dickschichtlasur**	**KH-Lackfarbe** (hochglänzend, seidenglänzend, weiß oder unifarben)		
5.	**Zwischenanstrich**	**Dispersionslasur**	**Dickschichtlasur**	**Zwischenanstrichfarbe** (ventilierend) oder **KH-Lackfarbe** (10 % verdünnt; im Farbton des Schlußanstriches)	**Innen- Vorlack**farbe oder **KH-Lackfarbe** (10 % verdünnt; im Farbton des Schlußanstriches)	
4.	**Spachtelung**	↑	↑	KH-Spachtelmasse (nur **fleckenweise** zulässig)	**KH-Spachtelmasse (vollflächig)**	**Streich-** oder **Spritzfüller**
3.	**Grundanstrich**	**Dispersionslasur** ②	**Imprägnierlasur** ②	**Grundanstrichmittel** ②		**Porenfüller** ② (Ziehgrund)
2.	**Grundierung**	**Imprägniermittel** nach DIN 68 800 ①, ② (nur bei **Nadelhölzer**)			↑	↑
1.	**Untergrundvorbehandlung**	Deckende Altanstriche abbeizen		Nicht tragfähige Altanstriche entfernen		
		Holzfeuchte max. 20 %, bei tropischen Hölzern 15 %	Holzfeuchte bei Weichhölzern max. 15 %, bei tropischen Hölzern 12 %			
	Beschichtungssysteme	Lasierende Systeme		Deckende Systeme		
		Dispersionslasur	Lacklasur	KH-Lackierung		
	Untergrund	**Holz außen und innen**		**Holz außen**	**Holz innen**	

2.7.7 Imprägniermittel und Beschichtungsmaterialien für Holz

Überblick

Die nachstehenden Informationen im Charakter technischer Merkblätter beziehen sich auf folgende Materialien:

Imprägniermittel für Nadelholz
- Holzschutzmittel nach DIN 68 800 und 68 805 (E)

Beschichtungsmaterialien für deckende Holzanstriche – **außen**
- Grundanstrichfarbe
- Kunstharz-Spachtelmasse
- Zwischenanstrichfarbe

Beschichtungsmaterialien für deckende Holzanstriche – **innen**
- Porenfüller (Innenziehgrund)
- Streich- und Spritzfüller
- Innenvorlack

Imprägniermittel für Nadelholz

Werkstoffart	Holzschutzmittel nach DIN 68 800 und DIN 68 805 (E) mit insektiziden und bioziden Wirkstoffen
Eigenschaften	Tief eindringend, anstrichverträglich, keine Verfärbung nachfolgender Anstriche, Schutzwirkung gegen Pilze und Insekten, gesundheitsschädlich, haut- und augenreizend
Anwendung	– Imprägnierung von Nadelholz für den Außenbereich – Im Innenbereich nicht einsetzen (Vor allem in Räumen, die zum dauernden Aufenthalt von Menschen und Tieren dienen sowie zum Lagern von Lebens- und Futtermittel bestimmt sind.) – Ungeeignet für Gewächs- und Bienenhäuser sowie Saunaanlagen
Bindemittelart	Alkydharz
Pigmentbasis	Entfällt (farblos)
Verdünnung	Nicht verdünnen
Wirkstoffe	Phenylquecksilberoleat (0,3 %); Endosulfan (0,2 %); Tri-N-Butylzinnoxid (1,2 %)
Prüfzeichen lt. amtlichem Holzschutzverzeichnis	P = Wirksam gegen Pilze Iv = Gegen Insekten vorbeugend wirksam S = Zum Streichen und Tauchen sowie zum Spritzen in stationären Anlagen W = Auch für Holz, das der Witterung ausgesetzt ist, ohne Erdkontakt (Überwachung durch Bundesanstalt für Materialprüfung)
Vorsichtsmaßnahmen	– Nicht in die Nähe von Kindern kommen lassen – Bei Arbeit nicht essen, trinken, rauchen – Von Nahrungsmitteln fernhalten – Nicht in für Nahrungsmittel vorgesehene Behältnisse (z. B. Sprudelflasche) abfüllen – Schutzhandschuhe und Schutzkleidung tragen – Im Brandfall nur mit Feuerlöschern der Brandklasse B oder C löschen

Verarbeitung	Streichen, Tauchen, Spritzen (stationäre Anlagen)
Verbrauch	0,25 l/m^2 bei 2 Arbeitsgängen
Trockenzeiten	Staubtrocken: nach ca. 30 Minuten Trocken: nach ca. 1 Stunde Überarbeitbar: nach ca. 2 Stunden
Reinigung der Werkzeuge	Kunstharzverdünnung oder Testbenzin

Beschichtungsmaterialien für deckende Holzanstriche – außen

	Grundanstrichfarbe	Kunstharz-Spachtelmasse	Zwischenanstrichfarbe
Eigenschaften	– Wasserdampfdurchlässig – Gering quellbar – Auch als Zwischenanstrich einsetzbar	– Elastisch – Schnelltrocknend – Gut schleifbar	– Ventilierend bis zum Absinken der Holzfeuchtigkeit auf 15 %
Anwendung	Grund- und Zwischenanstrich für Holz-, Metall-, neutrale mineralische Untergründe; Altanstriche	– In allen lufttrocknenden Lacksystemen – Zum Spachteln auf *grundiertem* Holz, Metall und neutralen mineralischen Untergründen; Altanstriche	Gut füllende und deckende Zwischenanstriche für Holz-, Metall-, neutrale mineralische Untergründe; Altanstriche
Bindemittelart	Langöliges Alkydharz	Alkydharz	Langöliges Alkydharz
Pigmentbasis	Titandioxid – Rutil – und Verschnittmittel	Titandioxid – Rutil – und Füllstoffe	Titandioxid – Rutil
Verdünnung	Kunstharzverdünnung bzw. Testbenzin	Testbenzin	Kunstharzverdünnung bzw. Testbenzin
Vorsichtsmaßnahmen	Entzündlich Für gute Lüftung sorgen	Entzündlich Für gute Lüftung sorgen	Entzündlich Für gute Lüftung sorgen
Verarbeitung	Streichen, Rollen, Spritzen	Spachteln	Streichen, Rollen, Spritzen
Verbrauch	100–130 g/m^2	Unterschiedlich	100–130 g/m^2
Trockenzeiten	Staubtrocken: 2–3 Std. Überarbeitbar: 24 Std. Schleifbar: 48 Std.	Staubtrocken: 2 Std. Trocken: 6 Std. Überarbeitbar: 24 Std. Schleifbar: 24 Std.	Staubtrocken: 4 Std. Überarbeitbar: 24 Std. Schleifbar 48 Std.
Reinigung der Werkzeuge	KH-Verdünnung bzw. Testbenzin	KH-Verdünnung bzw. Testbenzin	KH-Verdünnung bzw. Testbenzin
Lagerung	ca. 1 Jahr	ca. 1 Jahr	ca. 1 Jahr

Beschichtungsmaterialien für deckende Holzanstriche – innen

	Porenfüller (Innenziehgrund)	Streich- und Spritzfüller	Innen-Vorlack
Eigenschaften	– Gut füllend und raumbeständig – Gut schleifbar – Schnell trocknend	– Sehr hohes Füllvermögen – Nebelarm verspritzbar – Sehr gut verlaufend – Sehr satt auftragbar	– Gut füllend – Sehr gut verlaufend – Gut deckend – Gut schleifbar – Schnell trocknend
Anwendung und Verarbeitungshinweise	**Zum Abporen grobporiger Hölzer** (Limba, Gabun u. a.) – Eine zusätzliche Grundierung nicht erforderlich – Mit Innenfüller bzw. Innenvorlack direkt überarbeitbar – Ganzflächig mit Flächenspachtel abporen – Nach Trocknung leicht schleifen – Tiefere Stellen mit Gemisch aus 1/3 Füllstoff und 2/3 KH-Spachtel ausfüllen – – – – – – – – – – – Für normale Spachtelungen KH-Spachtel 2 x vollflächig überziehen	**Als Zwischenanstrich für hochglänzende Schlußlackierung** (Bei Seidenglanzlackierung Vorlack bzw. 15 % verdünnten Hochglanz-Schlußlack streichen.) Auf Innenziehgrund abgestimmt	**Als Zwischenanstrich für hoch- und seidenglänzende Schlußlackierung** Auf KH-Spachtel abgestimmt
Bindemittelart	Alkydharz	Alkydharz	Alkydharz
Pigmentbasis	Verschiedene Weißpigmente und Füllstoffe	Titandioxid und Füllstoffe	Titandioxid und Füllstoffe
Verdünnung	Testbenzin bzw. KH-Verdünner	Testbenzin bzw. KH-Verdünner	Testbenzin bzw. KH-Verdünner
Vorsichtsmaßnahmen	Entzündlich Für gute Lüftung sorgen	Entzündlich Gut lüften	Entzündlich Gut lüften
Verarbeitung	Spachteln	Streichen, Rollen, Spritzen	Streichen, Spritzen
Verbrauch	100–140 g/m²	ca. 200 g/m²	160–270 g/m²
Trockenzeiten	Staubtrocken: 1 Std. Durchgetrocknet: 20–24 Std. Überarbeitbar: 24 Std.	Staubtrocken: 3–4 Std. Schleifbar: 24 Std. Überarbeitbar: 24 Std.	Staubtrocken: 1,5 Std. Überarbeitbar: 8–12 Std. Naß-schleifbar: 48 Std.
Reinigung der Werkzeuge	KH-Verdünnung bzw. Testbenzin	KH-Verdünnung bzw. Testbenzin	KH-Verdünnung bzw. Testbenzin
Lagerung	ca. 1 Jahr	ca. 1 Jahr	ca. 1 Jahr

2.7.8 Grundsätzliches zu Anstrichen auf Holzoberflächen

Vor einer Anstrichausführung auf neuen oder sanierten (wiederhergestellten) Holzbauteilen muß das jeweilig gewünschte und technisch richtige **Anstrichsystem** (der Anstrichaufbau) ausgewählt werden.

Folgende Gesichtspunkte sind zu berücksichtigen:
1. Um welche *Holzart* handelt es sich?
2. Welcher *Oberflächeneffekt* soll erzielt werden?
3. Handelt es sich um einen *Außen- oder Innenanstrich*?
4. Welchen *klimatischen Beanspruchungen* wird der Anstrich ausgesetzt?
5. Handelt es sich um einen *Erst-, Instandhaltungs- oder Instandsetzungsanstrich*?

1. Um welche Holzart handelt es sich?

Man unterscheidet 3 Holzarten:

Art	Hölzer	Beispiele
Holzart I	**Harzhaltige Nadelhölzer**	Kiefer, Lärche, Oregon Pine, Pitch-Pine
Holzart II	**Harzarme Nadelhölzer**	Fichte, Redwood, Weißtanne, Redcedar
Holzart III	**Laubhölzer**	Eiche, Teak, Sipo, Red Meranti, Afzelia, Cedreta

Harzreiche Hölzer (vor allem der Holzart I) können durch Harzausscheidungen zu Oberflächenstörungen und Anstrichschäden führen.

Verstärkt treten diese Erscheinungen besonders bei *dunkelgetönten Anstrichen* auf. Sehr dunkle Anstriche können bei Sonneneinstrahlung an der Holzoberfläche Temperaturen bis zu ca. 80 °C hervorrufen, was zusätzlich zu Rissen im Holz führt.

Daneben gibt es verschiedene **Holzwerkstoffe:**

Da Holz ein teurer und nur begrenzt vorkommender Rohstoff ist, werden aus Holzteilen, minderwertigem Holz und Holzabfall unter Zusatz von Bindemittel neue Holzwerkstoffe bei Druck und Hitze hergestellt.
Im Außenbereich sind Holzwerkstoffe meistens nicht geeignet.

Die **Vorteile** der Holzwerkstoffe gegenüber Holz sind:

- Billiger
- Geringere Schwindung, kein Verwerfen
- Geringere Feuchtigkeitsaufnahme
- Große Flächen
- Vielfältige Werkstoffarten
- Fertige Oberflächenschichten (z. B. Melaminharzschicht)

Man unterscheidet folgende Arten von Holzwerkstoffen:

Holzwerkstoffarten	Beschreibung	Verwendung
1. **Sperrholz**platten 	Mehrere dünne Holzschichten verleimt oder wasserfest verleimt	Schränke, Tische, Boote

Holzwerkstoffarten	Beschreibung	Verwendung
2. **Tischler**platten 	Stabfüllung mit beidseitiger Holzschicht	Leichte Teile, Schränke
3. **Verbund**platten 	Verschiedene Holzstäbe verleimt	Tische, Werkbänke, Balken, Parkett
4. **Span**platten 	Holzspäne mit Leim gepreßt; auch in wasserfester Verleimung	Wände, Schränke, Verblendungen
5. **Holzwolle**platten (Leichtbauplatten) 	Holzwolle in mineralischem Bindemittel (Zement) gepreßt	Rohbau, Wärme- und Schalldämmung
6. **Holzfaser**platten 	Holzfasern lose verklebt	Decken, Schalldämmung

2. Welcher Oberflächeneffekt soll erzielt werden?

Nach DIN 18 363 kann Holz mit **farblosen, lasierenden** und **deckenden** Anstrichsysteme behandelt werden. Dabei ist je nach Anstrichmittel auf die maximal zulässige Holzfeuchtigkeit zu achten.

Farblos (Untergrund voll sichtbar) 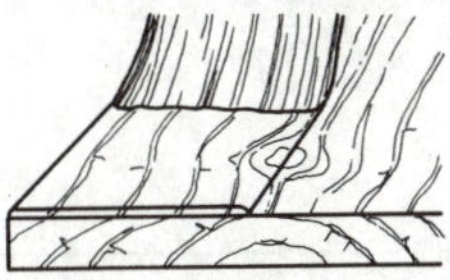	z. B. mit **Kunstharzlack** (Klarlack) Maximale Holzfeuchtigkeit: – bei Weichhölzern 15 % – bei tropischen Hölzern 12 %
Lasierend (Untergrund durchscheinend) 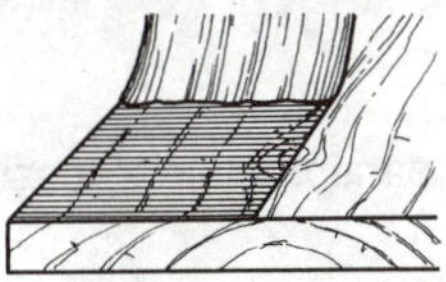	z. B. mit **Lasuranstrichstoff** (Dünn- und Dickschichtlasur) Maximale Holzfeuchtigkeit: – bei Weichhölzern bis 20 % – bei tropischen Hölzern 15 %
Deckend (Untergrund nicht sichtbar) 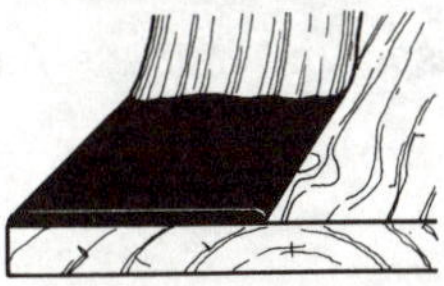	z. B. mit **Kunstharzlackfarbe** oder mit Dispersionslackfarbe (u. U. noch mit Ölfarbe und Öl-Lackfarbe) Maximale Holzfeuchtigkeit: – bei Dispersionslack bis 20 %

3. Handelt es sich um einen Außen- oder Innenanstrich?

Bei Innenlackierungen sind z. B. Spachtelungen möglich, was bei Außenlackierungen entfallen muß.

Außenanstriche sind nur haltbar, wenn auch die Innenseite behandelt wurde.

4. Welchen klimatischen Beanspruchungen wird der Anstrich ausgesetzt?

Außenraumklima 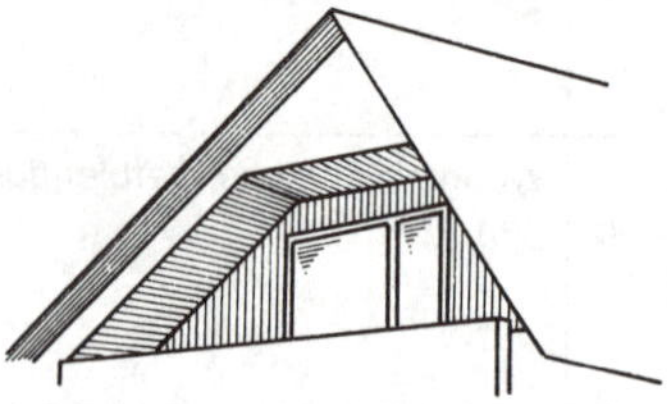	**Indirekte Bewitterung** Bauteile sind gegen Niederschläge und unmittelbare Sonnenbestrahlung geschützt, im übrigen aber dem Freiluftklima ausgesetzt. *Beispiel:* Zurückgesetztes Element an Loggia
Freiluftklima I 	**Direkte Bewitterung** Alle normalen Klimaeinflüsse können ungehindert auf die Bauteile einwirken. *Beispiel:* Gebäude bis zu 3 Geschossen
Freiluftklima II 	**Starke direkte Bewitterung** Alle extremen Klimaeinflüsse können ungehindert auf die Bauteile einwirken. *Beispiel:* Gebäude mit mehr als 3 Geschossen in besonders exponierter Lage

5. Handelt es sich um einen Erst-, Instandhaltungs- oder Instandsetzungsanstrich?

Erstanstriche
- werden direkt auf noch rohes Holz aufgebracht
- sind entsprechend nach Holzart, Farbton und Klimabeanspruchung auszuwählen

Instandhaltungsanstriche (Überholungsanstriche)
- dienen der Wartung zur Sicherung der Gebrauchsfähigkeit und Funktionstüchtigkeit der Holzbauteile
- Altanstrich darf nur geringe Anstrichschäden aufweisen und muß als Anstrichträger geeignet sein
- *Einfacher Anstrichaufbau:*

1. Reinigen	**3.** Zwischen- und
2. Aufrauhen	**4.** Schlußanstrich

Instandsetzungsanstriche (Erneuerungsanstriche)

- werden bei zerstörten Holzoberflächen und zerstörten oder nicht tragfähigen Altanstrichen notwendig
- zerstörte Holzbauteile müssen erneuert werden
- Altanstrich muß bis auf das rohe Holz entfernt werden
- Anstrichaufbau dann *wie bei Erstanstrichen*

Einige wichtige Regeln bei Überholungs- oder Erneuerungsanstrichen

- Eine rechtzeitige, möglichst zweijährige Wartung ist je nach klimatischer Beanspruchung erforderlich
- Bei stark abgewitterten Lasuranstrichen besteht die Gefahr, daß die Holzoberfläche zerstört ist
  Hier sind Altanstrich und geschädigtes Holz zu entfernen
- Erneuerungsanstriche sind deshalb meist mit deckenden Anstrichsystemen zu versehen
- Beim Instandhaltungsanstrich sollte die gleiche Bindemittelbasis wie beim Erstanstrich beibehalten werden, z. B. Erstanstrich = Alkydharzbasis, Instandhaltungsanstrich = Alkydharzbasis
- Mit Hilfe der Lösemittelprobe kann man feststellen, ob es sich um eine wasserverdünnbare Lasur (Dispersionslasur) oder um eine lösemittelhaltige Lasur (z. B. Alkydharzlasur) handelt. Nitroverdünnung löst Dispersionslasuren stark an

Aufgaben *zu „Holz und Holzwerkstoffe"*

Anstrichuntergrund, Fehler und Schäden, Schutz des Holzes

A 1. Warum ist Holz ein schwieriger Anstrichuntergrund?

A 2. Erklären Sie die Begriffe Schwinden und Quellen.

A 3. Welche Fehler und Schäden können durch häufigen Feuchtigkeitswechsel in Holzbauteilen entstehen?

A 4. Welche Aufgaben übernimmt ein Holzanstrich?

A 5. Welche Wirkung haben UV-Strahlen auf ungeschützte Holzoberflächen?

A 6. Welche Auswirkung können Poren und Fasern auf die Anstrichqualität haben?

A 7. Warum darf zu nasses Holz nicht gestrichen werden?

A 8. Erklären Sie den Unterschied zwischen vorbeugendem und bekämpfendem Holzschutz.

Untergrundprüfungen und Untergrundvorbehandlungen

A 9. Welche Vorarbeiten sind notwendig, wenn Holz grobporig ist oder Vertiefungen aufweist?

A 10. Warum müssen Harze entfernt werden?

A 11. Wie sind tropische Hölzer mit Holzinhaltsstoffen vorzubehandeln?

A 12. Welche maximalen Holz-Feuchtigkeitswerte sind für deckende (dichte) Anstriche zulässig?

A 13. Wie hoch darf die Holzfeuchtigkeit bei Lasuranstrichen (offenporig) sein?

A 14. Warum müssen scharfe Kanten bei Wetterschenkeln von Fenstern gerundet werden?

A 15. Wie sind lose Eckverbindungen bei Fenstern zu behandeln?

Anstrich- und Beschichtungssysteme für Holz

A 16. Beschreiben Sie den Anstrichaufbau für einen deckenden Außenanstrich.

A 17. Welche Anstrichaufbauten sind für deckende Innenanstriche möglich?

A 18. Welche Arbeitsschritte sind bei einem Neuanstrich von Nadelholz mit einer Dickschichtlasur notwendig?

Imprägniermittel und Beschichtungsmaterialien für Holz

A 19. Welche Eigenschaften müssen Holzschutzmittel besitzen?

A 20. Welche Bedeutung haben folgende amtliche Prüfzeichen?
a) W **b)** S

A 21. Erklären Sie die Unterschiede bei den beiden Prüfzeichen: Iv und P.

A 22. Zählen Sie alle Vorsichtsmaßnahmen auf, die man bei der Verarbeitung von Holzschutzmitteln beachten muß.

A 23. Auf welche Art und Weise kann man Holzschutzmittel auftragen?

A 24. Wieviel Liter Holzschutzmittel müssen pro m^2 aufgebracht werden, um einen sicheren Holzschutz zu gewährleisten?

A 25. Welche Hölzer werden grundsätzlich imprägniert?

A 26. Welche wichtigen Aufgaben erfüllt eine Imprägnierung?

A 27. Welche Aufgaben erfüllt das Grundanstrichmittel?

A 28. Warum sollten Grundanstrichfarben und Zwischenanstrichfarben bei Außenbeschichtungen ventilierende Eigenschaften haben?

A 29. Beschreiben Sie die Wirkweise eines Ventiliermittels für Grundanstriche auf Holz.

A 30. Beschreiben Sie die Eigenschaften folgender Beschichtungsstoffe:
a) Porenfüller als Innenziehgrund,
b) Streich- und Spritzfüller,
c) Vorlack.

A 31. Wann und wo werden Füller bzw. Vorlacke verwendet?

A 32. Welche Aufgaben erfüllt die KH-Spachtelmasse?

Grundsätzliches zu Anstrichen auf Holzoberflächen

A 33. Welche Gesichtspunkte und Voraussetzungen sind bei einem Holzanstrich zu berücksichtigen?

A 34. Zu welcher Holzart zählt: **a)** Fichte, **b)** Kiefer, **c)** Eiche?

A 35. Warum sollten harzreiche Hölzer nicht dunkel gestrichen werden?

A 36. Erklären Sie den Begriff „Holzwerkstoffe".

A 37. Erklären Sie den Unterschied zwischen einem deckenden und einem lasierenden Holzanstrich.

A 38. Wann kann man eine Holzoberfläche vollflächig spachteln?

A 39. Welchen klimatischen Beanspruchungen kann ein Holzanstrich ausgesetzt sein?

A 40. Erkläre den Unterschied zwischen einem Instandhaltungs- und einem Instandsetzungsanstrich.

A 41. Schlagen Sie für die nachfolgend abgebildeten Objekte einen Anstrichaufbau mit Untergrundprüfung und Vorbehandlung vor.

Objekt	Zustandsbeschreibung
Außentür 	Starker Bläuepilzbefall im Schlagregenbereich. An den Holzverbindungsstellen teilweise offene Fugen. Harzausfluß. Holzart Fichte. Erstanstrich war mit heller Lasur.
Fenster 	Blätternder Anstrich im unteren Bereich. Glashalteleisten unten teilweise angefault. Verkittung zwischen Scheibe und Glashalteleiste stark gerissen. Erstanstrich war mit Alkydharzlack.
Außenverkleidung (Nut- und Federbretter) 	Eine Fassade soll (wie nebenstehende Abbildung) eine Holzverkleidung erhalten. Die Bretter wurden gehobelt und erscheinen deshalb auf der Oberfläche glatt. Es soll ein lasierender Anstrichaufbau für Freiluftklima II vorgeschlagen werden. Holzoberfläche soll keine hochstehenden Fasern aufweisen.
Jägerzaun (sägerauh, ungehobelt) 	Holz wurde vor dem Einbau imprägniert.

2.8 Eisenmetalle

2.8.1 Anstrichuntergrund

Metalle kommen am Bau als Anstrichuntergrund in vielfacher Form vor. Zu den Metalluntergründen, die der Maler zu beschichten hat, gehören:

- **Eisenmetalle:**. . . . . Eisen und Stahl, Gußeisen
- **Nichteisenmetalle** (NE-Metalle): Zink, Aluminium, Kupfer u. a.

Eisenmetalle unterliegen der **Korrosion**. Damit ist ganz allgemein die fortschreitende Schädigung und Zerstörung eines Werkstoffes durch unerwünschte chemische oder elektrochemische Vorgänge zu verstehen (Luftsauerstoff, Saurer Regen u. a.). NE-Metalle dagegen bilden oberflächlich Schutzschichten.

Zerstörung und Schutz von Eisenmetallen

Sehr auffällig und volkswirtschaftlich ganz besonders bedeutsam ist die Korrosion – das Rosten – von Eisen und Stahl. Um dies zu verhindern gilt es, den natürlichen Vorgang der Korrosion zu unterbrechen.
Noch immer sind Anstriche bzw. Beschichtungen zweckmäßig und preiswert und in vielen Fällen die einzig mögliche Methode, um Stahlkonstruktionen, Stahlbauwerke, Behälter, Rohrleitungen sowie andere Eisen- und Stahlbauteile vor der Schädigung oder Zerstörung zu bewahren.
Deshalb sind Korrosionsanstriche bzw. -beschichtungen notwendig.

Grundvoraussetzungen für einen optimalen Korrosionsschutz durch Beschichtungen sind:

- Eine sachgemäße Oberflächenvorbereitung
- Ein dem jeweiligen Untergrund angepaßter Beschichtungsstoff
- Eine sorgfältige Beschichtung
- Eine ausreichende Beschichtungsdicke, vor allem an den Kanten

2.8.2 Untergrundprüfungen und Untergrundvorbehandlungen

Untergrundprüfung	Prüfmethode/ Feststellung	Untergrundvorbehandlung
Zunder (Glüh-, Walzhaut), **Schweißschlacke** 	Augenschein, Kratzprobe mit hartem Gegenstand, Schlagprobe mit Hammer Dunkle Glühschichten und Schlacke platzen ab	Entfernung sämtlicher Zunderschichten durch mechanische und chemische Verfahren, Abstrahlen oder Flammstrahlen
Korrosionsschutzöle, Verarbeitungsfette 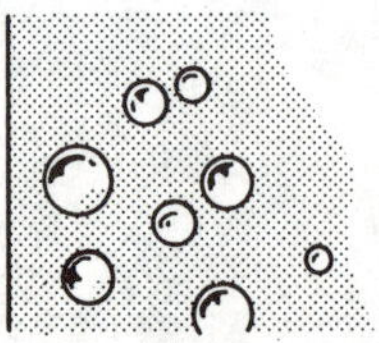	Augenschein, Benetzen mit Wasser Wasser perlt ab	Entfetten mit organischen Löse- und Entfettungsmitteln Wasser mit Entfettungszusätzen führt zur Rostbildung. Es ist eine sofortige Trocknung erforderlich

<table>
<tr><th>Untergrundprüfung</th><th>Prüfmethode/
Feststellung</th><th>Untergrundvorbehandlung</th></tr>
<tr><td>Säuren, Laugen, Salze
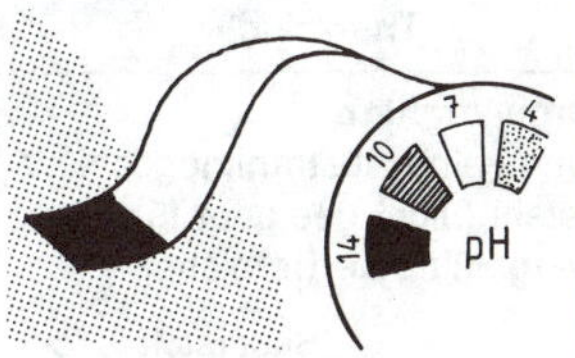</td><td>Universalindikator-papier
Bei Salzen: Augen-schein
Verfärbungen des Indikatorpapieres</td><td>Abwaschen, Trocknen</td></tr>
<tr><td>Rost, Altanstriche mit Rostbildung
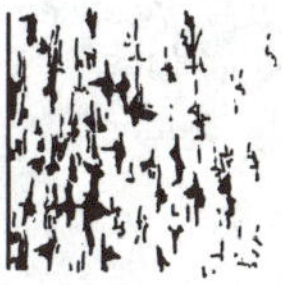
z. B. Rostgrad Ri 4 (~40 % eines Altanstrichs mit Rost bedeckt)
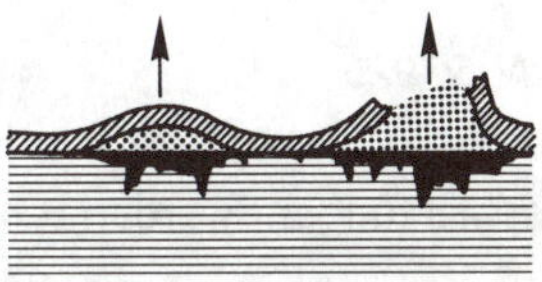</td><td>Augenschein,
Prüfen mit der Hand
Rotbrauner Roststaub, Blasenbildung bei Altanstrichen durch Volumen-Vergrößerung des Rostes</td><td>Entfernung durch mechanische, chemische und thermische Verfahren
<table>
<tr><th>Rostgrade (DIN 53 210)</th><th>Rostbedeckung der Fläche</th></tr>
<tr><td>Ri 0</td><td>0 %</td></tr>
<tr><td>Ri 1</td><td>bis ca. 1 %</td></tr>
<tr><td>Ri 2</td><td>bis ca. 5 %</td></tr>
<tr><td>Ri 3</td><td>bis ca. 15 %</td></tr>
<tr><td>Ri 4</td><td>bis ca. 40 %</td></tr>
<tr><td>Ri 5</td><td>über 50 %</td></tr>
</table></td></tr>
<tr><td>Alte Beschichtungen
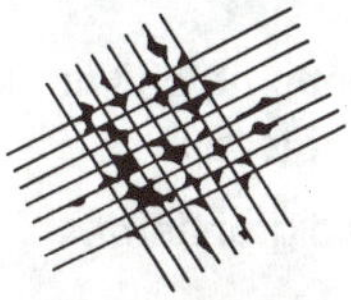</td><td>Kratzprobe mit hartem Gegenstand, Gitterschnittprüfung, Klebebandtest
Aufplatzungen, Reste am Klebeband</td><td>Schlecht haftende Anstrichschichten müssen entfernt werden</td></tr>
</table>

2.8.3 Reinigung, Entfettung und Oberflächenbehandlung von Eisenmetallen

Die Oberflächenvorbereitung ist von ausschlaggebender Bedeutung für die Schutzdauer der aufgebrachten Beschichtungen.

Die wichtigste Voraussetzung für die Wirksamkeit aller Korrosionsschutzmaßnahmen (Verchromen, Emaillieren, Verzinken, Phosphatieren, Anstrich, Beschichtung usw.) ist die *völlige Sauberkeit* der Metalloberfläche.

Stufen der Vorbehandlung

1. Reinigung – Entrosten, Entzundern, Schmutz entfernen

2. Entfettung – Öl- und fettartige Verunreinigungen entfernen

3. Oberflächenbehandlung – Herstellen von *Haftvermittlungsschichten* und *Korrosionsschutzschichten*

1. Reinigung von Eisenmetallen

Zur Reinigung gehören Entrosten, Entzundern und Schmutz entfernen.

Entrostungs- und Entzunderungsverfahren		
Mechanisch	**Chemisch**	**Thermisch**
Handentrostung mit – Pickhammer – Schaber – Drahtbürste – Schleifmittel **Maschinenentrostung** mit – rotierenden Drahtbürsten und Schleifscheiben – Nadelpistole – Abstrahlen	**Beizen** mit Säuren mit Alkalien (meist nur industriell möglich)	**Flammstrahlen** Wenn keine Abstrahlmöglichkeit besteht (nicht geeignet für feuergefährdete Bereiche) 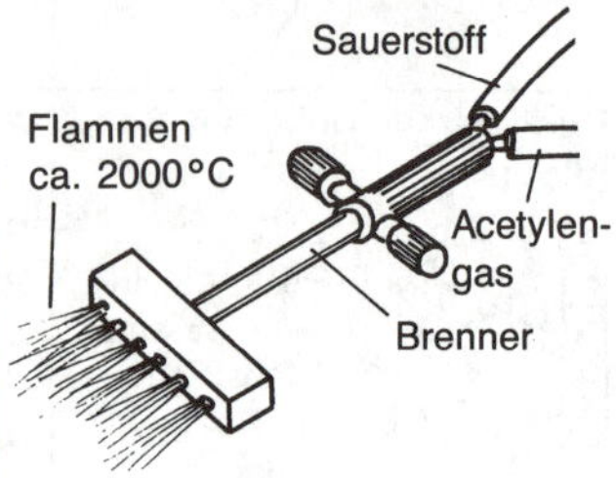

Norm-Reinheitsgrade *von Eisenmetalloberflächen gemäß DIN 55 928*

für Strahlverfahren

Sa 1	Lediglich loser Zunder, Rost und lose Beschichtungen werden entfernt.
Sa 2	Nahezu aller Zunder, Rost und nahezu alle Beschichtungen werden entfernt.
Sa 2½	Zunder, Rost und Beschichtungen werden soweit entfernt, daß nur leichte Schattierungen infolge Tönung von Poren sichtbar bleiben.
Sa 3	Zunder, Rost und Beschichtungen werden vollständig entfernt.

für Handentrostung

St 2	Loser Zunder und lose Beschichtungen werden entfernt. Rost wird soweit entfernt, daß nach der Nachreinigung die Oberfläche einen schwachen Metallglanz aufweist.
St 3	Loser Zunder und lose Beschichtungen werden entfernt. Rost wird soweit entfernt, daß nach der Nachreinigung die Oberfläche einen deutlichen Metallglanz aufweist.

für thermische Entrostung

Fl	Zunder, Rost und Beschichtungen werden soweit entfernt, daß lediglich Schattierungen in verschiedenen Farbtönen verbleiben (maschinelles Nachbürsten ist stets erforderlich).

(Zur genauen Bestimmung eines Norm-Reinheitsgrades werden in o. g. DIN fotografische Vergleichsmuster bereitgestellt.)

2. Entfettung von Eisenmetallen

Die auf dem Metalluntergrund anhaftenden Schmieröle, Korrosionsschutzöle und Fettreste aus dem Fertigungsprozeß müssen entfernt werden. Dies geschieht in der Hauptsache mit **organischen Lösemitteln** (Methylenchlorid, Tri, Per u. a. sowie **wäßrige Lösungen** (Tenside, „Kaltreiniger"). Im Handwerksbereich finden vor allem Testbenzin und Lösemittelgemische (Nitroverdünnung) Verwendung.

3. Oberflächenbehandlung – Herstellen von Haftvermittlungs- und Korrosionsschutzschichten

Zinkschichten – Verzinkungen

Das bekannteste Verfahren, Eisen und Stahl durch eine dünne Schicht eines anderen Metalls zu schützen, ist das Verzinken. Der Materialabbau durch elektrochemische Vorgänge findet nicht mehr am Eisen statt, sondern an der unedleren Zinkschicht. Damit dieser „katodische Rostschutz“ möglichst lange anhält, wird zusätzlich die Verzinkung noch mit Schutzanstrichen versehen (Duplex-Verfahren).

Phosphatschichten

Die Verbindungsbereitschaft des Eisens mit reaktionsfreudiger Phosphorsäure wird durch Tauchen oder Besprühen ausgenutzt. Auf der Eisen- und Stahloberfläche werden festhaftende Phosphatschichten erzeugt, die es dem Eisen verwehren, sich weiter an Korrosionsprozessen zu beteiligen. Die geringe Dicke der Phosphatschicht (2–4 μm) macht stets nachfolgende Anstriche oder Beschichtungen notwendig.
Auto-Karosserieteile und glatte Blechwaren sind typische Beispiele für die Anwendung des Phosphatierens.

Korrosionsschutz-Grundanstriche

Die Brauchbarkeit eines Anstrichstoffes richtet sich zuerst auf seine Widerstandsfähigkeit gegen die am Objekt wirkenden Einflüsse.
Je nach Beanspruchung durch *atmosphärische, chemische* oder *thermische* Einwirkungen sind diejenigen Korrosionsschutzmaterialien auszuwählen, die durch bestimmte Kombinationen aus Bindemittel und Pigmenten den höchstmöglichen Wirkungsgrad bieten.
Es können nur solche Anstrichstoffe Verwendung finden, die diesen Einflüssen voll widerstehen, gleichzeitig aber auch das Eindringen von Luftsauerstoff und Feuchtigkeit verhindern.
Zur Pigmentierung derartiger Anstrichstoffe verwendet man Rostschutzpigmente.

2.8.4 Beschichtungssysteme auf Eisenmetallen

Korrosionsschutzsysteme umfassen **Grundanstriche und Deckanstriche.**
Wichtigste Voraussetzung für einen langfristig wirksamen Schutz ist eine ausreichende Schichtdicke, vor allem an den Kanten, die je nach Beanspruchung mindestens 140–250 μm betragen soll.

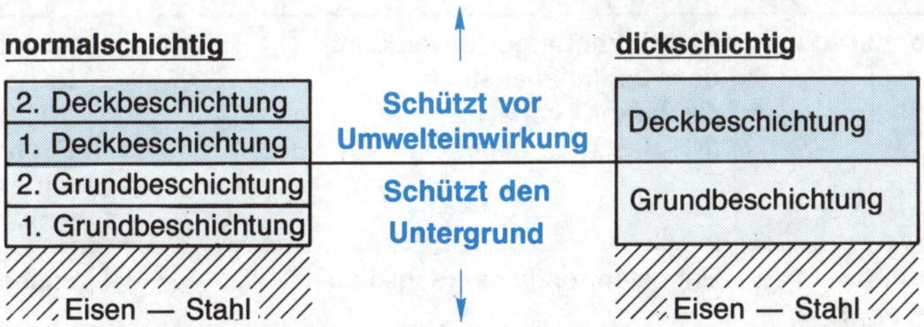

Die für den Korrosionsschutz hauptsächlich verwendeten Bindemittel und Pigmente sind nachfolgend unter Berücksichtigung der Einsatzgebiete vereinfacht zusammengestellt. Die Bindemittel können meist für Grund- und Deckbeschichtungen verwendet werden.

Beschichtungen für atmosphärische Beanspruchung

Bindemittel: Leinöl, Alkydharz, Bituminöse Stoffe (Teer-Asphalt-Bitumen)

Pigmente[1]) *für Grundbeschichtungen:* Bleimennige, Bleicyanamid, Bleistaub, Bleisilicochromat, Calciumplumbat, Eisenoxid, Zinkoxid, Zinkstaub, Zinkchromat
für Deckbeschichtungen: Aluminium, Bleiweiß, Eisenoxid, Eisenglimmer, Titandioxid, Zinkstaub

Beschichtungen für chemische Beanspruchung

Bindemittel: Chlorkautschuk, Cyclokautschuk, Vinylharz, Polyurethanharz, Epoxidharz, ungesättigte Polyester, Polychloropren

Pigmente *für Grundbeschichtungen:* Bleistaub, Eisenoxid, Zinkoxid
für Deckbeschichtungen: Eisenoxid, Eisenglimmer, Graphit, Silcar (Siliciumcarbid), Titandioxid, Zinkstaub

Beschichtungen für thermische Beanspruchung

Bindemittel: Phenolharze, Siliconharze, Cumaronharze, Alkalisilikat

Pigmente *für Grundbeschichtungen:* Eisenoxid, Graphit, Zinkoxid, Zinkstaub u. a.
für Deckbeschichtungen: Aluminium, Eisenoxid, Eisenglimmer, Graphit, Zinkoxid

Anstrich- und Beschichtungssysteme auf Eisenmetallen (Übersicht)

Diese Übersicht ist gültig für:

- **Neuanstriche**
- **Erneuerungs- und Renovierungsanstriche**
- **Überholungsanstriche** (hier entfällt ①)

Bei Innenanstrichen entfällt ②

5.	**Schlußanstrich** ↑	**KH-Lackfarbe** (matt, seidenglänzend, glänzend)	**Dispersions-Lackfarbe**	**Heizkörper-Flutlackfarbe**
4.	**Zwischenanstrich** ↑	**KH-Lackfarbe** (10 % verdünnt) oder **Zwischenanstrichfarbe** im Farbton der Schlußlackierung	**Dispersions-Lackfarbe** unverdünnt im Farbton der Schlußlackierung	↑
3.	**Grundanstrich** ②	**KH-Bleimennige** (unverdünnt) ① ②		
2.	**Grundanstrich** ① ↑	**KH-Bleimennige** (unverdünnt) ① oder bei Innenanstrichen **Grundanstrichfarbe** ① (KH-Basis mit bleifreien Pigmenten)		**Grundanstrichfarbe** ① (KH-Basis, bleifreie Pigmente) im Farbton der Schlußlackierung
1.	**Untergrundvorbehandlung**	Entrosten, entfetten, schleifen		säubern
	Untergrund	**Eisenmetalle**		**Heizkörper**

[1]) Giftige Pigmente, z. B. Bleimennige, werden heute oft durch ungiftige ersetzt.

2.8.5 Vorbehandlungsmittel für Eisenmetalle

	KH-Bleimennige	Zinkchromatgrund	Zinkstaubfarbe
Eigenschaften	Aktives und passivierendes Grundanstrichmittel Mit entsprechenden Deckanstrichen auf Alkydharzbasis bewährtes Korrosionsschutzsystem bei normaler atmosphärischer Beanspruchung	Zweikomponentengrundierung von Eisen- und Stahluntergründen, vor allem im Automobilbau	Aktive Zweikomponenten Korrosionsschutzgrundierung Deckanstriche mit Epoxidharz-, Chlorkautschuk- und PVC-Systemen
Anwendung/ Untergründe	Eisen und Stahl, gestrahlt Sa 2½ oder sorgfältigste Handentrostung	Gründlich gereinigte und entrostete Eisen- und Stahlbleche	Auf metallisch blankem Eisen- oder Stahluntergrund, Entrostungsgrad Sa 2½–3
Bindemittel/ Härter	Modifiziertes Alkydharz	Epoxidharz und Härter	Alkalisilikat und Härter
Pigmente	Hochdisperse Bleimennige	Zinkchromate	Zinkstaub
Flammpunkt/ Gefahrenklasse	Über 21 °C = 294 K VbF = A 2	Über 21 °C = 294 K VbF = A 2	
Verdünnung	Kunstharzverdünnung, Testbenzin	Kunstharzverdünnung, nach Herstellervorschrift	Wasser
Topfzeit	Entfällt	ca. 12 Stunden	ca. 6 Stunden
Trockenzeit	Staubtrocken nach 3–4 Stunden, überarbeitbar nach 12–16 Stunden	Staubtrocken nach 1,5 Stunden, überarbeitbar nach 12 Stunden	Staubtrocken nach 30 Minuten, überarbeitbar nach 24 Stunden
Lagerzeit	In Originalgebinde mind. 6 Monate	In Originalgebinde mind. 12 Monate	In Originalgebinde mind. 12 Monate
Ergiebigkeit	ca. 40 μm Schicht 4–5 m^2/kg	ca. 80 μm Schicht 3,8 m^2/kg	ca. 40 μm Schicht 3,9 m^2/kg
Verarbeitungshinweise	Mit Pinsel	Mit Pinsel, Rolle, Spritzgerät	Mit Pinsel, Spritzgerät
Reinigung/ Werkzeuge	Oben genannte Verdünnungsmittel	Oben genannte Verdünnungsmittel	Wasser

Aufgaben *zu „Eisenmetalle“*

Anstrichuntergrund

A 1. Warum müssen Eisenmetalle Korrosionsschutzanstriche erhalten?

A 2. Welche Grundvoraussetzungen müssen für einen haltbaren Korrosionsschutzanstrich geschaffen werden?

Untergrundprüfungen und Untergrundvorbehandlungen

A 3. Wie kann man Zunderschichten feststellen?

A 4. Welche Aussage kann man treffen, wenn bei der Benetzungsprobe Wassertropfen von einer Stahloberfläche abperlen?

A 5. Erklären Sie den Begriff „Rostgrad“.

A 6. Was bedeutet Ri 2?

Reinigung, Entfettung und Oberflächenbehandlung

A 7. Auf welche Weise kann man Rost entfernen?

A 8. Was besagt der Normreinheitsgrad Sa 2?

A 9. Welcher Normreinheitsgrad ist erreicht, wenn nach dem Sandstrahlen eine metallisch blanke Fläche vorliegt?

A 10. Mit welchen Mitteln kann man Ölrückstände von einer Metalloberfläche entfernen?

A 11. Welche Möglichkeiten bestehen, Eisenoberflächen vor dem Rosten zu schützen?

Beschichtungssysteme

A 12. Welche Mindestschichtdicken sollten Korrosionsschutzanstriche aufweisen?

A 13. Warum müssen Kanten immer gut abgedeckt sein?

A 14. Erklären Sie den Unterschied zwischen einem normalen und einem dickschichtigen Korrosionsschutzanstrich.

A 15. Welchen Beanspruchungen können Korrosionsschutzanstriche ausgesetzt sein?

Vorbehandlungsmittel für Eisenmetalle

A 16. Welche verschiedenen Vorbehandlungsmittel für einen Korrosionsschutzgrundanstrich gibt es?

A 17. Wann wird KH-Bleimennige eingesetzt?

A 18. Wo findet ein Zinkchromatgrund Verwendung?

A 19. Welche Anstrichmaterialien müssen für den Deckanstrich verwendet werden, wenn ein Stahlteil mit Zinkstaubfarbe grundiert wurde?

A 20. Wodurch unterscheidet sich eine Zinkstaubfarbe von anderen Rostschutzgrundierungen?

2.9 Nichteisenmetalle

2.9.1 Anstrichuntergründe

Nichteisenmetalle als Anstrichuntergründe sind vor allem Zink und verzinkte Bleche oder Stahlteile (Dachkanäle, Geländer u. ä.), außerdem Aluminium, Blei und Kupfer.
Alle NE-Metalle sind wegen ihrer dichten, oft noch mit öl- oder/und wachsartigen Trennmittelrückständen behafteten Oberflächen schwierige Beschichtungsuntergründe. Diese Rückstände erschweren die Haftung der Anstriche.
Die Aufgabe des Malers und Lackierers ist es, durch entsprechende Vorarbeiten die Haftung zu ermöglichen.

Anstrichuntergrund Zink

Zink unterliegt wie andere Metalle der Korrosion und muß deshalb mittels Beschichtung geschützt werden.
Die Korrosion ist erkennbar an Vergrauungen oder weißlichen Ablagerungen an der Oberfläche (Weißrost).
Durch Sauren Regen entstehen mittels chemischer Reaktionen Zinksalze, die den Zinkabbau beschleunigen und die Haftung von Beschichtungen verhindern. Die sehr glatte Zinkoberfläche erschwert ebenfalls die Haftung.

Anstrichuntergründe Aluminium, Kupfer, Blei

Blei, Kupfer und Aluminium sind Anstrichuntergründe, die seltener vorkommen. Gerade sie erfordern jedoch eine richtige und gründliche Vorbehandlung, um die Haftung von Beschichtungen zu ermöglichen.

Oxidschichten sind Schutzschichten für die NE-Metalle Blei, Kupfer und Aluminium. Sie vermindern oder verhindern jedoch die Haftung von Beschichtungen. Bei ungeschützten Untergründen wird durch Inhaltsstoffe der Luft die Oberfläche der Metalle chemisch verändert. Dabei entstehen Ablagerungen, auf denen Anstriche und Beschichtungen nicht haften.
Deshalb sind auch bei diesen Untergründen zweckmäßige Vorarbeiten zu leisten und richtige Beschichtungssysteme aufzubringen.

2.9.2 Untergrundprüfungen und Untergrundvorbehandlungen

Nichteisenmetalle erfordern eine genaue Untergrundprüfung und eine gründliche und gewissenhafte Vorbehandlung.

Untergrundprüfung	Prüfmethode/ Feststellung	Untergrundvorbehandlung
Oxidschichten auf Zink (Zinksalze) 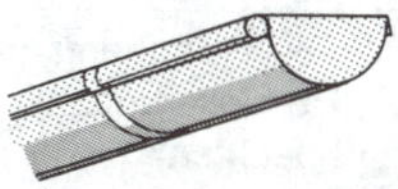	Augenschein Vergrauungen, weiße Ablagerungen	**Netzmittelwäsche:** 90 % Wasser + 10 % Ammoniak (25 %ig) und geringe Menge Netzmittel (Spülmittel) mit Korundschleifvlies schleifen, bis Oberfläche frei von Oxidationsprodukten ist. Nachwaschen mit reinem Wasser
Oxid- und Verwitterungsschichten 	Augenschein *Aluminium:* Vergrauungen und salzartige Ablagerungen *Kupfer:* Braun- und Grünfärbung *Blei:* Vergrauungen der Oberfläche	*Aluminium:* Nicht mit laugen- und säurehaltigen Entfettungsmitteln abwaschen (Oberfläche wird zerstört.) *Kupfer:* Mit Lösemittel abwaschen *Blei:* Mit verdünnter Phosphorsäure abwaschen. Mit klarem Wasser nachwaschen
Trennmittel und ölige Rückstände 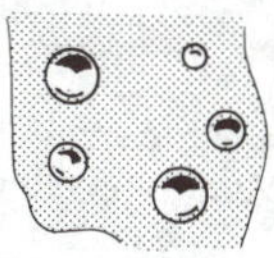	Benetzen mit Wasser Wasser perlt ab	*Aluminium, Kupfer, Blei:* Abwaschen mit Lösemittel Schleifen mit Korundschleifvlies. Schleifstaub entfernen.
Stempel- und Signierfarben 	Augenschein Farbrückstände vorhanden	Abwaschen mit Lösemitteln
Nicht tragfähige Anstriche 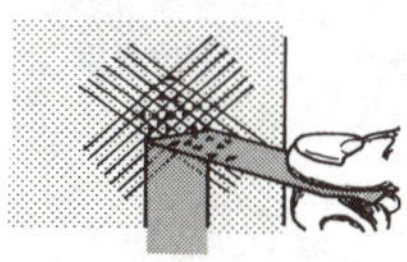	Gitterschnittprüfung, Klebebandtest, Kratzprobe Schlechtes Haftvermögen	Nicht tragfähige Anstriche entfernen: mechanische und chemische Verfahren. Abflammen ist bei dünnen NE-Blechen nicht zu empfehlen (Verwerfungen)

2.9.3 Vorbehandlungsmittel für Nichteisenmetalle

	Haftgrund	Washprimer	Zinkhaftgrund
Eigenschaften	Haftvermittelnder Zweikomponenten-Grundanstrichstoff Schnelltrocknend	Zweikomponenten-Grundanstrichstoff Schnelltrocknend, nicht wetterbeständig, möglichst noch am gleichen Tag überstreichen	Haftvermittelnder Zweikomponenten-Grundanstrichstoff mit guter mechanischer und chemischer Beständigkeit
Anwendung/ Untergründe	Aluminium Hauptsächlich im Automobilbau	Eisen- und Nichteisenmetalle, vorwiegend Aluminium	Zink, verzinkte Stahlbauteile, Aluminium, Kupfer
Bindemittel/ Härter	Polyvinylbutyral, säurehärtend	Polyvinylbutyral und Härter	Epoxidharz-Polyamid und Härter
Pigmente	Zinkchromate	Zinkchromate	Zinkchromate
Flammpunkt/ Gefahrenklasse	Über 21 °C = 294 K VbF = A II Gesundheitsschädlich	Über 21 °C = 294 K VbF = A II Gesundheitsschädlich	Über 21 °C = 294 K VbF = A II Gesundheitsschädlich
Verdünnung	Spezial-Verdünnung Herstellerangaben beachten	Spezial-Verdünnung Herstellerangaben beachten	EP-Verdünnung, Herstellerangaben beachten
Topfzeit	Maximal 8 Stunden	ca. 8 Stunden	8–10 Stunden
Trockenzeit	Staubtrocken nach ca. 15 Minuten, überarbeitbar nach 60 Minuten	Staubtrocken nach ca. 15 Minuten, überarbeitbar nach 60 Minuten	Staubtrocken nach ca. 30 Minuten, überarbeitbar nach ca. 16 Stunden
Lagerzeit	In Originalgebinde ca. 12 Monate	In Originalgebinde mindestens 6 Monate	In Originalgebinde mindestens 12 Monate
Verarbeitungshinweise	Spritzauftrag	Spritzauftrag	Streichen, Rollen und Spritzen
Ergiebigkeit	ca. 20 µm Schicht ca. 6 m²/kg	ca. 10 µm Schicht ca. 10 m²/kg	ca. 30 µm Schicht ca. 10 m²/kg
Reinigung Werkzeug	Oben genannte Verdünnungsmittel, Nitroverdünnung	Oben genannte Verdünnungsmittel, Nitroverdünnung	Oben genannte Verdünnungsmittel

2.9.4 Anstrich- und Beschichtungssysteme

Zinkuntergründe

Alle Anstrich- und Beschichtungssysteme sind nach fachlich richtiger Vorbehandlung (Netzmittelwäsche, 2K-Zinkhaftgrund bzw. Washprimer) gemäß Herstellervorschriften aufzubringen. Geeignet sind:

- Zinkhaftfarben
- PUR-Lacke
- PVC-Lacke
- Acrylharzlacke
- Epoxidharzlacke
- Bitumen-Öl-Kombinationen
- Steinkohlenteer
- Dispersionslacke
- Dispersionsfarben
- Silikatfarben

Aluminium-, Kupfer- und Blei-Untergründe

Nur Anstrich- und Beschichtungssysteme verwenden, die vom Hersteller für diese Untergründe als geeignet empfohlen werden.
Bei Kupfer werden vor allem Klarlackierungen ausgeführt, um die Kupferfarbe zu erhalten.

Aufgaben *zu „Nichteisenmetalle"*

A 1. Welche NE-Metalle können als Anstrichuntergründe für den Maler und Lackierer in Frage kommen?

A 2. Warum ist die Haftung (das Haftvermögen) von Beschichtungen auf NE-Metallen erschwert?

A 3. Warum müssen Zink und verzinkter Stahl/Stahlblech durch Anstriche bzw. Beschichtungen geschützt werden?

A 4. Warum muß die Zinkoberfläche vor Beschichtungen frei von Korrosionsprodukten sein?

A 5. Woran kann man Zinkablagerungen deutlich erkennen?

A 6. Beschreiben Sie die Netzmittelwäsche.

A 7. Mit welchen Werkstoffen lassen sich Stempelfarben entfernen?

A 8. Welcher Anstrichstoff ist als Grundanstrichstoff für Zink und Verzinkungen von vielen Herstellern verbindlich vorgeschrieben?

A 9. Durch welche Einflüsse können die Oberflächen von Aluminium, Kupfer und Blei verändert werden?

A 10. Wie verändert sich die Oberfläche durch Oxidation bei **a)** Aluminium, **b)** Kupfer, **c)** Blei?

A 11. Warum darf Aluminium nicht mittels laugen- und säurehaltigen Mitteln entfettet werden?

A 12. Auf welche Weise wird Kupfer entfettet?

A 13. Womit können Bleioberflächen vorbehandelt werden?

2.10 Kunststoffe

2.10.1 Anstrichuntergrund

Kunststoffe sind organische Werkstoffe, die auf chemischem Wege aus Erdöl, Kohle, Kalk, Wasser usw. hergestellt werden.
Der Hauptbestandteil ist der Kohlenstoff (C), der in Verbindung mit anderen chemischen Elementen Makromoleküle (Großmoleküle) bildet.
In der Zukunft werden Kunststoffe und beschichtete Kunststoffoberflächen als Anstrichuntergründe des Malers und Lackierers zunehmen.
Da auch Kunststoffe z. B. der Korrosion unterliegen, müssen sie geschützt werden. Man unterscheidet folgende Gründe:

Schutz vor Korrosion

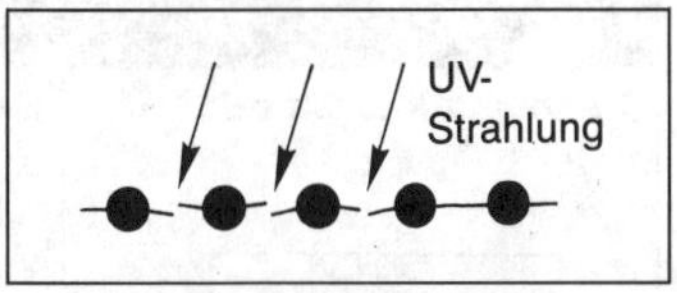

a) Die UV-Strahlen (ultraviolette Strahlung) des Sonnenlichts zerstört besonders bei Thermoplasten die Molekülketten. Der Kunststoff wird hart und spröde.

b) Aggressive Stoffe, z. B. Säuren, Laugen, Lösemittel, Salze, Abgase zerstören die Kunststoffe. Sie vergilben, verspröden, werden porös und fleckig.

Schutz gegen elektrostatische Aufladung

Unbeschichtete Kunststoffe können sich elektrostatisch aufladen. Sie verstauben dadurch schneller und wirken auf den Menschen beim Entladevorgang unangenehm.

Dekorative Gründe

Die meisten Kunststoffe sind matt und in einem Farbton, der nicht zu den umliegenden Flächen paßt. Es ist wirtschaftlicher, Kunststoffteile im Materialfarbton herzustellen und danach zu beschichten.

Kunststoffe unterteilen sich in 2 Hauptgruppen:

1. Plastomere (Thermoplaste)

Unter Wärmeeinwirkung plastisch verformbar

PVC-hart, **PVC-weich** } Polyvinylchlorid
PS .... Polystyrol
PE .... Polyethylen
PMMA ...... Polymethylmethacrylat
PC .... Polycarbonat
PA .... Polyamid
PP/EPDM .... Propylenkautschuk
ABS .... Acrylbutadienstyrol

2. Duromere (Duroplaste)

Unter Wärmeeinwirkung *nicht* plastisch verformbar

PF .... Phenolplaste
MF .... Melaminharze
VF .... Harnstoffharze
PUR .... Polyurethan
UP .... Polyesterharz
EP .... Epoxidharz
GFK .... Glasfaserverstärkter Kunststoff (z. B. GF-UP)

2.10.2 Untergrundprüfungen und Untergrundvorbehandlungen bei Kunststoffen

Die Haftung und Verträglichkeit von Anstrich- und Beschichtungssystemen hängt von der Art und Beschaffenheit des Kunststoffes ab:

- Die Untergrundprüfung muß zuerst die Kunststoffart klären.
- Weiter beschränkt sich die Prüfung auf die Beurteilung der Oberfläche sowie auf sichtbare und erkennbare Mängel des Kunststoffes.

Die Art des Kunststoffes kann mit Hilfe von Testlösungen bestimmt werden.

Untergrundmängel	Prüfmethode/ Feststellung	Untergrundvorbehandlung
Trennmittelrückstände 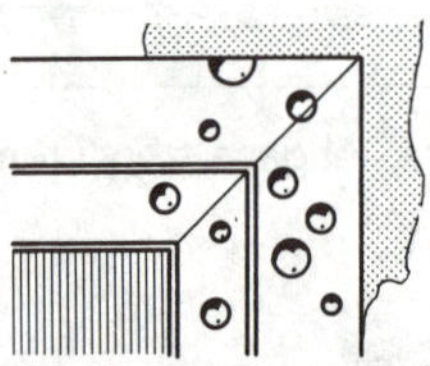	Benetzen mit Wasser Abperlen	Zweimaliger Waschvorgang mit Silikon- oder Trennmittelentferner nach Herstellervorschrift (Tuch wechseln) *Beispiele:* – Wachse, Silikone mit Methylacetat – Öle, Gleitmittel mit Ethylalkohol – Duroplaste mit Nitroverdünnung oder Trichlorethylen – PC mit PC-Verdünnung – GfK mit KH-Verdünnung reinigen

Untergrundmängel	Prüfmethode/ Feststellung	Untergrundvorbehandlung
Glatte, porenfreie Oberfläche 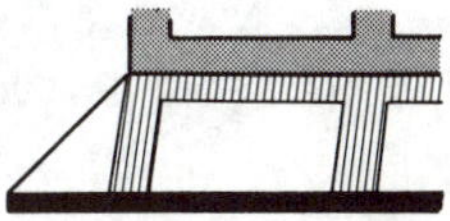	Augenschein, Tasten mit der Hand Oberfläche spiegelt	Anschleifen mit 400–600er P-Schleifpapier oder Schleifvlies
Vertiefungen, Lunkerstellen 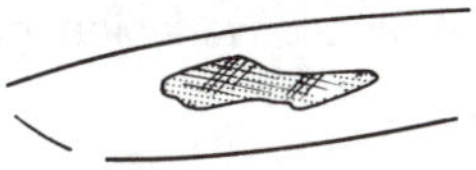	Sichtprobe, Tasten mit der Hand Vertiefungen, Rauhheiten	Teilspachtelung nach Herstellervorschrift *Beispiele:* **1.** GFK mit Polyesterspachtel **2.** PUR mit 2K-Spachtel **3.** PS-Schaum mit Gipsfüllspachtel
Feuchtigkeit 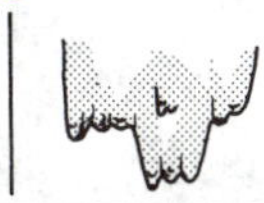	Augenschein, Abwischen mit der Hand Wasserperlen	Tocknen Nicht bei Nebel, Taubildung und feuchtem Wetter beschichten
Weichmacherwanderung 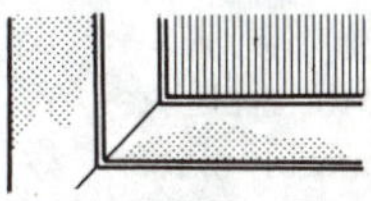	Nicht zu prüfen Dies kommt besonders bei PVC-Kunststoffen vor	PVC mit PUR-Grundanstrich absperren Der ölige Weichmacher wandert in die Beschichtung und löst diese an
Versprödete Oberfläche 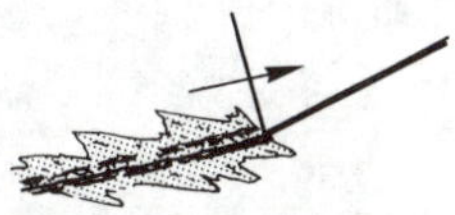	Kratzprobe Aufgerissene Kratzspur	Lose Teile entfernen (schleifen), Grundanstrich und Spachtelung nach Herstellervorschrift (von Kunststoffart abhängig)
Nicht benetzbare Oberfläche 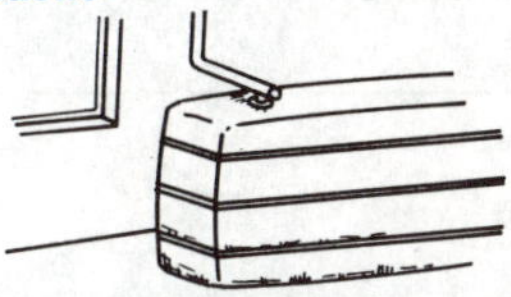	Augenschein Wachsartige Oberfläche auf Polyethylen PE	Beflammen, Begasen mit Chlorgasen, Ozon- oder Säurebehandlung. Es ist sonst keine Beschichtung möglich
Tragfähigkeit von alten Beschichtungen 	Gitterschnitt, Klebebandtest Ausgeschnittene Teilflächen lösen sich vom Untergrund	Restlose Entfernung des alten, nicht tragfähigen Anstriches durch Schleifen
Verbindungsnähte durch Kleben und Heißluftnähte 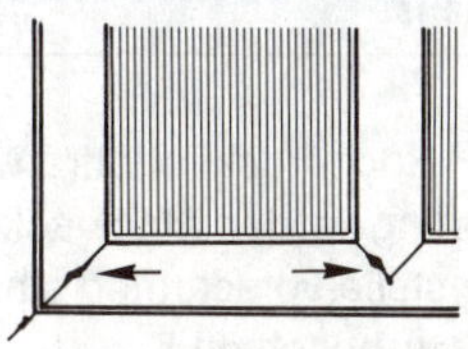	Augenschein Erhöhungen, Gratbildungen an den Verbindungsstellen	Glättung mittels Fließnahtliquids (liquids = Flüssigkeiten)

2.10.3 Anstrich- und Beschichtungssysteme auf Kunststoff

1. Handwerkliche Verfahren

● Kunststoffe im Hochbau

Der in diesem Baubereich am meisten verwendete Kunststoff ist **Hart-PVC** (Polyvinylchlorid).

Hier einige Anwendungsbeispiele:

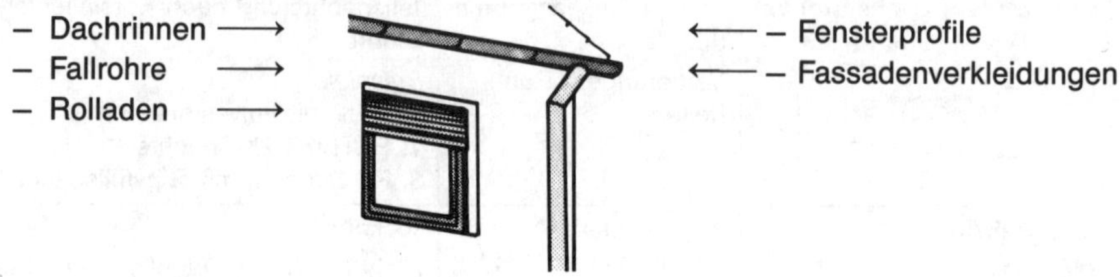

Nach dem Schleifen mit einem Schleifvlies oder Schleifpapier (z. B. P 240) ist ein Grundanstrich auf Polyurethanbasis (PUR) aufzutragen. Folgende Anstrichsysteme sind geeignet:

- Alkydharzlacke (langölige und styrolisierte)
- Acrylatharzlacke
- Polyurethanharzlacke
- Epoxidharzlacke
- Dispersionslacke
- PVC-Lacke

Dunkle Farbtöne sind zu vermeiden.

● Kunststoffe im Kraftfahrzeugbau

Besonders bei neuzeitlichen PKW wird eine Vielzahl von Kunststoffen verwendet:

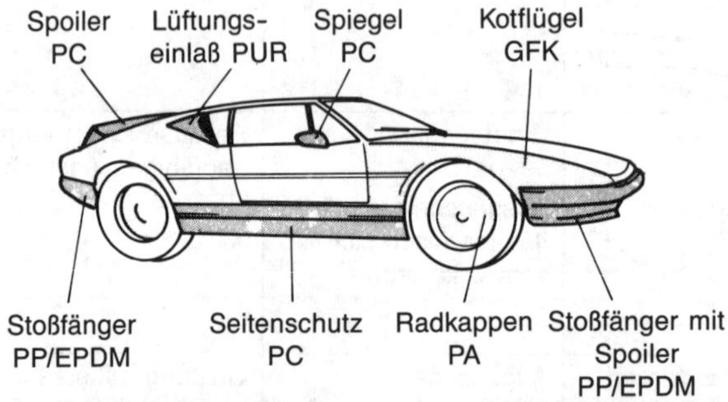

Kunststoffteile am Beispiel eines Sportwagens

Als Vorbehandlungsmittel ist ein **Kunststoff-Haftprimer** im Hochdruckverfahren zu beschichten. Dieser hat die Aufgabe, die Weichmacherwanderung in den Decklack zu verhindern und eine höhere Haftfestigkeit zu erreichen. (Die Herstellervorschriften sind – auf den Kunststoff und die Verarbeitung bezogen – unbedingt zu beachten.)

Als Anstrich- und Beschichtungssystem kann jeder im Fahrzeuglackiererhandwerk gebräuchliche Decklack verwendet werden. Den Decklacken ist dabei unbedingt ein **Weichmacher** zuzugeben. Seine Aufgabe ist es, die Decklacke elastisch zu halten, so daß diese die Verformungen durch mechanische Beanspruchungen und Temperaturänderungen ohne abzuplatzen überstehen.

Materialdaten eines Kunststoff-Haftprimers

Werkstoffart	Haftprimer für lösemittelempfindliche Kunststoffe
Bindemittel	Spezialpolymere
Verdünnung	PC-Verdünnung, auf 18 s AK 4/20 °C einstellen
Flammpunkt	Unter + 21 °C (Gefahrenklasse A I)
Lagerzeit	Maximal 1 Jahr
Ablüftzeit	30 Minuten bei 20 °C
Verarbeitung	2–3 Spritzgänge, 4 bar, 1,3 bis 1,5er Düse
Hinweise	Vorsicht! Leicht entzündlich! Probebeschichtung ist empfehlenswert

Schichtaufbau einer Lackierung auf Kunststoffen

Decklackierung 1 einschichtig farbig	**Decklackierung 2** zweischichtig Metalleffekt	
Zweikomponenten-Acryllack (mit Weichmacher)	Zweikomponenten-Klarlack (mit Weichmacher)	Kunststoffe nur mit Weichmacherzusatz beschichten
	Basislack	Metallic-, Diamant-, Perlglanz- und Leuchtfarbeneffekt
↑ oder	↑	
Zweikomponenten-Füllprimer (Acryl-Polyurethan-Basis)		Haftvermittler, Schleifunebenheiten füllend, größere Schichtdicke
Schleifen P 600		Unebenheiten schleifen
Polyesterspachtel		Vertiefungen und Beschädigungen füllend
Kunststoff-Haftprimer		Haftvermittler, löst z. T. Kunststoff an
Untergrundvorbehandlung........		z. B. Siliconentferner
Untergrundprüfung		z. B. Art des Kunststoffes
Beschädigte Kunststoffuntergründe		PVC, PC, PS, ABS, PA, EPDM, GF-UP (GfK) und PUR-Hartschaum

Bei unbeschädigten Untergründen kann nach dem Kunststoff- Hartprimer direkt die Decklackierung 1 oder 2 aufgebracht werden.

2. Industrielle Verfahren

Anwendungsbeispiele: – Türen, Möbel aus MF
– Bootskörper aus GfK
– Rundfunk- und Fernseh-Gehäuse aus PF

Bei Thermoplasten ist ein Haftvermittler als Vorbehandlungsmittel zu beschichten. Bei Duroplasten kann meistens mit der Spachtelmasse oder Decklackierung beschichtet werden.

Spachtelmassen: – Nitrocellulose-Spachtel
– Polyester-Spachtel
– Dispersions-Spachtel bedingt möglich

Bei den Anstrich- und Beschichtungssystemen ist die Herstellervorschrift über Eignung und Verarbeitung zu beachten:

Eignung der Anstrich- und Beschichtungssysteme auf Kunststoffuntergründen

Anstrich- und Beschichtungssysteme	*Kunststoffuntergründe* PVC	PS	PE vorbehandelt	PMMA	PF	MF, UF	GfK	PUR
Alkydharzlacke	+	–	+	+	+	+	+	+
Polyurethanlacke	+	–	+	+	+	+	+	+
Epoxidharzlacke	+	–	+	+	–	–	+	–
Cyclokautschuklacke	+	–	?	+	–	–	–	–
Nitrocelluloselacke	–	+ [1]	?	?	–	–	–	+
PVC-Lacke	+	+	–	?	–	–	–	–
Acryl-Lack (2K)	+	+	–	+	+	+	+	+ [2]
Kunststoffdispersionen	?	?						

Anmerkung: + = geeignet ? = bedingt geeignet – = nicht geeignet

2.10.4 Materialdaten von Kunststoffen

Kunststoffe kann man durch die Angaben in der folgenden Tabelle erkennen und bestimmen.

Eigenschaften/ Aussehen	Chemische Beständigkeit gegen	Brennverhalten	Anwendungsgebiete Lebensbereich	Anwendungsgebiete Beschichtungsmittel
Polyvinylchlorid PVC (hart)				
Schlagfest, spröde bei Kälte, abriebfest, pigmentiert	Laugen, Säuren, Alkohol, Seifen Unbeständig gegen organische Lösemittel	Verkohlt in und verlöscht außerhalb der Flamme	Fensterrahmen, Rolladen, Fallrohre, Dachrinnen	Polymerisatharzfarben (PVC-Lacke)

[1]) = als Schaum (Vorversuch)
[2]) = mit Weichmacherzusatz (Soft face)

Eigenschaften/ Aussehen	Chemische Beständigkeit gegen	Brennverhalten	Anwendungsgebiete Lebensbereich	Beschichtungsmittel
Polyvinylchlorid PVC (weich)				
Weich, abriebfest, dehnbar, pigmentiert	Vergl. PVC (hart)	Brennbar durch Weichmacher	Folien, Planen	Tapeten, Boden- und Wandbeläge, Stoffe
Polystyrol PS				
Billig, zerbrechlich, dehnbar, z. T. geschäumt	Laugen, Säuren, unbeständig gegen organische Lösemittel	Brennbar, rußend, süßer Geruch	Haushaltsartikel, Verpackungen, Isolierteile **Novodur**	Isolierung (Vollwärmeschutz), Untertapete, Deckenplatten **Styropor**
Polyethylen PE				
Wachsartige Oberfläche, transparent, unzerbrechlich	Säuren, Öle, Fette *Leichtflüchtige Lösemittel diffundieren*	Helle Flamme, Tropfen brennen weiter	Flaschen, Folien, Haushaltsartikel, Eimer **Hostalen**	PE-Lack für Betonböden, Ölwannen, Korrosionslacke auf Eisen
Polymethylmethacrylat PMMA				
Glasklar, hart, hohe Festigkeit, schwer zerbrechlich	Schwache Säuren, Öle, Fette, unbeständig gegen organische Lösemittel	Helle Flamme, fruchtartiger Brandgeruch	Platten, Lichtkuppeln Sanitärteile **Plexiglas**	Acrylharzlacke, Acryldispersionen
Polycarbonat PC				
Transparent, zäh, unzerbrechlich	Schwache Laugen und Säuren, Fette, Öle	Flamme erlischt außerhalb Zündquelle	Tanks für Öle und Wasser, Behälter, Autoteile, Profile	
Polyamid PA				
Hohe Festigkeit, sehr abriebfest, transparent, temperaturbeständig	Schwache Laugen, Benzin		Zahnräder, Schrauben, Siebdruckgewebe **Perlon, Nylon**	Druckfarbe, EP-Härter, Thixotropiemittel
Propylenkautschuk PP/EPDM				
Sehr lichtbeständig, als Schaum, z. T. gefärbt, steif, zäh	Säuren, Laugen, Lösemittel	Brennbar	Neben GF-UP und PUR im Automobilbau am meisten verwendet	

Eigenschaften/ Aussehen	Chemische Beständigkeit gegen	Brennverhalten	Anwendungsgebiete Lebensbereich	Beschichtungsmittel
Phenolplaste PF				
Braun, glatt, mit Füllstoff schwer zerbrechlich	Benzin, Benzol, Öle, Fette, Spiritus	Brennt hell und rußt außerhalb der Flamme	Elektroteile, Griffe, Gehäuse, Sitze, Zahnräder **Bakelit, Werzalit**	Ersatz-Schellack = spirituslösliche Einbrennlacke
Melaminharze MF, Harnstoffharze UF MF, UF				
Hohe Festigkeit, spröde mit Füllstoff, UF auch als Schaum	Benzin, Benzol, Öle, Fette, Spiritus	Kaum entzündbar	Tischbeläge, Türen, Möbel, Küchenmaschinen **Resopal**	Ofentrocknende Alkydharzlacke = Autolacke, Einbrennlacke
Polyurethan PUR				
Gelbbraun, bröcklig-fest, weich-zäh bei weichem bis hartem Schaum	Säuren und Laugen, schwache organische Lösemittel	Brennbar, brennt nach Entzündung weiter	Fensterprofile, Fensterbänke, als Integralschaum: Möbel, Boote, Autoteile, Isolierungen	PUR-Lacke = DD-Lacke

Aufgaben *zu „Kunststoffe"*

Anstrichuntergrund

A 1. Aus welchen Rohstoffen werden Kunststoffe hergestellt?

A 2. Nennen Sie Gründe, warum Kunststoffe beschichtet werden.

A 3. **a)** Welche Hauptgruppen von Kunststoffen kann man unterscheiden?
b) Wodurch unterscheiden sie sich voneinander?
c) Nennen Sie zu jeder Gruppe drei Kunststoffe.

A 4. Unterscheiden Sie folgende Kunststoffe voneinander: **a)** GFK, **b)** GE-EP.

A 5. Erklären Sie folgende Abkürzungen für Kunststoffe: **a)** PA, **b)** PUR, **c)** PF.

Untergrundprüfungen und Untergrundvorbehandlungen

A 6. Nennen Sie zwei Prüfverfahren (Prüfmethoden), mit denen Sie verschiedene Kunststoffe unterscheiden können.

A 7. Wie wird die Untergrundprüfung mit Testlösemitteln durchgeführt?

A 8. Kunststoffe sollen auf **a)** Trennmittelrückstände und **b)** Feuchtigkeit geprüft werden. Nennen Sie die dazugehörigen Prüfverfahren.

A 9. **a)** Warum ist PVC mit einem Grundanstrich zu versehen?
b) Welche Bindemittelbasis sollte der Grundanstrichstoff haben?

Anstrich- und Beschichtungssysteme

A 10. **a)** Welche Kunststoffe (Anstrich- und Beschichtungsträger) muß der Maler und Lackierer im und am Hochbau beschichten?
b) Geben Sie einige Anstrichmaterialien an.

A 11. Nennen Sie zwei gebräuchliche Kunststoffe, die an neuzeitlichen Kraftfahrzeugen Verwendung finden.

A 12. **a)** Mit welchen Vorbehandlungsmitteln sind Kunststoffe am KFZ zu beschichten?
b) Nennen Sie Gründe, die diese Vorbehandlung notwendig machen.

A 13. **a)** Welches Zusatzmittel ist besonders Decklacken für KFZ-Lackierungen zuzugeben?
b) Welche Aufgaben hat dieser Zusatz zu erfüllen?

A 14. Erläutern Sie mit Hilfe einer Skizze den Anstrichaufbau an einem beschädigten Kunststoffteil (Kotflügel).

A 15. **a)** Wie werden bei industriellen Verfahren Thermoplaste beschichtet?
b) Wie werden bei industriellen Verfahren Duroplaste beschichtet?

2.11 Fahrzeuglackierungen

2.11.1 Lackieruntergrund

Im handwerklichen Fahrzeuglackierbereich gibt es folgende Untergründe:

- Altlackierungen
- Eisenmetalle
- Nichteisenmetalle
- Kunststoffe
- Holz

2.11.2 Vorbehandlungsarbeiten

Schleifen

Mit ca. 70 % ist Schleifen der Hauptanteil der Gesamtarbeitszeit. Ca. 5 % für das Abdecken und ca. 25 % für das Beschichten.
Von der Art des Untergrundes und der Beschichtungsstoffe ist die Wahl der Schleifmittel, Maschinen und Schleiftechnik (naß, trocken) abhängig.

Abstauben

Geschliffene Flächen sollen nicht mit Druckluft abgeblasen, sondern mit dem Staubbesen oder Staubsauger gereinigt werden.
Vor der Schlußlackierung ist die gesamte Fläche mit einem **Staubbindetuch** abzureiben.

Abstrahlen

Rostende Untergründe werden durch Abstrahlen mit Quarzsand im Hochdruckverfahren gereinigt. Hierfür sind eine spezielle Strahlpistole, Handschuhe und ein Kopf- und Körperschutz notwendig.

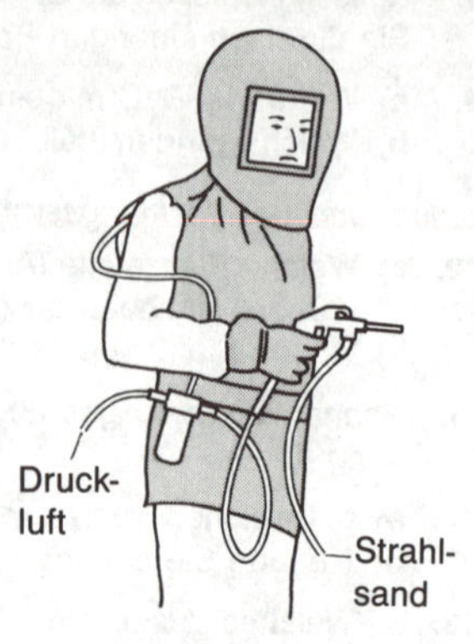

Schutzkleidung

Abdecken

– *Klebebänder* sollen folgende Eigenschaften haben: Hohe Klebekraft, sehr gut dehnbar, naßschliffest, lösemittelbeständig und rückstandslos entfernbar; Lack sollte nicht unter die Klebebandkante gelangen können (keine „Lackunterwanderung")
– *Abdeckpapier* soll faserfrei, naßfest und lösemittelbeständig sein; Zeitungspapier ist ungeeignet
– *Abdeckplanen* verwendet man für große Teilflächen
– *Abdecklack* kann nach dem Lackieren trocken abgezogen werden

2.11.3 Spritzen

Von entscheidender Bedeutung für die Qualität einer Spritzlackierung ist die richtige Wahl des Spritzverfahrens und die fachmännische Handhabung der Spritzpistole sowie Düsenart und Düsengröße.

Spritzverfahren

Für PKW-Lackierungen verwendet man nur das Hochdruckspritzen. Bei Großlackierungen (LKW, Container usw.) kann man das Hochdruck- oder das Air-Mix-Verfahren anwenden.

Spritzpistolen

Beim Hochdruckspritzen werden folgende *Pistolen* bzw. *Materialfördersysteme* verwendet:

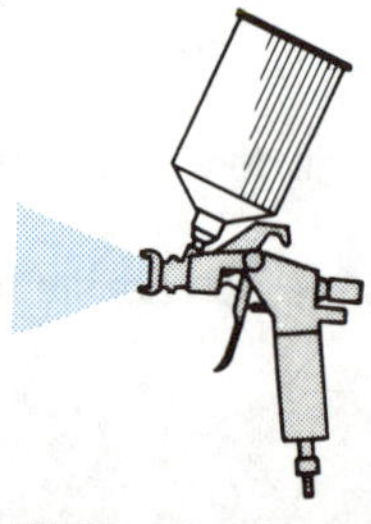
Fließbecherpistole

Saugbecherpistole

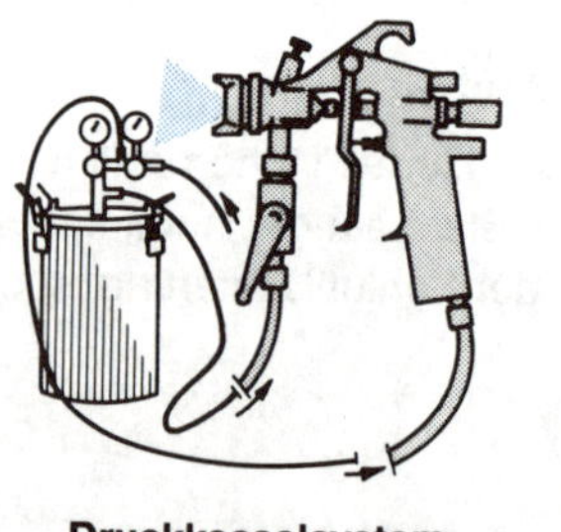
Druckkesselsystem

Düsenarten

a) Rund- und Breitstrahl durch 2 x 45 °-Drehung des Düsenkopfes
b) Rund- bis Breitstrahlverstellung durch kontinuierliche Breitstrahlregulierung (siehe auch nachfolgende Pistole) und drehen des Düsenkopfes.
c) Rundstrahl fest
d) Breitstrahl fest
e) Sonderdüsen (Schlitzdüsen)

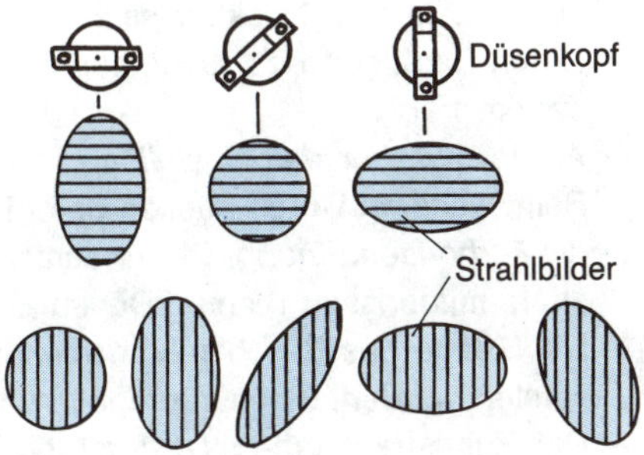

Düsengröße

Es ist der lichte Durchmesser der Farbdüse in Millimeter angegeben.

Beispiele für Düsengrößen:
(0,8); 1,0; 1,2; 1,3; 1,4; 1,5; 1,7; 2,0; (2,5); (3,0); (4,0).

Praktische Verwendung:

Dickschichtfüller	2-mm-Düse, Druck ca. 3–5 bar
2K-Acryl-Lack	1,3-mm-Düse, Druck ca. 4–5 bar
KH-Lack	1,3-mm-Düse, Druck ca. 4–5 bar

Aufbau und Funktion einer Spritzpistole
(mit Breitstrahlregulierung, Fließbecher – Hochdruckverfahren)

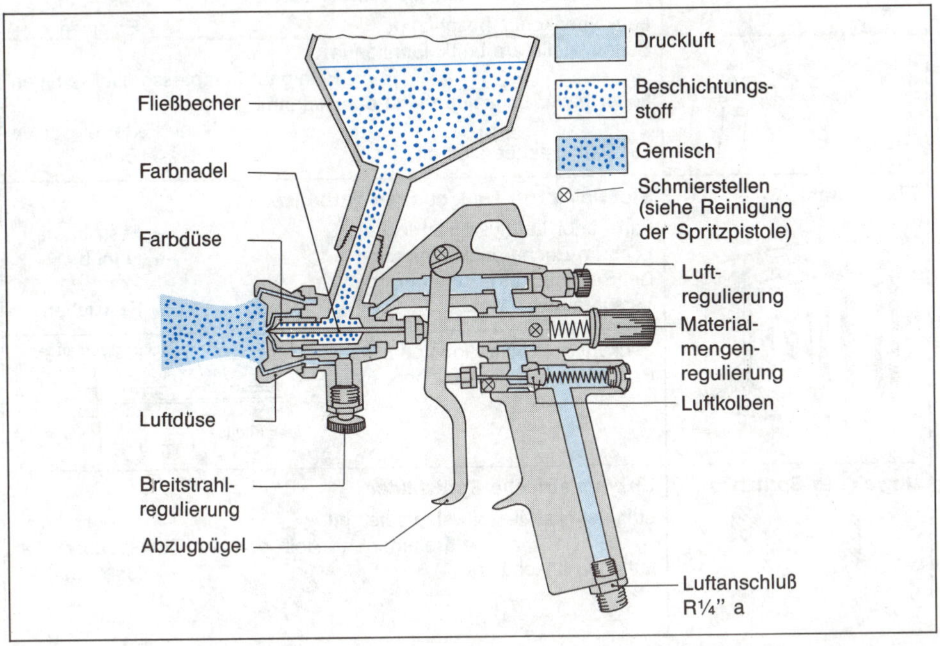

- Von einem Kompressor (Luftverdichter) wird *gereinigte, wasserfreie* und verdichtete Luft über einen Druckluftschlauch zum Luftanschluß der Pistole geleitet.
- Durch Betätigen des Abzugbügels gibt der **Luftkolben** den Luftzulaß in das Düsensystem frei.
- An der *Luftdruckfeineinstellung* kann nur noch eine Feinregulierung stattfinden.
- Beim weiteren Durchdrücken des Abzugbügels öffnet auch gleichzeitig die *Farbnadel* die *Farbdüsenöffnung.* Der Beschichtungsstoff wird jetzt vom vorbeistreichenden Luftstrahl mitgerissen (Venturi-Düsen-Effekt).
- Die Menge des Beschichtungsstoffes kann über die *Materialmengenregulierung* feinverstellt werden. Eine Grobregulierung kann nur durch Wechsel der Farbdüse erfolgen.
- Der Rundstrahl kann jetzt durch die zweiseitige Luftzufuhr von Außendüsen in einen Breitstrahl geändert werden. Dazu wird die **Breitstrahlregulierung** verstellt.

Fehler (Störungen) beim Spritzen

Fehler mit Abbildung	Zustand, Ursachen, Beseitigungen
Pistole tropft 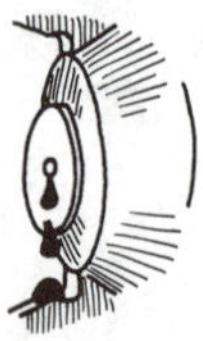	**Aus der Farbdüse quillt Lack** Farbnadel schließt nicht in der Farbdüse → Nachstellen Farbnadel nicht fest eingeschraubt → Anziehen Fremdkörper in der Farbdüse → Reinigen Farbdüse und Farbnadel sind beschädigt → Austauschen Farbdüse und Farbnadel haben verschiedene Nummern → Umtauschen
Pistole bläst 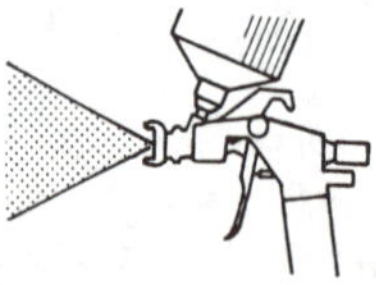	**Im Ruhezustand bläst die Pistole Luft** Luftkolbenkonus beschädigt → Ersetzen Schmutzteile am Luftkolbenkonus → Reinigen, Kompressorfilter reinigen Feder hinter Luftkolben fehlt oder erlahmt → Neue Feder einsetzen Luftkolbenstange klemmt → Ölen
Flatterstrahl 	**Stoßweise tritt Lack aus der Farbdüse** Farb- oder Luftdüse sitzt locker → Festziehen Loch im Becherdeckel verstopft → Öffnen Bei Saugbechern Steigrohr oder Verschraubung lose → Festziehen
	Packungsschraube lose oder trocken → Anziehen, ölen 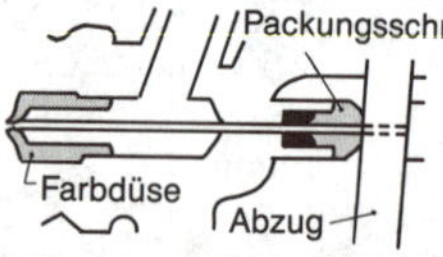
Ungleiches Spritzbild 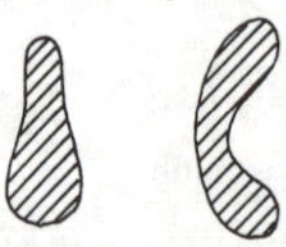	**Unsymmetrische Spritzbilder** Luftdüsenkanäle teilweise verstopft → Reinigen mit Holzspan oder Reinigungsnadel Luftdüse beschädigt → Ersetzen

Fehler mit Abbildung	Zustand, Ursachen, Beseitigungen
Lack „kocht“ im Becher 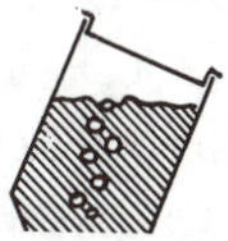	**Luftblasenbildung im Becher** Farbdüse sitzt lose → Festziehen Alte Lackreste zwischen Farbdüse und Gehäuse → Reinigen Farbdüsengewinde beschädigt → Erneuern
Gespaltener Strahl 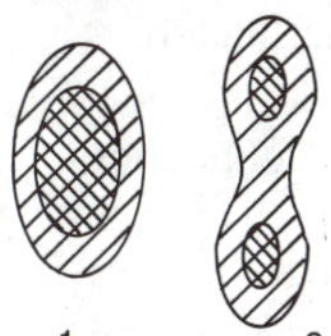 1. 2.	**Getrenntes Spritzbild mit Materialanhäufungen** Geringe Lackmenge, zu hoher Druck (Abb. 1) Hochviskoser Lack, geringer Druck, Breitstrahlregulierung zu weit geöffnet (Abb. 2) → Druck, Breitstrahl und Viskosität richtig einstellen

Spritzlackieranlage

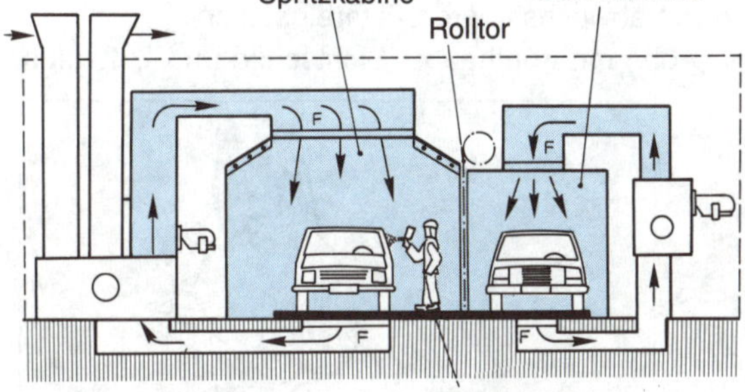

Eine gebräuchliche Anlage besteht aus zwei Hauptteilen, der *Spritzkabine* und der *Trockenkabine*.

Spritzkabine

- In ihr werden Füller und Lacke gespritzt.
- *Verschmutzte Filter* (F) sind zu wechseln, da dies zu einem hohen Energieverbrauch, unsauberen Lackierung und Umweltverschmutzung führt.
- Die Spritztemperatur soll **20–22 °C** betragen.
- Keine Fahrzeugmotoren laufen lassen. Dies führt u. a. zur Silikonkraterbildung.
- *Energieverbrauch:*
  Eine normale Spritz- und Trockenkabine (100 m³ Rauminhalt) verbraucht ca. 12 l Heizöl bei einer Außentemperatur von + 10 °C pro Stunde. Das ist etwa der dreifache Energieverbrauch eines Einfamilienhauses!
- KH-Lacke und NC-Lacke nicht zusammen verarbeiten (Explosionsgefahr!).

Trockenkabine

- Über eine Schiebebühne wird das gespritzte Fahrzeug in den Trockenraum querverschoben.
- Als Abtrennung zwischen Spritz- und Trockenraum ist ein Rolltor eingebaut.
- Die Temperatur ist regelbar von **20 °C bis 110 °C.**
- Bei den neuzeitlichen Lacken beträgt die Trockentemperatur **60 °C** (Herstellervorschrift beachten).

- Der Trockenraum ist kleiner als die Spritzkabine, da der Bewegungsraum des Spritzens fehlt.
- Der stündliche Luftumsatz einer normalen Trockenkabine (ca. 80 m^3 Rauminhalt) beträgt ca. **20 000 m^3** Luft!
- Es gibt auch kombinierte Spritz- und Trockenkabinen in einem Raum.
- Beim Verarbeiten von Nitrolacken (VbF A I)[1]) müssen die gesamten Anlagen elektrisch explosionsgeschützt sein.

Viskosität des Beschichtungsstoffes

- Für jeden Beschichtungsstoff sind bestimmte Viskositätswerte einzuhalten.
  Beispiel für einen Füllprimer: 14 s–15 s DIN 4 mm/20 °C
- Viskositätsänderung durch Heißspritzen in speziellen Saug- und Fließbechern

Atemschutz

Folgende Schutzgeräte können verwendet werden:

- *Einwegmasken* gegen Feinstaub beim Schleifen
- *Einwegmasken mit Aktivkohlefilter* gegen Lösemitteldämpfe
- *Gummimasken* mit abwechselbaren Filtereinsätzen
- *Atemschutzset* (Abb.) mit Kopfhaube, Sichtschild und Luftzufuhr

Atemschutzset

Spritztechniken

- *Pistolenführung* parallel zur Oberfläche in 15 cm–20 cm senkrechtem Abstand

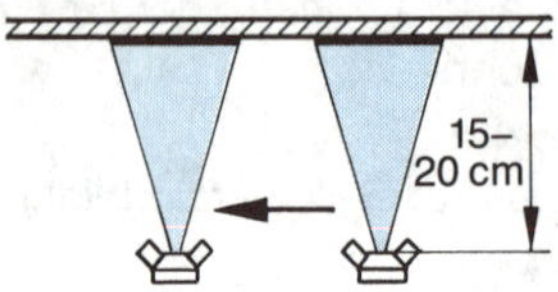

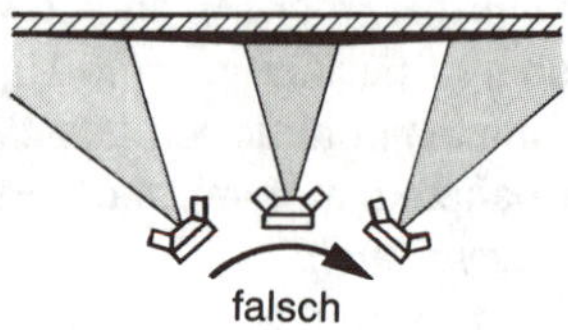

- *Kanten, Falze* werden zuerst gespritzt.

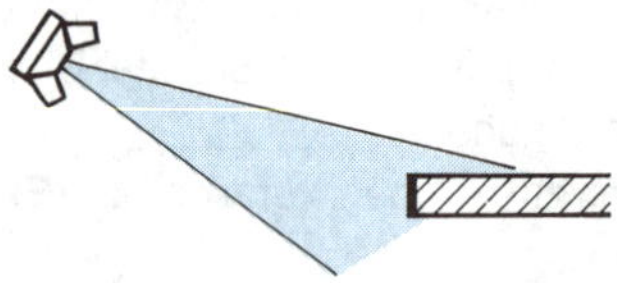

- *Ecken:* Jede anliegende Seite wird einzeln gespritzt. Die gleiche Arbeitsweise gilt auch für Außenecken

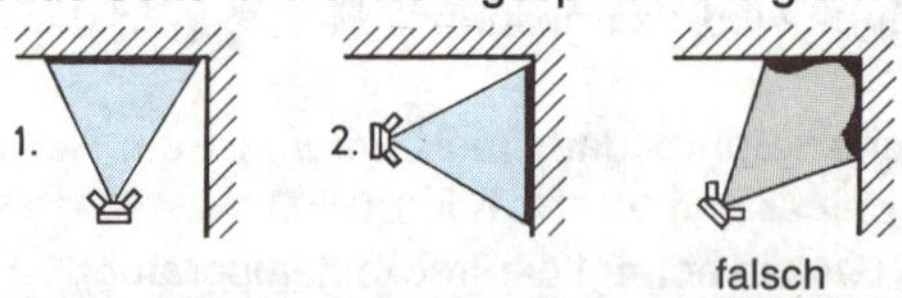

1) VbF A I = Verordnung für brennbare Flüssigkeiten, Gefahrenklasse A I

– *Flächen:* Verschiedene Anzahl von Kreuzgängen

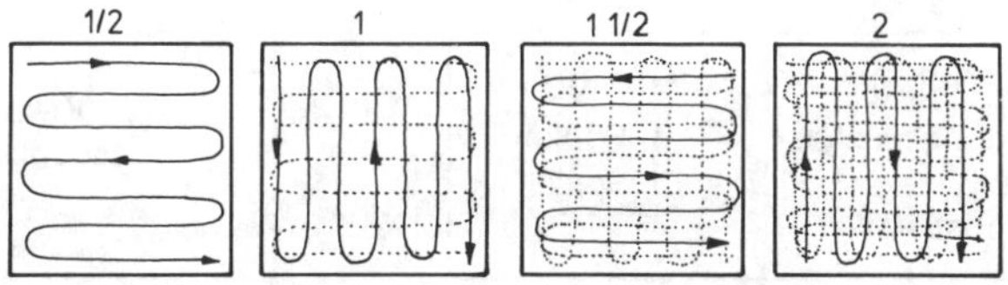

– *Zylindrische Körper*

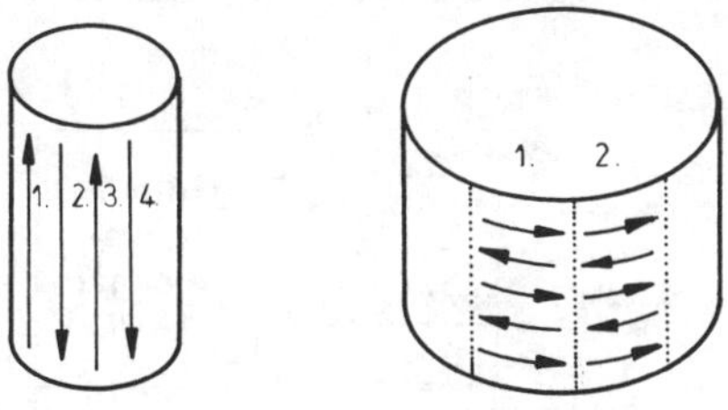

– *Spritzverlauf am Beispiel einer Neulackierung eines PKW*
Arbeitsschritt 1: Halbes Dach mit seitlichen Holmen
Arbeitsschritt 2: Andere Dachhälfte mit Holmen
Arbeitsschritt 3: Kotflügel hinten rechts
Arbeitsschritt 4: Türe hinten rechts ...
.
.
.
Arbeitsschritt 12: Kofferraumklappe mit Heck

Erfolgt die Zuluft nicht von der Decke, so muß in Luftrichtung gespritzt werden.

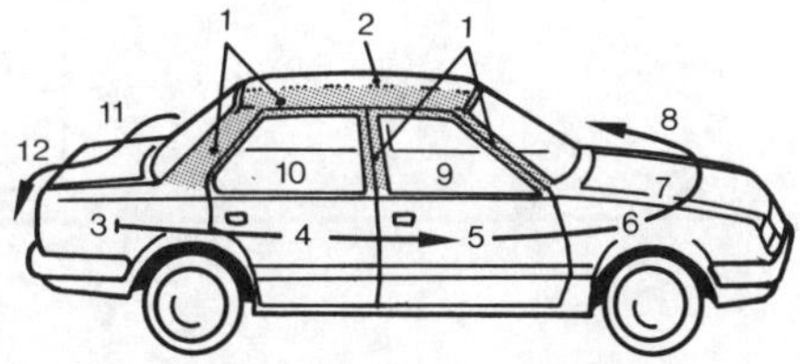

– *Weitere Arbeitsregeln*
1. Überdeckung der Spritzflächen
2. Sauberes Arbeiten
3. Schichtdicke beachten
4. Ablüftzeiten einhalten

Reinigung der Spritzpistole

– Restlichen Becherinhalt entleeren
– Pistole mit Lösemittel ausspritzen
– Becher abschrauben, reinigen
– Farbnadel, durch Herausschrauben der Materialmengenregulierung, entnehmen, reinigen
– Luftdüse abschrauben und mit spezieller Reinigungsnadel säubern
– Eventuell Farbdüse abschrauben, reinigen
– Schmierstellen 1 x wöchentlich gering ölen. Die Schmierstellen sind im Spritzpistolenaufbau unter x angegeben
– Zusammenbau

2.11.4 Moderne Lackiertechnik im Automobilbau

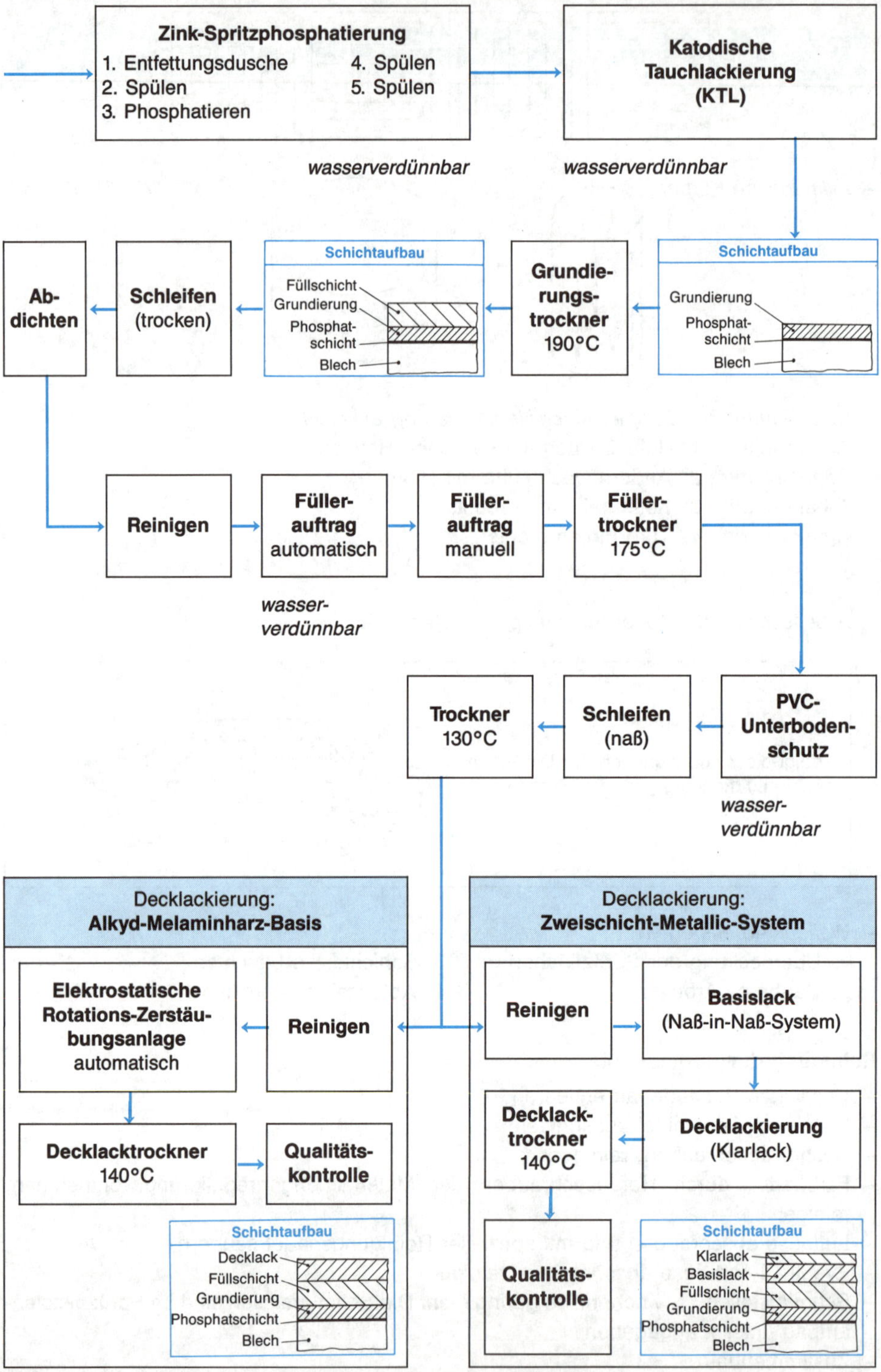

2.11.5 Untergrundprüfungen und Untergrundvorbehandlungen bei Fahrzeuglackierungen

Untergrundmängel	Prüfmethode/ Feststellung	Untergrundvorbehandlung (ohne Zwischenschliffe)
Tragfähigkeit des Grundanstriches bei Ersatzteilen 	Kratzprobe, Gitterschnittest, Klebebandtest Abplatzungen	Nicht tragfähige Grundanstriche abschleifen Tragfähige Grundanstriche: – Anschleifen – Silikonentferner – **Füllprimer** als Haftvermittler und Füller – Decklackierungen
Altlackierung unterrostet 	Sichtprobe Blasenartige Aufwerfungen, Rostspuren	Vorbehandlung und Beschichtungen wie **Reparaturlackierung**
Altlackierung, Blechschaden 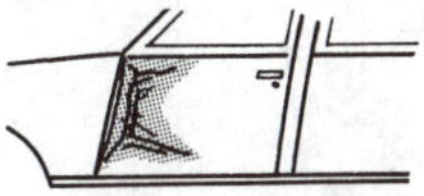	Sichtprobe Starke Verformungen	Große Schäden durch Karosseriebauer beheben – Polyesterspachtel; aluminiumpigmentiert ausspachteln (füllen) – Wie **Reparaturlackierung**
Altlackierung, durchgerostet 	Sichtprobe, Durchstechen mit spitzem Werkzeug Offene Durchbrüche	– Entrosten – Randfläche abschleifen – Ränder einbeulen *Löcher bis ca. 6 cm Durchmesser:* – Polyester-Glas**faser**spachtel *Über 6 cm Lochdurchmesser:* – GfK mit Glas**faser**- oder Glas**gewebematten** verwenden – Polyesterspachtel – Wie **Reparaturlackierung**
Altlackierung thermoplastisch, z. B. Acrylatlackierung  	Lösemittelprobe: NC-Verdünner ca. 10 Min. einwirken lassen; mit Lappen kräftig abreiben Verfärbung des Lappens durch Altlackierung	– Anschleifen – Mit Silikonentferner reinigen – **Füllprimer** – Decklackierungen Viele Autohersteller haben im Motorraum das Schild ACRYL angebracht
Altlackierung reversibel, z. B. Nitrocelluloselacke 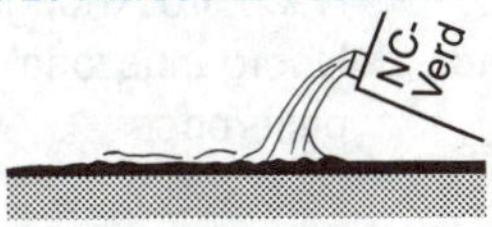 	Lösemittelprobe Schnelles Erweichen und Lösen des Altanstriches	– **Abbeizen** oder Abschleifen der gesamten Altlackierung – Abwaschen – Mit Silikonentferner reinigen – Füller oder Füllprimer – Decklackierungen
Neue KH-Lackierung 	Mit Daumennagel eindrücken Kurzzeitig vorher lackiert	– Anschleifen – Mit **Testbenzin** reinigen – Füllprimer – Decklackierungen

2.11.6 Beschichtungssysteme bei Fahrzeuglackierungen

Die Art des Beschichtungsaufbaus richtet sich danach, ob es sich um eine Erstlackierung in einer Lackierstraße handelt oder um Lackierungen im handwerklichen Bereich.

Ablauf und verwendete Materialien bestimmen die Lackiersysteme, die oft von Automobilfirma zu Automobilfirma verschieden sind, ebenso wie in anderen Bereichen der industriellen Lackierung.

Industrielles Lackiersystem

Beispiel für den Schichtaufbau eines industriell lackierten Fahrzeugteils

Die nachstehende Skizze zeigt die Schichtenfolge einer Zweischicht-Metallic-Lackierung auf einer Motorhaube.

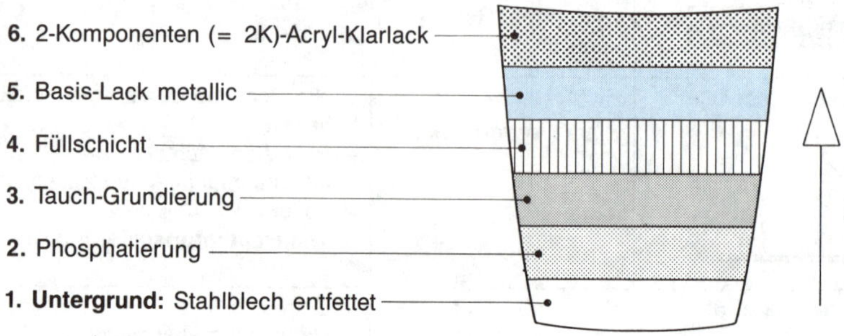

Handwerkliche Lackierverfahren

Im handwerklichen Bereich unterscheidet man folgende Lackierungen:

Neulackierung eines gesamten Fahrzeuges (vgl. „Aufbau einer Fahrzeuglackierung-Reparaturlackierung" auf folgender Seite)

Reparaturlackierung einer begrenzten Fläche

Beilackierung von geringen Fehlstellen, Nachbesserungen:

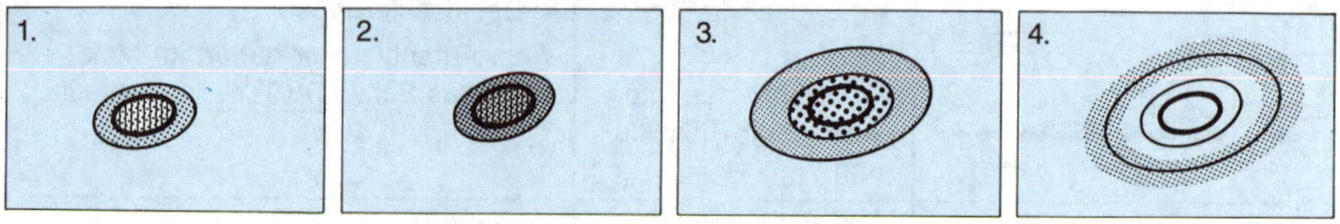

Schadensstelle einschließlich Rand schleifen	Dünn mit Nitrocellulosefeinspachtel verspachteln	Spritzen 1–2 bar; Innenfeld deckend, außen schwach deckend	Nach Trocknung Übergangszone polieren

Daneben fallen noch folgende Arbeiten an:

- Beschriftungen
- Unterbodenbeschichtungen
- Hohlraumversiegelungen

Aufbau einer Fahrzeuglackierung (Reparaturlackierung)

– Handwerkliches System –

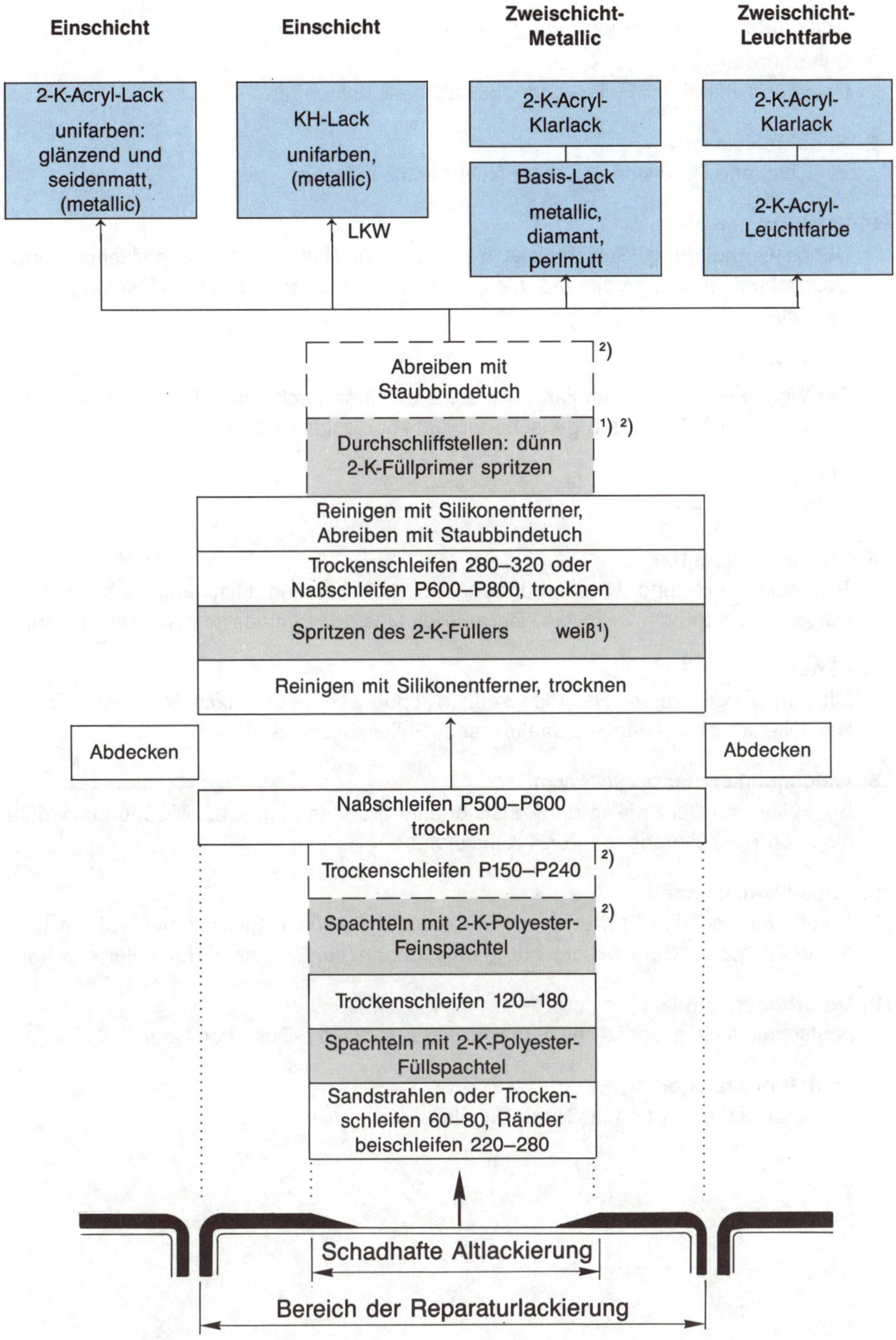

[1] Bei Zweischichtleuchtfarben-Lackierung weißen Füller verwenden

[2] Falls erforderlich

2.11.7 Vorbehandlungsmittel u. a.

Übersicht

Im Lackiererbereich verwendet man u. a. folgende Materialien:

1. **Silikonentferner**
   Reinigungsmittel vor Füller- und Decklackbeschichtungen

2. **Spachtelmassen**
   Verschiedene Polyester-, KH- und NC-Spachtelmassen

3. **Wash-Primer**
   Dünne Grundierung (Schichtdicke 5–10 µm) als Haftvermittler, chemischer Korrosionsschutz, schnell trocknend, für Leichtmetalle geeignet. Hauptanwendung durch den Maler

4. **Füllprimer**
   Der Wash-Primer wurde im Fahrzeuglackierersektor durch den Füllprimer ersetzt, der zusätzlich noch füllende Eigenschaften hat (Schichtdicke 30 µm)

5. **Füller**
   Gebräuchlichste Füller

6. **Verdünnungsmittel**
   Testbenzin, KH- und Nitroverdünnung in abgestimmten Mischungsverhältnissen. Herstellervorschriften beachten. Deckel des Gebindes immer geschlossen halten!

7. **Härter**
   Mit kurzer oder langer Reaktionszeit. Mischungsverhältnis nach Raumteilen nach Herstellervorschrift. Für Spachtelmassen, Füller, Decklacke

8. **Weichmacherzusatz** (Soft-face)
   Bei Füller und Decklacken auf Kunststoffuntergründen zugesetzt. Mischungsverhältnis nach Herstellerangaben und Kunststoffart

9. **Antisilikonzusatz**
   Treten während des Spritzens von Füller oder Decklack Silikonkrater auf, so wird dieser Zusatz der Spritzbeschichtung beigegeben (ca. 2 %, nach Herstellervorschrift)

10. **Unterbodenschutz**
    Kautschukbasis, gespritzt mit Spezialpistole und 3-mm-Düse bei 4 bar

11. **Hohlraumversiegelung**
    Asphaltbasis, gespritzt mit Spezialpistole

Materialdaten, Spachtelmassen

	UP-Spachtel	KH-Spachtel	NC-Spachtel
Eigenschaften	Zweikomponenten-**Polyester**spachtel mit – festgelegter Härterzugabe 2,5 % (Normalspachtel) – variabler Härterzugabe 1 %, 2 %, 3 % – als **Feinspachtel** verwendbar – Alu-Pigmentierung – als **Grobspachtel** – **Glasfasermatten** für Löcher bis 6 cm ∅ Zum Auffüllen von Beulen und Unebenheiten, gut verarbeitbar, große Schichtdicke auch an senkrechten Flächen, gut schleifbar	**Kunstharz**spachtel zum Feinspachteln von leichten Unebenheiten und Schleifspuren Hohe Füllkraft, schnelle Trocknung, geringer Substanzverlust, sehr gut schleifbar (naß und trocken)	**Nitrocellulose-**Spachtel zum **Feinspachteln** von leichten Unebenheiten und Schleifspuren Sehr schnelle Trocknung, sehr dünne Schichten **Direkt mit allen Lacksystemen überarbeitbar**
Anwendung/ Untergründe	– Stahl rostfrei, entfettet, geschliffen – Ausgehärtete Altlackierungen (nicht so hohe Haftfestigkeit) Nicht anwendbar auf Füller, Füllprimer und thermoplastischen Altlackierungen	– Geschliffene Altlackierungen – Füller Nicht anwendbar auf thermoplastischen Altlackierungen	– Geschliffene Altlackierungen – Füller – Füllprimer
Bindemittel/ Härter	Ungesättigte Polyesterharze Härter: Peroxid Mischung: Zwischen 1 bis 3 % nach Herstellervorschrift	Kunstharze	Nitrocellulose mit Kunstharzen (Nitrokombispachtel)
Pigmente/ Füllstoffe	Füllstoffe	Füllstoffe	Füllstoffe
Flammpunkt/ Gefahrenklasse	29 °C A I, Xi-Kennzeichen	35 °C A II	20 °C A I
Verdünnung	Keine	Keine	Keine
Topfzeit	1 % = 20 Min. 2 % = 11 Min. 3 % = 7 Min.	Entfällt	Entfällt
Trockenzeit	50 Min. (1 %)–30 Min. (3 %) Schleifbar bei 20 °C	25 Min. bei 20 °C Schleifbar	20 Min. bei 20 °C Schleifbar
Lagerzeit	6 Monate	2 Jahre	2 Jahre
Verarbeitungshinweise	Trocken schleifen, bei Naßschleifen Bläschen; überspritzbar mit Füller bzw. Feinspachteln Augen und Haut wegen Peroxidhärter schützen	Dünne Schichten mehrmals nach ca. 20 Min. auftragen	Dünne Schichten mehrmals nach 15 Min. Ablüftzeit[1]) auftragen Feuergefährlich
Reinigung Werkzeuge	NC-Verdünnung	KH- oder NC-Verdünnung	NC-Verdünnung

[1]) Ablüftzeit = Zeit zwischen den Spritzgängen beim gleichen Beschichtungsstoff

Materialdaten Füller

	Füller (Compactfüller)	Füllprimer
Eigenschaften	Zweikomponenten-**Dickschichtfüller** für grobe Unebenheiten Stark füllend, gut durchtrocknend, trocken und naß schleifbar, elastisch Bis **300 µm** Schichtdicke	Zweikomponentenfüller als **Haftvermittler** und für **Naß-in-Naß-Verfahren** vor Decklackierungen Gut füllend, trocken und naß schleifbar Bis 30 µm Schichtdicke
Anwendung/ Untergründe	– Festhaftende Altlackierungen, geschliffen – Stahlblech – Spachtelstellen	– Festhaftende Altlackierungen, auch **ungeschliffen** – Ersatzteilgrundierungen – Stahlblech – Verzinktes Stahlblech – Spachtelstellen – **GfK/UP** und andere Kunststoffe ohne Weichmacherzugabe – Aluminium
Bindemittel/ Härter	Füller: 2K-Acrylharze Spezialhärter mit langer Topfzeit Mischung: 4 RT Füller[1]) 1 RT Härter Herstellerhinweis beachten	Füller: 2K-Acryl-Polyurethanharze Spezialhärter mit kurzer Topfzeit (Phosphorsäurebasis) Mischung: 3 RT Füller 1 RT Härter Herstellerhinweis beachten
Pigmente	Korrosionsschutzpigmente, bei Leuchtfarbelackierung weiß pigmentiert	Korrosionsschutzpigmente, bei Leuchtfarbelackierung weiß pigmentiert
Flammpunkt	Über 21 °C	Über 21 °C
Verdünnung	Spezialverdünnung, jedoch unverdünnt verarbeitbar	Spezialverdünnung, jedoch unverdünnt verarbeitbar
Topfzeit	4 Std. bei 20 °C	60 Min. bei 20 °C
Ablüftzeit[2])	30 Min.	15 Min., danach Decklackieren
Trockenzeit	Bis 200 µm: 60 Min. bei 60 °C Bis 300 µm: 12 Std. bei 20 °C	30 Min bei 60 °C Schleifbar nach 120 Min. bei 20 °C
Verarbeitungshinweise	Hochdruckspritzen: 2-mm-Düse, 3–5 bar 2–3 Spritzgänge = 300 µm Spritzviskosität: 18 s DIN 4 mm/20 °C Naß-in-Naß soll Kontrollfarbe (schwarzer Kunstlederlack) auf Spachtel- und dickschichtige Füllerstellen gespritzt werden, zum Erkennen des gröberen Vorschleifens	Hochdruckspritzen: 1,3–1,5 mm-Düse, 3–5 bar 1 Spritzgang = 30 µm Spritzviskosität: 14–15 s DIN 4 mm/20 °C Trocknet der Füllprimer, so muß er vor der Decklackierung geschliffen werden Naß-in-Naß: 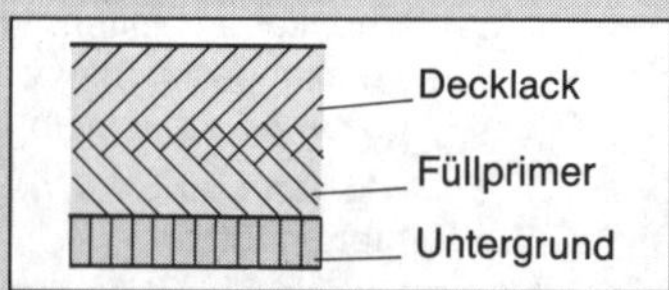
Unfallgefahren	Atemschutz tragen, Schutzbrille tragen! Härter sind ätzend	

[1]) RT = Raumteil

[2]) Ablüftzeit = Zeit zwischen den Spritzgängen beim gleichen Beschichtungsstoff

2.11.8 Beschichtungsstoffe für Decklackierungen

Nach Art der **Decklackierung** unterscheidet man folgende Beschichtungssysteme:

Beschichtungssysteme	*Merkmale, Anwendung*
2-K-Acryl-Lackierung	Einschichtiger Decklack Unifarben (metallic) Für alle Fahrzeuge
KH-Lackierung	Einschichtiger Decklack auf Alkydharzbasis Unifarben (metallic) Für LKW-Unterbauten, Baufahrzeuge, Container
Zweischicht-Metallic-Lackierung	Basislack (metallic) auf Acrylbasis (physikalisch trocknend) Decklack (Klarlack) auf 2-K-Acryl-Basis
Zweischicht-Leuchtfarbe-Lackierung	Basislack (mit Leuchtfarbenpigmenten) auf 2-K-Acryl-Basis Decklack (Klarlack) auf 2-K-Acryl-Basis
Cellulose-Lackierung (Nitrokombinationslack)	Im Fahrzeuglackiererbereich kaum noch verwendet, wegen VbF A I, geringer Glanz, geringer Festkörpergehalt
Acryl-Lackierung	Diese thermoplastische, physikalisch trockende Acrylatlackierung wird nur bei industriellen Einschichtlackierungen angewandt.

Zusätze zu Decklackierungen:

- **Mattierungsmittel:**
  Der Glanzgrad läßt sich stufenweise bis zu einem Mattlack verändern.
- **Converter** (Umwandler)
  2-K-Acryl-Lacke werden durch Converter-Zugabe in einem thermoplastischen, schnelltrocknenden Acryllack umgewandelt.
  Anwendung: Türfalz, Innenräume im Fahrzeug
- **Verlaufmittel:**
  Für feinste Dekor- und Design-Arbeiten und zum Beispritzen
- **Trockenbeschleuniger:**
  Verkürzung der Topfzeit (ähnlich Härter)
- **Anti-Statik-Mittel:**
  Um Streifenbildung und Verlaufsstörungen zu verhindern, wird besonders bei Metallic-Lacken dieses Mittel dem Decklack (Basislack) zugegeben.
- **Metalliczusatz:**
  Ein 2-K-Acryl-Lack kann durch diesen Zusatz in einen 2-K-Acryl-Metalliclack (Basislack) verwandelt werden. Auch für Ausbesserungen von Einschichtmetallic-Lacken geeignet.

2.11.9 Farbmischstation für Lacke

Die immer größer werdende Anzahl von Farbtönen brachte für die Lackierbetriebe eine immer größer werdende Lagerhaltung und damit eine Erhöhung der Kosten.
Die Lackhersteller begegneten dieser Entwicklung mit der Herstellung von Farbmischanlagen.
Diese Kompaktanlagen liefern aus 38 Basistönen 8000 Farbtöne für Lacke aller gebräuchlicher Fahrzeughersteller. Außerdem ist eine freie, exakte Selbstherstellung möglich. Gemischt werden 2-K-Acryl-, Kunstharz- und Acryl-Basis-Lacke in allen Uni- und Metallictönen.

Die Farbmischstation besteht aus:

Lagerregal mit 38 Basistönen einschließlich 38 Deckelrührwerken, die täglich kurz umgerührt werden sollen. Damit wird ein Absetzen der Pigmente verhindert und eine 100 %ige Nachmischbarkeit gewährleistet.

Bildschirmgerät mit Leuchtscheibe und verschiedenen Mikrofilmen. Auf diesen Filmen sind die Mischungsverhältnisse (Gewichtsteile) der Farben von Automarken angegeben.

Präzisionswaage mit Digitalanzeige (Genauigkeit 0,1 Gramm!). Die Gewichtsanteile (lt. Mikrofilmen) werden hier einzeln zugegeben. Der gemischte Lack wird nur noch von Hand gut umgerührt.

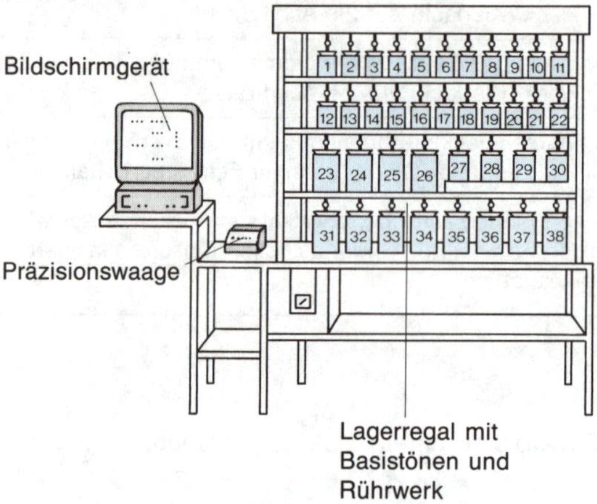

Farbmischstation

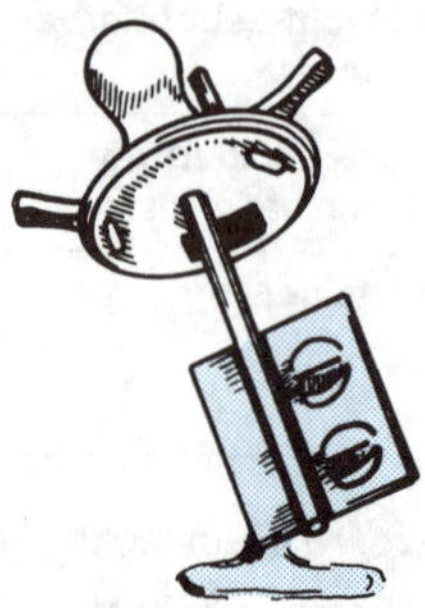

Einzelnes Deckelrührwerk (abgenommen)

2.11.10 Fehler an Fahrzeuglackierungen

Fehler mit Abbildung	Zustand, mögliche Ursachen und Beseitigungen
Abblätternder Decklack 	**Der Decklack löst sich selbständig oder bei mechanischer Belastung von der Grundschicht** – Untergrund zu hart und zu glatt – Feuchtigkeit zwischen Grund- und Deckschicht – Ungeeignetes Grundmaterial ⟶ Lack restlos entfernen und neu lackieren. Ungeeignetes Grundmaterial entfernen
Abblätternde Schichten 	**Decklack und Grundschichten lösen sich selbständig oder bei mechanischer Beanspruchung vom Untergrund** – Ungenügende Entfettung, Rostentfernung – Überhöhte Einbrenntemperaturen – Zu glatter, nicht geschliffener Untergrund – Fehler bei der Phosphatierung – Ungeeignete Grundierung ⟶ Schicht bis zum blanken Blech entfernen (abschleifen oder abbeizen). Entfetten. Mit Wash- oder Füllprimer grundieren

Fehler mit Abbildung	Zustand, mögliche Ursachen und Beseitigungen
Auskocher im Decklack 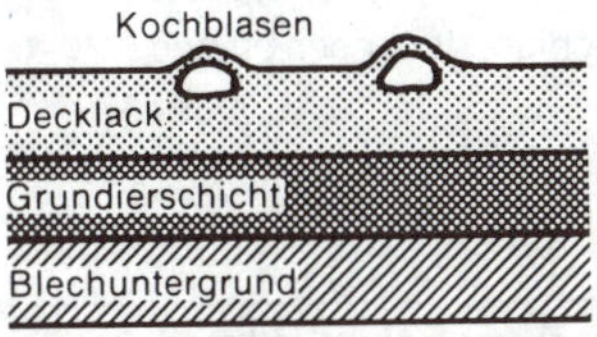	**Kleine Blasen (∅ ca. 1 mm), kleine Löcher mit größerem Hohlraum im Decklack** – Nicht geeignete Verdünnungsmittel – Ungenügende Ablüftung vor Ofentrocknung – Lackschicht zu dick aufgetragen – Zu schneller Temperaturanstieg – Zu hohe Viskosität ⟶ Durchtrocknen, aufrauhen, neue Decklackierung auftragen
Krater (Hammerschlageffekt) 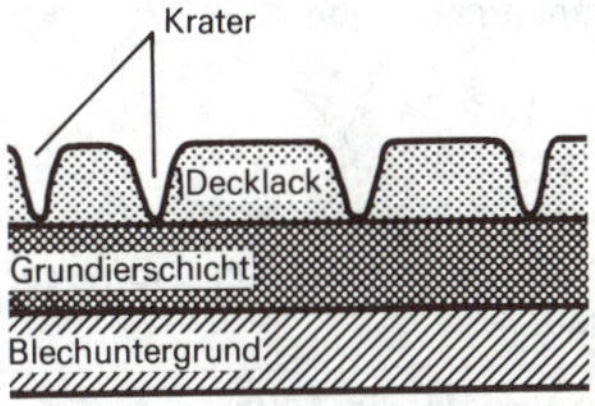	**Kraterförmige Struktur des Decklackes, Grundschicht z. T. sichtbar** – Untergrund nicht von **Silikon-** und Handschweißrückständen gereinigt – Spritzfilter nicht funktionsfähig – Hammerschlaglack vorher verarbeitet – Silikonhaltige Polituren verarbeitet ⟶ Decklack abschleifen, mit Silikonentferner abreiben und neu lackieren. Zeigen sich Krater beim Lackieren, so muß ein **Antisilikonmittel** zugesetzt werden
Riefen im Lackaufbau 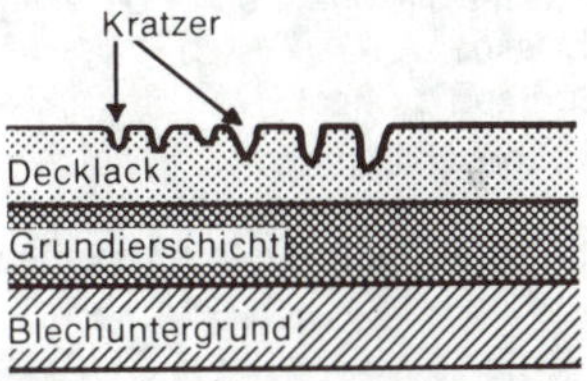	**Kratzer (Riefen) in Decklack, Grundschicht oder bis zum Blech reichend** – Zu grobes Schleifpapier – Zweimaliges Decklackieren mit Zwischenschliff, aber ohne Zwischentrocknung – Ungeeignete Verdünnungsmittel ⟶ Polieren Bei tiefen Kratzern Decklack anrauhen, mit Silikonentferner reinigen und neu lackieren (Decklack)
Großflächige Verfärbungen im Decklack 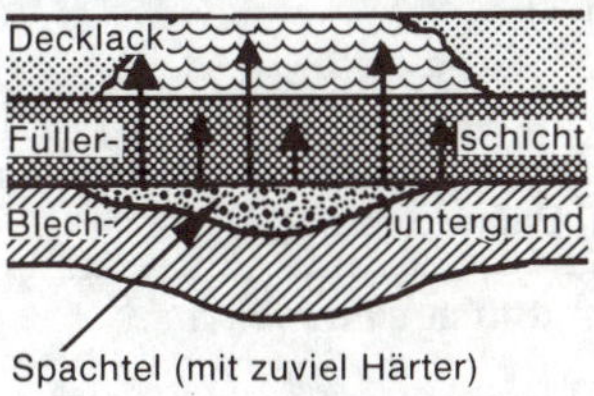	**Flecken im Decklack mit Helligkeitsunterschied oder Farbtonänderung** – Polyesterspachtel mit Härter überdosiert – Feuchtes Laub längere Zeit auf Decklack – Geringe Schichtdicke des Decklackes – Decklackviskosität zu niedrig ⟶ Polierversuch ratsam Bei schadhaftem Spachtel und Füller bis zum Blech abschleifen und neu aufbauen
Kleine Verfärbungen 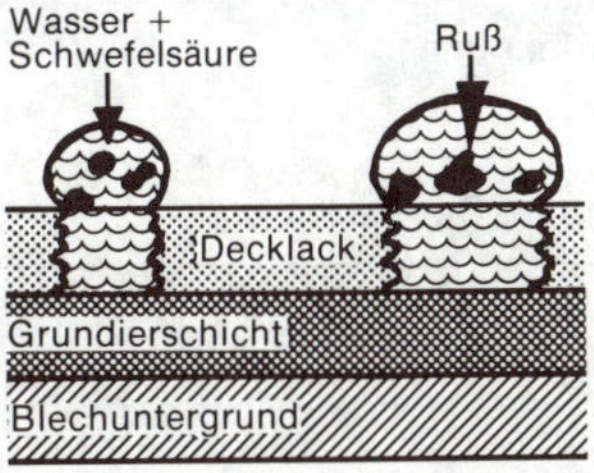	**Kleine Flecken mit Farbtonänderung des Decklackes (auch Ablaufspuren)** – Rußflecken von Heizölverbrennungen – Batteriesäure, Bremsflüssigkeit, Baumharz und andere aggressive Stoffe ⟶ Mit Lösemittel Flecken entfernen, anschleifen und neue Decklackierung

Fehler mit Abbildung	Zustand, mögliche Ursachen und Beseitigungen
Steinschlagschäden 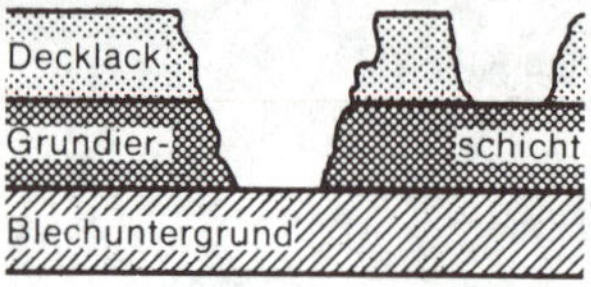	**Kleine punktförmige Beschädigungen mit Roststellen** Straßensplitt oder Schotter wurde hochgeschleudert ⟶ Stellenweise oder vollflächige Neubeschichtung aufbringen
Stippen, Pickel 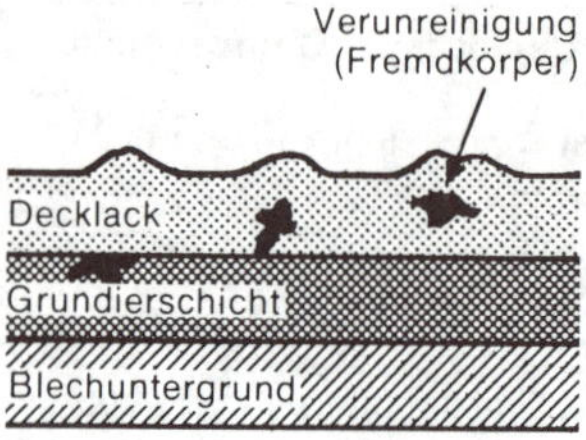	**Kleine Erhebungen oder körnige Unebenheiten** – Feiner Schmutz und Staub vor oder während des Lackauftrages – Bindemittel- oder Pigmentansammlungen – Schmutzige Verdünnung – Lagerzeit überschritten (Lack) – Zu hohe Lagertemperatur (über 18 °C) – Basislack zu trocken gespritzt, Klarlack deckt nicht ab ⟶ Anschleifen, mit Silikonentferner abwaschen und neue Decklackierung aufbringen
Poren bis zum Untergrund 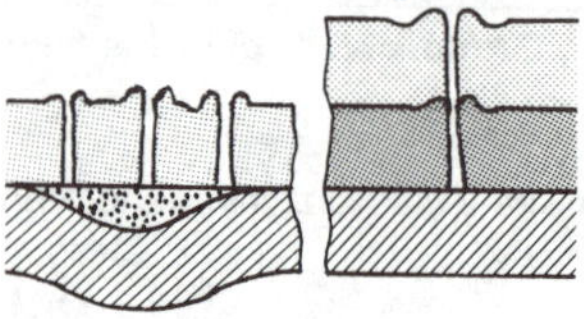	**Nadelstichartige Vertiefungen bis in die Füllerschicht** – Spachtelstellen nicht gefüllert – Füller in einem Spritzgang zu dick beschichtet – Vor Füllerbeschichtung nicht mit Silikonentferner gereinigt – Decklack zu dick und hochviskos – Kabinentemperatur beim Spritzen zu hoch ⟶ Abschleifen, komplette Neubeschichtung
Orangenhauteffekt 	**Unruhige Oberflächenstrukturen ähnlich einer Apfelsinenschalenoberfläche** – Lackviskosität zu hoch – Decklack zu dick oder zu mager gespritzt – Stark saugender Untergrund – Verarbeitungstemperatur zu hoch (25 °C) – Abdunstzeit nicht eingehalten – Ungeeignete Verdünner ⟶ Polieren Wenn durch Polieren nicht zu beheben: anschleifen, mit Silikonentferner reinigen, Decklackierung
Spritznebel 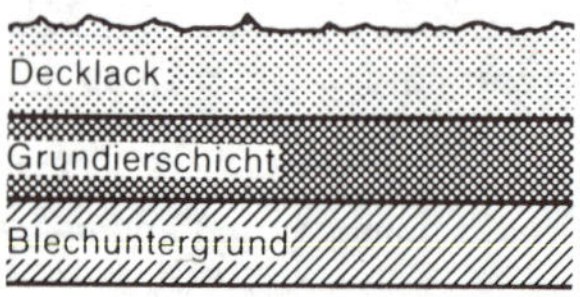	**Lackfläche erscheint matt und fühlt sich rauh an** – Mangelhafte Abdeckung – Spritzdruck zu hoch – Luftumwälzung in Spritzkabine zu gering – Überdruck in Kabine zu hoch – Kurze, schnellflüchtige Verdünnung – Zu lange Ablüftung ⟶ Polieren Anschleifen, Silikonentferner, Decklackierung

Fehler mit Abbildung	Zustand, mögliche Ursachen und Beseitigungen
Haarrisse 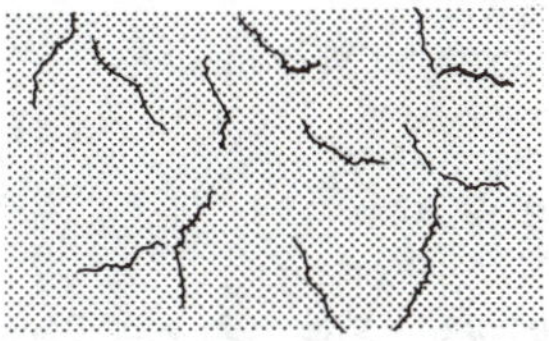	**Haarfeine Risse, z. T. über ganze Lackfläche** – Ungenügende Durchtrocknung der Grundschichten – Überdosierung von Härtermengen – Ungeeigneter Härter – Thermoplastischer Untergrund – Zu hohe Temperatur ⟶ Abschleifen bis zur Grundschicht; gesamte Neulackierung aufbringen
Starke Risse 	**Starke, unregelmäßige Risse bis in Grundschicht** – Thermoplastischer Untergrund – Zu dicker KH- oder NC-Spachtelauftrag – Schlecht vermischter Härter in Polyesterspachtel oder Füller – Unverträglichkeit zwischen einzelnen Schichten (Grundschicht – Deckschicht) ⟶ Abschleifen des gesamten Lackaufbaues und Neulackierung
Rostflecken 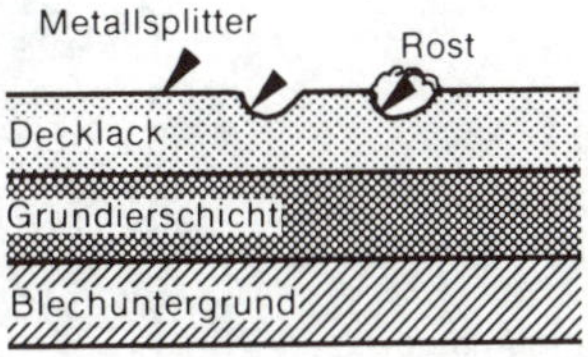	**Kleine rotbraune Rostflecken** – Punktförmige Unterrostung durch fehlerhafte Vorarbeiten – Niederschläge kleiner Metallteile, Feuchtigkeit führt zur Rostbildung ⟶ – Abschleifen und gesamte Lackierung neu aufbauen (punktförmiger Rost) – Auswaschen mit 10 %iger Oxalsäure und polieren (Metallsplitter)
Blasen im Lack 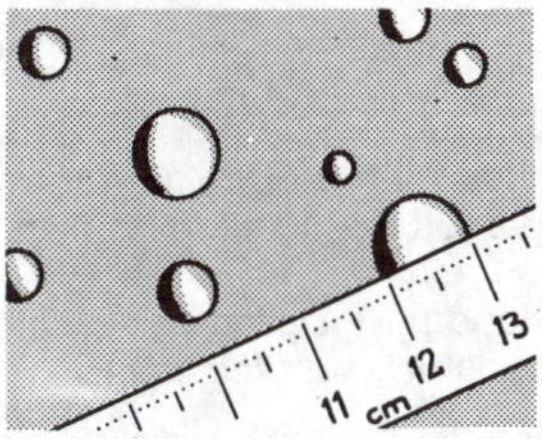	**Blasen unterschiedlicher Größe in der Lackschicht** – Feuchtigkeit zwischen Grundierschicht und Decklack – Polyesterspachtel nicht ausgetrocknet – Lange Feuchtigkeit auf fertigem Lackfilm – Handschweiß und Rückstände im Schleifwasser ⟶ Deckschicht ganz oder teilweise entfernen, schleifen, mit Silikonentferner abwaschen, neue Decklackierung
Ringförmige Wasserflecken 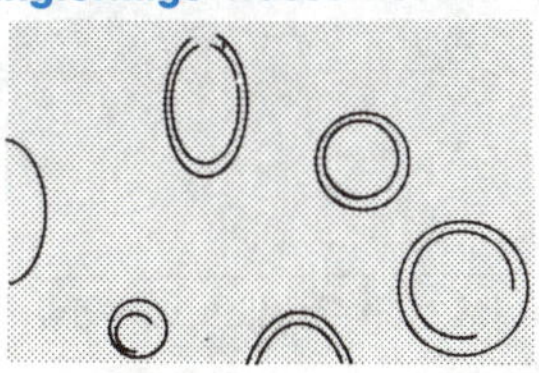	**Ringförmige Abzeichnung von Wasserflecken (z. T. matt)** – Wassertropfen sind auf nicht gehärteter oder frischer Deckschicht getrocknet (meist nur liegende Flächen) ⟶ Polieren Wenn durch Polieren nicht zu beheben: anschleifen, mit Silikonentferner reinigen, Decklackierung

Fehler mit Abbildung	Zustand, mögliche Ursachen und Beseitigungen
Matte Lackflächen 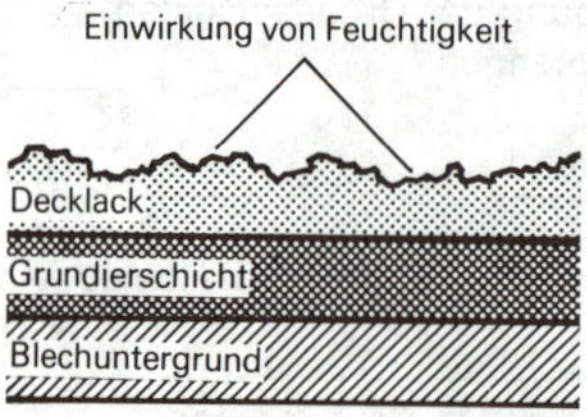 	**Glanzverlust, fleckenartig** – Feuchtigkeit auf nasser Lackschicht – Unverträglichkeit zwischen Lack und Verdünner – Zu scharfe Reinigungsmittel – Schlecht trocknendes Grundiermaterial – Zu starke klimatische Dauerbelastung ⟶ Polieren Sonst: anschleifen, mit Silikonentferner reinigen, Decklackierung
Geringer Glanz an Polierstellen 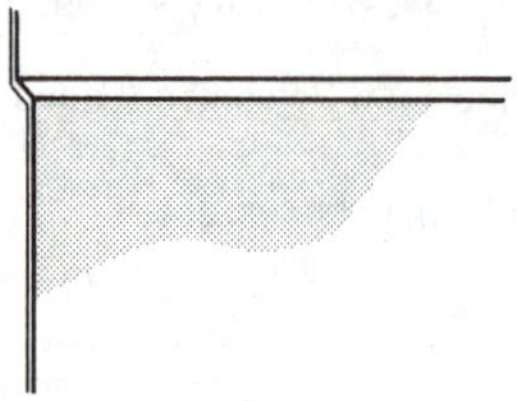	**Matte Stellen des Decklackes** Nicht durchgehärtete Stellen wurden poliert ⟶ Polieren
Läufer, Gardinen 	**Läufer an senkrechten Flächen** – Ungleichmäßiger Auftrag – Spritzdüse hat getropft – Fehlerhafte Spritztechnik (Abstand) – Temperatur unter 18 °C (Lack zu kühl) – Lackviskosität zu niedrig – Nicht geeignetes Verdünnungsmittel – Spritzdruck zu niedrig ⟶ Polieren Sonst: anschleifen, mit Silikonentferner reinigen, Decklackierung
Streifenbildung bei Metalleffekt 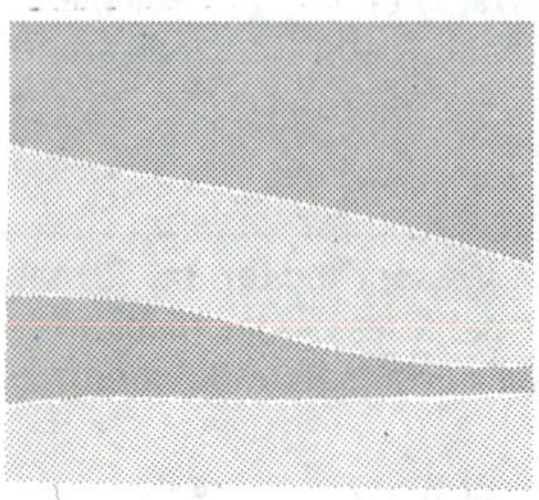	**An senkrechten Flächen Streifen mit Hell-Dunkel-Kontrast** – Satter Auftrag des Decklackes (Bronzepigmente sacken nach unten weg) – Durchgeschliffene Spachtel- und Füllerstellen bewirken eine ungleichmäßige Einbettung der Metallpigmente ⟶ Anschleifen, mit Silikonentferner reinigen, Decklackierung aufbringen
Farbtonabweichungen 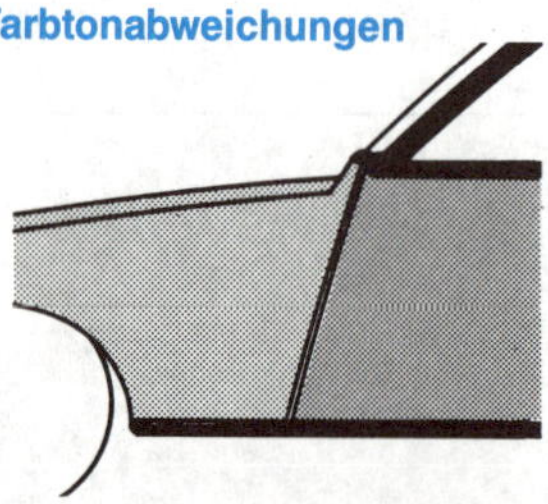	**Nachlackiertes Teil unterscheidet sich farblich von der alten Lackierung** – Werkslackierung gealtert – Falsche Farbtonwahl – Spritzgeräte vorher nicht gereinigt – Unsachgemäße Spritztechnik besonders bei Metalliclackierungen ⟶ – Farbton vergleichen und nachtönen – Andere Spritztechnik wählen

Fehler mit Abbildung	Zustand, mögliche Ursachen und Beseitigungen
Weiche Oberfläche 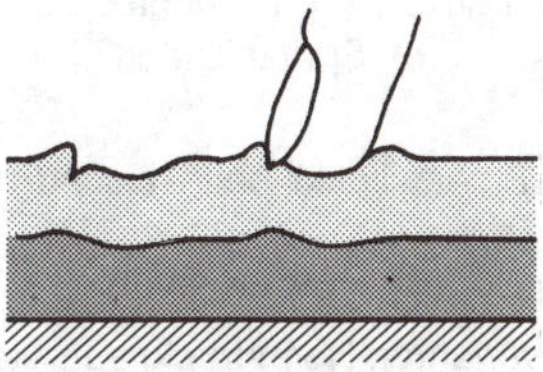	**Erweichen verschiedener Schichten beim Andrücken mit Finger** – Mischungsverhältnisse zwischen beiden Komponenten stimmen nicht, z. B. bei Spachtel, Füller, Füllprimer, Feinspachtel, Decklacken – Härtezugabe fehlt – Zu lange Lagerzeit ⟶ Entfernen weicher Schichten, Neuaufbau
Anbeizen, Anlösen 	**Verworfene, kräuselige Hautbildung wie nach Einstreichen mit Abbeizer** – Nicht durchgehärtete Altlackierung – Ungeeignete Beschichtungs- und Verdünnungsmittel – Reste von altem Abbeizer – Zu starke Verdünnungsmittel in den Decklackschichten ⟶ Vollständiges Entfernen und Neuaufbau der Beschichtung
Grundierschicht bei Leuchtfarben sichtbar 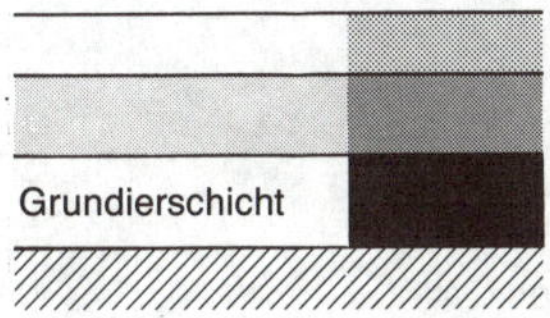	**Dunklere Stellen zeichnen sich bei der Leuchtfarbenlackierung ab** Füllerbeschichtung wurde nicht in weiß ausgeführt ⟶ Anschleifen, Füllprimer weiß und Leuchtfarbenlackierung auftragen

Aufgaben *zu „Fahrzeuglackierungen"*

Anstrich- und Beschichtungsuntergründe

A 1. Nennen Sie Anstrich- und Beschichtungsuntergründe an Fahrzeugen.

A 2. Welchen Fahrzeuguntergrund hat der Lackierer am meisten zu beschichten?

A 3. Zählen Sie die verschiedenen Untergründe an einem neuzeitlichen PKW auf.

Vorbehandlungsarbeiten, Spritzen

A 4. Eine KFZ-Motorhaube ist geschliffen und soll mit Druckluft abgeblasen werden. Würden Sie dieses Vorgehen fachlich in Ordnung finden? Begründen Sie Ihre Antwort.

A 5. Welche Aufgabe hat das Staubbindetuch zu erfüllen?

A 6. Mit welchen Hilfsmitteln kann man Flächen am Fahrzeug, die nicht beschichtet werden sollen, abdecken?

A 7. **a)** Warum muß man bei Schleif- und Spritzarbeiten Atemschutz tragen?
b) Kann bei allen Arbeiten der gleiche Filter verwendet werden?

A 8. Erklären Sie mit Hilfe einer Skizze, was man unter dem Begriff „1 1/2 Kreuzgänge" versteht.

A 9. Ein PKW soll eine komplette Neulackierung erhalten. Mit welchen Teilflächen beginnen Sie die Spritzarbeiten?

A 10. Erläutern Sie mit Hilfe einer Skizze, wie bei einer Neulackierung eines PKWs der Spritzablauf (Reihenfolge des Spritzens, Spritzplan) erfolgen soll.

A 11. Erklären und unterscheiden Sie nachfolgende Begriffe an treffenden Beispielen:
a) Ablüftzeit **b)** Topfzeit **c)** Trockenzeit.

A 12. Erklären Sie das Spritzsystem „Hochdruckspritzen".

A 13. Vergleichen Sie das Hochdruckspritzsystem mit dem Niederdrucksystem hinsichtlich
a) Druckgrößen **c)** Düsengrößen **e)** Spritzpistolen
b) Luftverbrauch **d)** Druckerzeugung

A 14. Unterscheiden Sie bei der Zuleitung des Spritzstoffes (z. B. Acryllack) beim Hochdruckspritzen zwischen
a) Saugsystem **b)** Fließsystem **c)** Drucksystem

A 15. Welche grundsätzlichen Fehler können beim Spritzen (Spritzverfahren Hochdruck) auftreten?

Untergrundprüfung

A 16. Welche zusätzlichen Vorbehandlungen werden notwendig, wenn der Untergrund durchgerostet ist?

A 17. Wodurch unterscheiden sich Altlackierungen auf Acrylat- und NC-Basis grundsätzlich?

A 18. Welche Untergründe sind im handwerklichen Lackiererbereich vor Beschichtungen zu prüfen?

A 19. Unterscheiden Sie zwischen nachfolgenden Altlackierungen:
a) Einschicht 2K-Acryllack
b) Einschicht KH-Lack
c) Zweischicht 2K-Acryllack

Vorbehandlungsmittel

A 20. Welche Arten von Polyesterspachtel gibt es?

A 21. Warum muß ein Polyesterspachtel trocken geschliffen werden?

A 22. Unterscheiden Sie KH- und NC-Spachtel hinsichtlich
a) Spachtelbindemittel **b)** Gefahrenklasse (VbF)

A 23. Vor einer Schlußbeschichtung stellen Sie eine kleine Pore im geschliffenen Füller fest.
Welche Spachtelmasse nehmen Sie?
Müssen Sie noch weitere Vorarbeiten durchführen?

A 24. Erklären Sie die wichtigsten Eigenschaften eines 2K-Füllers.

A 25. Warum verwendet der Fahrzeuglackierer auf einem Stahluntergrund als Haftvermittler kaum noch einen Wash-Primer, sondern immer häufiger einen Füllprimer?

A 26. Nennen Sie die Vorteile der Naß-in-Naß-Technik zwischen Füllprimer und Decklack.

A 27. Die Spritzviskosität eines Füllers soll nach Herstellerangaben betragen: 18 sec. DIN 4 mm/20 °C. Sie messen jedoch: 14 sec. DIN 4 mm/17 °C.
Welche Maßnahmen führen Sie durch?

A 28. Wie können Sie vor und während des Spritzens Silikonkrater verhindern?

A 29. Erklären Sie die einzelnen Arbeitsschritte, die notwendig sind, um eine beschädigte Altlackierung bis zur Decklackierung vorzubereiten.

Anstrich- und Beschichtungssysteme

A 30. Aus welchen einzelnen Schichten besteht eine industrielle Fahrzeuglackierung (Zweischicht-Metallic)?

A 31. Wann wird eine Beilackierung durchgeführt?
Nennen Sie die einzelnen Arbeitsschritte.

A 32. Welche Decklacke sind heute im Fahrzeuglackiererbereich von Bedeutung? Nennen Sie auch die Verwendung.

A 33. In welchen Bereichen der Fahrzeuglackierung werden auch heute noch KH-Lacke verwendet?

A 34. Beschreiben Sie die Vorteile, die eine Zweischichtlackierung bietet.

A 35. Bei welchen Beschichtungen setzen Sie Anti-Statik-Mittel hinzu?

A 36. Beschreiben Sie die Vorteile der Farbmischstation in einem Fahrzeuglackierbetrieb. Erklären Sie auch den Aufbau dieser Station.

A 37. Welche Voraussetzungen sind beim Aufbau einer Leuchtfarbenlackierung besonders zu beachten?

A 38. Aus welchen Gründen müssen verschmutzte Filter in Spritzlackieranlagen ausgetauscht werden?

A 39. Nennen Sie den Unterschied zwischen einer Spritz- und einer Trockenkabine.

A 40. Welche Temperaturen sind in Spritz- und Trockenkabinen gebräuchlich?

A 41. Eine Reparaturlackierung soll auf einer tragfähigen, unbeschädigten Altlackierung im Uni-Ton aufgebaut werden. Nennen Sie die einzelnen Arbeitsschritte.

Fehler an Fahrzeuglackierungen

A 42. Ein Decklack löst sich von der Grundierschicht.
Nennen Sie die möglichen Ursachen.

A 43. Welche Ursachen kann es haben, wenn sich an einer fertigen Decklackierung Krater zeigen.
Wie kann dieser Fehler beseitigt werden?

A 44. Nach einer Schlußlackierung (Decklackierung) mit einer hellen Unifarbe zeigen sich Helligkeitsunterschiede.
Beschreiben Sie mögliche Ursachen für diesen Sachverhalt und geben Sie an, wie dieser Fehler beseitigt werden kann.

A 45. Erklären Sie die Läuferbildung und den Orangenhauteffekt.
Auf welche möglichen Ursachen gehen diese Fehler zurück?

A 46. Über eine Spachtelstelle zeigen sich starke Risse.
Nennen Sie mögliche Ursachen für diesen Schaden und erläutern Sie, wie dieser Schaden beseitigt werden kann.

A 47. Welche Ursachen kann die Streifenbildung bei Metallic-Lackierungen haben?

A 48. Eine fertige Beschichtung auf einem Fahrzeug löst sich an, es zeigen sich gekräuselte Stellen, und die Oberfläche ist weich.
Nennen Sie mögliche Ursachen für diesen Fehler und geben Sie an, wie dieser Fehler beseitigt werden kann.

3 Beschichtungsstoffe

3.1 Beschichtungsstoffe im Überblick

Anstrichstoff (Anstrichmittel)

Nach DIN 55 945 wird ein Anstrichstoff wie folgt definiert:

- Anstrichstoff, auch Anstrichmittel genannt, ist ein flüssiger bis pastenförmiger oder auch pulverförmiger Beschichtungsstoff. Er besteht aus Bindemitteln (meist organischer Natur) sowie gegebenenfalls aus Pigmenten und anderen Farbmitteln, Füllstoffen, Lösemitteln und sonstigen Zusätzen.
- Anstrichstoffe werden auf einen Untergrund aufgetragen durch:

Streichen	Tauchen	Gießen
Spritzen	Fluten	u. a. Verfahren

- Sie ergeben nach physikalischer und/oder chemischer Trocknung einen festen Anstrich.

Zu den Beschichtungsstoffen gehören noch Bronzen und geschlagene Metallfolien.

Anstrichfilm (Anstrichschicht)

- Anstrichfilm bzw. Anstrichschicht ist die fest zusammenhängende Schicht auf einem Untergrund.
- Man unterscheidet Naß- und Trockenfilme.

Beschichtung

Beschichtung ist ein Sammelbegriff für eine oder mehrere in sich zusammenhängende Schichten von Beschichtungsstoffen auf einem Untergrund.
Zur näheren Kennzeichnung der Beschichtung verwendet man u. a. folgende Begriffe:

Anstrich, Lackierung, Pulverbeschichtung, Spachtelung, Bronzierung, Vergoldung

Beispiele für **Beschichtungen**

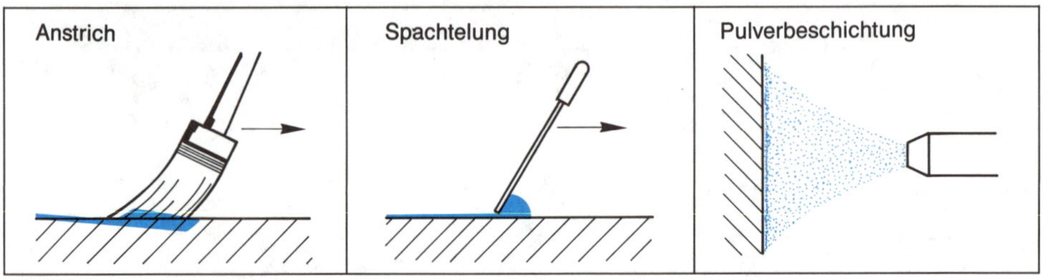

Beispiele für **Beschichtungsstoffe**

Anstrichstoffe:	• Anstrichfarben • Lacke • Pulverlacke	• Spachtelmassen • Kunststoffputze
Metallische Stoffe:	• Bronzen (feinpulvrige Metalle) • Blattmetalle (geschlagene Metallfolien)	

Aufgaben *zu „Beschichtungsstoffe im Überblick"*

A 1. In welchen Zustandsformen können Anstrichstoffe vorliegen?

A 2. Aus welchen Bestandteilen bestehen Anstrichstoffe?

A 3. Zählen Sie einige Auftragsverfahren auf, mit denen Sie Anstrichstoffe aufbringen können.

A 4. Auf welche Arten können Anstrichstoffe trocknen?

A 5. Erklären Sie den Fachbegriff „Beschichtung".

A 6. Unterscheiden Sie zwischen Anstrich, Lackierung und Beschichtung.

3.2 Anstrichstoffe

3.2.1 Bestandteile eines Anstrichstoffes

Ein Anstrichstoff (Anstrichmittel) besteht im allgemeinen aus folgenden Bestandteilen:

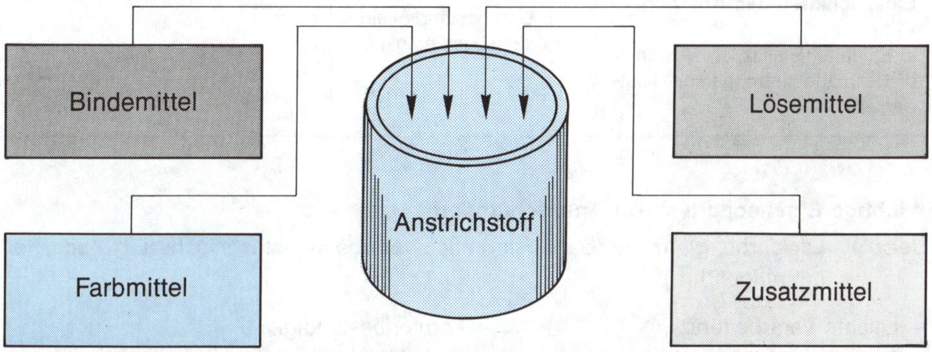

Nach Zusammensetzung und Menge der einzelnen Bestandteile ergeben sich die unterschiedlichsten Anstrichstoffe:

- Anstrichstoffe **ohne Pigmente** sind z. B. Klarlacke, Holzschutzmittel
- Anstrichstoffe mit **geringem Pigmentanteil** sind z. B. Lasuren
- Anstrichstoffe mit **großem Pigmentanteil** sind z. B. Lackfarben

Anstrichstoffe enthalten nach DIN 55 945: Binde-, Farb-, Löse- und Zusatzmittel

3.2.2 Beispiele für die Zusammensetzung von Anstrichstoffen

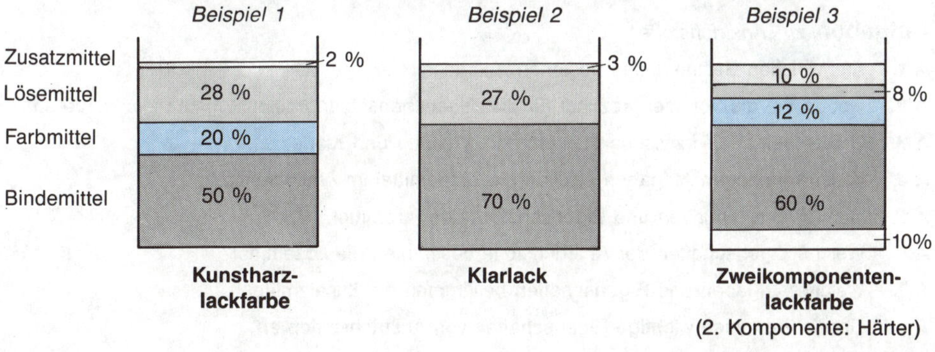

3.2.3 Aufgaben und Eigenschaften der Anstrichstoff-Bestandteile

Bindemittel bestimmen u. a.	**Farbmittel** bestimmen u. a.	**Lösemittel** bestimmen u. a.	**Zusatzmittel** bestimmen u. a.
Verarbeitungseigenschaften z. B. Spritzbarkeit **Verankerung mit dem Untergrund** z. B. Haftfestigkeit **Verbindung der Pigmente untereinander** z. B. Dispergierungsgrad **Filmbildung** z. B. Trockungsverlauf, Festkörpergehalt **Aussehen des Anstrichfilms** z. B. Glanz und Glanzhaltung **Eigenschaften des Anstrichfilms** z. B. Härte, Elastizität, Beständigkeit, Überstreichbarkeit, Haltbarkeit	**Verarbeitungseigenschaften des Anstrichstoffes** z. B. Deckvermögen, Fülle **Filmbildung** z. B. Reaktion aktiver Pigmente mit dem Bindemittel, Festkörpergehalt **Aussehen des Anstrichfilms** z. B. Farbton **Eigenschaften des Anstrichfilms** z. B. Lichtbeständigkeit, Korrosionsbeständigkeit	**Verarbeitungseigenschaften** z. B. Viskosität, Gefahrenklasse **Filmbildung** z. B. Trocknungsverlauf bei physikalischer Trocknung	**Verbesserung der Eigenschaften** z. B. bei der Lagerung, Herstellung, Verarbeitung, Filmbildung, Beanspruchung

Wichtige Eigenschaften von Anstrichstoffen

Beispiel: Lackfarbe, glänzend (Dabei sind auch verarbeitungstechnische Eigenschaften mit aufgeführt.)

- Leichte Verarbeitung
- Guter Verlauf
- Gutes Deckvermögen
- Gute Fülle
- Guter Glanz, gute Glanzhaltung
- Schnelle Trocknung
- Farbtonbeständigkeit
- Oberflächenunempfindlichkeit
- Gute Dauerhaftung
- Gute Elastizität
- Unempfindlich gegen Verschmutzung

Die wesentlichen Eigenschaften eines Anstrichstoffes werden von den Bindemitteln und den Zusatzmitteln bestimmt.

Aufgaben *zu „Anstrichstoffe“*

A 1. Aus welchen Bestandteilen bestehen Anstrichstoffe?

A 2. Geben Sie die Volumenprozente für die Zusammensetzung einer Kunstharzlackfarbe an.

A 3. Unterscheiden Sie zwischen Lackfarben, Lasuren und Klarlacken.

A 4. Welche wichtigen Aufgaben erfüllen die Bindemittel im Anstrichstoff?

A 5. Nennen Sie Aufgaben und Eigenschaften der Farbmittel.

A 6. Welche Eigenschaften der Anstrichstoffe bestimmen die Lösemittel?

A 7. Welche Aufgaben und Eigenschaften bestimmen die Zusatzmittel?

A 8. Geben Sie einige wichtige Eigenschaften von Anstrichstoffen an.

A 9. Welche Arten der Anstrichstoffe werden nach DIN 18 363 unterschieden? Halten Sie diese Einteilung für sinnvoll? (Begründen Sie Ihre Antwort.)

A 10. Nach welchen Gesichtspunkten (Merkmalen) kann man Anstrichstoffe einteilen?

A 11. Bei der Vorbereitung der Anstrichstoffe unterscheidet der Maler und Lackierer wasser- und lösemittelverdünnbare Materialien.
a) Nennen Sie wasserverdünnbare Materialien.
b) Nennen Sie lösemittelverdünnbare Materialien.

3.3 Bindemittel

3.3.1 Begriffe und Einteilung

Bindemittel, Pigmente und Zusatzstoffe sind die *nichtflüchtigen* Bestandteile von Anstrichstoffen.
Bindemittel verbinden die Pigmente untereinander und mit dem Untergrund.
Gleichzeitig bilden sie einen zusammenhängenden *Anstrichfilm* (Anstrichschicht). Deswegen nennt man sie im Lacksektor auch **Filmbildner**.
Die Bindemittel bestimmen im wesentlichen die *Eigenschaften des Anstrichs* (z. B. Härte, Elastizität, chemische Beständigkeit usw.).

In jedem Anstrichstoff muß ein Bindemittel enthalten sein

Einteilung der Bindemittel

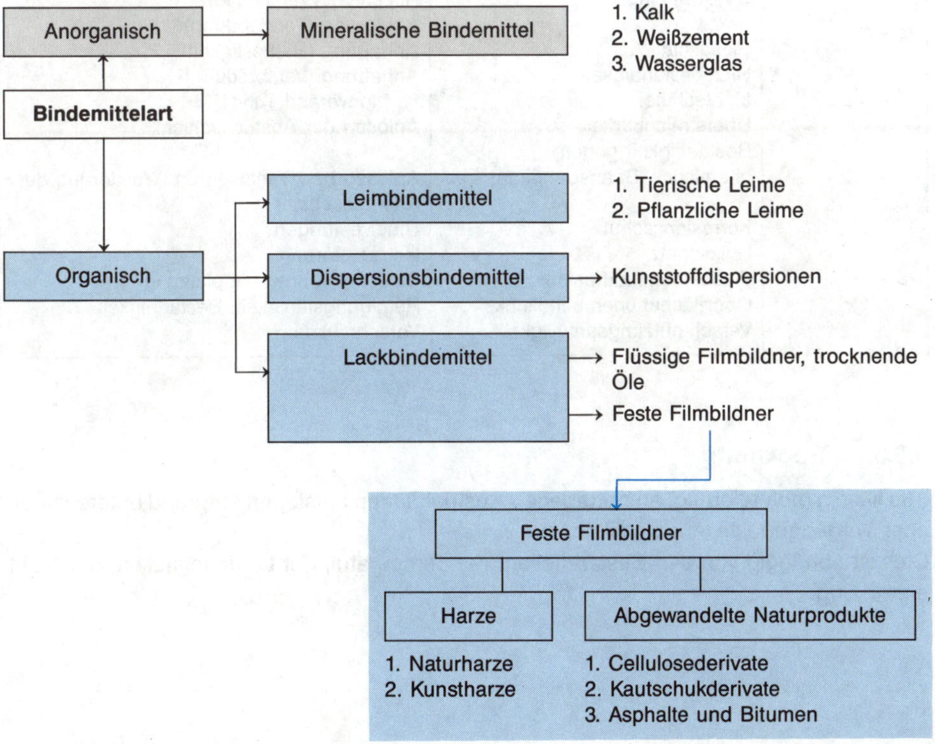

3.3.2 Eigenschaften

Die Eigenschaften des Bindemittels bestimmen im wesentlichen die Eigenschaften des Anstrichstoffes:

- vor und während der Verarbeitung
- während und nach der Trocknung

Bindemittel	Technologische Gesichtspunkte	Auswirkungen auf:
Flüssige Bindemittel vor der Verarbeitung	Viskosität	Fließverhalten
	Thixotropie	Tropfneigung, Schichtdicke
	Eindicken	Verarbeitungsfähigkeit
	Hautbildung	Lagerfähigkeit
während der Verarbeitung	Verlauf	Oberflächenbeschaffenheit
	Ablaufneigung	Gardinenbildung
	Trocknungsart	Trocknungsverlauf
	Schichtdicke	Haltbarkeit
	Ergiebigkeit	Verbrauch
	Applikationsmöglichkeiten	Auftragsverfahren
	Haftfestigkeit	Anhaftung am Untergrund
Feste Bindemittelfilme	Beständigkeit gegen mechanische Beanspruchung	Stoß-, Schlag-, Wasch-, Wetter- und Scheuerbeanspruchung
	Glanz/Glanzhaltung	Aussehen, Abkreidung
	Beständigkeit gegen UV-Strahlung	Aussehen (Vergilbung) Anhaftung (Versprödung)
	Elastizität	Anhaftung (Haftfestigkeit)
	Hitzebeständigkeit	Anhaftung (Versprödung)
	Lichtechtheit	Farbtonveränderung
	Überstreichbarkeit	Anlösen der Anstrichschicht
	Beständigkeit gegen chemische Beanspruchung	Anlösen bzw. Auflösen und Zerstörung der Anstrichschicht
	Korrosionsschutz	Unterrostungen
	Holzschutz	Holzzerstörung
	Wasserdampfdiffusion	Blasenbildungen, Abplatzung
	Oberflächenunempfindlichkeit	Reinigungsfähigkeit, Beständigkeit
	Verschmutzungsanfälligkeit	Verschmutzung

3.3.3 Trocknung

Aus flüssig (pulverförmig) aufgetragenen Anstrichfilmen entstehen aufgrund unterschiedlicher Vorgänge feste Anstrichfilme.
Dies ist abhängig von den Bestandteilen, der Temperatur, der Luftfeuchtigkeit, der Lichteinwirkung.

Man unterscheidet folgende Trocknungsarten:

Physikalische Trocknung	**Vorgang**	**Beispiele**
Verdunsten des Lösemittels 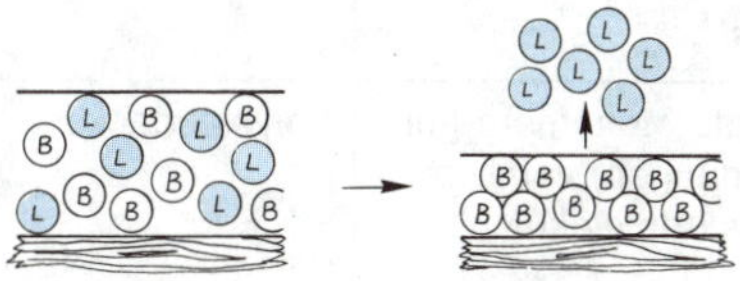	Nach Verdunsten des Lösemittels bleibt der feste Anstrichfilm zurück. *Reversibel*	Tapetenkleister, Leimfarben, NC-Lacke, Spirituslacke, Asphaltlacke, PVC-Lacke, Chlorkautschuklacke
Kalter Fluß B = Bindemittel L = Lösemittel 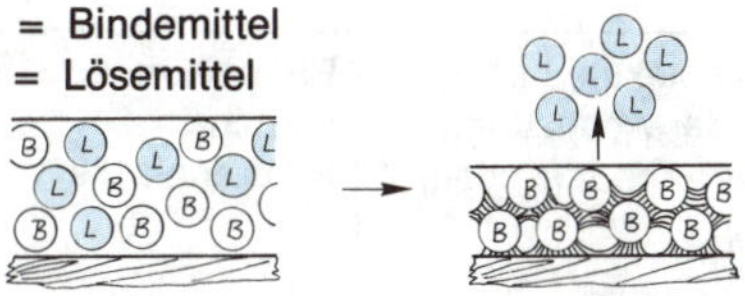	Das Dispersionsmittel (Wasser) verdunstet, das dispergierte Bindemittel fließt bei Raumtemperatur zusammen und bleibt als feste Anstrichschicht zurück. *Irreversibel*	Dispersionsfarben, Dispersionslacke, Kunststoffputze, Dispersionskleber
Verflüssigung durch Wärme 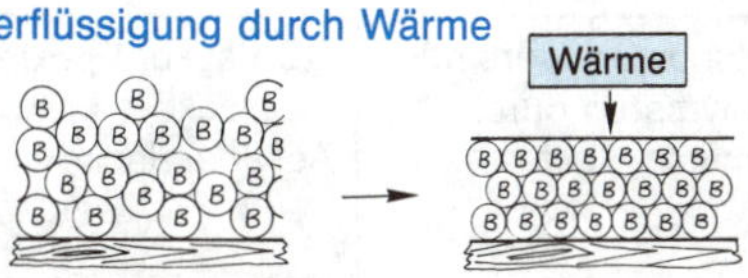	Pulverförmige Beschichtungsstoffe (ohne Lösemittel) fließen unter Wärme zusammen *Irreversibel*	Pulverlacke

Chemische Trocknung	**Vorgang**	**Beispiele**
Aufnahme von Sauerstoff 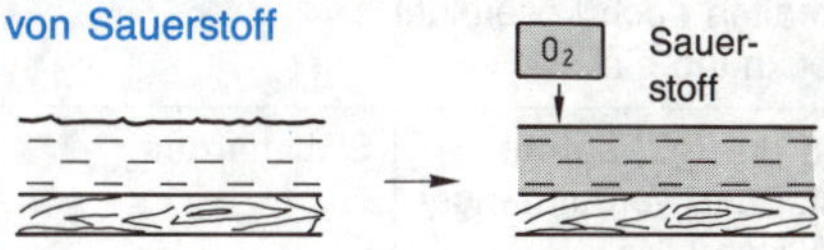	Sauerstoff der Luft reagiert mit dem Bindemittel (oxidative Trocknung). *Irreversibel*	Leinöl, Leinölfirnis, Ölfarben, Öllacke, Alkydharzlacke, Lacklasuren
Aufnahme von Kohlendioxid 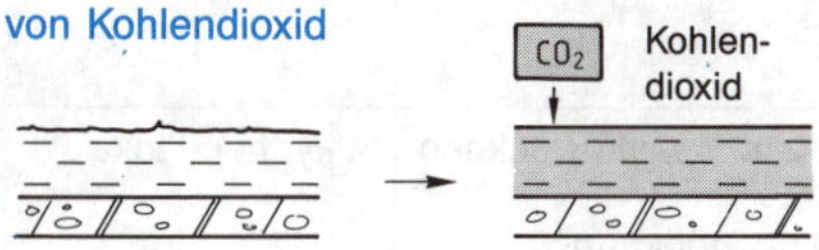	Kohlendioxid der Luft verbindet sich mit dem Bindemittel (Karbonathärtung bzw. Verkieselung). *Irreversibel*	Kalkputze, Kalkfarben, Silikatfarben, Mineralische Putze
Aufnahme von Wasserdampf 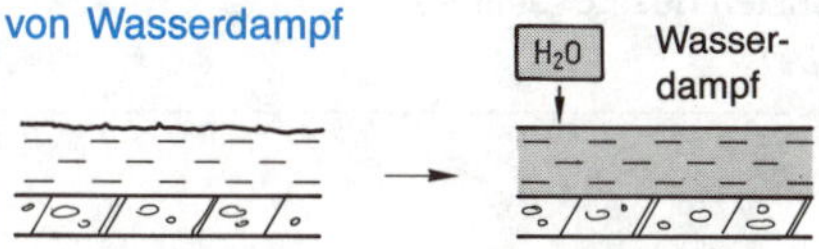	Wasserdampf der Luft verbindet sich mit dem Bindemittel zu Großmolekülen. *Irreversibel*	1-Komponenten-Polyurethanharzlacke

Chemische Trocknung	Vorgang	Beispiele
Einbau von Wasser 	Bindemittel baut chemisch Wasser in sein Kristallgitter ein (Kristallwasser) und erstarrt durch Kristallisation (= hydraulische Härtung). *Irreversibel*	Weißzementfarbe
Polymerisation 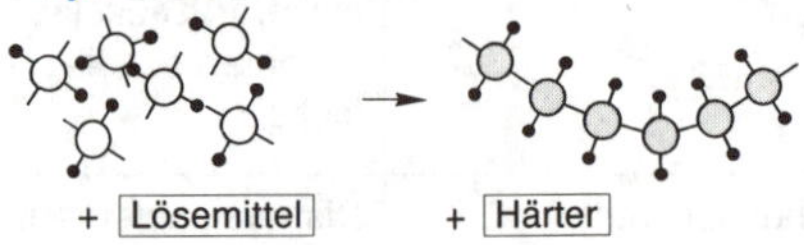	Ungesättigte Monomere (mit freien Bindungen) vernetzen sich zu Makromolekülen (Polymeren). *Irreversibel*	Polyesterlacke
Polykondensation 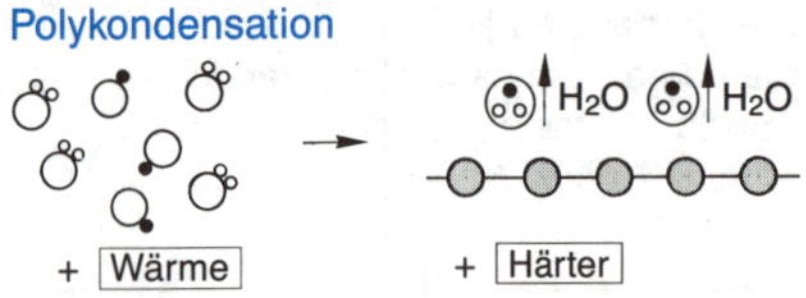	Die Makromoleküle bilden sich unter der Abspaltung von Wasser (Kondensation). *Irreversibel*	Phenolharzlacke manche Einbrennlacke
Polyaddition 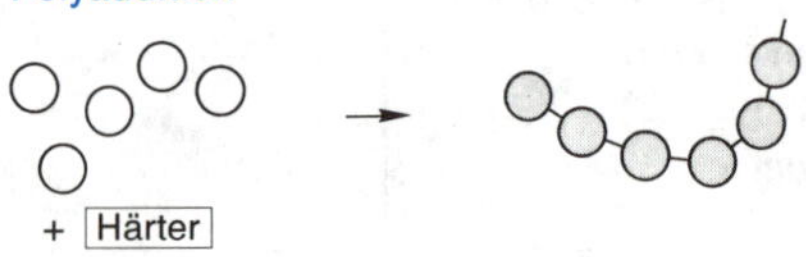	Gleiche Monomere verbinden sich zu Polymeren durch Zusatz eines 2. Stoffes (Härter). *Irreversibel*	DD-Lacke, Epoxidharzlacke Acrylharzlacke

Gemischte Trocknung	Vorgang	Beispiele
Die meisten chemisch trocknenden Anstrichstoffe enthalten noch Lösemittel. Deshalb setzt gleichzeitig noch eine physikalische Trocknung ein.		
Wasser verdunstet Aufnahme von CO_2 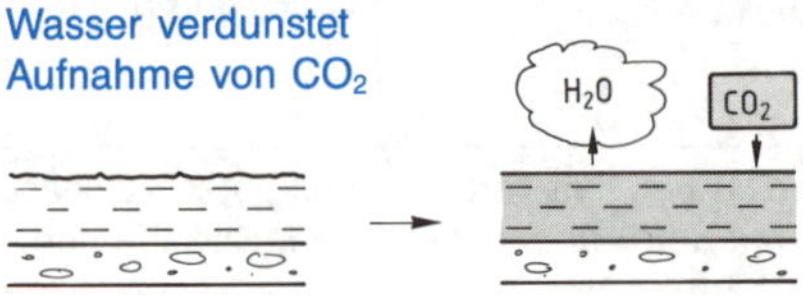	Während der CO_2-Zufuhr verdunstet das Verdünnungsmittel (Wasser). *Irreversibel*	Silikatfarben
Lösemittel verdunstet Aufnahme von O_2 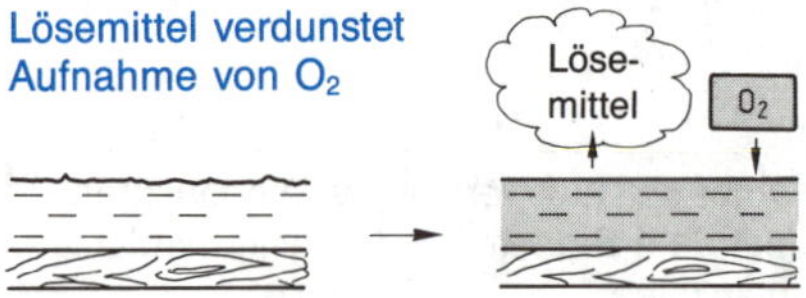	Diese Anstrichstoffe trocknen durch – oxidative Trocknung und – Verdunsten des Lösemittels *Irreversibel*	Alkydharzlacke

Reversibel sind Anstrichfilme, die durch das gleiche Löse- oder Verdünnungsmittel wieder löslich werden.

Alle chemisch trocknenden Anstrichfilme sind **irreversibel** (nicht löslich).

Aufgaben *zu „Bindemittel"*

A 1. Welche wichtigen Aufgaben erfüllen die Bindemittel im Anstrichstoff?

A 2. Welches sind die nichtflüchtigen Anteile eines Anstrichstoffes?

A 3. Nach der Art der Bindemittel unterscheidet man anorganische und organische. Gliedern Sie nach diesem Gesichtspunkt die Bindemittel.

A 4. Nennen Sie technologische Merkmale von Bindemitteln *vor* der Verarbeitung von Anstrichstoffen.

A 5. Welche Eigenschaften und Merkmale haben Bindemittel *während* der Verarbeitung von Anstrichstoffen.

A 6. Beschreiben Sie Eigenschaften und Merkmale fester Anstrichfilme.

A 7. Welche Einflüsse können Bindemitteleigenschaften auf feste Anstrichfilme haben (z. B. Lichtechtheit – Farbtonveränderung)?

A 8. Beschreiben Sie drei Arten der physikalischen Trocknung von Anstrichstoffen.

A 9. Welche Arten der chemischen Trocknung kennen Sie? Geben Sie dazu Beispiele an.

A 10. Erklären Sie die gemischte Trocknung von Anstrichstoffen, und geben Sie dazu Beispiele an.

3.4 Löse- und Verdünnungsmittel

3.4.1 Aufgaben der Löse- und Verdünnungsmittel

Lösen von Bindemitteln

Die meisten Bindemittel (z. B. Kunstharze) liegen in fester Form vor und müssen, um sie verarbeitbar zu machen, vom Anstrichstoffhersteller in den **flüssigen Zustand** gebracht werden.

Das geschieht durch Auflösen der festen Bindemittel mit geeigneten *Lösemitteln*, ohne daß die Bindemittel dabei chemisch verändert werden. Zusammen mit dem Bindemittel bildet das Lösemittel eine Lösung.

Die Art des Bindemittels bestimmt das dafür geeignete Lösemittel. Manche Bindemittel werden von bestimmten Lösemitteln sehr gut gelöst, von anderen schlechter und von weiteren überhaupt nicht.

Das hängt von verschiedenen Kräften innerhalb der Moleküle zwischen Bindemittel und Lösemittel ab, die beim Lösevorgang auftreten und aufeinander einwirken.

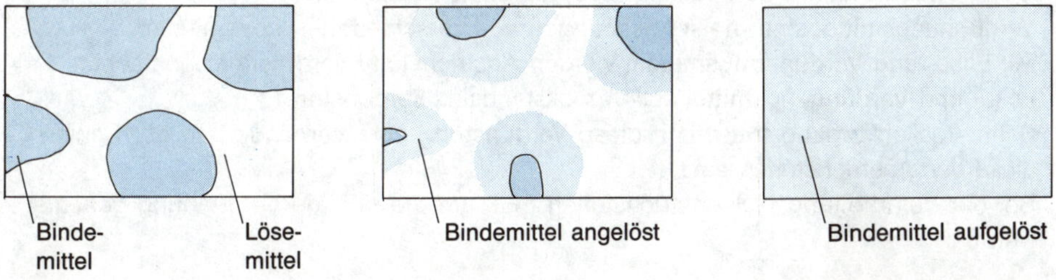

Verdünnen von Anstrichstoffen

Aus Erfahrung wissen wir, daß Anstrichstoffe vor dem Gebrauch verdünnt werden müssen.

Unter **Verdünnung** versteht man die weitere Verflüssigung mit Verdünnungsmitteln. Dies wird oft notwendig, wenn der Verarbeiter den Anstrichstoff an die jeweiligen Temperatur- oder Untergrundbedingungen anpassen muß.
Verdünnungsmittel sind meist eine Mischung aus verschiedenen Lösemitteln, die unterschiedliches Lösevermögen haben können.

Löse- und Verdünnungsmittel haben ihre Aufgabe erfüllt, wenn das Anstrichmaterial auf dem Untergrund aufgebracht ist.
Sie müssen anschließend *rückstandslos verdunsten,* wobei der flüssige Anstrichstoff zum festen Anstrichfilm wird.
Durch die Verdunstung tritt eine *Verminderung der Schichtdicke* vom flüssigen Anstrichstoff zum trockenen Anstrichfilm ein.
Man unterscheidet deshalb zwischen der **Naßschichtdicke** und der **Trockenschichtdicke.**

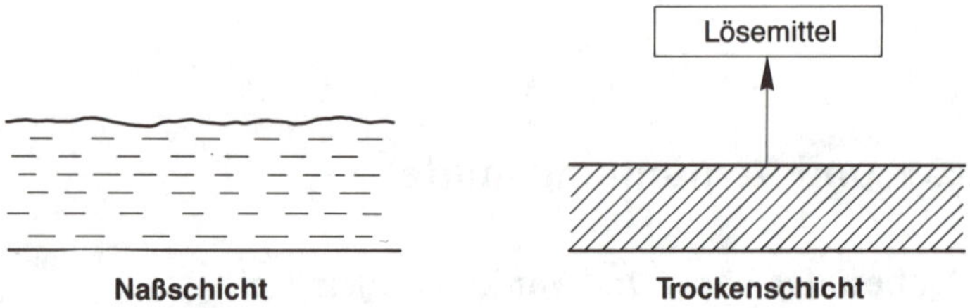

Fehler bei zu starker Verdünnung des Anstrichstoffs:

- Geringere Schichtdicken
- Läufer- und Gardinenbildung
- Geringeres Deckvermögen
- Glanzverlust
- Geringere Wetterbeständigkeit
- Versprödung des Anstrichfilms

Fehler bei ungenügender Verdünnung des Anstrichstoffs:

- Schlecht verarbeitbar
- Schlechter Verlauf und schlechte Oberflächenausbildung
- Elefantenhaut oder Orangenschaleneffekt beim Spritzen
- Eindringschwierigkeiten bei Grundanstrichstoffen

Lösemittel verflüssigen feste Bindemittel.
Die Art des Bindemittels bestimmt das geeignete Lösemittel.
Verdünnungsmittel sind meist Mischungen aus verschiedenen Lösemitteln.
Mit Löse- und Verdünnungsmitteln werden Anstrichstoffe verarbeitbar gemacht.
Löse- und Verdünnungsmittel sollen rückstandslos verdunsten.
Beim Trockenvorgang tritt durch diese Verdunstung eine Verminderung der Schichtdicke des Anstrichstoffes ein.
Bei der Verarbeitung von Anstrichstoffen muß auf die richtige Verdünnung geachtet werden.

3.4.2 Verwendung

Chemische Stoffgruppe	Verwendung als Lösemittel/Verdünnungsmittel in:
Wasser	Leimfarben, Kalkfarben, Zementfarben, Dispersionsfarben, Dispersionslacke, Silikatfarben ...
Aliphatische Kohlenwasserstoffe (Benzin-Kohlenwasserstoffe) – Waschbenzin – Lösungsbenzin – Lackbenzin/Testbenzin – Spezialbenzin	Ölfarben, Öllacke, Alkydharzlacke, Cyclokautschuklacke ...
Aromatische Kohlenwasserstoffe (Benzol-Kohlenwasserstoffe) – Benzol – Toluol – Xylol – Styrol – Solventnaphtha	Öllacke, Alkydharzlacke, Chlorkautschuklacke, Acrylharzlacke ...
Terpen-Kohlenwasserstoffe – Terpentinöl – Kienöl – Dipenten	Verlaufs- und Verdünnungsmittel für Öllacke und Alkydharzlacke
Alkohole – Methanol – Ethanol/Spiritus – Propanol – Butanol	Spirituslacke, Schellack, Nitrocelluloselacke, Epoxidharzlacke, Druckfarben ...
Ester – Methylacetat – Ethylacetat – Butylacetat – Isobuthylacetat	Nitrocelluloselacke, Polykondensationsharzlacke, Polymerisatharzlacke, Chlorkautschuklacke, Polyurethanharzlacke, Epoxidharzlacke ...
Ketone – Aceton – Methylethylketon (MEK) – Methylisobutylketon (MIBK) – Cyclohexanon	Nitrocelluloselacke, Polyurethanharzlacke, Epoxidharzlacke, Polymerisatharzlacke, Chlorkautschuklack, Wachse ...
Chlorkohlenwasserstoffe – Dichlormethan (Methylenchlorid) – Trichlormethan (Chloroform) – Tetrachlorkohlenstoff – Trichlorethylen (Tri) – Perchlorethylen (Per)	Entfettungsmittel, Abbeizmittel, chemische Reinigungsmittel *Wegen betäubender und z. T. giftiger Wirkung nur für Spezialfarben.*

Die Löslichkeit von Bindemitteln im Lösemittel kann oft durch Mischung verschiedener Lösemittel gesteigert werden. Ebenso lassen sich durch ausgesuchte Lösemittelmischungen die Eigenschaften von Anstrichstoffen steuern und verbessern.

Beispiele:
- **„Nitroverdünnung“** ist ein Lösemittelgemisch aus aliphatischen und aromatischen Kohlenwasserstoffen sowie Estern und Ketonen.
- **„Kunstharzverdünnung“**, z. B. E 33, ist ein Gemisch aus Methylacetat, Methanol u. a.
- Weitere Lösemittelmischungen sind gebräuchlich als **„Universalverdünnung“**, **„Spezialverdünnung“**.

Grundsätzlich die vom Anstrichstoffhersteller empfohlenen Verdünnungsmittel verwenden. „Kunstharzverdünnung“ ist nicht gleich „Kunstharzverdünnung“!

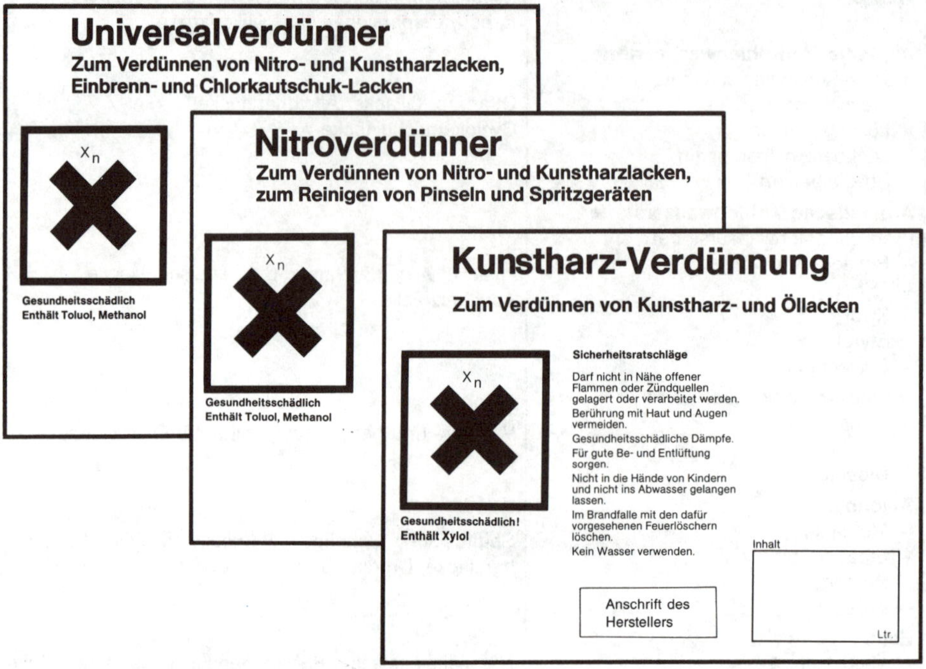

Etiketten von gebräuchlichen Verdünnungsmitteln

3.4.3 Eigenschaften

Löse- und Verdünnungsmittel besitzen verschiedene Eigenschaften.
Sie sollen:

- möglichst hell und farblos sein
- ausgewogenes Lösevermögen besitzen
- vollständig ohne Rückstand verdunsten
- nicht mit Bindemitteln und Pigmenten reagieren
- säure- und alkalifrei sein
- angenehm riechen
- gleichbleibende physikalische Eigenschaften behalten
- umweltfreundlich sein
- preisgünstig sein

Von besonderer Bedeutung für die Verarbeitung sind folgende Eigenschaften der Löse- und Verdünnnungsmittel:

- *Flüchtigkeit* und *Siedetemperatur*
- *Flammpunkt*
- *Gesundheitsgefährdung*

1. Flüchtigkeit und Siedetemperatur

Lösemittel sollen feste Bindemittel lösen und nach dieser Aufgabe auch wieder vollständig aus dem Anstrichstoff verdunsten.

Unter der **Verdunstung** ist die Flüchtigkeit bei normaler Temperatur zu verstehen, ohne den Siedepunkt zu erreichen.

Die Geschwindigkeit, mit der ein Lösemittel verdunstet, wird durch die **Verdunstungszahl** ausgedrückt. Sie gibt an, um wieviel langsamer ein Lösemittel im Vergleich zu Diethylether (Verdunstungszahl = 1) verdunstet.

Nach diesen Verdunstungszahlen werden Lösemittel in folgende Klassen eingeteilt:

Leichtflüchtige Lösemittel	=	Verdunstungszahl **unter 19**
Mittelflüchtige Lösemittel	=	Verdunstungszahl **10 bis 35**
Schwerflüchtige Lösemittel	=	Verdunstungszahl **35 bis 50**

Die verschiedenen Verdunstungsgeschwindigkeiten stehen mehr oder weniger in Zusammenhang mit den *Siedepunkten* der einzelnen Lösemittel.

Der **Siedepunkt** ist die Temperatur, bei der das flüssige Lösemittel in den gasförmigen Zustand übergeht.

Die meisten Lösemittel sind keine reinen Substanzen, deshalb haben sie einen Siedebereich. Die Einteilung der Lösemittel erfolgt nach:

Niedrigsieder	(sieden unter **100 °C**)
Mittelsieder	(sieden zwischen **100–150 °C**)
Hochsieder	(sieden über **150 °C**)

Für den **Trocknungsprozeß** ist von Bedeutung, daß durch eine richtige Mischung von Leicht-, Mittel- und Hochsiedern der Filmbildungsprozeß von Anstrichen ungestört verläuft. Die Zusammensetzung eines Lösemittelgemisches richtet sich nach *Verarbeitungsbedingungen, Trocknungstemperatur* und *Trocknungszeit* der Anstrichstoffe.

Beispiel:

Ein physikalisch trocknender Lack enthält im Lösemittelgemisch
ca. 45 % leichtflüchtige Lösemittel,
ca. 45 % mittelflüchtige Lösemittel,
ca. 10 % schwerflüchtige Lösemittel.

Die *leichtflüchtigen* Löse- und Verdünnungsmittel sorgen für ein schnelles Anziehen des aufgetragenen Materials, während die *mittelflüchtigen und schwerflüchtigen* Anteile den Verlauf verbessern und die gleichmäßige Durchtrocknung sicherstellen.

Das richtig abgestimmte Lösemittelgemisch gestattet einen größeren Materialauftrag an senkrechten Flächen ohne Läuferneigung, Orangenschaleneffekt und Aufkocherscheinungen.

Ofentrocknende Lacke und „Einbrennlacke“ enthalten mehr Hochsieder und nur wenig oder keine leichtflüchtigen Anteile, die ein „Kochen“ des Lackes beim Einbrennen bewirken würden.

Wichtig ist, daß immer das vom Anstrichstoffhersteller empfohlene Lösemittel oder Lösemittelgemisch verwendet wird.

Übersicht über Siedebereich und Verdunstungszahlen einiger Lösemittel

Lösemittel	Siedebereich °C	Verdunstungszahl
Diethylether	34–35	1
Methylenchlorid	39–40	1,8
Aceton	56–57	2,1
Methylacetat	55–60	2,2
Benzol	80–81	3
Leichtbenzin	67–100	3,5
Toluol	109–110	6,1
Methylisobutylketon	114–117	6,3
Ethanol	74–81	8,3
Butylacetat	116–130	12,5
Xylol	136–140	13,5
Butylalkohol	114–118	33
Testbenzin	130–200	60–70
Terpentinöl	160–170	70–120
Solventnaphtha	160–170	–

2. Flammpunkt

Die meisten Löse- und Verdünnungsmittel sind brennbar und nicht mit Wasser zu mischen. Bei ihrer Verwendung muß daher eine Reihe behördlicher Vorschriften beachtet werden.

Die Einteilung in die verschiedenen Gefahrenklassen beruht auf der Entzündungstemperatur, dem *Flammpunkt* der Lösemittel.

Unter Flammpunkt ist die niedrigste Temperatur zu verstehen, bei der sich die über einem Lösemittel befindlichen Dämpfe entzünden.

Wichtig: Nur die Lösemitteldämpfe brennen, nicht die Lösemittel selbst.

Gefahrenklassen

Laut Verordnung über brennbare Flüssigkeiten vom 5. Juni 1970 gibt es zwei Gruppen von Gefahrenklassen:

Gruppe A — Flüssigkeiten mit Flammpunkt nicht über 100 °C, die sich bei 15 °C **nicht** in jedem Verhältnis mit Wasser lösen.

A I Flammpunkt unter 21 °C

A II Flammpunkt ab 21–55 °C

A III Flammpunkt über 55–100 °C

Gruppe B — Flüssigkeiten mit Flammpunkt unter 21 °C, die sich bei 15 °C in jedem Verhältnis in Wasser lösen.

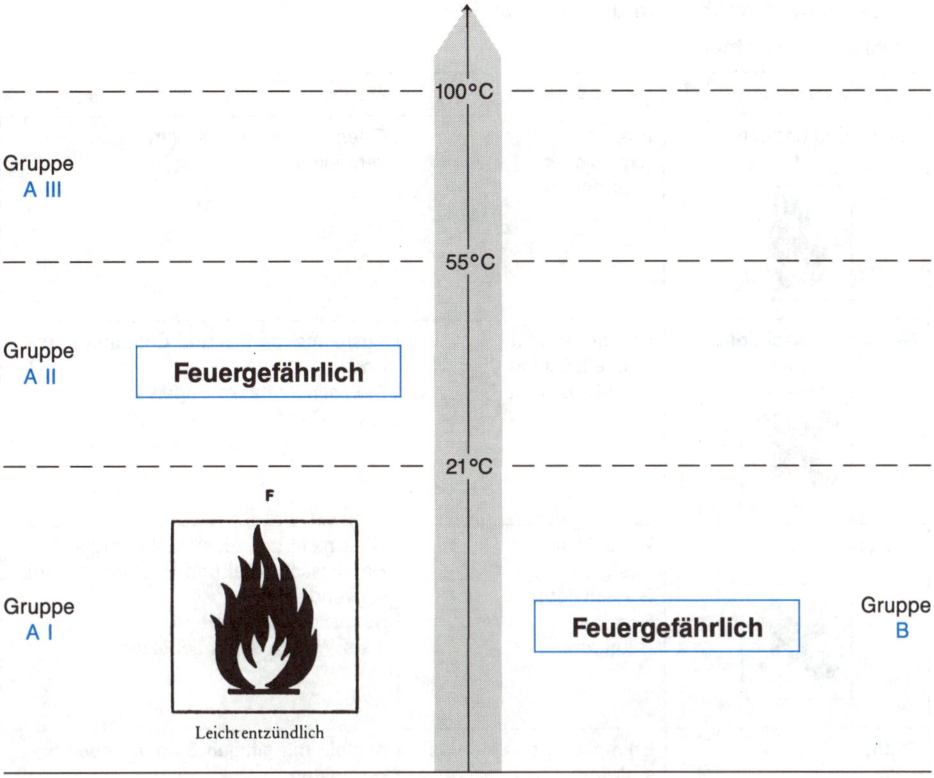

Kennzeichnung der leicht entzündlichen (Flammensymbol) und feuergefährlichen Flüssigkeiten

Ausnahmen: Aceton (Gruppe B) wird mit dem Flammensymbol gekennzeichnet.

Grundregeln, die zu beachten sind, wenn im Raum mit Lösemitteln gearbeitet wird:

- Ausreichende Belüftung der Arbeitsräume
- Absaugung der Lösemitteldämpfe am Entstehungsort
- Offenes Feuer und Rauchen verboten

Flammpunkte einiger Lösemittel

Aceton	– 19 °C	Testbenzin	über + 21 °C
Methylethylketon	– 14 °C	Xylol	+ 23 °C
Methylacetat	– 13 °C	Butylacetat	+ 24 °C
Ethylacetat	– 2 °C	Terpentin	+ 37 °C
Propylacetat	+ 12 °C	Butanol	+ 38 °C
Methylisobutylketon	+ 15 °C	Methylamylketon	+ 49 °C

3. Gesundheitsgefährdung durch Lösemittel

Gefährliche Lösemittel

Eigenschaften	Gefährdung	Mögliche Abhilfe
Leicht entzündlich **F** 	Brände Explosionen Verbrennung	Offene Flamme und Wärmequellen vermeiden
Gesundheitsschädlich **Xn** 	Schwindelgefühl Rauschzustand Bewußtlosigkeit	Ausreichende Be- und Entlüftung am Boden Atemschutzmaske tragen
Reizend Xl 	Hautjucken Allergien Blasenbildung Ekzeme Hautkrebs	Haut nicht mit Lösemittel reinigen Handwaschmittel und Hautschutzsalben verwenden Schutzkleidung anlegen Jede Wunde sofort schützen
Giftig T 	Erkrankung des Nervensystems Erblindung Muskelschwund Krebs Tod	Kontakt mit giftigen Stoffen unbedingt vermeiden Sicherheitsvorschriften beachten Sicherheitsratschläge befolgen Atemschutzmasken tragen Schutzkleidung tragen

Die schädigende Wirkung der Lösemittel ist unterschiedlich. Einen Anhaltspunkt dafür geben die ständig überprüften MAK-Werte.
Der **MAK-Wert** (**M**aximale-**A**rbeitsplatz-**K**onzentration) ist die höchstzulässige Konzentration eines schädlichen Stoffes als Gas, Dampf oder Schwebstoff in der Luft, die auch bei achtstündiger täglicher Arbeitszeit keine gesundheitlichen Schäden hinterläßt.

Aufgaben *zu „Löse- und Verdünnungsmittel"*

Aufgaben der Löse- und Verdünnungsmittel

A 1. Welche Aufgaben haben Löse- und Verdünnungsmittel in einem Anstrichmaterial zu erfüllen?

A 2. Unterscheiden Sie Löse- und Verdünnungsmittel.

A 3. Weshalb verdünnt man Anstrichstoffe?

A 4. Wie verhalten sich Löse- und Verdünnungsmittel nach erfolgtem Auftrag?

A 5. Welche Folgen hat es, wenn ein Anstrichmaterial zu stark verdünnt wird?

A 6. Welchen Einfluß hat eine zu starke Verdünnung des Anstrichstoffes auf die Schichtdicke?

A 7. Warum ist die Trockenschichtdicke meist geringer als die Naßschichtdicke?

A 8. Welche Anstrichfehler können durch ungenügende Verdünnung eines Anstrichmaterials auftreten?

Verwendung

A 9. Teilen Sie die Löse- und Verdünnungsmittel nach ihren Stoffgruppen ein.

A 10. Zu welcher Lösemittelgruppe gehören folgende Lösemittel: Testbenzin, Toluol, Xylol, Methylacetat, Aceton, Cyclohexanon, Trichlormethan, Perchlorethylen, Spiritus?

A 11. Womit verdünnt man Nitrocelluloselack?

A 12. Womit werden die meisten Grundier- und Lackfarben verdünnt?

A 13. Nennen Sie Löse- und Verdünnungsmittel, die in der Praxis benutzt werden.

A 14. Wozu verwendet man Testbenzin?

A 15. Mit welchen Löse- und Verdünnungsmitteln kann man Ölfarben, Silikatfarben, Dispersionslackfarben, Alkydharzlackfarben, Chlorkautschuklacke und Epoxidharzlacke verdünnen?

Eigenschaften

A 16. Warum sollen Löse- und Verdünnungsmittel farblos sein?

A 17. Nennen Sie Eigenschaften, die Lösemittel aufweisen sollen.

A 18. Was versteht man unter der „Verdunstungszahl" eines Lösemittels?

A 19. Wie werden die Löse- und Verdünnungsmittel nach ihrem Siedebereich eingeteilt?

A 20. Wie bezeichnet man Lösemittel, die einen Siedepunkt unter 100 °C aufweisen?

A 21. Wie nennt man die Lösemittelgruppe, bei der die Lösemittel erst über 150 °C verdampfen?

A 22. In welchem Siedebereich verdampfen die Mittelsieder?

A 23. Was bedeutet es, wenn ein Lösemittel z. B. die Verdunstungszahl 12 (VZ 12) hat?

A 24. Welche Verdunstungszahlen weisen die leichtflüchtigen Lösemittel auf?

A 25. Wie werden Löse- und Verdünnungsmittel auf Grund ihrer Verdunstungsgeschwindigkeit eingeteilt?

A 26. Nennen Sie je zwei leichtflüchtige, mittelflüchtige und schwerflüchtige Lösemittel.

A 27. Warum befinden sich in einem richtig verdünnten Anstrichstoff gleichzeitig leicht-, mittel- und schwerflüchtige Löse- oder Verdünnungsmittel?

A 28. Nach welchen Gesichtspunkten richtet sich die Zusammensetzung eines Lösemittelgemisches?

A 29. Warum enthalten sogenannte „Einbrennlacke" überwiegend Hochsieder?

A 30. Warum müssen Löse- und Verdünnungsmittelbehälter immer sorgfältig verschlossen bleiben?

A 31. Warum sollte das vom Anstrichstoffhersteller empfohlene Verdünnungsmittel verwendet werden?

3.5 Zusatzstoffe und Hilfsmittel (Additive)

Additive werden beim Herstellungsprozeß den Anstrich- oder Beschichtungsstoffen in kleinen Mengen zugegeben. Sie sollen gewünschte Eigenschaften erhalten, die das Bindemittel-Lösemittel-Pigment-Gemenge von Natur aus nicht ausreichend besitzt oder aber unerwünschte Eigenschaften verhindern.

Wir unterscheiden Zusatzstoffe (Additive)

- zur Materialstabilisierung
- zur Viskositätsbeeinflussung
- zur Material- und Oberflächenausbildung
- zum Schutz des Untergrundes
- zur Beeinflussung der elektrischen Leitfähigkeit

Additive zur Materialstabilisierung	
Netzmittel/ Dispergiermittel	erleichtern eine bessere Dispergierung der Pigmente im Bindemittel.
Emulgatoren	sind Emulsionsvermittler und erleichtern die Mischung von unverträglichen Stoffen wie z. B. ölige und wäßrige Bindemittel.
Stabilisatoren	verhindern das Entmischen von bestimmten Anstrichstoffen.
Inhibitoren	schränken chemische Vorgänge im Anstrichmaterial ein oder verhindern sie.
Absetzverhinderungsmittel	verhindern das Absetzen von spezifisch schweren Stoffen im Anstrichmaterial.
Konservierungsmittel	verhindern das Zersetzen von organischen Substanzen bei der Lagerung.
Entschäumer	verhindern lästige Schaumbildung bei der Verarbeitung von Dispersionsfarben.
Hautverhinderungsmittel	verhüten die Hautbildung bei oxidativ trocknenden Anstrichstoffen.
Ausschwimmverhütungsmittel	verhindern unterschiedliche Farbtöne durch Pigmentkonzentrationen bei verschiedenen Applikationsmethoden im noch feuchten Anstrichfilm.
Additive zur Viskositätsbeeinflussung	
Verdickungsmittel	erhöhen die Viskosität von Lack- und Dispersionsfarben und sind dadurch besser verarbeitbar.
Thixotropiemittel	erhöhen die Streichkonsistenz, erlauben einen höheren Materialauftrag an senkrechten Flächen und dadurch eine höhere Schichtdicke in einem Arbeitsgang.
Additive zur Material- und Oberflächenausbildung	
Trockenstoffe/Sikkative	beschleunigen den Trocknungsvorgang oxidativ trocknender Bindemittel.
Katalysatoren/Beschleuniger	werden in der Lackindustrie unterschiedlich verwendet, zur Härtung von UP-Lacken und Polyurethansystemen sowie säurehärtenden Zweikomponentenlacken.

Gleitmittel	werden eingesetzt, um die Glätte der Filmoberflächen (scheinbare Oberflächenhärte) zu erhöhen, dadurch wird der Film vor Kratzer und Abrieb geschützt.
Mattierungsmittel	Mattierungseffekte in Anstrichen können nicht nur durch Zugabe von Pigmenten oder Füllstoffen beeinflußt werden, sondern auch durch Zugabe von bindemittelunverträglichen Stoffen (z. B. Wachse, Seifen).
Verlaufsmittel	verhindern Oberflächenstörungen, wie Kratzer, Narben, Blasen, Orangenschaleneffekt in Lacken.
Additive zum Schutz des Untergrundes	
Fungizide	verhindern Pilzbefall auf Untergründen.
Insektizide	verhindern Insektenbefall des Untergrundes und töten vorhandene Insekten, Larven und Brut.
Bakterizide	töten Bakterien.
Antifoulings	verhindern den Bewuchs von Moos, Algen, z. B. an Unterwasseranstrichen oder auf Dispersionsfarbanstrichen.
Lichtschutzmittel	werden vor allem Klarlacken zugesetzt, um die abbauende Wirkung der UV-Strahlen zu verhindern.
Flammhemmende Stoffe	werden beigegeben, um Anstrichen eine hohe Unbrennbarkeit zu vermitteln.
Additive zur Beeinflussung der elektrischen Leitfähigkeit	
Sie werden zur Regulierung der Leitfähigkeit von elektrostatisch zu verspritzenden Lackfarben zugegeben. Antistatische Stoffe verringern eine elektrostatische Aufladung.	
Sonstige	
Weichmacher	werden zur Verbesserung von physikalischen Eigenschaften eingesetzt, z. B. zur Steigerung des Haftvermögens eines Anstrichfilms (Erhöhung der Elastizität, Verminderung der Härte).

Additive steuern bestimmte Eigenschaften des Anstrichstoffes.
Sie haben keine universelle, sondern eine besondere Wirkung.
Eine genaue Dosierung der Additive im Anstrichstoff ist unbedingt erforderlich.

Aufgaben *zu „Zusatzstoffe und Hilfsmittel"*

A 1. Erklären Sie den Begriff „Additive".

A 2. Warum werden den Anstrichstoffen Additive zugegeben?

A 3. Nennen Sie fünf Additive und deren besondere Verwendung.

A 4. Welche besondere Wirkung haben Netzmittel?

A 5. Warum werden den Dispersionsfarben Entschäumer zugesetzt?

A 6. Ein bestimmter Anstrichstoff besitzt u. a. fungizide, insektizide und bakterizide Wirkstoffe. Welche besonderen Eigenschaften besitzt dieser Anstrichstoff?

A 7. Warum werden vor allem den Dispersionsfarben Konservierungsstoffe zugesetzt?

3.6 Farbmittel

3.6.1 Begriffe
Grundlage: DIN 55 943 und DIN 55 945

- **Farbmittel**
  Sammelname für alle farbgebenden Stoffe
- **Farbstoff**
  Ein in Lösemittel und/oder Bindemittel *lösliches,* organisches Farbmittel
- **Pigment**
  Ein in Lösemittel und/oder Bindemittel praktisch *unlösliches,* organisches oder anorganisches Farbmittel
- **Extender (Füllstoffe)**
  In Lösemitteln und/oder Bindemitteln unlösliche Stoffe. Im Gegensatz zu Pigmenten bestimmen sie jedoch in den allermeisten Fällen weder Farbton noch Deckvermögen (Ausnahme in Leim- und Dispersionsfarben).

Beispiele für die Verwendung von Extendern

Beispiel 1: Zusatz zu Kitten und Spachtelmassen

Verschiedene **Korngrößen** führen zur Verbesserung des Füllvermögens. Gleichzeitig wird die Schleifbarkeit und die Durchtrocknung verbessert sowie die Schichtdicke erhöht.

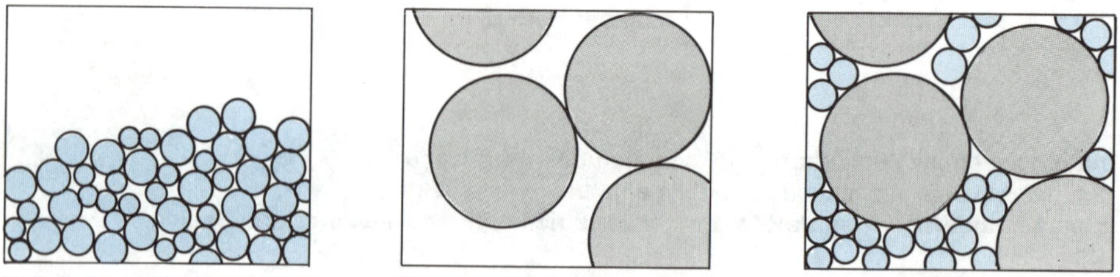

Pigment	Extender (Füllstoff)	Pigmentfüllstoffgemisch
Gutes Deckvermögen	Geringes Deckvermögen	Sehr gute Fülle Sehr gutes Deckvermögen

Gebräuchliche Extender: Aluminiumsilikat, Blanc-fixe, Kalkspat, Kaolin, Kreide, Schiefermehl, Schwerspat, Quarzmehl

Beispiel 2: Vermischung mit teuren Pigmenten (Verschneiden)

Dies führt zur Senkung der Werkstoffkosten. Gleichzeitig wird die Benetzbarkeit und das Dispergiervermögen verbessert.

Pigment + **Extender (Verschnittmittel)** = **Verschnittpigment**

Gebräuchliche Extender: Kaolin, Kalkspat, Dolomit, Schwerspat

Beispiel 3: Zusatz zu Farbstofflösungen (Verlacken)

Lösliche Farbstoffe werden durch chemische Prozesse unlöslich auf eine Farbunterlage (Substrat) gebunden. Dadurch entstehen neue Pigmente, die man Farblacke nennt.

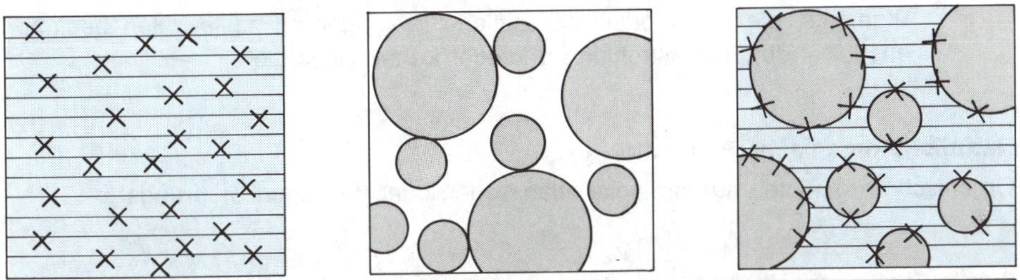

Farbstofflösung + **Substrat (Extender)** = **Farblack + Lösemittel**

Gebräuchliche Extender: Bentonit, Blanc-fixe, Kaolin, Tonerdehydrat

3.6.2 Pigmentgruppen

Farbmittel nach DIN 55 944				
Anorganische Farbmittel			**Organische Farbmittel**	
Natürliche Pigmente (Erdpigmente)	**Synthetische Pigmente** (Mineralpigmente)	**Extender** (Füllstoffe)	**Natürliche Farbmittel**	**Synthetische Farbmittel**
z. B. Ocker, Grünerde, Terra Di Sienna, Graphit	Weißpigmente, Schwarzpigmente, Buntpigmente, Glanzpigmente, Leuchtpigmente	*Natürliche:* Schwerspat, Kreide, Calcit, Dolomit, Talkum, Kaolin, Graphit *Synthetische:* Blanc-fix, Calciumcarbonat, Kieselsäure, Silikate, Ruß	*Pigmente z. B.:* Chlorophyll, Indigo, Sepia *Farbstoffe z. B.:* Cochenille, Carotin, Curcuma	*Pigmente:* Weißpigmente, Schwarzpigmente, Buntpigmente, Leuchtpigmente *Farbstoffe:* Schwarz-Farbstoffe, Buntfarbstoffe, Leuchtfarbstoffe, Optische Aufheller

Natürliche anorganische Pigmente (als *Erdpigmente* bezeichnet)

Hergestellt durch mechanische Behandlung (Mahlen, Schlämmen, Trocknen usw.) von in der Natur vorkommenden anorganischen Stoffen

Synthetische anorganische Pigmente (als *Mineralpigmente* bezeichnet)

Hergestellt durch chemische und/oder physikalische Umwandlung (Aufschließen, Fällen, Glühen) von anorganischen Rohstoffen

- *Glanzpigmente (nur anorganische)*
  Durch gerichtete Reflexion an überwiegend flächig ausgebildeten und ausgerichteten metallischen oder stark lichtbrechenden anorganischen Pigmentteilchen entstehende Glanzeffekte, z. B. Metalleffektpigmente, Perlglanzpigmente
- *Leuchtpigmente (anorganische und organische)*
  Pigmente, die sofort oder mit zeitlicher Verzögerung zu leuchten beginnen, ausgelöst durch UV-Strahlung und/oder kurzwelliges Licht

Natürliche organische Pigmente

Organische Pigmente und Farblacke pflanzlichen oder tierischen Ursprungs

Synthetische organische Pigmente

Auf chemischem Weg hergestellte organische Pigmente. Hierzu zählen auch durch Verlackung aus löslichen organischen Farbstoffen hergestellte Pigmente (siehe Farblacke)

3.6.3 Gewinnung und Herstellung

Beispiele für die Gewinnung und Herstellung von anorganischen Pigmenten

Beispiel 1

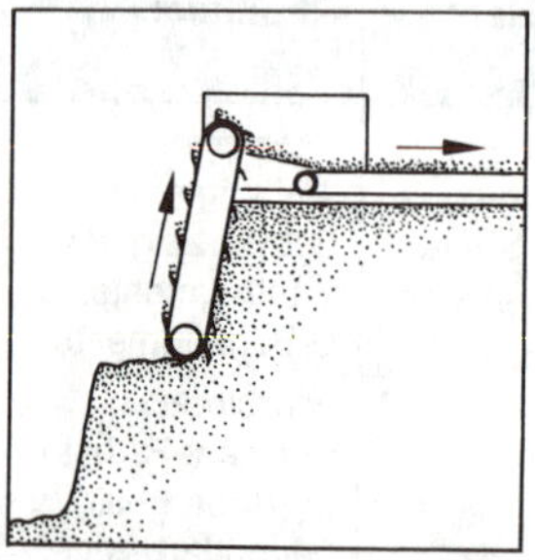

Abbau von „Erdpigmenten"
z. B. *Kreide*
(ein natürliches Pigment)
Die Kreide wird zerkleinert und von Sand befreit (geschlämmt).

Beispiel 2

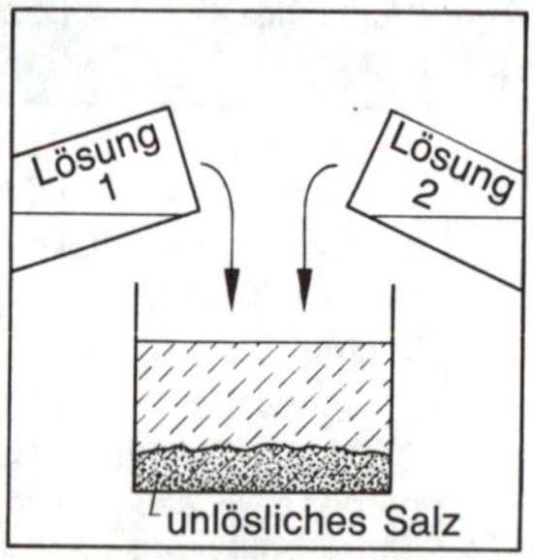

Fällungsverfahren
z. B. *Chromgelb*
(ein synthetisches Pigment)
Der Niederschlag wird abfiltriert und getrocknet.

Beispiel 3

Glühvorgang (Glühofen)
z. B. *Titandioxid*
(ein synthetisches Pigment)
Titanerz wird vorher mit Schwefelsäure chemisch umgewandelt.

Aufgaben *zu „Pigmentgruppen“*

A 1. Geben Sie einen Überblick über die Pigmentgruppen.

A 2. Nach welchen Gesichtspunkten werden die Farbmittel nach DIN 55 944 eingeteilt?

A 3. Geben Sie eine Übersicht über die verschiedenen Pigmentgruppen nach DIN 55 944.

3.6.4 Aufgaben und Eigenschaften

Aufgaben der Pigmente

Mit dem Zusatz von Pigmenten zu Anstrichstoffen will man **Schmuck** und **Schutz** des Untergrundes erreichen.

Zusammen mit dem Bindemittel sorgen geeignete Pigmente dafür, daß die UV-Strahlen der Sonne und die Luftfeuchtigkeit Anstriche nicht oder nur langsam zerstören.

Klarlackfilme	*Ungeeignete Pigmente*	*Geeignete Pigmente*
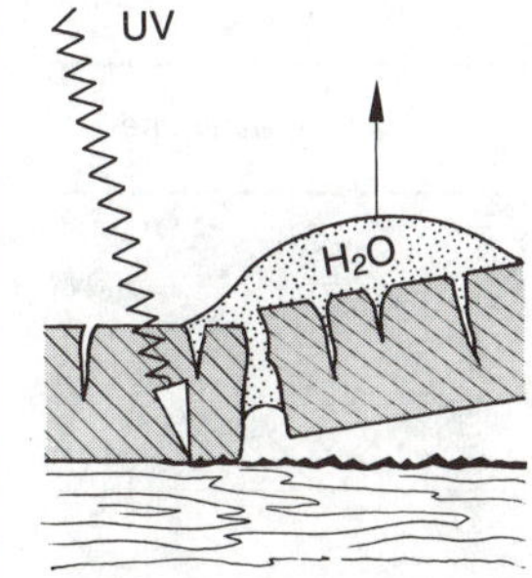	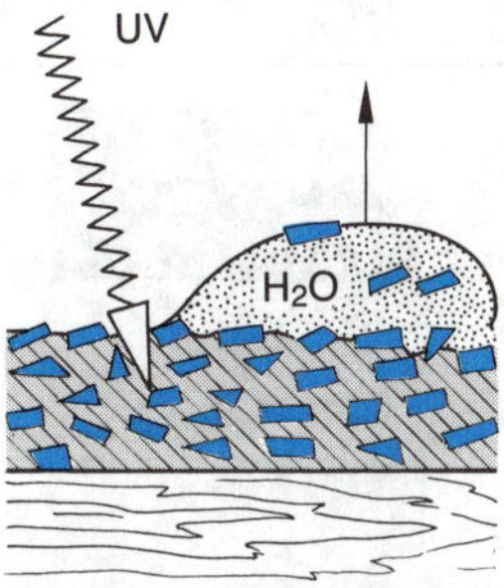	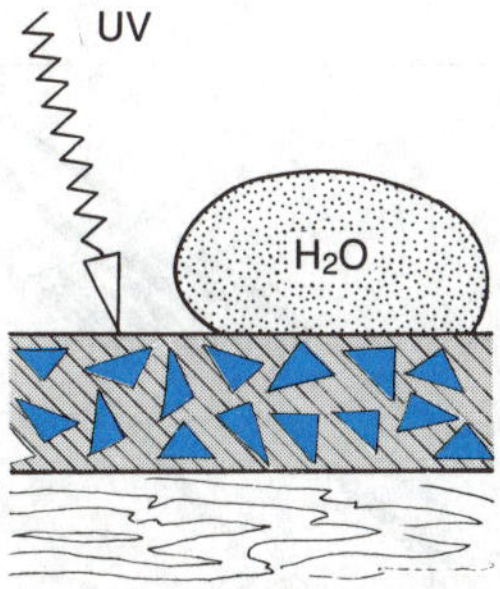
Klarlackfilme werden spröde, bilden Risse und blättern ab, weil das Bindemittel und der Holzuntergrund zerstört werden.	Lackfilme mit ungeeigneten Pigmenten werden ebenfalls zerstört. Die UV-Strahlen dringen in das Bindemittel ein und zerstören es. Die Pigmentteilchen werden freigelegt und vom Regen weggewaschen (Glanzverlust, Abkreidung).	Geeignete Pigmente schlucken (absorbieren) die UV-Strahlen an der Oberfläche und wandeln die Strahlungsenergie in Wärmeenergie um. Das Bindemittel kann jetzt nicht zerstört werden. Es gibt sowohl geeignete **deckende Pigmente,** als auch geeignete **Lasurpigmente.**

Auch der **Kristallaufbau** kann die Eigenschaften eines Pigments bestimmen: *Rutil* und *Anatas* sind zwei Mineralien, die beide aus Titandioxid (TiO_2) bestehen. Und beide bilden als Kristallgrundform einen Oktaeder. Das ist eine Doppelpyramide aus 8 Flächen. Diese Oktaeder sind aber beim Rutil anders miteinander verwachsen als beim Anatas:

Rutil hat viele, aber kleine Hohlräume und ist daher stabil und kreidet nicht sehr.
Anatas hat wenige, aber große Hohlräume und kreidet daher zu stark.

Oktaeder, Kristall-Grundform von Rutil und Anatas

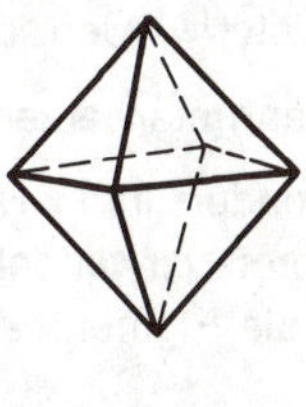

Eigenschaften der Pigmente

Pigmente sollen ein gutes *Deckvermögen* besitzen und *lichtecht* sein. Bei speziellen Beanspruchungen sollen Pigmente *chemikalienbeständig, hitzebeständig, abriebfest* oder *rosthemmend* sein.

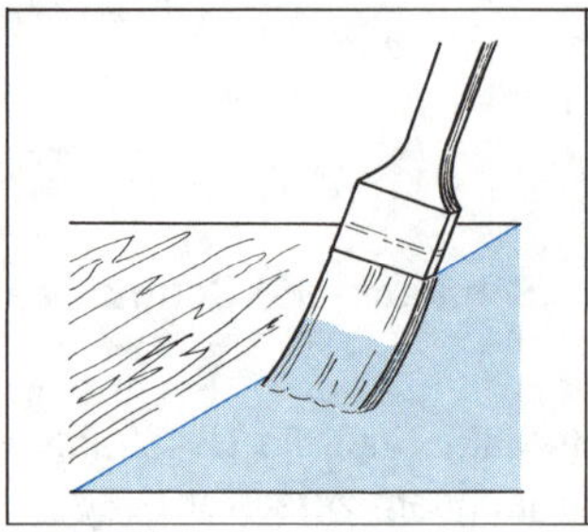

Deckfähig

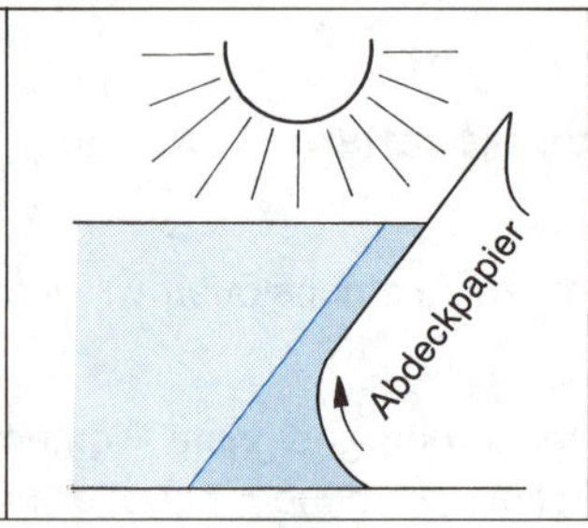

Lichtecht

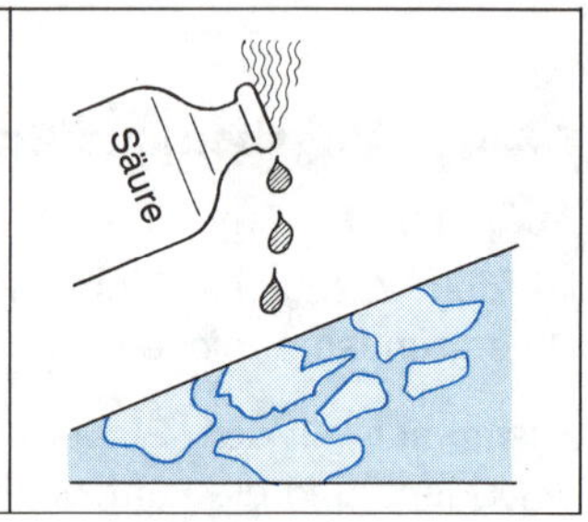

Chemikalienbeständig

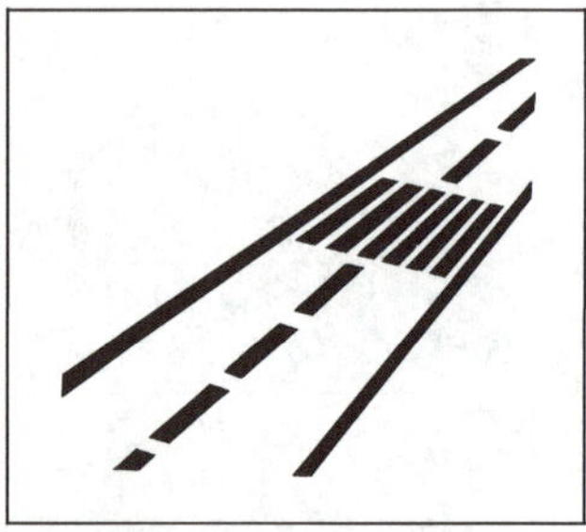

Abriebfest

Hitzebeständig

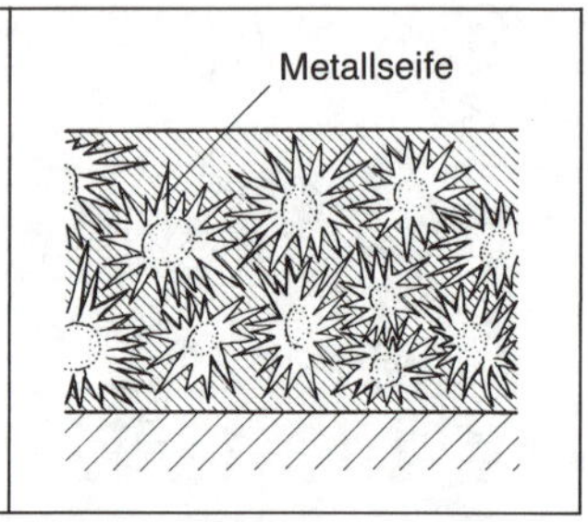

Rosthemmend (aktiv)

Rosthemmend wirkt Bleimennige: Bleimennige neutralisiert Öl- und Fettsäuren ölhaltiger Anstrichstoffe und bildet wasserunlösliche und wetterfeste Metallseifen (Bleiseifen)

Pigmentteilchen haben Korngrößen von 0,1–5 µm (1 µm = 1/1000 mm).

3.6.5 Pigmentierung von Anstrichstoffen

Die Pigmente müssen homogen (= gleichmäßig) in das Bindemittel-Lösemittel-Gemisch eingearbeitet werden. Diesen Vorgang nennt man **Dispergieren.**

Nur so kann man einen gleichmäßig aussehenden Anstrich erzielen.

Eine besonders intensive Dispergierung der Pigmente ist bei Lackfarben notwendig. Zum Dispergieren verwendet man verschiedene Dispergiermaschinen. Nach dem Dispergieren wird die Pigmentpaste aufgelackt.

Dispergieren

Die Pigmentteilchen werden mit Hilfe von Trichtermühlen bzw. Dreiwalzenmühlen, Kugelmühlen, Perlmühlen oder Dissolvern (Rührscheibengeräten) dispergiert.
Das Dispergieren hat folgende Aufgaben:

– Zusammengeballte Pigmentteilchen zu zerstören.

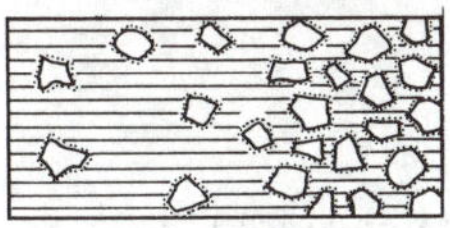

– Die Pigmentteilchen allseitig zu benetzen.

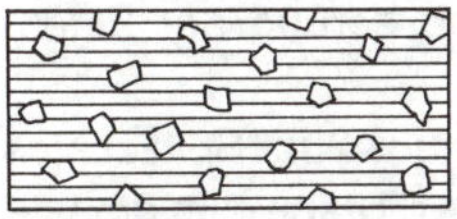

– Die Pigmentteilchen gleichmäßig im Bindemittel-Lösemittel-Gemisch zu verteilen.

Die drei wichtigsten Maschinen zur Herstellung von Anstrichstoffen sind hier schematisch dargestellt:

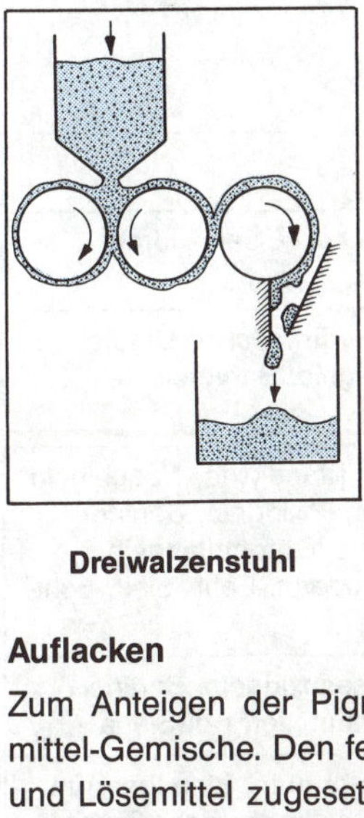

Dreiwalzenstuhl

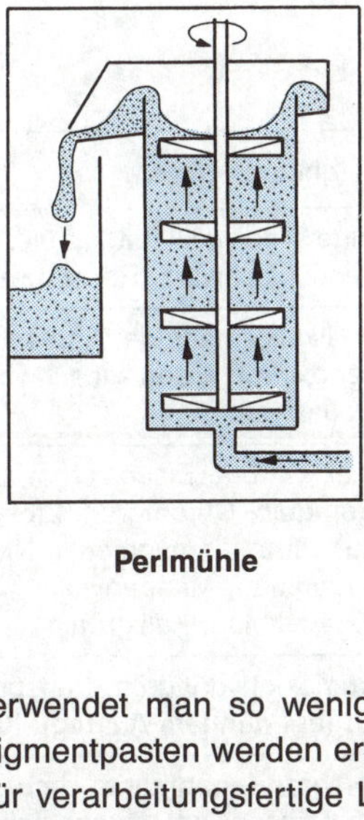

Perlmühle

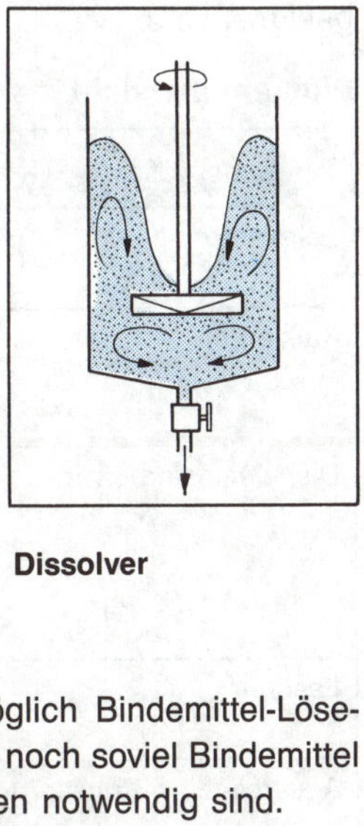

Dissolver

Auflacken

Zum Anteigen der Pigmente verwendet man so wenig wie möglich Bindemittel-Lösemittel-Gemische. Den fertigen Pigmentpasten werden erst später noch soviel Bindemittel und Lösemittel zugesetzt, wie für verarbeitungsfertige Lackfarben notwendig sind.
Dieses Einstellen nennt man *Auflacken*. Das Verhältnis Pigment zu Bindemittel und Lösemittel nennt man **Pigment-Volumen-Konzentration (PVK)**

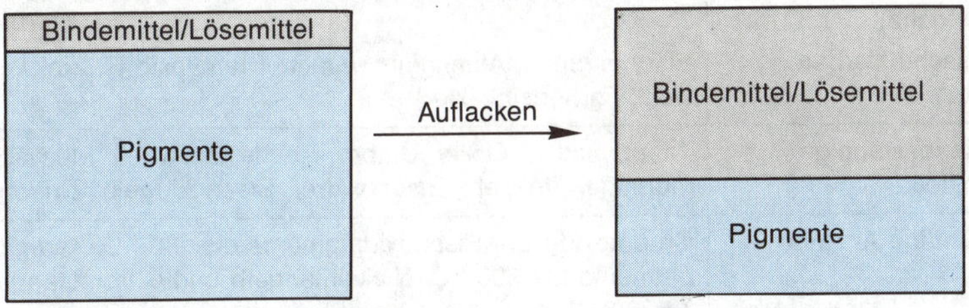

Pigmentpaste (~20 : 1) **Fertiger Lack (~0,65 : 1)**

Volltonfarben

Volltonfarben verwendet der Maler und Lackierer zum Abtönen von meist weißpigmentierten Anstrichstoffen.

Man unterscheidet folgende Gruppen von Volltonfarben:

- Volltonfarben als Anstrich- und Abtönfarbe
- Abtönpasten für Dispersionsfarben
- Abtönpasten für Lackfarben
- Universal-Abtönpasten mit öl- und wasserverträglichem Bindemittel

3.6.6 Verwendung

Die schnelle Entwicklung von immer neuen Bindemitteln machte es notwendig, auch die Pigmente den höheren Ansprüchen an Anstrichstoffe durch Verbesserung der Eigenschaften anzupassen.
Titandioxidpigmente nehmen unter den vielfältigen Pigmenten eine absolute Spitzenstellung ein. Über 50 % aller erzeugten Pigmente sind Titandioxid- oder Titanweißpigmente (Titanweiß = Mischungen von Titandioxid mit Verschnittmitteln wie Blanc-fixe, Dolomit).

Die nachfolgende Übersicht zeigt, welche Pigmente für bestimmte Zwecke besonders geeignet sind.

Pigmentübersicht

Verwendung für	Geeignete Pigmente
Leimfarben	Kreide, Titanweiß, Lithopone, Ocker, Umbra, Eisenoxidrot, Eisenoxidschwarz, Rebschwarz
Kalkfarben	Nur alkalibeständige Pigmente wie Kalkgrün, Ocker, Umbra, Eisenoxidrot, Eisenoxidschwarz, Neapelgelb, Barytgelb, Chromoxidgrün
Dispersionsfarben	Ocker, Umbra, Eisenoxidrot, Lithopone, Titandioxid, Neapelgelb, Chromgelb, Chromgrün, Zinkgrün, Eisendioxidgelb, Berliner Blau, Ultramarinpigmente, Nickeltitangelb, Chromtitangelb, Manganblau, Manganviolett, Echtrot, Moderot, Echtviolett, Echtblau, Kalkblau, Kalkgrün
Lasuren	Chromoxidhydratgrün, transparentes Eisenoxidgelb, Berliner Blau (bei dünnem Auftrag), Kasseler Braun, Terra di Siena
Aquarell- bzw. Künstlerfarben	Sepiabraun, gebrannte Umbra, Caput mortuum, Zinnobergrün, Elfenbeinschwarz, Neapelgelb, Ocker, Preußisch Blau, Grüne Erde, Terra di Siena (gebrannt), Krapplack, Permanentrot
Korrosionsschutzfarben (Grundanstriche) Korrosionsschutzfarben (Deckanstriche)	Bleimennige, Zinkstaub, Zinkchromat, Farbenzinkoxid Eisenglimmer, Aluminium, Grafit, Titandioxid R, Zinkweiß, Bleiweiß, Farbenzinkoxid
Chemikalienbeständige Anstrichmittel	Titandioxid R, Ocker, Umbra, Kreide, Zinkweiß, Bleiweiß, Bleimennige, Zinkgelb, Eisenoxidrot, Eisenoxidgelb, Zinnoberrot
Hitzebeständige Anstrichmittel	Chromoxidgrün, Eisenoxidpigmente bis 180 °C, Kadmiumpigmente bis 600 °C, Nickeltitangelb und Chromtitangelb bis 1 000 °C

3.6.7 Übersicht über die wichtigsten Pigmente

Farbton/Name	Gruppe	Eigenschaften	Verwendung
Weißpigmente			
Kreide	Natürlich, anorganisch	Lichtecht, gut deckend in wäßrigen Bindemitteln, alkalibeständig	Leimfarben, Spachtelmassen, Verschnittmittel, Kitte, Substrat (innen und außen)
Schwerspat	Natürlich anorganisch	Lichtecht, alkalibeständig	Als Füllstoff für Spachtelmassen, Substrat für Farblacke, Verschnittmittel
Blance-fixe	Synthetisch, anorganisch	Wie Schwerspat	
Bleiweiß	Synthetisch, anorganisch	**Aktives Pigment,** Bleiseifenbildung, elastisch, zäh, giftig, wird durch schweflige Abgase verfärbt	In öligen Bindemitteln und Lacken Wegen Giftigkeit nur außen verwenden
Titanweiß = Verschnittpigment mit TiO_2	Synthetisch, anorganisch	Lichtecht, bestes Deckvermögen aller Weißpigmente, alkalibeständig, hitzebeständig	In allen Bindemitteln *Anatas: innen* *Rutil: außen*
Zinkweiß	Synthetisch, anorganisch	**Aktives Pigment**, Zinkseifenbildung, lichtecht, hart, spröde, fungizid	Lacke, wegen Sprödigkeit meist in Mischungen mit Bleiweiß und Titanweiß
Lithopone	Synthetisch, anorganisch	Lichtecht, gutes Deckvermögen, nur für innen	In allen Bindemitteln
Schwarzpigmente			
Eisenoxidschwarz	Synthetisch, anorganisch	Lichtecht, alkalibeständig, korrosionsschützend	In allen Bindemitteln
Rebschwarz	Synthetisch, organisch	Lichtecht, alkalibeständig	Meist in wäßrigen Bindemitteln
Ruße	Synthetisch, organisch	Lichtecht, alkalibeständig, sehr gutes Deckvermögen	In allen Bindemitteln
Buntpigmente			
Rot			
Bleimennige	Synthetisch, anorganisch	**Aktives Pigment,** giftig, passivierend, bestes Rostschutzpigment	In öligen Bindemitteln und Lacken; wird nur für Korrosionsschutzgrundanstriche verwendet; vor allem außen
Eisenoxidrot		Siehe Eisenoxidschwarz	
Karminrot = Farblack	Synthetisch, organisch	Wenig lichtecht, Lasurpigment	Nicht in alkalischen Bindemitteln

Farbton/Name	Gruppe	Eigenschaften	Verwendung
Gelb			
Ocker	Natürlich, anorganisch	Lichtecht, alkalibeständig, in wäßrigen Bindemitteln gut deckend	In allen Bindemitteln
Chromgelb	Synthetisch, anorganisch	Lichtecht, giftig, nicht alkalibeständig	Nicht in alkalischen Bindemitteln
Terra di Siena	Natürlich, anorganisch	Lichtecht, alkalibeständig, Lasurpigment	In allen Bindemitteln
Eisenoxidgelb		Wie Eisenoxidschwarz	
Braun			
Kasseler Braun	Natürlich, organisch	Wenig lichtecht, nicht alkalibeständig, Lasurpigment	Nicht in alkalischen Bindemitteln
Umbra	Natürlich, anorganisch	Lichtecht, alkalibeständig, in wäßrigen Bindemitteln gut deckend	In allen Bindemitteln
Grün			
Umbra grünlich	Natürlich, anorganisch	Wie Umbra	
Chromoxidgrün	Synthetisch, anorganisch	Lichtecht, alkalibeständig, hitzebeständig	In allen Bindemitteln
Blau			
Miloriblau (Berliner-Blau)	Synthetisch, anorganisch	Lichtecht, nicht alkalibeständig, bestfärbendes Pigment	Nicht in alkalischen Bindemitteln
Ultramarin-Blau	Synthetisch, anorganisch	Lichtecht, alkalibeständig, in wäßrigen Bindemitteln gut deckend	In allen Bindemitteln, nicht mit allen Pigmenten mischbar
Violett			
Ultramarin-violett	Synthetisch, anorganisch	Wie Ultramarinblau	
Kobaltviolett	Synthetisch, anorganisch	Lichtecht, nicht alkalibeständig	Nur in öligen Bindemitteln und Lacken
Besondere Pigmente			
Graphit	Natürlich, anorganisch	Lichtecht, alkalibeständig, hitzebeständig	Vor allem für Korrosionsschutzgrund- und Deckanstriche, in allen Bindemitteln
Eisenglimmer	Natürlich, anorganisch	Lichtecht, alkalibeständig, hitzebeständig, Reflexion der Lichtstrahlen	Korrosionsschutzdeckanstriche, Tankanlagen für Benzin- und Öllagerung
Zinkstaub	Natürlich, anorganisch	Lichtecht, nicht säurebeständig	Korrosionsschutzgrundanstriche
Aluminiumpulver	Natürlich, anorganisch	Nicht alkalibeständig, sonst wie Eisenglimmer	

Farbton/Name	Gruppe	Eigenschaften	Verwendung
Metalleffektpigmente			
Goldbronze	Natürlich, anorganisch	Legierung aus Kupfer und Zinn, lichtecht, nicht alkalibeständig, Verfärbung durch Oxydation	In Bronzetinktur (neutraler Lack) für Verzierungen innen
Kupferbronze	Natürlich, anorganisch	Reines Kupfer, Braunfärbung durch Oxydation, nicht alkalibeständig	Auch für Unterwasseranstriche, gegen Algenbewuchs, Verzierungen, nicht in alkalischen Bindemitteln
Silberbronze	Natürlich, anorganisch	Kupfer-Zinn-Nickel-Legierung, Dunkelfärbung durch Oxydation, nicht alkalibeständig	Verzierungen innen
Aluminiumbronze	Natürlich, anorganisch	Hitzebeständig, nicht alkalibeständig	Innen und außen, nicht in alkalischen Bindemitteln
Bunte Bronzen bestehen aus Metallpulver, das mit organischen Farbstoffen überfärbt wurde. Die Eigenschaften dieser Bronzen werden deshalb von den organischen Bestandteilen bestimmt. Sie sind meist lichtecht, nur im Innenbereich einsetzbar und nicht alkalibeständig.			
Perlglanzpigmente	Synthetisch, anorganisch	Glanzeffekte durch Mehrfachreflexion des Lichtes	Autolackierung, Schmuck
Leuchtpigmente (Lumineszenzpigmente)			
Nach DIN 55 945 unterscheidet man bei den Leuchtpigmenten Phosphoreszenz-Pigmente und Fluoreszenz-Pigmente. Diese Pigmente leuchten unter der Einwirkung von Licht und UV-Strahlen und haben eine sehr hohe Leuchtkraft und Farbtonreinheit. Verwendung: Sicherheitsbereich (z. B. Rettungsfahrzeug), Werbungsbereich (z. B. Schriften)			
Phosphoreszenzpigmente	Synthetisch, anorganisch	Phosphoreszierende Leuchtstoffe; leuchten nach vorheriger Anstrahlung mit Tages-, Kunst- oder Ultraviolettlicht bis zu 24 Stunden Weiße Voranstriche, dickschichtig auftragen	Schriften, Schalter, in allen Bindemitteln
Fluoreszenzpigmente	Synthetisch, anorganisch oder synthetisch, organisch	Leuchten nur unter der Einwirkung von UV-Strahlen, lichtecht, alle Farbtöne möglich Weiße Voranstriche, dickschichtig auftragen	Theatereffekte, in wäßrigen Bindemitteln und Lacken

Aufgaben *zu „Farbmittel“*

A 1. Unterscheiden Sie zwischen den Fachbegriffen „Farbmittel, Farbstoff, Pigment und Füllstoff“.

A 2. Warum werden Füllstoffe (Extender) den Anstrichstoffen zugesetzt?

A 3. Nennen Sie Füllstoffe (Extender).

A 4. Erklären Sie den Fachbegriff „Farblack“.

A 5. Wie werden Farblacke hergestellt?

A 6. Wie werden Farbmittel eingeteilt?

A 7. Nennen Sie wichtige Pigmenteigenschaften.

A 8. Welche Korngrößen können Pigmente haben?

A 9. Welche Aufgabe erfüllt der Dispergiervorgang?

A 10. Beschreiben Sie die drei wichtigsten Maschinen zur Herstellung von pigmentierten Anstrichstoffen.

A 11. Was versteht man unter „Auflacken“?

A 12. Unterscheiden Sie die verschiedenen Volltonfarben hinsichtlich ihrer Verwendung.

A 13. Für welche Zwecke werden Pigmente verwendet? Nennen Sie Beispiele.

A 14. Welche Eigenschaften hat Titandioxid?

A 15. In welchen Bereichen wird Kreide eingesetzt und verwendet?

A 16. Erklären und beschreiben Sie die Eigenschaften der Bleimennige.

A 17. Warum ist die Bleimennige ein wichtiges Pigment für Rostschutzgrundanstriche?

A 18. Nennen Sie Lasurpigmente.

A 19. Welche wichtigen Eigenschaften besitzen Metalleffektpigmente?

A 20. Wo werden Leuchtpigmente eingesetzt?

A 21. Welche wichtigen Aufgaben erfüllen Füllstoffe (Extender)?

A 22. Welche Pigmente eignen sich besonders für Korrosionsschutz-Grundanstrichstoffe?

A 23. Welche Pigmente eignen sich besonders für Korrosionsschutz-Deckanstrichstoffe?

4 Beschichtungsstoffe und ihre Verarbeitung

Übersicht

Anorganische Bindemittel	**Anstrichfarben**	Kapitel-Nr.
Kalk	Kalkfarben	4.1
Weißzement	Weißzementfarben	4.2
Kaliwasserglas	Silikat- und Dispersions-Silikatfarben	4.3
Organische Bindemittel	**Anstrichfarben/Lacke**	
Leimbindemittel		
Methylcellulose	Leimfarben	4.4
Dispersionsbindemittel		
Kunststoff-Dispersionen	Dispersionsfarben	4.6
	Kunststoff-Putze	4.7
	Dispersionslacke	4.8
	Dispersionslasuren	4.11
Lackbindemittel		
Öle	Ölfarben	4.10
	Öllacke	
Alkydharze	Alkydharzlacke	4.11
	Lacklasuren	4.12
Nitrocellulose	Nitrocelluloselacke	4.13
Chlorkautschuk	Chlorkautschuklacke	4.14
Zyklokautschuk	Zyklokautschuklacke	
Asphalt	Asphaltlacke	4.15
Bitumen	Bitumenlacke	
Naturharze	Spirituslösliche Lacke	4.16
Polymerisatharze	Polymerisatharzlacke	4.17
Silikonharze	Silikonharzlacke	4.18
	Silikonharzimprägnierungen	
Acrylharze	Acrylharzlacke	4.19
Polyacrylatharze	Polyacrylatharzfarben	
Polyurethane	Polyurethanlacke (PUR-Lacke)	4.20
Epoxidharze	Epoxidharzlacke	4.21
Ungesättigte Polyester	Polyesterlacke (UP-Lacke)	4.22

Fast alle Anstrichmittel werden nach ihrer Bindemittelart benannt.

4.1 Kalkfarben

4.1.1 Werkstoffart

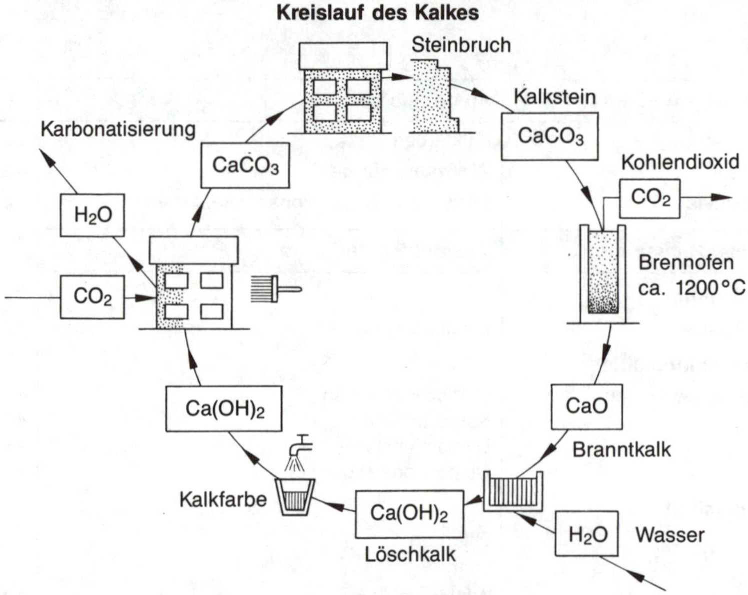

- Kalkfarbenanstriche gehören zu den ältesten Anstrichtechniken für kalkhaltige Innen- und Außenputze.
  Sie finden heute jedoch nur noch wenig Verwendung (z. B. Denkmalschutz).
- Als *Bindemittel* verwendet man *Löschkalk*
- Löschkalk wird aus Kalkstein gewonnen. Das Gestein wird in Steinbrüchen abgebaut, zerkleinert und bei ~1200 °C gebrannt. Dabei entweicht Kohlendioxid-Gas (CO_2). Der entstandene Branntkalk oder Ätzkalk wird mit Wasser gelöscht (Löschkalk). Beim Trocknen nimmt der Löschkalk CO_2 aus der Luft auf und gibt Wasser als Wasserdampf ab. Es entsteht wieder Kalkstein. Diese langsame Aushärtung zum ursprünglichen Kalkstein (Calciumkarbonat) bezeichnet man als *Karbonatisierung.* Den gesamten Ablauf nennt man den *Kreislauf des Kalkes.*

- **Kalk** ist ein mineralisches **Bindemittel** für Putze und als gelöschter Kalk auch Anstrichmittel.
- Die Erhärtung nennt man *Karbonatisierung.*

4.1.2 Materialdaten von Kalkfarben

Eigenschaften	– Löschkalk ist alkalisch (laugenhaft) – Löschkalk wirkt auf Schleimhäute und Haut stark ätzend (Vorsichtsmaßnahmen beachten, Augen schützen) – Löschkalk härtet durch Aufnahme von CO_2 aus (Karbonatisierung) – Kalkfarbenanstriche sind sehr feuchtigkeitsbeständig – Kalkfarben sind völlig wasserdampfdurchlässig – Kalkfarben wirken gegenüber Ungeziefer desinfizierend – Kalkfarbenanstriche werden von Industrieabgasen zerstört

Anwendung	Als Untergründe eignen sich Kalk-, Kalkzementputz (frische Putze sind sehr geeignet), Kalkfarbenanstriche. Auf reinen Gipsputzen sind Kalkfarbenanstriche ungeeignet. Kalkfarbenanstriche sind besonders für Feuchträume, wie z. B. Keller, Ställe, geeignet.
Bindemittelart	1- bis 2jähriger Sumpfkalk, Weißkalkhydrat
Pigmentbasis	**Kalk ist sowohl Bindemittel als auch Weißpigment**. Es können nur noch maximal 10 % kalkbeständige Buntpigmente zugesetzt werden (begrenzte Bindefähigkeit). Dies ergibt nur Pastellfarbtöne. Kräftigere Farbtöne sind nur mit in Bindemittel angeteigten Pigmenten möglich (z. B. Volltonfarben). Dadurch werden die Eigenschaften der Kalkfarbe jedoch entscheidend verändert.
Verdünnung	Wasser
Vorsichtsmaßnahmen	Schutzbrille tragen. Bei Spritzern sofort mit viel klarem Wasser spülen. Bei Augenverletzung sofort Arzt aufsuchen.
Zubereitung	– Sackkalk (Weißkalk) in Wasser einstreuen und über Nacht stehen lassen (einsumpfen), oder noch besser, lange eingesumpften Kalk (Grubenkalk) verwenden – Anschließend allmählich Wasser zusetzen (2 Teile Kalkbrei und 3 Teile Wasser) – Buntpigmente vor Beimischen mindestens 1 Tag in Wasser einsumpfen oder Volltonfarben zusetzen – Kalkfarbe soll zur Verarbeitung sehr flüssig sein – Vor dem Spritzen ist Kalkfarbe zu sieben
Verarbeitung	Durch Streichen oder Spritzen
Verbrauch	~ 200 g/1 m²
Trockenzeiten bei Normalklima	Es sind längere Trockenzeiten anzustreben, um das vollständige Karbonatisieren zu ermöglichen. Schlagregenfest nach 12 Stunden
Reinigung der Werkzeuge	Sofort nach Gebrauch mit Essigwasser, da Werkzeuge sonst unbrauchbar werden
Lagerung	Vor Feuchtigkeit schützen

4.1.3 Verarbeitungshinweise

Vorarbeiten

- Blätternde Kalkfarbenanstriche bzw. Leimfarbenanstriche restlos entfernen
- Untergrund säubern
- Fenster usw. gut abdecken, da Kalkspritzer bleibende Flecken verursachen
- Neuputz mit stark verdünnter Kalkfarbe grundieren

Anstrichausführung

- Trockene Untergründe kurz vor dem Streichen oder Spritzen mit Wasser annässen
- Auftrag von 2 bis 3 Anstrichen „naß-in-naß“ mit kurzer Bürste oder im Spritzverfahren
- Arbeit möglichst an feuchten, trüben Tagen ausführen, nicht bei direkter Sonneneinstrahlung
- Während der Verarbeitung Kalkfarbe öfter gut aufrühren
- Je länger ein Anstrich feucht bleibt, und damit Zeit zum erhärten hat, desto wasch- und wetterfester wird er
- *Merke:* Sehr dünne Anstriche sind unbedingt erforderlich: mehrmals dünnflüssig auftragen

Anstrichmängel (Ursachen)

Fleckenbildung

- Ausführung unter + 5 °C
- Feuchte Putzstellen
- Ungleichmäßig saugender Untergrund
- Nicht kalkechte Pigmente

Wischen (Abkreiden)

- Zu schnelle Trocknung (bei Sonne gestrichen)
- Zuviel Buntpigmente
- Zu stark saugender Untergrund

Abplatzen

- Zu dicker Farbauftrag
- Ungeeigneter Untergrund (z. B. Gipsputz oder Dispersionsfarbenanstrich)

Aufgaben *zu „Kalkfarben"*

A 1. Welche Bedeutung haben heute Kalkfarbenanstriche?
A 2. Erläutern Sie den Begriff „Kreislauf des Kalkes".
A 3. Was versteht man unter dem Begriff „Löschkalk"?
A 4. Zählen Sie vier Eigenschaften von Kalkfarben auf.
A 5. Auf welche Untergründe können Kalkfarben gestrichen werden?
A 6. Warum dürfen Kalkfarben nur max. 10 % Buntpigmente (Pigmentpulver) zugesetzt bekommen?
A 7. Welche Eigenschaft müssen Buntpigmente für Kalkfarben aufweisen?
A 8. Warum kann man durch Verwendung von Volltonfarben auf Dispersionsbasis mehr als 10 % Buntpigmente zusetzen?
A 9. Warum müssen Augen und Haut bei der Verarbeitung vor Kalkspritzern geschützt werden?
A 10. Beschreiben Sie die Zubereitung einer Kalkfarbe.
A 11. Was ist beim Einmischen von Buntpigmenten in Pulverform zu beachten?
A 12. Warum müssen die Werkzeuge sofort nach Gebrauch gereinigt werden?
A 13. Warum müssen Fenster, Türen usw. vor Beginn der Anstricharbeit sorgfältig abgedeckt werden?
A 14. Warum kann vor Beginn des Anstrichs ein Annässen des Untergrundes erforderlich sein?
A 15. Warum eignet sich ein Kalkfarbenanstrich ganz besonders auf frischem, noch nicht erhärtetem Neuputz?
A 16. Welche Viskosität muß eine Kalkfarbe besitzen?
A 17. Wieviele Anstriche werden aufgebracht?
A 18. Welche Wetterverhältnisse sind für die Ausführung von Kalkfarbenanstrichen am günstigsten?
A 19. Aus welchen Gründen können Kalkfarbenanstriche abkreiden?
A 20. Welche Ursachen führen zum Abplatzen von Kalkfarbenanstrichen?

4.2 Weißzementfarbe

4.2.1 Werkstoffart

- Weißzement ist ein Sonderprodukt der Eisenportlandzementherstellung. Die Grauteile des Eisenportlandzementes, z. B. das Eisenoxid, sind nicht enthalten. Außerdem werden Weißpigmente zugesetzt.
- Nach Wasserzugabe härtet der Zement hydraulisch, d. h. der chemische Prozeß kann in der Luft und unter Wasser erfolgen.

– *Verwendung des Weißzementes:*

1. Zementfarbe, weiß und in Pastelltönen
2. Edelputze
3. Fugen- und Spachtelmassen
4. Bindemittel in Beton und Kunststeinen

– *Verwendung des Portlandzementes (grauer Farbton):*

1. Bindemittel in Beton und Gasbeton
2. Bindemittel in Putzen (Mörtelgruppe P II und P III)
3. Bindemittel in Kunststeinen
4. Bindemittel in Asbestzement
5. Spachtelmassen (z. B. Gasbetonbeschichtungen)
6. Zusatz zu Kunstharzklebern und Dünnputzen (Vollwärmeschutz)

Herstellung des Zementes (Weißzement) und seine Erhärtung:

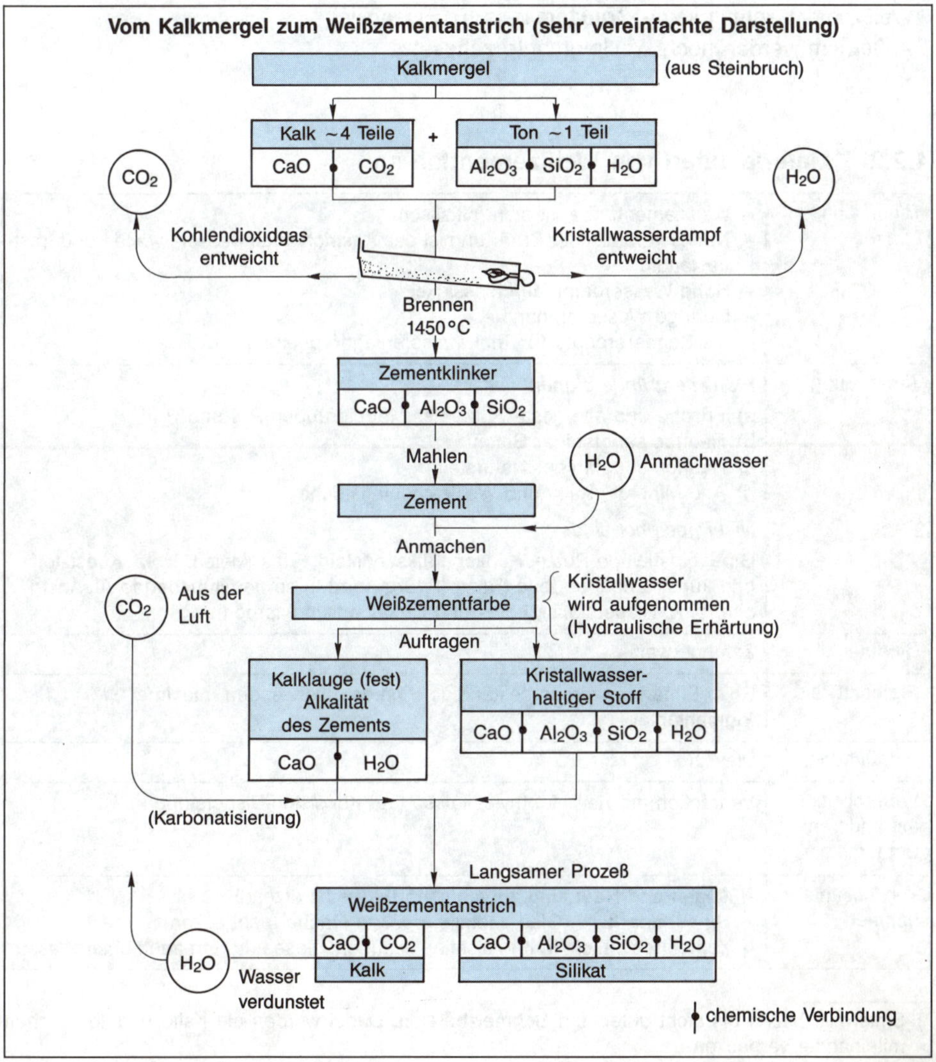

- Kalkmergel (Kalk und Ton) werden im Sinterbereich[1]) (ca. 1450 °C) gebrannt. Dabei entweichen Kohlendioxidgas (CO_2) und Kristallwasser (H_2O). Es entsteht Zementklinker, in dem die Hauptbestandteile, Kalziumoxid (CaO), Tonerde (Al_2O_3) und Kieselsäure (SiO_2), in verschiedenen Phasen chemisch gebunden sind.
- Nach dem Mahlen ist der fertige Zement mit Wasser mischbar und somit verarbeitungsfähig (Weißzementfarbe).
- Bei der Erhärtung wird Kohlendioxid aus der Luft aufgenommen (*Karbonatisierung*), es bildet sich Kalk. Dieser Anteil ergibt die hohe Alkalität des Zements. Außerdem bilden sich mit Wasser Zementkristalle. Dieser langsame Prozeß wird als **hydraulische Härtung** bezeichnet.

Zemente sind im Sinterbereich gebrannte, mineralische, feinzermahlene Stoffe, die nach Wasserzugabe hydraulisch erhärten.
Weißzement ist ein mineralisches **Bindemittel.**
Weißzement enthält keine Grauanteile (z. B. Eisenoxid).
Außerdem werden noch Weißpigmente zugesetzt.

4.2.2 Materialdaten von Weißzementfarben

Eigenschaften	– Weißzementfarbe ist stark alkalisch – Nach hydraulischer Erhärtung ist das Anstrichmittel wasser-, wetter- und frostbeständig – Hohe Wasserdampfdurchlässigkeit – Geringe Wasseraufnahme – Als Sonderprodukt für Trinkwasseranlagen geeignet
Anwendung	*Als Untergründe eignen sich:* a) Frische und alte, feste Putze der Mörtelgruppen P II und P III b) Rauher, saugfähiger Beton c) Rauher, saugfähiger Naturstein d) Alte Mineral-, Kalk- und Weißzementanstriche *Nicht geeignet sind:* Gips, gipshaltige Putze, Klinker, Kalksandstein, Glas, Metall, Holz, Kunststoff und kunststoffgebundene Putze (P Org I und II) sowie filmbildende Alt-Anstriche (z. B. Dispersions-, Lack- und Chlorkautschukfarben)
Bindemittel	Zement, weiß
Pigmentbasis	Beim Einfärben zementbeständige Pigmente verwenden, maximal 5 % Pigmentanteil
Verdünnung	Wasser
Verträglichkeit mit anderen Bindemitteln	Verträglich mit Kalk, Methylcellulose und Kunststoff-Dispersionen
Vorsichtsmaßnahmen	– Augen und Haut sind zu schützen (Farbe ist ätzend) – Umgebung (z. B. Glas, Metalle, polierte Flächen) abdecken – Zementreste nicht in Kanalisation schütten, diese erhärten auch unter Wasser

[1]) Sintern: Erhitzen bis dicht unter den Schmelzbereich. Dabei werden die Kalk- und Tonteilchen miteinander verbacken.

Zubereitung	Weißzementfarbe mit Wasser nach Herstellerangaben zu einer dicken Paste verrühren (z. B. 2 RT Zementfarbe und 1 RT Wasser) Danach Wasser bis zur Streichfähigkeit zugeben
Verarbeitung	Mit Bürste, Quast oder Spritzgerät (mindestens 4-mm-Düse) Nicht bei starker Sonneneinstrahlung und unter 5 °C verarbeiten
Topfzeit	3 Stunden
Trockenzeiten	Nach 24 Stunden überstreichbar
Verbrauch	1 kg Weißzement reicht bei dreimaligem Anstrich für 1,3 bis 2,0 m² Fläche
Reinigung der Werkzeuge	Nach Gebrauch sofort mit klarem Wasser reinigen

4.2.3 Verarbeitungshinweise

Untergrundprüfung

Alle Untergründe müssen fest, tragfähig, rißfrei, staubfrei, frei von Trennmitteln, Ölen, Pilz- und Moosbefall und filmbildenden Anstrichen sein.

Untergrundvorbehandlung

- Schlecht haftende und filmbildende Schichten mechanisch entfernen
- Größere Risse mit Zementspachtelmasse verspachteln
- Trennmittel und Öle mit Spezialwäschen entfernen (siehe Kapitel Beton)
- Fluatierte Flächen mit klarem Wasser nachspülen
- Trockene Untergründe, besonders bei hoher Temperatur, vornässen, und den Grundanstrich erst aufbringen, wenn das Wasser an der Oberfläche abgezogen ist.

Anstrichausführung

- Grundanstrich in dünnflüssiger Konsistenz streichen
- Voranstrich
- Schlußanstrich

Die Trockenzeiten zwischen den Anstrichen sind einzuhalten. Während der Verarbeitung Zementfarbe öfter gut aufrühren

Aufgaben *zu „Weißzementfarbe"*

A 1. Wodurch entsteht der weiße Farbton bei einer Weißzementfarbe?

A 2. Nennen Sie drei Verwendungsmöglichkeiten von Weißzement.

A 3. Welcher Vorgang läuft bei der Zementherstellung im Drehofen ab?

A 4. Erklären Sie die hydraulische Härtung.

A 5. Wie verhalten sich die Wasserdampfdurchlässigkeit und die Wasseraufnahme bei einem Weißzementanstrich?

A 6. Auf welchen Untergründen darf Weißzementfarbe nicht gestrichen werden?

A 7. Warum dürfen Sie Zementreste nicht in die Kanalisation schütten, obwohl Sie mit viel Wasser nachspülen würden?

A 8. Wieviel Anstriche sind bei einer Weißzementbeschichtung aufzutragen, und welche Trockenzeit ist einzuhalten?

4.3 Silikat- und Dispersions-Silikatfarben

4.3.1 Werkstoffart

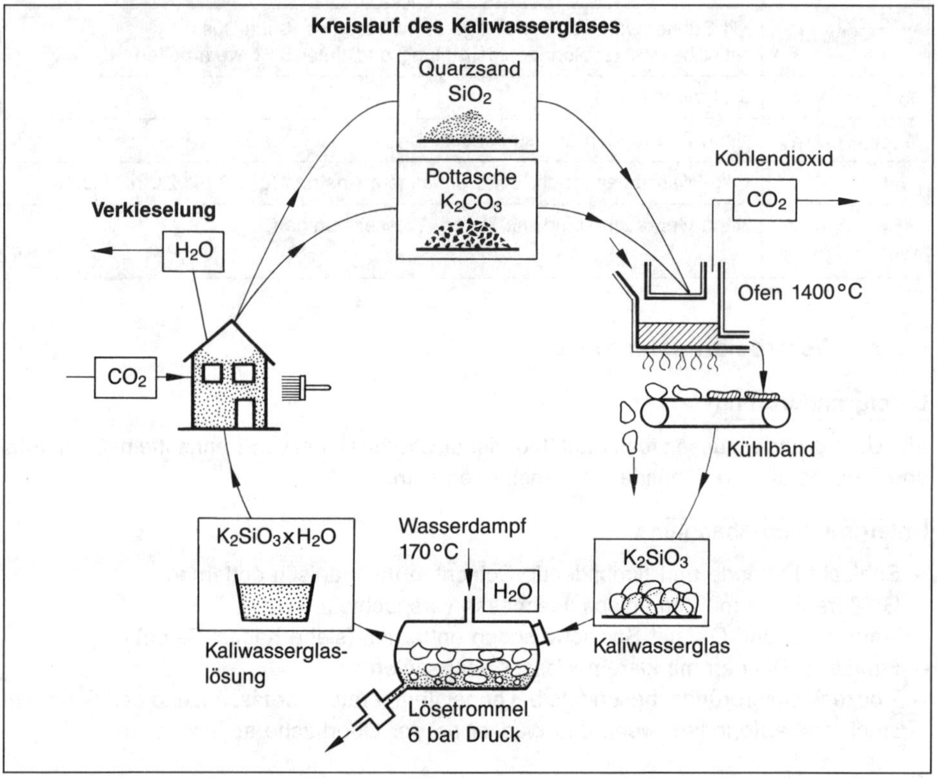

- Seit rund 80 Jahren kennt man Silikatfarbenanstriche. (Erfinder dieser Technik ist W. Keim)
- Das **Bindemittel** der Silikatfarben ist **Kaliwasserglas**.
- Kaliwasserglas wird aus Quarzsand und Pottasche gewonnen. Dabei wird der unlösliche Quarz in eine wasserlösliche Verbindung umgewandelt. Nach dem Erhärten entsteht wieder eine unlösliche Quarzschicht.
- Quarzsand (SiO_2) und Pottasche (K_2CO_3) werden in Wannenöfen bei ~ 1400 °C zu einem neuen Stoff zusammengeschmolzen. Es entsteht ein durchsichtiges wasserlösliches Glas, das Kaliwasserglas (fest).

Dieses Glas wird anschließend in Lösetrommeln mit Wasserdampf aufgelöst (Temperatur: + 170 °C, Druck: 6 bar). Es entsteht eine farblose, zähe und durchsichtige Bindemittellösung (Kaliwasserglas – flüssig.) Diese Bindemittellösung verwendet man zur Herstellung von Silikatfarbe und Dispersions-Silikatfarbe.

Silikatfarbe (Reinsilikatfarbe oder Zweikomponenten-Silikatfarbe)

Dieses Anstrichmittel wird nicht streichfähig geliefert. Hier werden die beiden Komponenten, das Bindemittel und die Pigmente, erst kurz vor der Verarbeitung vom Maler zusammengemischt. Ein vorzeitiges Zusammenmischen würde das Absetzen des Pigments mit teilweiser Erhärtung zur Folge haben.

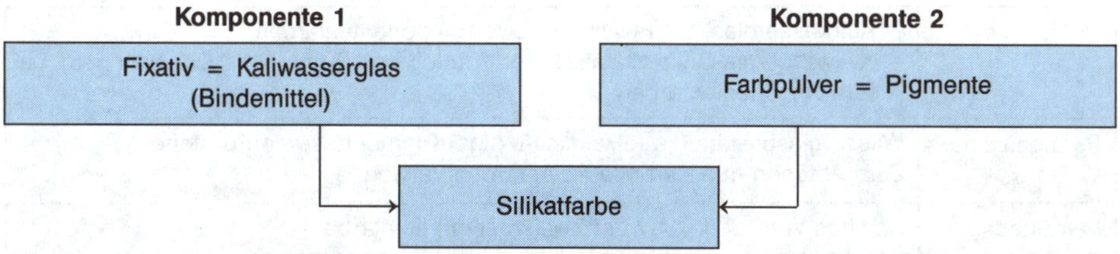

Dispersions-Silikatfarbe (Einkomponenten-Silikatfarbe)

Um die Mischung von Pigmenten und Bindemittellösung stabil zu halten, setzt der Hersteller Kunststoff-Dispersionen zu. Nach VOB DIN 18 363 Abs. 2.4.6 darf dieser Anteil maximal 5 % betragen. Der Dispersionszusatz ändert jedoch etwas die Eigenschaften gegenüber den reinen, anorganischen Silikatfarben.

Kaliwasserglas erhärtet auf chemischem Wege:

Die Anstrichschicht verkieselt zu einer Quarzschicht. Außerdem reagiert der Anstrichstoff mit dem Untergrund. Es bildet sich ein wasserunlöslicher Stoff.
Die an der Oberfläche bei der Erhärtung ausgeschiedene Pottasche (K_2CO_3) sorgt für eine hohe Alkalität. Dadurch wirkt der Anstrich antiseptisch (keimtötend), fäulnishemmend, bewuchsfeindlich.

Kaliwasserglas ist ein mineralisches **Bindemittel** zur Herstellung von Silikatfarben.

Man unterscheidet 2 Arten von Silikatfarben:

1. **Silikatfarben**
   Bindemittel (Kaliwasserglas) und Pigmente werden kurz vor der Verarbeitung zusammengemischt.
2. **Dispersions-Silikatfarben**
   Sie enthalten zur Stabilisierung zusätzlich einen Anteil von Kunststoffdispersionen und werden als fertiges Anstrichmittel geliefert.

4.3.2 Materialdaten von Silikat- und Dispersionssilikatfarben

Eigenschaften	– Kaliwasserglas ist alkalisch, pH-Wert = 13–14 – Kaliwasserglas ist ätzend (Vorsichtsmaßnahmen beachten) – Silikatfarben sind hoch wetterbeständig, über 90 % wasserdampfdurchlässig und widerstandsfähig gegen Rauchgase – Feuerhemmend – Stumpfmatt – Klare Farbtöne – Desinfizierend
Anwendung	*Als Untergründe eignen sich:* a) Kalk-, Kalkzement- und Zementputze (P I, P II, P III) b) Beton c) Asbestzement d) Glas e) Zink und verzinktes Stahlblech f) Ungehobeltes Holz, Papier, Pappe (nicht wetterbeständig) g) Alte Silikatfarbenanstriche Auf alten Dispersionsfarbenanstrichen ist keine Haftung vorhanden

Bindemittel	– Kaliwasserglas, als Fixativ bei Zweikomponentenfarben – Kaliwasserglas mit Stabilisatoren (Anteil von Kunststoff- Dispersionen) bei Einkomponentenfarben
Pigmentbasis	Wasserglasbeständige (alkalibeständige) Pigmente sowie Füllstoffe Zum Abtönen nur spezielle Abtönfarben verwenden
Verdünnung	weiches Wasser, Fixativ bei Zweikomponentenfarbe
Vorsichtsmaßnahmen	– Ätzend – Augen und Haut schützen, Farbspritzer sofort mit viel klarem Wasser abspülen – Umgebung der Anstrichflächen abdecken (z. B. Glas, Keramik, Klinker, Natursteine, Metalle) – Farbspritzer nicht auftrocknen lassen, sondern mit viel Wasser abwaschen
Zubereitung	*Zweikomponenten-Silikatfarben wie folgt ansetzen:* Das spezielle Silikat-Farbpulver direkt in das Fixativ einrühren: *2 Teile Pigment : 3 Teile Fixativ* (Herstellervorschrift beachten)
Verarbeitung	Durch Streichen, Walzen, Spritzen
Verbrauch	100–150 g/m² Grundierkonzentrat (Kaliwasserglaslösung) ~ 350–400 ml/m² Silikatfarbe (für 2 Anstriche)
Trockenzeiten	Zwischen den einzelnen Anstrichen mindestens 12 Stunden Wartezeit Bei Rein-Silikatfarben bis zu 24 Stunden Wartezeit
Reinigung der Werkzeuge	Sofort nach dem Gebrauch mit Wasser evtl. unter Zusatz von gewöhnlichem Geschirrspülmittel

4.3.3 Verarbeitungshinweise

Vorarbeiten

Kalk-, Kalkzement- und Zementputze

- Neue Putze müssen lufttrocken sein
- Alten Putz trocken reinigen und entstauben
- Risse keilförmig aufweiten und mit Silikatfarbe unter Zusatz von Quarzsand verspachteln
- Bei feinen Haarrissen ist die Putzfläche mit einer Silikat-Füllfarbe (mit Quarzsand) zu grundieren
- Bei stark saugenden Putzen mit Grundierkonzentrat (unpigmentierte Silikatfarbe) grundieren: Je nach Saugfähigkeit 1 Teil Grundierkonzentrat zu 1 bis 3 Teilen Wasser

Beton, Asbestzement

- Trocken reinigen und entstauben
- Schalölreste am besten durch Hochdruckreinigung entfernen

Alte Silikat- und Kalkfarbenanstriche, ungestrichenes Kalksandsteinmauerwerk

- Gründlich abbürsten und entstauben
- Grundieren mit Grundierkonzentrat (je nach Saugfähigkeit 1:1 bis 1:3 mit Wasser verdünnt)
- Möglichst 2 x „naß-in-naß“ streichen
- Kalkfarbenanstriche sind vor dem Grundieren mit Wasser vorzunässen

Nachgeputzte Stellen

Um ein gleichmäßiges Auftrocknen zu gewährleisten, empfiehlt es sich, ganzflächig zu fluatieren und gründlich mit Wasser nachzuwaschen.

Anstrichausführung

Grundanstrich

Dispersions-Silikatfarbe mit Grundierkonzentrat im Verhältnis 1:1 mischen. Die Mischung mit Wasser, je nach Saugfähigkeit des Untergrundes bis maximal 30 % des Volumens verdünnen.
Zweikomponenten-Silikatfarbe darf nicht mit Wasser, sondern nur mit Fixativ verdünnt werden.

Schlußanstrich

- Silikatfarben bis ca. 10 % mit Wasser oder Fixativ verdünnen
- Bei Voll- und Intensiv-Farbtönen Silikatfarben nicht zu dick halten und 3 Anstriche vorsehen
- Schlußanstrich evtl. stärker verdünnen, um gleichmäßigere Farbverteilung zu erreichen
- Beim Abtönen beachten, daß Buntfarben heller auftrocknen
- Beim Streichen „naß-in-naß“ arbeiten, sonst entstehen Ansätze. Nicht bei Sonne oder Regen arbeiten
- Während der Verarbeitung Silikatfarben immer wieder sehr gut aufrühren

Anstrichmängel (Ursachen)

Fleckenbildung

- Nicht „naß-in-naß“ gearbeitet
- Ungleichmäßig saugender Untergrund
- Nicht wasserglasechte Pigmente

Glanzschichten

- Farbpulver zu stark abgebunden, bei Zweikomponenten-Silikatfarben

Abkreiden

- Zu schnelles Trocknen
- Farbpulver zu schwach abgebunden

Abplatzen

- Zu dicker Farbauftrag
- Ungeeigneter Untergrund (z. B. Gipsputz, Dispersionsfarben)

Aufgaben *zu „Silikat- und Dispersions-Silikatfarben“*

A 1. Welches Bindemittel verwendet man für Silikatfarben?

A 2. Aus welchen Ausgangsstoffen wird es hergestellt?

A 3. Welche Eigenschaften hat das Schmelzprodukt aus Quarzsand und Pottasche?

A 4. Welche Eigenschaften hat das gelöste Kaliwasserglas?

A 5. Erklären Sie den Unterschied zwischen Silikatfarben und Dispersionsfarben.

A 6. Welche DIN-Vorschriften sind bei der Menge des Dispersionszusatzes in Kaliwasserglas zu beachten?

A 7. Auf welche Weise erhärtet ein Silikatfarbenanstrich?

A 8. Zählen Sie Eigenschaften von Silikatfarben auf.

A 9. Auf welchen Untergründen kann man Silikatfarben einsetzen?

A 10. Welche Eigenschaften müssen die für Silikatfarben verwendeten Pigmente haben?

A 11. Warum muß man z. B. Glas- und Klinkerflächen vor einem Anstrich sorgfältig abdecken?

A 12. Welche Maßnahmen sind zu treffen, wenn Farbspritzer ins Auge gelangen?

A 13. Wie setzt man Zweikomponenten-Silikatfarbe an?

A 14. Welche Zeit soll zwischen den einzelnen Anstrichen liegen?

A 15. Worauf ist beim Reinigen der Werkzeuge zu achten?

A 16. Welche Vorarbeiten sind bei einem frischen Kalkzementputz auszuführen?

A 17. Wie müssen stark saugende Putze vorbehandelt werden?

A 18. Wie setzt man eine Silikatfarbe für den Grundanstrich an?

A 19. Worauf ist bei der Ausführung des Schlußanstriches zu achten?

A 20. Warum können Flächen, die mit Silikatfarbe gestrichen wurden, Flecken aufweisen?

4.4 Leimfarben

4.4.1 Werkstoffart

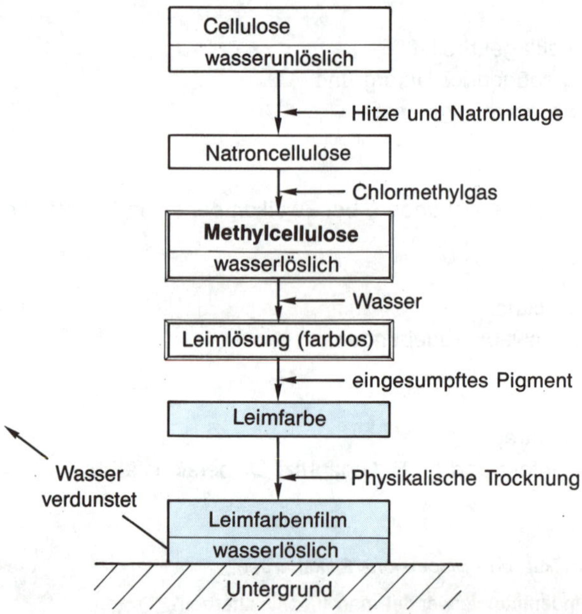

- Leimfarben haben heute nur noch geringe Bedeutung. Sie ergeben billige, abwaschbare Innenanstriche.
- Das Bindemittel für Leimfarben ist Methylcellulose. Rohstoff ist der Fichtenholz-Zellstoff (niedrigviskos).

- Das Bindemittel für Tapetenkleister ist ebenfalls Methylcellulose. Rohstoff ist der Buchenholz-Zellstoff (hochviskos).
- Die wasserlösliche Methylcellulose wird aus der wasserunlöslichen Cellulose (Zellstoff-Holzzwischenprodukt) gewonnen.
- Zellstoff wird unter Hitze mit Natronlauge zu Natroncellulose umgewandelt. Diese Natroncellulose wird mit Chlormethylgas behandelt. Dadurch entsteht die alkalibeständige „Methylcellulose".
- Die Methylcellulose ist als grießartiges rieselfähiges Pulver im Handel. Es löst sich beim Einstreuen in Wasser auf.
- Leimfarben trocknen physikalisch, d. h. sobald das Wasser aus der Leimlösung verdunstet ist, bleibt ein wischfester und wasserlöslicher Anstrichfilm zurück.

Methylcellulose ist das Bindemittel für Leimfarben.
Leimfarben trocknen physikalisch durch Verdunsten des Wassers.

4.4.2 Materialdaten von Leimfarben

Eigenschaften	Empfindlich gegen Feuchtigkeit, wasserlöslich, kalkbeständig, wischbeständig, stumpfmatt
Anwendung	Innenanstriche auf Gips-, Kalk- und Kalkzementputz
Bindemittelart	Methylcellulose
Pigmentbasis	Vor allem Kreide, zum Abtönen Volltonfarben
Verdünnung	Wasser
Vorsichtsmaßnahmen	Keine
Zubereitung	**Ansetzen der Kreide (Einsumpfen)** – Kreide wird in Wasser eingestreut – Möglichst ca. 10 Stunden stehen lassen – Überstehendes Wasser abschütten **Ansetzen der Leimlösung** – Leimpulver wird in kaltes Wasser eingerührt – Nach ca. 20 Minuten ist es aufgequollen – Nach kräftigem Durchschlagen ist die Leimlösung verarbeitungsfertig *Die Ansatzverhältnisse betragen:* – *für Grundierungen* 1:50 *(nach Herstellerangaben)* – *für wischfeste Anstriche* 1:25 *(nach Herstellerangaben)* **Ansetzen der Leimfarbe** – Leimlösung wird in die Kreidepaste eingerührt
Verarbeitung	Durch Streichen
Verbrauch	~ 300 g/m² Leimfarbe
Trockenzeiten	In ca. 2–4 Stunden griffest
Reinigung der Werkzeuge	Mit kaltem oder warmem Wasser
Lagerung	Pulver trocken aufbewahren Leimfarbe nicht lange lagerungsfähig (sie fault)

4.4.3 Verarbeitungshinweise

Vorarbeiten

- Abblätternde Anstriche entfernen
- Alte Leimfarbenanstriche abwaschen (in keinem Fall überarbeiten) und gut trocknen lassen
- Alte festhaftende Lackfarbenanstriche mit Schleifpapier oder Salmiakwasser aufrauhen, nachwaschen und trocknen lassen
- Rostempfindliche Metallteile sind zu säubern und durch zweimaligen Anstrich mit Rostschutzgrundierung zu schützen

Anstrichausführung

Grundanstrich

Mit gering pigmentierter und mit Wasser verdünnter Leimfarbe ausführen

Schlußanstrich

Angesetzte Leimfarbe mit Leimlösung je nach Saugfähigkeit des Untergrundes verdünnen.
Der Auftrag erfolgt mit der Streichbürste (lange Borsten).

Damit keine Ansätze sichtbar werden, wird der Grundanstrich quer zum Lichteinfall, der Schlußanstrich vom Licht weg ausgeführt.

Anstrichmängel (Ursachen)

Fleckenbildung

Wasserflecken oder Nikotinflecken (= teerhaltige Verfärbungen) waren ungenügend abgesperrt. Sie schlagen durch den Anstrich durch.

Abkreiden

Zu wenig abgeleimte Farbe, Feuchtigkeitseinwirkung

Abblättern

Zu dicke Schicht, nicht tragfähiger Untergrund

Aufgaben *zu „Leimfarben"*

A 1. Welches Bindemittel verwendet man für Leimfarben?

A 2. Von welchem Ausgangsstoff wird Farbenleim hergestellt?

A 3. Auf welche Weise wird Cellulose wasserlöslich gemacht?

A 4. Wie trocknen Leimfarben?

A 5. Zählen Sie Eigenschaften von Leimfarben auf.

A 6. Wo werden Leimfarben eingesetzt?

A 7. Erklären Sie den Begriff Einsumpfen der Kreide.

A 8. Wie wird eine Leimfarbe für einen Voranstrich angesetzt?

A 9. Wie wird eine Leimfarbe für einen wischbeständigen Anstrich angesetzt?

A 10. Beschreiben Sie das Ansetzen einer Leimfarbe für einen Wandanstrich.

A 11. Wie soll Leimpulver gelagert werden?

A 12. Warum kann eine Leimfarbe nicht längere Zeit gelagert werden?

A 13. Weshalb müssen alte Leimfarbenanstriche immer abgewaschen werden?

A 14. Wie sind Altlackierungen vor dem Überstreichen vorzubehandeln?

A 15. Wie soll ein Leimfarbengrundanstrich ausgeführt werden?

A 16. Wie soll ein Leimfarbenschlußanstrich ausgeführt werden?

A 17. Wie verhindert man Ansätze?

A 18. Welche Ursachen kann eine Fleckenbildung in einem Anstrich haben?

A 19. Aus welchen Gründen können Leimfarbenanstriche abblättern?

A 20. Aus welchen Gründen könnten Leimfarben in Zukunft wieder mehr Bedeutung erlangen?

4.5 Kunststoff-Dispersionen

4.5.1 Der Begriff Dispersion

Dispersionen sind Gemische, bei denen feste, flüssige oder gasförmige Stoffe in anderen festen, flüssigen oder gasförmigen Stoffen außerordentlich fein verteilt sind. Diese feinen Verteilungen sind so stabil, daß sie sich kaum mehr entmischen.

Dispersionen, bei denen 2 Flüssigkeiten ineinander fein verteilt sind, nennt man **Emulsionen.** Eine feine Verteilung von festen in flüssigen Stoffen bezeichnet man als *Suspension*.

Beispiel: Kunststoff-Dispersion

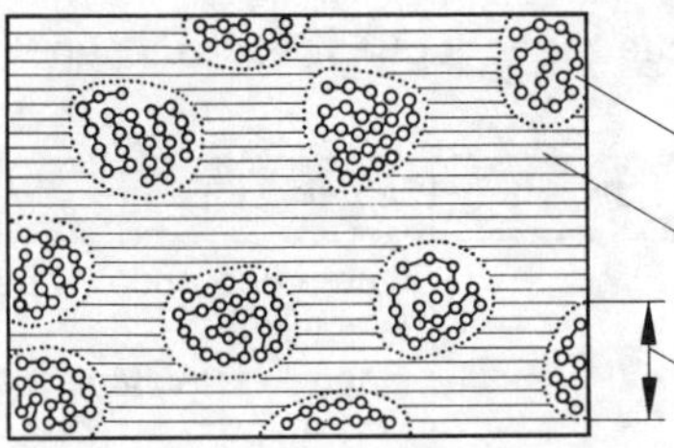

Kunststoff-Dispersionen – früher und heute

In den 20er und 30er Jahren stellte man eine Dispersion her, die man Binder nannte. Hier wurden z. B. Öllacke (flüssig) in Kaseinlösung (flüssig) fein verteilt (emulgiert). Aus dieser Emulsion entstanden durch Zumischen von wäßrigen Pigmentpasten die Binderfarben. Diese Anstrichstoffe sind heute nicht mehr im Einsatz.

Heute werden Kunststoff-Dispersionen hergestellt, in denen Kunststoffteilchen in Wasser fein verteilt sind. Diese Kunststoff-Dispersionen ersetzen den Binder aus früherer Zeit.

4.5.2 Herstellung von Kunststoff-Dispersionen

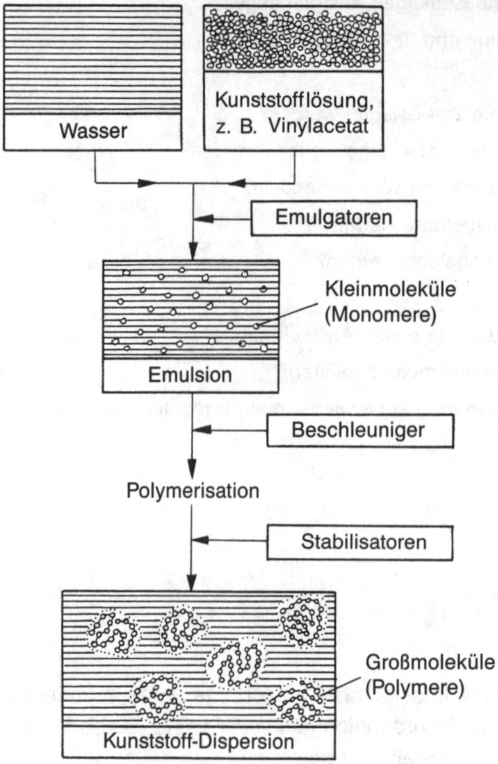

- Eine Kunststofflösung (z. B. Vinylacetat), bestehend aus Kleinmolekülen (Monomeren), wird mit Wasser unter Zusatz von Emulgatoren vermischt.
- Diese Emulgatoren erhalten die gleichmäßige Verteilung der Monomere in einer Flüssigkeit.
- Es entsteht eine Emulsion.
- Nach dem Zugeben von Beschleunigern (Katalysatoren) bilden sich Polymere (Großmoleküle). Dieser Vorgang wird als Emulsions-Polymerisation bezeichnet.
- Stabilisatoren erhalten die Dispersion, verhindern ein Absetzen und Entmischen.
- Die Kunststoff-Dispersion ist eine **milchig-trübe** Flüssigkeit.

4.5.3 Arten von Kunststoff-Dispersionen

Zur Herstellung stehen verschiedene Kunststoffe zur Verfügung. Nach diesen Kunststoffen sind die Dispersionen benannt:

Art	Abkürzung	Verwendung
Polyvinylacetat-Dispersionen	**PVAC**	Innen- und Außenfarben, Spachtelmassen
Polyvinylpropionat-Dispersionen	**PVP**	Innen- und Außenfarben
Polystyrol-Dispersionen	**PS**	Innenfarben
Polyacrylat-Dispersionen	**PA**	Innen- und Außenfarben
Styrol-Butadien-Dispersionen oder Kunststoff-Latex (Mischpolymerisate aus 2 verschiedenen Stoffen)	–	Innen- und Außenfarben

Daneben gibt es zahlreiche Mischungen von Kunststoff-Dispersionen, die man Mischpolymerisate nennt.

Alle diese Kunststoffdispersionen sind Bindemittel für

- **Dispersionsfarben**
- **Dispersionslacke**
- **wasserverdünnbare Holzschutzlasuren**

4.5.4 Herstellung von Dispersionsfarben

Pigmente und Füllstoffe, Dispersions-Bindemittel und Zusatzmittel werden mit Hilfe von schnellaufenden Scheibenrührwerken (Dissolvern) innig vermischt (dispergiert). Während des Dispergierens umhüllt das Bindemittel die Pigment- und Füllstoffteilchen. Durch dieses Benetzen wird aus dem Pulver die Luft verdrängt.

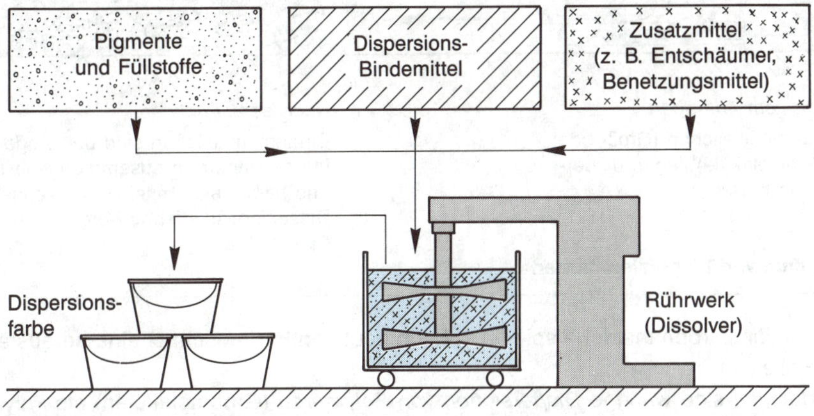

Aufgaben *zu „Kunststoff-Dispersionen"*

A 1. Erklären Sie den Begriff Dispersion.

A 2. Welche Kunststoff-Dispersionen verwendet man für Dispersionsfarben?

A 3. Wie wird eine Kunststoff-Dispersion hergestellt?

A 4. Was bedeuten diese Abkürzungen: **a)** PVAC, **b)** PVP, **c)** PS, **d)** PA?

A 5. Welche Polymerisate sind in Kunststoff-Latex enthalten?

A 6. Wozu benötigt man für die Dispersionsfarbenherstellung Dissolver?

A 7. Wie arbeitet ein Dissolver?

A 8. Erklären Sie den Unterschied zwischen einer Kunststoff-Dispersion und einer Dispersionsfarbe.

A 9. Welche Aufgaben haben Zusatzmittel bei der Dispersionsfarbenherstellung?

4.6 Dispersionsfarben

4.6.1 Werkstoffart

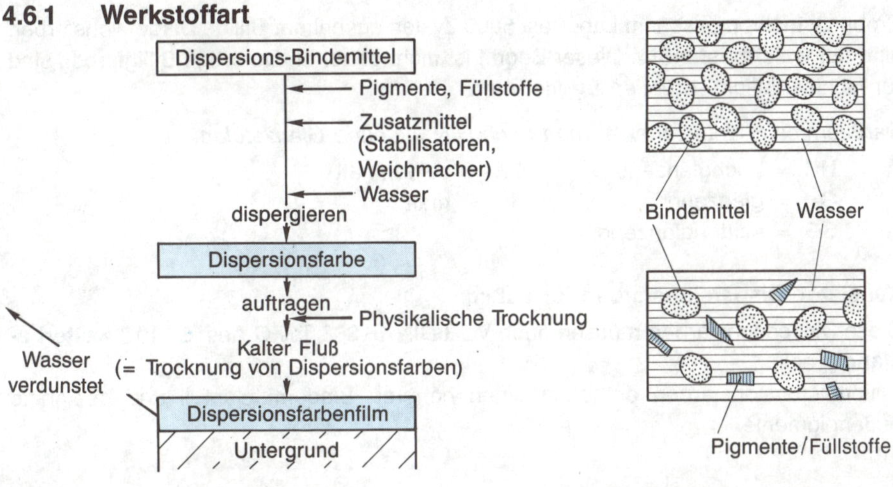

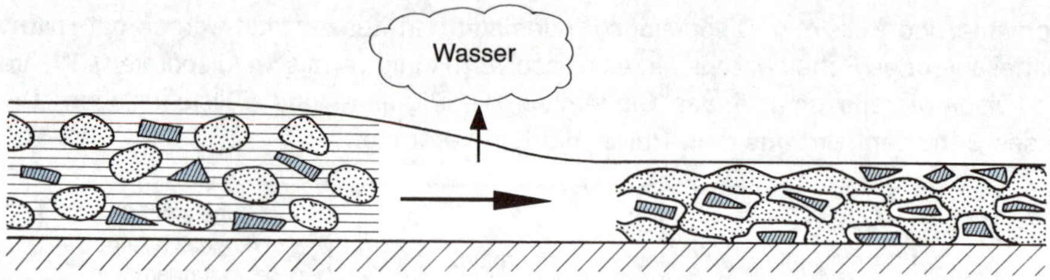

Nach dem Auftragen:
Bindemittelteilchen (Groß- oder Makromoleküle) liegen dispergiert in Wasser vor.

Nach dem Trocknen:
Bindemittelteilchen sind bei Umgebungstemperatur zusammengeflossen und haben sich miteinander verklebt. Dieser **physikalische** Vorgang heißt **Kalter Fluß**

Trocknung von Dispersionsfarben

- Dispersionsfarbenanstriche spielen z. B. im heutigen Bautenschutz eine herausragende Rolle.
- *Bindemittel* sind wäßrige *Dispersionen von Polymeren* (Großmolekülen) als Polymerisate oder Mischpolymerisate.
- Sie werden durch Emulsions-Polymerisation aus in Wasser emulgierten Kunststofflösungen hergestellt.

Man unterscheidet auf Grund von Einsatz und Beanspruchung folgende Typen von Dispersionsfarben.

1. **Kunststoff-Dispersionsfarben für innen** (DIN 53 778)

   Waschbeständig W (Kurzzeichen)

   Probeanstriche müssen im Labortest mindestens 1000 Scheuerzyklen aushalten, d. h. ein Anstrichfilm darf nach 1000 Hin- und Herbewegungen (Scheuerzyklen) einer Bürste in einem Scheuerprüfgerät den Untergrund nicht durchscheinen lassen.

   Scheuerbeständig S

   Probeanstriche müssen im Labortest 5000 Zyklen aushalten. Billige Dispersionsfarben sind nur **wischbeständig**. Dieser Begriff ist nicht genormt. Derartige Billigfarben sind für fachmännische Arbeiten **ungeeignet.**

   Darüberhinaus unterscheidet man nach DIN folgende Glanzstufen:

   HG = hochglänzend
   G = glänzend
   SG = seidenglänzend
   SM = seidenmatt
   M = matt

2. **Kunststoff-Dispersionsfarben für außen**

   Diese Dispersionsfarben müssen nach VOB DIN 18 363 Teil C Abs. 3.1.10.3 **wetterbeständig** sein.
   Außendispersionsfarben enthalten einen höheren Bindemittelanteil und geeignete Außenpigmente.

4.6.2 Materialdaten von Dispersionsfarben

Eigenschaften	Wasch-, scheuer-, wetterbeständig (je nach Typ), hoch verseifungsbeständig, wasserdampfdurchlässig, regendicht, schnelltrocknend, nicht gesundheitsgefährdend, nicht feuergefährlich, beständig gegen aggressive Abgase und Desinfektionsmittel
Anwendung	Mineralische Untergründe aller Art, Holz-, Preß-, Span- und Gipskartonplatten, Pappe, Papier
Bindemittelart	Kunststoff-Dispersionen
Pigmentbasis	Vor allem Titandioxid – Rutil – (Weißpigment für außen) und Titandioxid – Anatas – (Weißpigmente für innen), außerdem Füllstoffe. Zum Abtönen stehen in Dispersionsbindemitteln angeteigte Buntpigmente als Volltonfarben zur Verfügung.
Verdünnung	Wasser
Vorsichtsmaßnahmen	Angetrocknete Farbspritzer lassen sich nur mit Spiritus oder Nitroverdünnung entfernen. *Achtung:* Diese Lösemittel können synthetische Materialien (z. B. Bodenbeläge, Vorhänge usw.) zerstören.
Verarbeitung	Durch Streichen, Spritzen (Hochdruck-, Niederdruck- und Airlesspritzen)
Untere Temperaturgrenze bei Anwendung	ca. + 5 °C (Untergrund, Außenluft)
Verbrauch	Glatter Putz: ~ 170 ml/m² Putz mittlere Korngröße: ~ 250 ml/m² Rauher Putz: ~ 300 ml/m²
Trockenzeiten	Bei trockener, warmer Luft am gleichen Tag überstreichbar. Bei kühler, feuchter Luft entsprechend längere Durchtrocknungszeiten einhalten.
Reinigung der Werkzeuge	Sofort nach Gebrauch mit Wasser
Lagerung	Kühl, jedoch frostfrei. Angebrochene Gebinde gut verschlossen halten. Lagerstabilität ca. 12 Monate

4.6.3 Verarbeitungshinweise

Vorarbeiten

Ungestrichener Putz

Sandenden und stark saugenden Altputz im Streichverfahren mit Grundanstrichstoff (1:4 wasserverdünnt) satt tränkend grundieren. In kritischen Fällen lösungsmittelhaltigen Grundanstrichstoff verwenden. Sonst Dispersionsfarbe 2:1 wasserverdünnt vorstreichen. Löcher und Risse mit Spachtelputz verschließen. Unebene Flächen mit Streichputz ausgleichen (egalisieren).

Zementputz, Beton, Asbestzement

– Mit lösungsmittelhaltigem Grundanstrichstoff grundieren. Bei Beton vorhandene Schalölreste entfernen. Nach dem Trocknen mit Dispersionsfarbe (2:1 wasserverdünnt) grundieren.

Gasbeton, Kalksandstein

- Bei einfacher Ausführung mit Grundanstrichstoff (1:4 wasserverdünnt) bis zur völligen Absättigung grundieren oder mit lösungsmittelhaltigem Grundanstrichstoff behandeln.
- Bei verbesserter Ausführung zusätzlich mit Streichputz egalisieren oder mit Spachtelputz glätten.

Gipskartonplatten

Mit Grundanstrichstoff (lösemittelverdünnt) grundieren.

Holz-, Preß- oder Spanplatten, Pappe, Papier

Mit Dispersionsfarbe (2:1 wasserverdünnt) grundieren

Feste Altanstriche

- Dispersionsfarben säubern (z. B. Dampfstrahlen)
- Leimfarbenanstriche gründlich abwaschen und mit Grundhärter (1:4 wasserverdünnt) grundieren
- Kalk- und Silikatfarbenanstriche mit Drahtbürste u. a. intensiv aufreißen und mit lösungsmittelhaltigem Tiefgrund verfestigen oder, noch besser, entfernen
- Alte Öl- und Lackfarbenanstriche mit Salmiakgeistlösung anrauhen oder matt schleifen oder mit Abbeizmittel entfernen

Anstrichausführung

Nach der Vorbearbeitung des Untergrundes erfolgt der Voranstrich (Dispersionsfarbe 10–15 % wasserverdünnt) und im Normalfall ein Deckanstrich in Original-Lieferkonsistenz.

Anstrichmängel (Ursachen)

Abblättern

- Mangelhaft oder nicht ausgeführte Vorarbeiten
- Staub, Fett, Schmutz, Rückseitenfeuchtigkeit
- Ausblühungen

Abkreiden

Zu stark saugender Untergrund
(Bindemittel wird eingesaugt, Pigment liegt frei)

Blasenbildung

Bei außerordentlich starker Sonneneinstrahlung gestrichen. (Es entsteht besonders hoher Wasserdampfdruck.)

Aufgaben *zu „Dispersionsfarben“*

A 1. Erklären Sie den Begriff „wäßrige Dispersionen von Polymeren“.

A 2. Was verstehen Sie unter dem Begriff „Kalter Fluß“?

A 3. Warum können Dispersionsfarben unterschiedliche Eigenschaften besitzen?

A 4. Erklären Sie den Unterschied zwischen wasch- und scheuerbeständigen Innen-Dispersionsfarben.

A 5. Welche Bedeutung haben folgende Bezeichnungen für Innen-Dispersionsfarben: SM, HG, M, G, SG?

A 6. Welche herausragende Eigenschaft muß jede Dispersionsfarbe für Außenanstriche besitzen?

A 7. Zählen Sie Eigenschaften von Dispersionsfarben auf.

A 8. Auf welchen Untergründen kann man Dispersionsfarben aufbringen?

A 9. Welches Weißpigment ist als Hauptbestandteil in Außen-Dispersionsfarben enthalten?

A 10. Wie entfernt man angetrocknete Dispersionsfarbenspritzer?

A 11. Warum dürfen Dispersionsfarben nicht unter + 5 °C verarbeitet werden?

A 12. Wovon hängt der m^2-Verbrauch beim Streichen einer Putzfläche ab?

A 13. Wie müssen Dispersionsfarben gelagert werden?

A 14. Welche Vorarbeiten erfordert ein ungestrichener, sandender Altputz?

A 15. Wie ist ein vorhandener Kalkfarbenanstrich zu behandeln?

A 16. In welcher Viskosität sollen Grund- und Schlußanstriche ausgeführt werden?

A 17. Warum können Dispersionsfarbenanstriche abblättern?

A 18. Wie können Blasen bei einem Dispersionsfarbenanstrich entstehen?

A 19. Welche Ursache kann das Abkreiden eines Dispersionsfarbenanstriches haben?

A 20. Warum ist eine Dispersionsfarbe in Wasser unlöslich, obwohl sie mit Wasser verdünnbar ist?

4.7 Kunststoffputze

4.7.1 Werkstoffart

Kunststoffputze sind Dispersionsfarben mit gekörnten Zuschlägen. Sie bestehen aus diesen Stoffen:

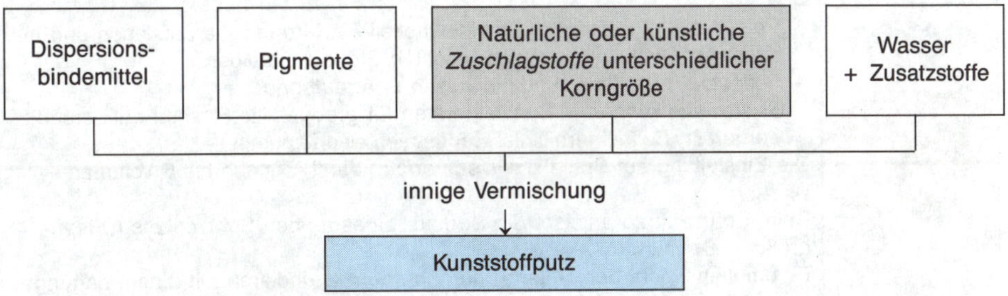

- Als **Zuschlagstoffe** verwendet man:
  Quarzsand, kleine Kieselsteine, Marmorsplitt, Marmorsande, Kalkstein, Buntglas, Natursteingranulate. Die Zuschlagstoffe haben Korngrößen von 1; 1,5; 2; 2,5; 3; 6 und 15 mm (Waschbetoneffekt).
- Je nach Auftragsverfahren unterscheidet man folgende **Putzsorten**: *Kellenputz, Rollputz, Spritzputz, Modellierputz* (Faserhaltiger Putz, der mit Traufel, Spachtel, Kelle, Schwamm, Strukturrolle, Bürste, Kamm, den Händen o. a. in vielseitigen Strukturen aufgebracht werden kann.)
- Je nach Werkzeugbewegung und Kornform (scharfkantig, rund) entstehen unterschiedliche **Effekte** (Reibeputz-, Kratzputz- und Rillenputzstruktur). Mit kleinen Kieselsteinen können waschbetonähnliche Effekte erzielt werden. (Dieser Putz enthält nur Dispersionsbindemittel und Zuschläge, keine Pigmente.)

Kunststoffputze sind Dispersionsfarben mit gekörnten Zuschlägen. Sie trocknen physikalisch.

Weitere Putze, die im Handel sind:

- Lösungsmittelverdünnbarer *Buntsteinputz* für Sockelflächen (Verarbeitungstemperatur unter 0 °C möglich)
- *Silikatputze* (Bindemittelbasis: Dispersionssilikat-Wasserglas)
- *Mineralischer Putz* (Bindemittelbasis: Weißzement/Kalkhydrat mit haftverbessernden und plastifizierenden Zusätzen)

4.7.2 Materialdaten von Kunststoffputzen

Eigenschaften	Wetterbeständig, regendicht, lichtecht, wasserdampfdurchlässig, verseifungsbeständig, elastisch, rißstabil, kratz-, stoß- und schlagfest
Anwendung	Beschichtung aller Außen- und Innenflächen aus mineralischen Baustoffen, einschließlich Asbestzement und Gasbeton sowie Holz-, Preß- und Spanplatten, Gipskartonplatten, feste Altanstriche und als Endbeschichtung von Vollwärmeschutzsystemen
Bindemittelart	Wäßrige Dispersionen von Polymeren (Kunststoffdispersionen z. B. Polyacrylat-Mischpolymerisate, Reinacrylat, Polyvinylterpolymerisat (weichmacherfrei)
Pigmentbasis	Titandioxid – Rutil –, gegebenenfalls Buntpigmente und verschiedene Zuschlagstoffe (bis 10 Volumen-% Volltonfarben)
Verdünnung	Wasser
Vorsichtsmaßnahmen	Putzspritzer und Flecken lassen sich nur mit Spiritus oder Nitroverdünnung entfernen. **Achtung:** Diese Lösemittel können synthetische Materialien zerstören
Verarbeitung	– *Reibeputze* mit rostfreier Stahl-Glättekelle auf Kornstärke aufziehen und mit Kunststoff-Glättekelle zur gewünschten Struktur abreiben – *Rollputze* mit Rollen, Strukturwalzen u. ä. aufbringen – *Spritzputze* können in Spezialgeräten für grobgefüllte Massen gut verspritzt werden (z. B. Trichterpistole, Sandspachtelspritzpumpe) Die Einstellung auf Spritzkonsistenz erfolgt durch Zugabe bis 5 Volumen-% Wasser. Beim Spritzauftrag entsteht die Struktur eines groben Spritzputzes (Düsengröße ~ 6 mm). Es empfiehlt sich, den Untergrund nach dem Grundieren mit einem haftungsvermittelnden Voranstrich zu versehen, abgetönt im jeweiligen Farbton des Spritzputzes. In diesen Voranstrich kann in frischem Zustand der Spritzauftrag erfolgen.
Untere Temperaturgrenze bei Anwendung	ca. + 8 °C
Verbrauch	~ 1,5 kg/m² bei Korngröße 1,0 mm (fein) ~ 2,5 kg/m² bei Korngröße 1,5 mm (mittel) ~ 3,5 kg/m² bei Korngröße 2,0 mm (grob) Der tatsächliche Verbrauch hängt von der Rauhigkeit des Untergrundes sowie vom Auftragsverfahren ab. Genaue Werte sind durch Anlegen einer Probefläche zu ermitteln
Trockenzeiten	Griffest nach ~ 6 Stunden, Endhärte nach ~ 2 Wochen
Reinigung der Werkzeuge	Sofort nach Gebrauch mit Wasser
Lagerung	Vor Frost und Hitze schützen. Die Lagerstabilität beträgt ca. 12 Monate

4.7.3 Verarbeitungshinweise

Vorarbeiten

Neuputz

- Mit Tiefgrund nach Herstellervorschrift satt streichen
- Gips- und Zementputze sind grundsätzlich mit lösemittelhaltigem Tiefgrund zu behandeln.

Altputz (ungestrichen)

- Gering sandenden und saugenden Putz mit Tiefgrund satt streichen. In kritischen Fällen lösemittelhaltigen Tiefgrund einsetzen
- Risse und Löcher mit Spachtelputz schließen

Beton

- Schalölreste, Wachse u. a. mit Fluatschaumwäsche oder Dampfstrahlen entfernen
- Nach dem Trocknen mit lösemittelhaltigem Tiefgrund behandeln

Asbestzement

Frei verbaute Asbestzementplatten zuerst allseitig mit lösemittelhaltigem, unverseifbaren Fassadenanstrichmittel streichen

Gipskartonplatten

Mit lösemittelhaltigem Tiefgrund grundieren

Holz-, Preß- und Spanplatten

Mit einem Kunstharz-Grundanstrichmittel versehen

Alte, feste Dispersions- und Latexfarbenanstriche

Reinigen

Alte Leimfarbenanstriche

Gründlich abwaschen. Danach mit Tiefgrund behandeln

Alte Öl- und Lackfarbenanstriche

Anlaugen, nachwaschen und anschleifen

Alte Kalk- und Silikatfarbenanstriche

Mit einer Drahtbürste oder durch Sandstrahlen entfernen. Danach mit Tiefgrund grundieren.

Gasbeton, Kalksandstein

Mit Tiefgrund grundieren

Kontaktanstrich

Alle vorbehandelten Flächen sind mit einer matten, feinkörnigen Kunststoff-Dispersionsfarbe (Putzgrund) im gleichen Farbton zu streichen (bis 10 % mit Wasser verdünnt). Dieser Kontaktanstrich muß vor Aufbringen eines Reibeputzes gut durchgetrocknet sein; beim Auftrag eines Spritzputzes soll auf den noch frischen, im **gleichen Farbton** abgetönten Kontaktanstrich aufgespritzt werden.

Aufbringen des Putzes

Beim Aufbringen eines Reibeputzes ist folgendes zu beachten:

- Um Ansätze zu vermeiden, sollten soviele Arbeitskräfte eingesetzt werden, wie erforderlich sind, um ein „Naß-in-Naß-Arbeit" zu gewährleisten
- Bei Putzen mit Naturstein-Granulaten sind geringe Farbtonabweichungen möglich; bei größeren durchgehenden Flächen ist deshalb auf die gleiche Anfertigungsnummer zu achten oder verschiedene Chargen zu mischen
- Bei grobkörnigen Natursteingranulaten muß mit einem Klebstoff der Untergrund vorgespachtelt werden, auf den „Naß-in-Naß" weitergearbeitet wird.

Beschichtungsmängel (Ursachen)

Flecken

- Nicht „Naß-in-Naß" gearbeitet
- Verwendung unterschiedlicher Chargen von Reibeputzen mit Natursteingranulat

Putznester

- Zu lange geriebene und verriebene Putzstellen (totreiben)

Aufgaben *zu „Kunststoffputze"*

A 1. Aus welchen Bestandteilen besteht ein Kunststoffputz?

A 2. Welche körnigen Zuschlagstoffe setzt man Kunststoffputzen zu?

A 3. Welche Korngröße können derartige Zuschläge z. B. haben?

A 4. Mit welchen Auftragsverfahren kann man Kunststoffputze aufbringen?

A 5. Wovon hängen die entstehenden Putzstrukturen ab?

A 6. Welche Arten von Putzen sind außer den Kunststoffputzen noch im Handel?

A 7. Welche Eigenschaften weisen Kunststoffputze auf?

A 8. Wo werden Kunststoffputze eingesetzt?

A 9. Warum sollten Putzspritzer nach Möglichkeit sofort entfernt werden?

A 10. Warum darf man beim Aufziehen von Kunststoffputz nur rostfreie Stahlglättekellen verwenden?

A 11. Mit welchen Spezialgeräten können Spritzputze aufgebracht werden?

A 12. Wieviel % Wasser ist notwendig, um einen Kunststoffputz auf Spritzkonsistenz einzustellen?

A 13. Mit welcher Düsengröße wird gespritzt?

A 14. Warum muß der zuvor aufgebrachte Kontaktanstrich im gleichen Farbton wie der Putz abgetönt sein?

A 15. Warum darf ein Kunststoffputz nach Herstellervorschrift nicht unter + 8 °C verarbeitet werden?

A 16. Wovon ist der gewichtsmäßige Verbrauch von Kunststoffputz pro Quadratmeter abhängig?

A 17. Warum kann es manchmal empfehlenswert sein, vor einer endgültigen Kalkulation eine Probefläche anzulegen?

A 18. Nach welchem Zeitraum wird ein Kunststoffputz griffest?

A 19. Nach welchem Zeitraum erreicht ein Kunststoffputz seine Endhärte?

A 20. Warum sollten die Werkzeuge sofort nach Gebrauch mit Wasser gereinigt werden?

A 21. Wie lange darf nach Angaben der Hersteller ein Kunststoffputz gelagert werden?

A 22. Welche Vorbehandlung würden Sie bei einem Gipsputz vorschlagen?

A 23. Eine mit Asbestzement-Tafeln verkleidete Front soll mit einem Kunststoffputz verschönert werden. Unterbreiten Sie dem Kunden einen Vorschlag zur fachgerechten Ausführung.

A 24. Auf eine Außenfläche, die mit einem Kalkfarbenanstrich versehen ist, soll ein Kunststoffputz aufgebracht werden. Wie würden Sie vorgehen?

A 25. Welche Aufgabe übernimmt ein Kontaktanstrich?

A 26. Warum muß ein Kontaktanstrich durchgetrocknet sein, wenn darauf ein Reibeputz angebracht werden soll?

4.8 Dispersionslacke

4.8.1 Werkstoffart

- *Dispersionslackfarben* nennt man Anstrichstoffe, die von ihrer Zusammensetzung und ihren Eigenschaften her zwischen den Dispersionsfarben und den Lackfarben eingeordnet werden können.
- Als *Bindemittel* verwendet man *Polyacrylate*, die in Wasser fein verteilt (dispergiert) sind.
  Die Teilchen sind viel kleiner als bei den Dispersionsfarben. Dadurch wird der lackähnliche Glanz erzielt.
- Die Eigenschaften sind ähnlich wie bei Dispersionsfarben, z. B. wasserverdünnbar, wasserdampfdurchlässig.
- Dispersionslacke trocknen physikalisch **(Kalter Fluß)**.
- Dispersionslacke haben in den letzten Jahren stark an Bedeutung gewonnen.

Polyacrylat-Dispersionen sind die Bindemittel für Dispersionslacke. Sie trocknen physikalisch.

4.8.2 Materialdaten von Dispersionslacken

Eigenschaften	Lösemittelfrei, geruchlos (umweltfreundlich), leicht verarbeitbar, 2–3 Anstriche pro Tag möglich, seidenglänzend, nicht gilbend, sehr gute Glanzhaltung, sehr gute Untergrundhaftung, neigt nicht zum Verspröden, wetter- und wasserfest, säure- und alkalibeständig, wasserdampfdurchlässig
Anwendung	*Vielseitiger Beschichtungsstoff für:* **Mineralische Untergründe** wie Putz, Beton, Mauerwerk **Holzuntergründe:** Hölzer und Holzwerkstoffe **Kunststoffuntergründe** wie Hart-PVC, Acryl- und Polyesterbauteile **Metalluntergründe** wie z. B. Aluminium, Zink, verzinkte Oberflächen, Eisenmetalle **Papierartige Untergründe** wie Tapeten, Gipskarton, Weichfaserplatten **Altanstriche**
Bindemittelart	Polyacrylat-Dispersion
Pigmentbasis	Titandioxid – Rutil –, Buntpigmente
Verdünnung	Wasser

Vorsichtsmaßnahmen	Spritzer und Flecken sofort mit Wasser bzw. Waschlösung entfernen
Verarbeitung	Im Streich-, Roll- und Spritzverfahren
Untere Temperaturgrenze bei Anwendung	+ 8 °C (Herstellervorschrift beachten!)
Verbrauch	Glatte Flächen: ~ 250–300 ml/m² Rauhe Flächen: ~ 350–400 ml/m² (Exakten Verbrauch durch Probeanstriche ermitteln!)
Trockenzeiten	Antrocknung nach ca. 1 Stunde Überstreichbar nach ca. 3 Stunden
Reinigung der Werkzeuge	Sofort nach Gebrauch mit Wasser Arbeitsgeräte bei Pausen im Material aufbewahren. Angetrocknetes Material mit Pinselreiniger lösen
Lagerung	Kühl, aber frostfrei; Mindestlagerstabilität 12 Monate

4.8.3 Verarbeitungshinweise

Vorarbeiten

Im Regelfall werden spezielle **Grundanstrichstoffe** für Voranstriche verwendet, auf die die Dispersionslacke aufgebracht werden; die Bindemittelbasis ist gleich (Anstrichstoffe im System)

Feste Putze: Mit Dispersionslack 10 % verdünnt vorstreichen

Sandende Putze: Mit entsprechendem Putzhärter behandeln, anschließend mit Dispersionslack ~ 20 % verdünnt grundieren

Betonflächen: Ausblühungen, Trennmittelreste, Sinterhaut entsprechend entfernen, anschließend Dispersionslack 10 % verdünnt vorstreichen (nicht fluatieren)

Rohes Nadelholz: Mit Holzschutzmitteln nach DIN 68 800 imprägnieren

Laubhölzer: Direkt mit Dispersionslack 10 % verdünnt vorstreichen

Kunststoffe: (Hart-PVC, Polyester, Acryl):
Reinigen, fein anschleifen, anschließend mit Dispersionslack 10 % verdünnt vorstreichen

Papierartige Oberflächen: Je nach Saugfähigkeit bis 20 % verdünnt vorstreichen

Eisenbauteile: Gründlich entrosten, Rostschutzgrundierung aufbringen

Festhaftende Altanstriche: Säubern und 5 % verdünnt vorstreichen

Anstrichausführung

- Einen Zwischen- und Schlußanstrich bis 5 % verdünnt aufbringen
- Bei hoher Wetterbeanspruchung von Nadelholz zwei Schlußanstriche ausführen
- Mineralische Untergründe müssen bei allen Anstricharbeiten „lufttrocken“ sein
- Maximale Holzfeuchtigkeit 20 %, wenn jedoch Holz mit Holzschutzmittel nach DIN 68 800 vorbehandelt ist, sind folgende Werte einzuhalten: 12 % bei Laubhölzern, 15 % bei Nadel- und tropischen Hölzern
- langborstige Synthetikpinsel verwenden

Beschichtungsmängel (Ursachen)

Keine ausreichende Untergrundabdeckung
Nicht richtig abgetönter Voranstrich. (Bei gelben und roten Farbtönen empfiehlt es sich, den Grundanstrich mit 10–20 % weißem Dispersionslack abzutönen.)

Glanzunterschiede bei Ausbesserungsstellen
Bei nachzuarbeitenden Flächen nicht ganzflächig überstreichen

Ansätze bei gestrichenem Putz
Nicht „naß-in-naß" gearbeitet, direkte Sonneneinstrahlung, zu starker Wind

Aufgaben *zu „Dispersionslacke"*

A 1. Worin unterscheiden sich Dispersionsfarben von Dispersionslacken?

A 2. Zählen Sie einige wesentliche Eigenschaften von Dispersionslacken auf.

A 3. Auf welchen Untergründen können Dispersionslacke verwendet werden?

A 4. Welches Bindemittel verwendet man bei der Herstellung von Dispersionslacken?

A 5. Warum sind Flecken sofort mit Wasser zu entfernen?

A 6. Auf welche Weise kann man Dispersionslack auftragen?

A 7. Mit welchem mittleren Dispersionslackverbrauch pro m² kann man beim Anstrich einer Betonfläche rechnen?

A 8. Nach wieviel Stunden ist ein Dispersionslackanstrich überstreichbar?

A 9. Eine Betonfläche soll einen Dispersionslackanstrich erhalten. Beschreiben Sie die einzelnen erforderlichen Arbeitsgänge.

A 10. Rohes Nadelholz soll gestrichen werden. Es ist extrem wetterbeansprucht. Schlagen Sie die richtigen Arbeitsschritte für einen Dispersionslackanstrich vor.

A 11. Worauf würden Sie achten, wenn Sie eine Putzfläche mit einem gelb getönten Dispersionslackanstrich versehen sollen?

A 12. Warum kann ein Dispersionslackanstrich nicht stellenweise ausgebessert werden?

4.9 Lacke – Allgemeines

4.9.1 Der Begriff – Lack

In der DIN 55 945 ist der Begriff „Lack" definiert. Zusammengefaßt kann man sagen:

Lacke sind Auflösungen von Bindemitteln (nichtflüchtige, filmbildende Stoffe) in geeigneten Lösemitteln (flüchtige Stoffe).

– Unter dem Begriff „Lack" versteht man heute nur noch den **Klarlack.**
– Einen pigmentierten Lack bezeichnet man als **Lackfarbe.**
– In der Praxis werden aber oft beide „Lack" genannt.

Vom Naturstoff zum Lack

Vor ungefähr 2500 Jahren entwickelten die Chinesen die Kunst des Lackierens. Möbel und andere Schmuck- und Gebrauchsgegenstände überzogen sie in vielen Schichten mit dem milchigen Rindensaft des japanischen Lackbaumes.
Seit biblischer Zeit kannte man die Technik, mit Hilfe von Harzen, Wachsen und Pech Schiffe zu imprägnieren und abzudichten.
Auch in Europa verwendete man seit langem verschiedene Naturstoffe als Überzugsmaterial. So kannten die Etrusker den *Firnis,* eine Lösung von Fichtenharz in Leinöl.

Um 1000 n. Chr. beschreibt der Mönch Theophilus die Herstellungsweise eines Lackes. In einem längeren Herstellungsgang werden 2 Teile Leinöl mit 1 Teil ausgeschmolzenem Bernsteinharz verkocht.
Später setzte man Ölen Bleimennige als Trocknungsbeschleuniger zu.
Dieses Material kannten bereits die Römer.

Im 15. Jahrhundert verwendeten die Gebrüder van Eyck erstmals *Terpentinöl* zum Verdünnen.
Schellack, eine Ausscheidung indischer Lackschildläuse, ergab in Spiritus gelöst einen Holzlack.

Diese beispielhafte Aufzählung zeigt, daß schon sehr früh Verfahren zur Lackherstellung entwickelt wurden, die im Prinzip noch heute angewendet werden:
- Die *Kaltlackherstellung* durch Lösen der Filmbildner in Lösemitteln.
- Die *Heißlackherstellung* durch Schmelzen fester Filmbildner und die anschließende Verkochung mit Ölen.

Was allerdings die einzelnen Lackrohstoffe angeht, so hat sich hier durch die Entstehung der chemischen Industrie ein großer Wandel vollzogen. Künstlich hergestellte Harze ersetzen heute fast vollständig die Naturharze. Öle sind nicht mehr allein Bindemittel, sondern werden durch chemische Reaktionen mit anderen Stoffen zu neuen Bindemitteln umgewandelt (z. B. Alkydharze).

Naturstoffe werden abgewandelt, um bessere Eigenschaften zu erzielen. Aus Erdöl, Kohle oder Teer gewinnt man Lösemittel. Anstelle der natürlichen Erdpigmente sind künstlich hergestellte Pigmente getreten. Mit Hilfe einer großen Anzahl fabrikmäßig hergestellter Zusatzmittel kann man die Eigenschaften von Lacken verbessern.

4.9.2 Lackherstellung

Bei der Herstellung werden die verschiedenen Bestandteile (Pigmente, Bindemittellösungen) zuerst in *Anmischmaschinen* zusammengemischt. Danach in *Dispergiermaschinen* vergleichmäßigt (homogenisiert).

Die Lackrohstoffe beziehen die Lackfabriken von der chemischen Industrie, die Bindemittel, Lösemittel, Pigmente und Zusatzmittel großtechnisch herstellen.

Diese einzelnen Bestandteile werden von der Lackindustrie nach erprobten Rezepten so zusammengemischt, daß ein gleichmäßiger Anstrichstoff entsteht, der immer die gleichen Eigenschaften aufweist.

Im Prinzip kommt es bei der Herstellung darauf an, das trockene Pigmentpulver in das Bindemittel-Lösemittelgemisch so einzuarbeiten, daß *jedes Pigmentteilchen für sich von diesem Flüssigkeitsgemisch umhüllt* ist.

Prinzipieller Verfahrensablauf bei der Lackfarbenherstellung

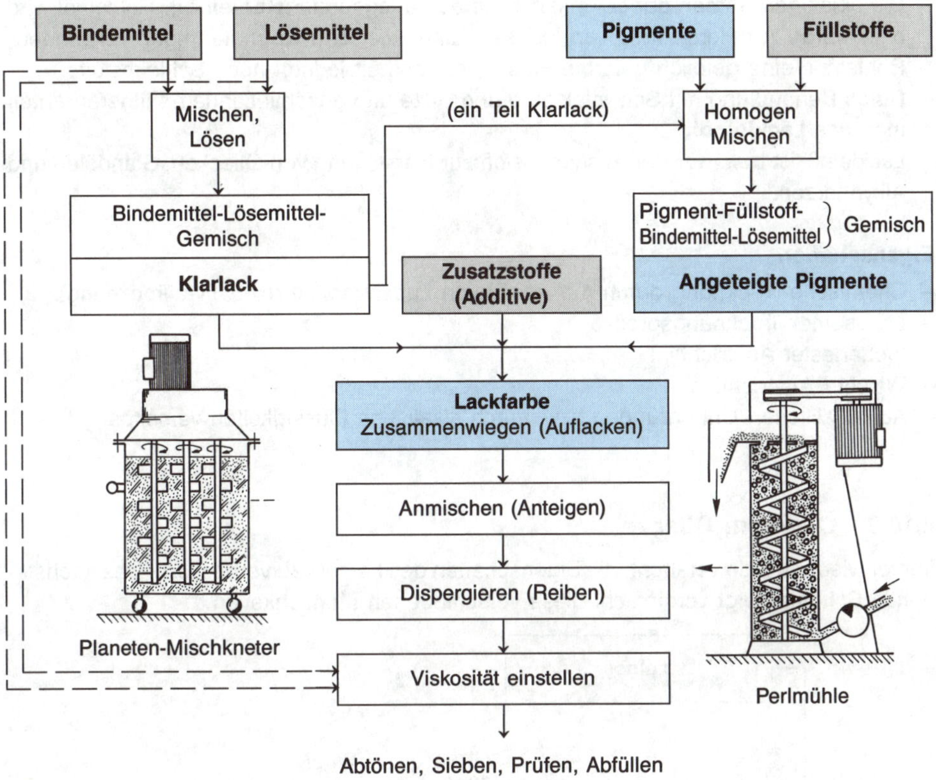

Aufgaben *zu „Lacke – Allgemeines"*

A 1. Erklären Sie den Begriff Lack.

A 2. Erläutern Sie den Unterschied zwischen Lack und Lackfarbe.

A 3. Welche prinzipiellen Lackherstellungsverfahren gibt es?

A 4. Begründen Sie, warum die Lackindustrie heute fast ausschließlich künstlich hergestellte Lackrohstoffe verwendet und auf Naturstoffe fast ganz verzichtet.

A 5. Welche Fertigungsschritte sind in einer Lackfabrik notwendig, um einen Lack herzustellen?

4.10 Öle, Ölfarben, Öllacke

4.10.1 Öle

Es gibt eine große Anzahl *pflanzlicher* und *tierischer* Öle. Auf Grund der starken Eigenschaftsschwankungen kommt allerdings nur ein geringer Teil derartiger Öle für die Herstellung von Lackrohstoffen in Frage.

Außerdem ist die direkte Verwendung von Ölen als alleiniges Bindemittel sehr zurückgegangen. Bei der Herstellung von Alkydharzen spielen die Öle jedoch eine große Rolle. So z. B. das *Leinöl*.

Herstellung von Leinöl

- Die ölhaltigen Samen der Leinpflanze werden ausgepreßt **(Rohleinöl)**. Rohleinöl wird bzw. wurde zur Herstellung von Firnissen und Rostschutzgrundierungen verwendet.
- Rohleinöl, eine gelblich gefärbte Flüssigkeit, enthält jedoch noch Schleimstoffe.
- Durch Behandlung mit Schwefelsäure und Hitze und anschließendem Filtrieren erhält man das **Lackleinöl.**

  Lackleinöl ist bzw. war der Ausgangsstoff zur Herstellung von Öllacken, Standölen und Alkydharzen.

Eigenschaften

- Chemische Trocknung durch Aufnahme von Luftsauerstoff (oxidative Trocknung)
- Langsamer Trocknungsprozeß
- Wetterfester Anstrichfilm
- Weicher Anstrichfilm
- Auf alkalischen Untergründen bzw. durch alkalische Flüssigkeiten verseifbar

4.10.2 Ölfarben, Öllacke

Immer wieder wurde versucht, die Eigenschaften des Leinöls zu verbessern. Das nachstehende Schema zeigt vereinfacht diese verschiedenen Möglichkeiten.

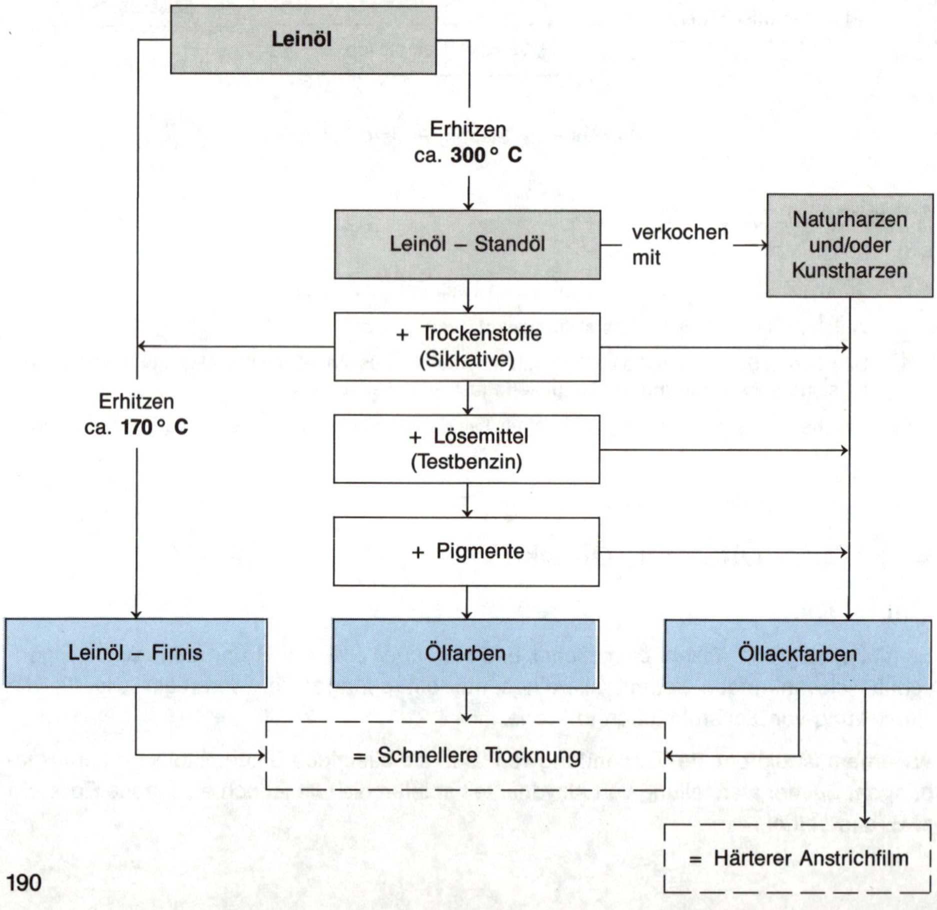

Trotz all dieser Verbesserungen haben heute Alkydharzlacke die Ölfarben und Öllackfarben abgelöst. Der folgende Vergleich macht deutlich, warum diese Entwicklung eingetreten ist.

Trockenzeit	Öllacke	Alkydharzlacke (große Sortenvielfalt)
Staubtrocken	**2–3 Stunden**	**2-4 Stunden**
Griffest	**12 Stunden**	**6–12 Stunden**
Durchgetrocknet	**4–6 Tage**	**21–48 Stunden**

Aufgaben *zu „Öle, Ölfarben, Öllacke“*

A 1. Warum werden Öle als Alleinbindemittel kaum noch verwendet?

A 2. Wo werden Öle in der Lacktechnik heute vor allem eingesetzt?

A 3. Zählen Sie einige Eigenschaften des Leinöls auf.

A 4. Aus welchen Bestandteilen besteht ein Firnis?

A 5. Erklären Sie den Begriff Leinöl-Standöl.

A 6. Welcher Unterschied besteht zwischen einer Ölfarbe und einer Öllackfarbe?

A 7. Welche Lacke werden heute im Malersektor anstelle der Öllacke verwendet?

4.11 Alkydharzlacke

4.11.1 Werkstoffart

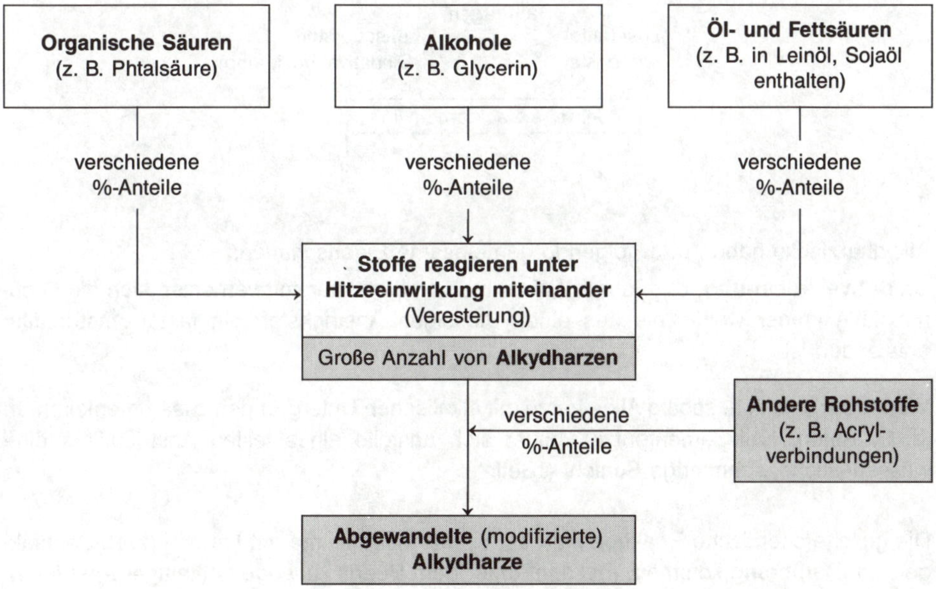

- Alkydharze sind künstlich hergestellte Harze. Bei der Herstellung mischt man 3 verschiedene Rohstoffgruppen mit unterschiedlichen Prozentsätzen. Bei der unter Hitze einsetzenden chemischen Reaktion (Veresterung) entstehen viele neue verwandte Stoffe mit gewünschten Eigenschaften.
- Durch Zugabe einer vierten Rohstoffgruppe kann man diese Alkydharzsorten umwandeln („modifizieren") und damit in ihren Eigenschaften noch einmal verändern.
- Durch Auflösen von Alkydharzen in geeigneten Lösemitteln entstehen Alkydharzlacke.

Nach DIN 55 945 teilt man die Alkydharze in folgende Gruppen ein:

Bezeichnung *(auch in Kombination mit anderen Bindemitteln)*	Ölanteil	Verwendung als Bindemittel in:
Kurzölige Alkydharze	**unter 40 %**	Einbrennlacke, säurehärtende Lacke, Nitrokombinationslacke (NC-Lacke)
Mittelölige Alkydharze	**40–60 %**	Luft- und wärmetrocknende Industrielacke
Langölige Alkydharze	**über 60 %**	Malerlacke, Bautenlacke, Korrosionsschutzfarben, Heizkörperlacke

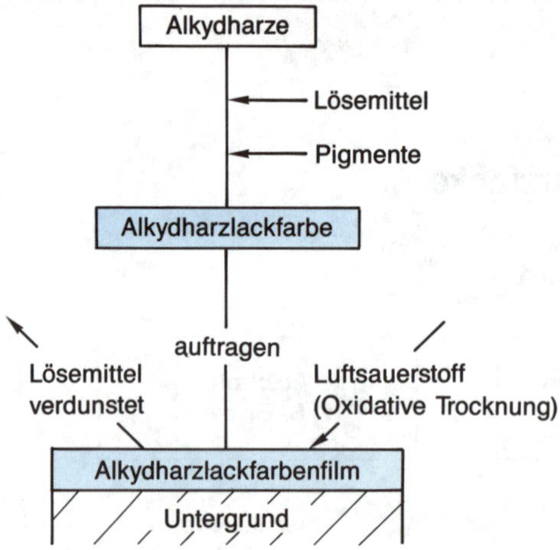

Alkydharzlacke haben u. a. folgende gemeinsame Eigenschaften:

Oxidative Trocknung, d. h. durch Aufnahme von Luftsauerstoff vernetzen sich die Großmoleküle immer weiter, bis aus einem flüssigen Anstrichstoff ein fester Anstrichfilm entstanden ist.

Verseifbarkeit, d. h. sobald Alkydharze mit alkalischen Untergründen zusammenkommen (z. B. Beton, Kalk-Zementputze), bildet sich anstelle eines festen Anstrichfilms eine wasserlösliche, schmierige Schicht („Seife").

Die gleiche chemische Reaktion läuft ab, wenn Anstrichfilme mit Laugen (z. B. Salmiakgeist) in Berührung kommen, (bekannt unter dem Begriff *Ablaugen* ölhaltiger Anstriche).

Die moderne Entwicklung neuer Alkydharzlacktypen geht dahin, daß der Lösemittelanteil ganz entschieden verringert wird bzw. man auf wasserlösliche Alkydharzsorten überwechselt.

Lösemittelarme Lacke nennt man „High-solids-Lacke“ (hoher Festkörperanteil).

Alkydharze sind die Bindemittel von Alkydharzlacken.
Alkydharze trocknen physikalisch durch Verdunsten des Lösemittels und chemisch durch Oxidation und Polymerisation.

4.11.2 Materialdaten am Beispiel eines langöligen Alkydharzlackes

Eigenschaften	– Sehr gute Witterungsbeständigkeit – Hochelastisch – Verseifbar
Anwendung	Witterungsbeständige Außen- und Innenlackierungen auf Holz, Metall und neutralem Putz
Bindemittelart	Langöliges Alkydharz
Pigmentbasis	Titandioxid – Rutil –/ lichtechte Pigmente
Verdünnung	Testbenzin oder KH-Verdünnung (Lösemittelgemisch) a) **Zum Streichen:** unverdünnt bis maximal 5 % verdünnt (Vorlackierungen ~ 15 % verdünnt) b) **Zum Spritzen:**

	Hochdruckspritzen	*Airless-Spritzen*
Spritzdruck	3,5–4,5 bar	140–160 bar (Materialdruck)
Düsengröße	1,5–1,8 mm	009–011 (= 0,23–0,28 mm Bohrung)
Verdünnung	10–12 %	5–8 %
Viskosität (DIN-Becher, 4 mm/20 °C)	20 S	80 S

Vorsichtsmaßnahmen	Auf gute Durchlüftung bzw. Absaugung achten
Verarbeitung	Streichen, Rollen, Spritzen, Fluten
Verbrauch	~ 80–100 ml/m²
Trockenzeiten	Staubtrocken: 3–4 Stunden Durchgetrocknet: 20–24 Stunden
Reinigung der Werkzeuge	Mit Testbenzin oder KH-Verdünnung
Lagerung	Nahezu unbegrenzt Angebrochene Gebinde gut verschlossen halten

4.11.3 Verarbeitungshinweise (deckender und farbloser Anstrich)

Deckender Anstrich auf Holzwerk und Metallen

Holzwerk/Neubausystem (außen und innen)

1. Bei Nadelholz allseitige Imprägnierung mit Bläuesperrgrund
2. Grundierung mit Grundanstrichmittel auf Alkydharzbasis
3. Schleifen, dünn beispachteln mit Alkydharzspachtelmasse (KH-Spachtel)
4. Zwischenanstrich mit Alkydharz-Vorlack bzw. Alkydharz-Schlußlack (5 % verdünnt mit Testbenzin bzw. KH-Verdünnung)
5. Schlußlackierung mit Alkydharz-Schlußlack (unverdünnt)

Metalle

1. Vorarbeiten
   Eisen und Stahl: 2 Rostschutzgrundanstriche
   Nichteisenmetalle: Ein Grundanstrich mit speziellen Haftgründen (Primern)
2. Zwischenanstrich mit Vorlack
3. Schlußanstrich mit Schlußlack (unverdünnt)

Farbloser Anstrich auf Holzwerk (außen und innen, z. B. Türen)

1. Allseitige Imprägnierung unbehandelter Teile aus Nadelholz mit Bläuesperrgrund
2. Allseitige Grundierung mit 100 % verdünntem Klarlack; Grundierung im nassen Zustand mit wasserfestem Schleifpapier (180) einschleifen; die sich dabei bildende Paste mit Japanspachtel porenfüllend abziehen
3. Vorlackierung mit 5 % verdünntem Klarlack
4. Schlußlackierung mit unverdünntem Klarlack

Anstrichmängel (Ursachen)

Blasenbildung	– Zu feuchter Untergrund
Abplatzungen	– Zu dicker Farbauftrag
	– Falsche Anstrichmittel (anstelle Außenanstrichmittel Innenanstrichmittel verwendet)
	– Ungeeigneter Untergrund (nicht festhaftender Altanstrich)
Ungleichmäßiger Glanz	– Wegschlagen des Bindemittels in den Untergrund durch ungleichmäßige Saugfähigkeit der vorhergehenden Anstrichschicht

Aufgaben *zu „Alkydharzlacke“*

A 1. Erklären Sie den Begriff „Alkydharzlacke“.

A 2. Alkydharzlacke entstehen durch Veresterung. Erklären Sie diesen Vorgang im Prinzip.

A 3. Was sind modifizierte Alkydharze?

A 4. Erläutern Sie den Unterschied zwischen kurzöligen und langöligen Alkydharzen.

A 5. Welche Alkydharztypen verwendet man als Malerlacke?

A 6. Wie trocknen Alkydharzlacke?

A 7. Wie reagieren Alkydharze, wenn sie mit laugenhaften Stoffen in Berührung kommen?

A 8. Zähle einige Einsatzgebiete von Alkydharzlacken auf.

A 9. Welche Verdünnungsmittel sind für Alkydharzlacke geeignet?

A 10. Erklären Sie anhand der Spritztabelle die Unterschiede der Lackviskosität für das Hochdruck- und Airless-Spritzverfahren.

A 11. Nach wieviel Stunden ist ein Alkydharzlackanstrich in etwa durchgetrocknet?

A 12. Wie würden Sie vorgehen, wenn neue unbehandelte Fichtenholzfenster deckend lackiert werden müssen?

A 13. Ein neues Stahlgeländer soll einen Alkydharzlackanstrich erhalten.
Nennen Sie den erforderlichen Anstrichaufbau.

A 14. Auf welche Weise kann man bei einer Klarlackierung eines Türblattes die vorhandenen Holzporen flächig schließen?

A 15. Aus welchem Grunde kann ein Alkydharzlackanstrich „wegschlagen"?

4.12 Lacklasuren

4.12.1 Werkstoffart

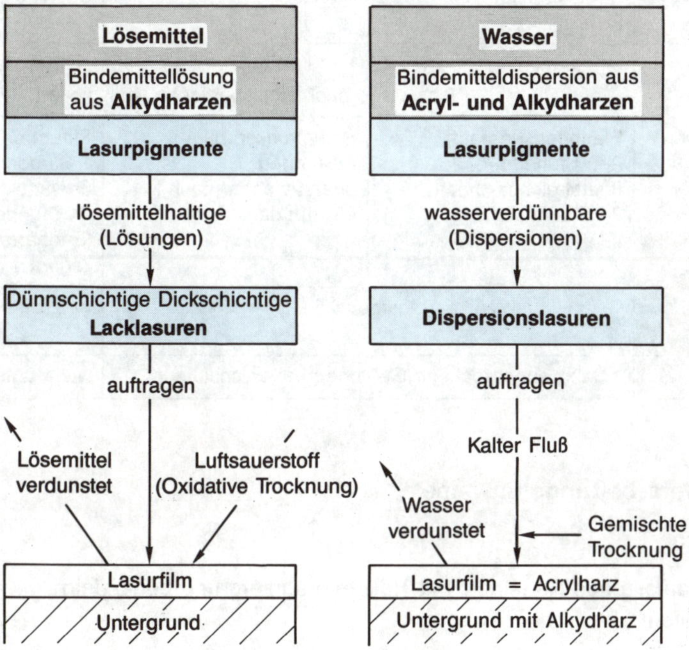

Man unterscheidet:

1. **Lasuren auf Alkydharzbasis (Lösungen)**
   Hier werden spezielle oder modifizierte Alkydharze eingesetzt.

2. **Lasuren auf Alkydharz- und Acrylharzbasis (Dispersionen)**
   Hier übernimmt der Alkydharzanteil die Imprägnierung des Holzes. Der Acrylharzanteil bildet oberflächlich einen schlagregendichten und wasserdampfdurchlässigen Film.

4.12.2 Materialdaten

	Lacklasuren		
	Dünnschicht-Lasur	**Dickschicht-Lasur**	**Dispersionslasur**
Eigenschaften	Imprägnierende Lacklasur mit hohem Eindringvermögen (offenporig)	Dickschichtige Lacklasur mit filmbildender Wirkung (offenporig) Keine dunklen Farbtöne verwenden	Dispersionslasur mit imprägnierender und filmbildender Wirkung für Nadelhölzer (offenporig) Überstreichbar auf Lacklasuren
Anwendung	Für Laub- und Nadelholzbauteile, außen und innen		Für Nadelholzbauteile, außen und innen
Bindemittelart	Modifizierte Alkydharze		Acryl- und Alkydharze
Pigmentbasis	Lichtechte, wetterbeständige Lasurpigmente		
Verdünnung	Falls notwendig mit Testbenzin	Nicht verdünnen	Wasser
Vorsichtsmaßnahmen	Lösemittelhaltig (Gefahrenklasse A II)		Keine
Verarbeitung	Streichen, Tauchen, Fluten	Streichen	Streichen
Verbrauch	~ 110 ml/m²	~ 130 mm²	~ 200 ml/m²
	Richtwert je nach Holzoberfläche verschieden		
Trockenzeiten	Staubtrocken nach 2–3 Stunden, überstreichbar nach 24 Stunden	Staubtrocken nach 8 Stunden, überstreichbar nach 48 Stunden	Staubtrocken nach 1 Stunde, überstreichbar nach 24 Stunden (Endhärte nach 10–14 Tagen)
Reinigung der Werkzeuge	Testbenzin		Wasser, evtl. mit Seife
Lagerung	1 Jahr; angebrochene Gebinde gut verschließen		Nicht unter + 5 °C

4.12.3 Verarbeitungshinweise

Vorarbeiten

- Neue Bauteile aus Nadelholz mit Holz-Imprägniergrund behandeln
- Anschleifen

Anstrichausführung

Neubausystem/Renovierungssystem

- *Mit Dünn- und Dickschichtlasur:*
  1 x Dünnschichtlasur, dann 2 x Dickschichtlasur auftragen
- *Mit Dispersionslasur*
  2–3 x auftragen

Überholungssystem

– *Mit Dünn- und Dickschichtlasur:*
  1 x Dünnschichtlasur, dann 1 x Dickschichtlasur, im Wetterschenkelbereich 2 x Dickschichtlasur auftragen
– *Mit Dispersionslasur:*
  2 x Dispersionslasur

Aufgaben *zu „Lacklasuren"*

A 1. Welche Lacklasurtypen unterscheidet man?

A 2. Welche Aufgaben übernehmen die verschiedenen Bindemittelbestandteile bei den Dispersionslasuren?

A 3. Welche Eigenschaft haben alle Lacklasuren gemeinsam?

A 4. Auf welchen Untergründen dürfen Dispersionslasuren nur angewendet werden?

A 5. Welche Pigmentsorten benötigt man für Lacklasuren?

A 6. Welche Verdünnungs- und Reinigungsmittel benötigt man **a)** für Lacklasuren, **b)** für Dispersionslasuren?

A 7. Wie unterscheiden sich Dünn- und Dickschichtlasuren hinsichtlich der Trockenzeit?

A 8. Welche Endhärtezeiten erfordern Dispersionslasuren?

A 9. Beschreiben Sie die Ausführung eines Überholungsanstriches bei maßhaltigen Bauteilen mit einem Lacklasursystem.

4.13 Nitrocelluloselacke

4.13.1 Werkstoffart

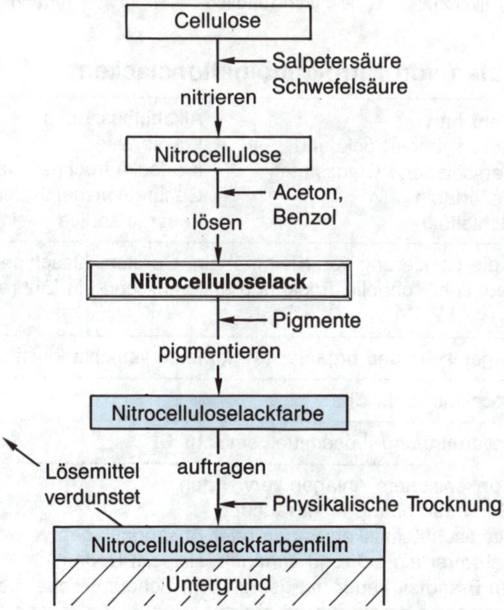

- Cellulose als Hauptbestandteil von Holz, Baumwolle und Stroh wird durch ein Salpeter- und Schwefelsäuregemisch chemisch umgewandelt („nitriert"). Dieses Umwandlungsprodukt nennt man *Nitrocellulose.*
- Durch Auflösen dieses „Bindemittels" in geeigneten Lösemitteln (z. B. Azeton, Benzol) und Zugabe von Weichmachern entsteht der *Nitrocelluloselack* oder abgekürzt: **Nitrolack**.
- Daneben gibt es noch andere Cellulosesorten (z. B. Ethylcellulose), die ebenfalls als Lackrohstoffe verwendet werden.
- Gibt man einem Nitrolack zur Verbesserung der Fülle, des Glanzes usw., noch Harze zu, so spricht man von einem *Nitrokombinationslack.*
- Nitrocelluloselacke trocknen rein physikalisch durch Verdunsten der Lösemittel.
- Reine Nitrolacke haben einen hohen Lösemittelanteil und bilden deshalb dünne Anstrichfilme.
- Nitrolacke verwendete man früher als Autolacke. (Heute durch andere Lacksorten verdrängt.)

- **Cellulosesorten sind die Bindemittel von Nitrocelluloselacken.**
- **Nitrocelluloselacke trocknen physikalisch.**
- ***Nitrokombinationslacke* haben als Zusätze noch Harze.**

Kennzeichnungspflicht der Gebinde:

gesundheitsschädlich **Xn**

leicht entzündlich **F**

reizend **Xi**

4.13.2 Materialdaten von Nitrokombinationslacken

Eigenschaften	– Sehr hart – Sehr schnell trocknend – Verschiedene Glanzstufen – Polierfähig – Schleifbar – Alkoholbeständig – Wasserfest – Klarlacke trocknen wasserhell – Gesundheitsgefährdend – Feuergefährlich (Gefahrenklasse A I)
Anwendung	Für die Lackierung von Kleinmöbeln, Geräten, Maschinen, (überall dort, wo es auf sehr schnelle Trocknung ankommt und ein Einbrennen nicht möglich ist)
Pigmentbasis	Anorganische und organische Pigmente verschiedenster Art
Bindemittelart	Nitrocellulose/Alkydharz u. ä.
Verdünnung	Nitroverdünnung (Lösemittelgemisch)
Vorsichtsmaßnahmen	– Funkensichere Anlagen verwenden – Bei Verarbeitung nicht rauchen – Atemschutzmasken tragen oder Absauganlagen verwenden (Lösemittel sind schwerer als Luft und sammeln sich am Boden) – Im Brandfall Feuer mit geeignetem Schaumlöscher bekämpfen

Verarbeitung	Spritzen (manche Handelssorten auch streichfähig)
Verbrauch	~ 140–270 ml/m² (je nach Festkörpergehalt)
Trockenzeiten	Staubtrocken: 10–20 Minuten Durchgetrocknet: 1–5 Stunde(n) (Herstellerangaben beachten)
Reinigung der Werkzeuge	Mit Nitroverdünnung
Lagerung	Kühl und dicht verschlossen und nicht in Nähe von offener Flamme oder von Wärmequellen lagern

4.13.3 Verarbeitungshinweise

Untergrundvorbehandlung

- Der Untergrund muß fest, sauber und trocken sein
- Kunstharzlackuntergründe als Altuntergründe sind ungeeignet, da sie bei anschließender Beschichtung angequollen werden, sich kräuseln und hochziehen
- Nur „nitrofeste“ Grundierungen einsetzen
- Bei Eisen- und Stahlteilen Zinkchromatgrund oder Nitrohaftgrund als Grundierung verwenden
- Bei Holzteilen Nitro-Schnellschliffgrund verwenden. (Anschließendes Abschleifen z. B.: mit 220er Schleifpapier ausführen)

Spritzlackierung

- Verdünnen mit 15–20 % Nitroverdünnung (Spritzviskosität 20–25 Sek.)
- Auftrag in eineinhalb Kreuzgängen (Trockenschichtdicke ~ 30µm)

Anstrichmängel (Ursachen)

Kräuselbildung: Kein nitrofester Untergrund
Matte, graue Oberfläche: Feuchter Untergrund

Aufgaben *zu „Nitrocelluloselacke“*

A 1. Wie wird Nitrocellulose hergestellt?

A 2. Erklären Sie den Unterschied zwischen einem Nitrolack und einem Nitrokombinationslack.

A 3. Wie trocknen Nitrolacke?

A 4. Zählen Sie Eigenschaften von Nitrolacken auf.

A 5. Welche Vorsichtsmaßnahmen müssen bei der Verarbeitung von Nitrokombilacken beachtet werden?

A 6. Welche Trockenzeiten kann man mit Nitrokombilacken erzielen?

A 7. Mit welchem Mittel reinigt man Werkzeuge nach dem Gebrauch?

A 8. Wie müssen Nitrokombilacke gelagert werden?

A 9. Worauf ist beim Überarbeiten von Altanstrichen mit Nitrokombilacken zu achten?

A 10. Welche Spritzviskosität benötigt man für eine fachgerechte Ausführung einer Spritzlackierung mit Nitrokombilacken?

4.14 Kautschuklacke

4.14.1 Werkstoffart

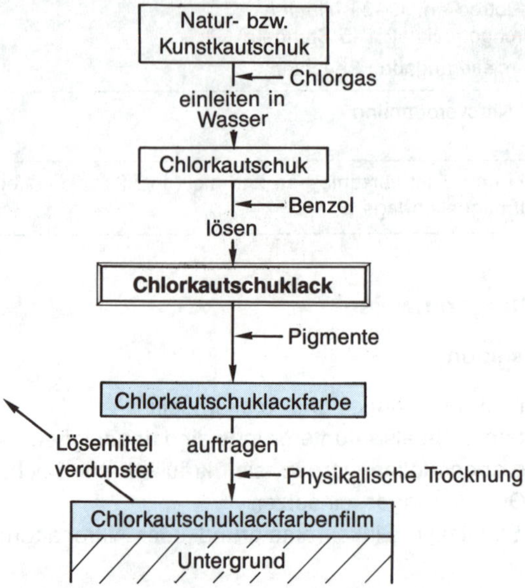

- Gelöster Naturkautschuk bzw. künstlich hergestellter Kautschuk wird mit Chlorgas behandelt. Beim anschließenden Einleiten in Wasser entsteht ein gelbliches und krümeliges Pulver, der *Chlorkautschuk*.
- Chlorkautschuk wird in geeigneten Lösemitteln (Benzol) unter Zusatz von Weichmachern gelöst. Es entsteht der *Chlorkautschuklack*.
- Außerdem gibt es noch Chlorkautschuklacke mit Öl- bzw. Alkydharzzusätzen sowie den **Zyklokautschuk.**

  Hier werden die kettenförmigen Großmoleküle zu ringförmigen Großmolekülen durch chemische Verfahren umgebaut (zyklisiert).
- Zyklokautschuk ist benzinlöslich, Chlorkautschuk dagegen ist nur in dem stark gesundheitsgefährdenden Lösemittel Benzol löslich.
- Kautschuklacke trocknen physikalisch durch Verdunsten der Lösemittel.

Chlorkautschuk und Zyklokautschuk sind die Bindemittel für Kautschuklacke.
Kautschuklacke trocknen physikalisch.

4.14.2 Materialdaten

	Chlorkautschuklack	Zyklokautschuklack
Eigenschaften	Hohe Glanzbeständigkeit; Widerstandsfähigkeit gegen hohe Luftfeuchtigkeit, Nässe und Schwitzwasser; äußerst wasserfest, unverseifbar, geschmacksneutral *Beständig* gegen viele Säuren, Laugen, Salzlösungen, aggressive Gase und Dämpfe	Ähnliche Eigenschaften wie Chlorkautschuklacke *Wenig beständig* gegen konzentrierte Säuren

	Unbeständig gegen die meisten Lösemittel sowie tierische und pflanzliche Fette und Öle *Wärmebeständig* bei trockener Luft bis + 100 °C, bei feuchter Luft bis + 60 °C	*Unbeständig* gegen Fettsäuren *Wärmebeständig* bis + 200 °C
	Vor Einsatz Beständigkeitstabellen der Hersteller anfordern oder Fachberater zu Rate ziehen	
Anwendung	*Wasserfeste Anstriche* für Freibäder, Zierbecken, Innen- und Außenbeschichtungen auf mineralischen und metallischen Untergründen und Holzuntergründen; z. B. Wasserreinigungsanlagen, Trinkwasserbehälter, Duschräume, Waschküchen, Küchen, Brauereien *Chemikalienfeste Anstriche* für Betriebe, die mit wäßrigen Chemikalien arbeiten (z. B. Galvanikbetriebe, Fotolabors) *Verseifungsbeständige Anstriche* für alkalische Untergründe	*Chemikalienbeständige Anstriche* für Behälter, Rohrleitungen, Apparate bei direkter Beanspruchung durch Chemikalien sowie Schutzanstriche bei stark korrodierender Atmosphäre
Bindemittelart	Chlorkautschuk	Zyklokautschuk
Pigmentbasis	Titandioxid – Rutil – (verschnittfrei), säure- und alkalifeste Buntpigmente	
Verdünnung	Spezialverdünnung	Testbenzin oder Kunstharzverdünnung
Vorsichtsmaßnahmen	– Bei Arbeiten in geschlossenen Räumen auf gute Durchlüftung achten – Lösemitteldämpfe von Chlorkautschuklack fallen unter die Gefahrenklasse A I (Feuer und offenes Licht fernhalten) – Lösemitteldämpfe von Zyklokautschuklack fallen unter die Gefahrenklasse A III	
Verarbeitung	Streichen, Rollen (manche Kombinationslacke spritzbar; Lacke ziehen Fäden)	
Verbrauch	~ 110–140 ml/m²	~ 80–100 ml/m²
Trockenzeiten	Staubtrocken: 1 Stunde Durchgetrocknet: 24 Stunden Belastbar: 2–3 Wochen	Staubtrocken: 3–4 Stunden Durchgetrocknet: 12 Stunden Belastbar: 2–3 Wochen
Reinigung der Werkzeuge	Chlorkautschukverdünnung	Kunstharzverdünnung
Lagerung	Kühl und trocken. Angebrochene Gebinde sofort gut verschließen	

4.14.3 Verarbeitungshinweise

Untergrundvorbehandlung

Mineralische Untergründe

- Der Untergrund muß fest, sauber und trocken sein (Schalölreste z. B. durch Dampfstrahlen entfernen, glatte Betonoberflächen durch Sandstrahlen aufrauhen)
- Fluatieren von Beton u. ä. ist wegen der Verseifungsbeständigkeit der Anstrichmaterialien nicht erforderlich.

Eisenmetalle

- Eisenteile 1–2mal mit Chlorkautschuk-Mennige grundieren

Anstrichausführung

3-Schichtaufbau (~ 150 µm)

- Nicht bei direkter Sonneneinstrahlung arbeiten
- Grundierung 10–20 % verdünnen;
  Auftrag ohne langes Vertreiben mit dem Pinsel; Mindesttrockenzeit vor nachfolgendem Anstrich 12 Stunden
- Zwischenanstrich unverdünnt aufbringen (Streichen, Rollen)
- Bei Schwimmbecken Wasser nach frühestens 12 Tagen einfüllen
- Bei Zierteichen erst Blindbefüllung vornehmen (Waser ein- und wieder auslaufen lassen, ehe Fische eingesetzt werden)

Anstrichmängel (Ursachen)

Hochziehen des Anstrichs

Ungeeigneter Untergrund, z. B. Alkydharzlackfilm

Blasen

Anstrich bei direkter Sonneneinstrahlung aufgebracht

Abblätterungen bei Schwimmbadanstrichen

- Ungenügende Absperrung (Isolierung) der Außenschale des Beckens gegenüber dem Erdreich
- Nicht ausgetrockneter Beton
- Salzausblühungen bei feuchtem Beton
- Schalmittelreste vorhanden

Aufgaben *zu „Kautschuklacke“*

A 1. Wie wird das Bindemittel Chlorkautschuk hergestellt?

A 2. Wie wird das Bindemittel Zyklokautschuk hergestellt?

A 3. Wie trocknen Kautschuklacke?

A 4. Zählen Sie einige Eigenschaften von Chlorkautschuk- und Zyklokautschuklacken auf.

A 5. Wo werden Kautschuklacke eingesetzt?

A 6. Welche Verdünnung benötigt man für Chlorkautschuk- und Zyklokautschuklacke?

A 7. Welche Vorsichtsmaßnahmen sind bei der Verarbeitung von Kautschuklacken zu beachten?

A 8. Nach welcher Zeit sind Kautschuklackanstriche belastbar?

A 9. Warum ist ein Fluatieren von Beton bei einem Kautschuklackanstrich nicht erforderlich?

A 10. Wie sind Eisenteile vorzubehandeln?

A 11. Beschreiben Sie einen Anstrichaufbau mit Kautschuklack.

A 12. Welche Zwischentrockenzeiten müssen vor Aufbringen des nächsten Anstriches eingehalten werden?

A 13. Warum sollte der erste Anstrich auf Beton mit einem Pinsel aufgebracht werden?

A 14. Warum sollte bei Zierteichen nach einem Anstrich mit Chlorkautschuklack zuerst eine Blindfüllung vorgenommen werden?

A 15. Warum können sich Kautschuklackfilme hochziehen?

A 16. Welche Ursachen kann eine Blasenbildung haben?

A 17. Worauf können Abblätterungen von Anstrichen zurückgeführt werden?

4.15 Asphalt- und Bitumenlacke

4.15.1 Werkstoffart

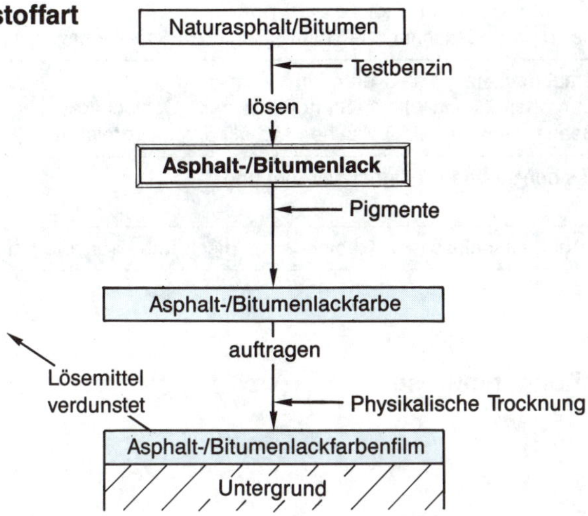

- Naturasphalt/Bitumen (Rückstand bei der Erdöldestillation) wird in geeignetem Lösungsmittel (z. B. Testbenzin) gelöst oder mit trocknenden Ölen, Natur- oder Kunstharzen verkocht.
- Asphalt- und Bitumenlacke trocknen physikalisch durch Verdunsten des Lösemittels.
- Heute sind auch lösemittelfreie Kautschuk-Bitumen-Lacke im Handel.

Naturasphalt/Bitumen sind die Bindemittel von Asphalt-/Bitumenlacken.
Asphalt- und Bitumenlacke trocknen physikalisch.

4.15.2 Materialdaten von Asphalt- und Bitumenlacken

Eigenschaften	Zäh-elastisch, wasserbeständig, chemikalienfest **Nicht beständig** z. B. gegen fette Öle, Benzin
Anwendung	– Schutzanstrich auf Beton (unter der Erde und unter Wasser) – Schutzanstrich auf Metall (z. B. Unterbodenschutz von Kraftfahrzeugen oder Innenanstrich von Dachkanälen) – Abdecklack für Ätzarbeiten (Schmucktechnik)
Bindemittelart	Asphalt, Bitumen evtl. mit Kautschuk
Pigmentbasis	Eisenoxidrot- bzw. Eisenglimmer-Zusätze als Füllstoffe möglich
Verdünnung	Testbenzin oder Kunstharzverdünnung Während der Wartezeiten Werkzeuge wässern
Vorsichtsmaßnahmen	– Nicht mit Trinkwasser in Berührung kommen lassen (wassergefährdend wegen Phenolgehalt) – Nicht einsetzen in Innenräumen, Wohnungen, Stallungen – Zur Verhütung von Teerbrand Haut mit fettfreier Salbe schützen – In engen Räumen, Gruben und Schächten für ausreichende Belüftung sorgen (Immer von unten nach oben arbeiten)

Verarbeitung	Streichen, Rollen, Tauchen, Hochdruck- und Airless-Spritzen
Verbrauch	~ 160 ml/m² (Schichtdicke ~70 µm) Bei Unterbodenschutz 3-4,5 l/m² (Schichtdicke ~ 2mm)
Trockenzeiten	Staubtrocken: 1–3 Stunden Durchgetrocknet: bis 36 Stunden (je nach Schichtdicke) Beanspruchbar: 1–2 Wochen (Anfüllen von Erdreich u. ä.)
Reinigung der Werkzeuge	Testbenzin oder Kunstharzverdünnung
Lagerung	In gut verschlossenen Gebinden praktisch unbegrenzt lagerfähig

4.15.3 Verarbeitungshinweise

Vorarbeiten

Beton

- Lose sitzende Teile sandstrahlen
- Glatt geschalte Flächen sandstrahlen

Stahl

- Sauber entrosten
- Unterwasserflächen sandstrahlen

Verzinkte Flächen

- Gründlich schleifen und reinigen

Altanstrich

- Vollkommen entfernen

Anstrichausführung

Streichen

- Vor Gebrauch gründlich aufrühren
- Bei Außentemperaturen von + 5 °C 3–5 % verdünnen
- Erster Anstrich gut mit Pinsel auftragen
- Wartezeit 1 Tag
- Zweiter Anstrich mit geringem Kraftaufwand mit Ringpinsel oder Flächenstreicher in kurzen Strichen satt auflegen
- Vor weiteren Anstrichen 2–4 Tage Wartezeit

Spritzen

- Bei Temperaturen um + 20 °C ohne Verdünnung arbeiten
- Bei niedrigen Temperaturen höchstens 10 % Verdünnung zugeben
- Bei Unterbodenschutz mit auf Gebinde aufschraubbarer Saugpistole arbeiten (Bremstrommeln u. a. gut abdecken)

Anstrichmängel (Ursachen)

Durchbluten

Beim Überstreichen von Asphalt- bzw. Bitumenlacken mit anderen lösemittelhaltigen Anstrichstoffen können braune Flecken durch den aufgebrachten Anstrich durchdringen (gelöste Bindemittelteile des Asphalt- bzw. Bitumenlacks). Deshalb vor einem Anstrich einen ölfreien Isolieranstrich auftragen.

Aufgaben *zu „Asphalt- und Bitumenlacke"*

A 1. Erklären Sie den Begriff Bitumenlack.

A 2. Wie trocknen Bitumenlacke?

A 3. Welche Eigenschaften haben Bitumenlacke?

A 4. Mit welchen Mitteln kann man derartige Lacke verdünnen?

A 5. Welche Vorsichtsmaßnahmen muß man bei der Verarbeitung beachten?

A 6. Das betonierte Kellergeschoß eines Neubaus soll vor dem Anfüllen mit Erdreich einen Bitumenlackanstrich erhalten. Wie gehen Sie vor?

A 7. Der Unterboden eines PKW's soll mit einem Unterbodenschutz versehen werden. Beschreiben Sie die einzelnen Arbeitsschritte.

A 8. Wie kann man bei einem Überstreichen von Bitumenlackschichten mit einem hellen Alkydharzlack das Durchbluten verhindern?

4.16 Spirituslösliche Lacke

4.16.1 Werkstoffart

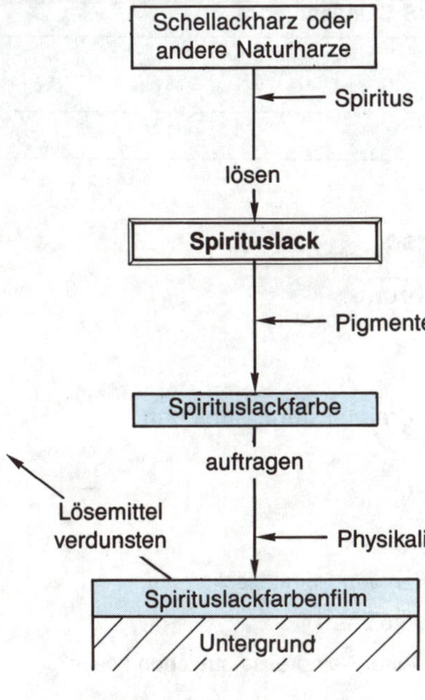

- Früher verwendete man eine große Zahl von in Spiritus löslichen Naturharzen (z. B. Schellack, Kopale) für viele Lacke. Diese Lacke, die nicht nach ihrem Bindemittel, sondern nach ihrem Lösemittel benannt sind, werden noch heute für Spezialzwecke eingesetzt, z. B. der sogenannte Kelterlack für Herbstgeräte (Lebensmittelrechtlich zugelassen).
- Spirituslacke trocknen physikalisch durch Verdunsten des Lösemittels.

Spirituslacke sind nach dem Lösemittel (Spiritus) benannt.
Als Bindemittel verwendet man Naturharze.
Spirituslacke trocknen physikalisch.

4.16.2 Materialdaten von spirituslöslichen Lacken

Eigenschaften	Sehr gute Haftfestigkeit, lebensmittelverträglich, mineralölbeständig, **nicht** wetterbeständig, obst- und weinsäurebeständig, schnell trocknend
Anwendung	Kelterlacke; Absperrlacke (Isolierlacke) für Wasser-, Rost- und Nikotinflecken; Brauereilacke, Spielwarenlacke, Korbwarenlacke usw.
Bindemittelart	Naturharze (z. B. Schellack)
Pigmentbasis	Ungiftige Pigmente
Verdünnung	Spiritus
Vorsichtsmaßnahmen	Lösemittel ist der Gefahrenklasse B zugeordnet
Verarbeitung	Streichen, Tauchen, Spritzen
Verbrauch	~ 100 ml/m²
Trockenzeit	Staubtrocken: 10 Minuten Überstreichbar: 2 Stunden Belastbar: 48 Stunden
Reinigung der Werkzeuge	Spiritus
Lagerung	Kühl und trocken

4.16.3 Verarbeitungshinweise

Vorarbeiten und Anstrichausführung

- Untergründe gut säubern
- Material gut aufrühren
- Holz- und Eisenteile zwei- bis dreimal dünn streichen

Aufgaben *zu „Spirituslösliche Lacke"*

A 1. Erklären Sie den Begriff Spirituslack.

A 2. Zählen Sie einige Eigenschaften von Spirituslacken auf.

A 3. Wo werden Spirituslacke eingesetzt?

A 4. Wie gehen Sie vor, wenn Sie eine Weinpresse streichen sollen?

4.17 PVC-Mischpolymerisatharzlacke (Kunststofflacke)

4.17.1 Werkstoffart

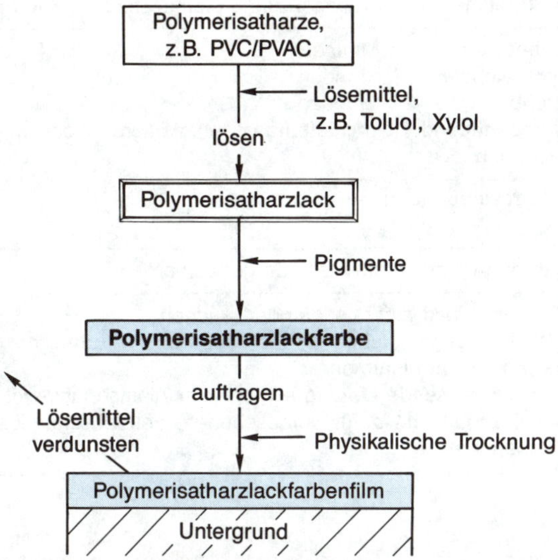

- Unter Kunststofflacken versteht man Auflösungen von Kunststoffen in geeigneten Lösemitteln.
- Als Kunststoffe kommen nur solche Sorten in Frage, deren Großmoleküle nicht zu große Ketten gebildet haben. Nur Kunststoffe mit niederem bis mittlerem Polymerisationsgrad lassen sich in Lösemittel gut lösen.
- Als *Bindemittelsorten* stehen z. B. zur Verfügung:

  Polyvenylchlorid (PVC), das durch Nachbehandlung mit Chlor (Nachchlorierung) besser löslich gemacht wurde.

  PVC-Copolymerisate (hauptsächlich eingesetzte Bindemittel bei Kunststofflacken)
  Hier reagieren bei der Herstellung (Copolymerisation) Kleinmoleküle verschiedener Stoffe miteinander und bilden einen neuen Stoff aus zwei Ausgangsstoffen, „das PVC-PVAC Copolymerisat".
- Die Kunststofflacke trocknen rein physikalisch.
- Sie neigen bei der Verarbeitung zum Fädenziehen.

Vor allem PVC/PVAC-Copolymerisate sind die Bindemittel für die „Kunststofflacke". Kunststofflacke trocknen physikalisch.

4.17.2 Materialdaten von PVC/PVAC-Lacken

Eigenschaften	Mineralöl- und benzinbeständig, abriebfest, wasserfest, schnell trocknend, sehr elastisch
Anwendung	Asbestzement, Beton, Zementputz und Kalk-Zementputze, bei speziellen Fassadenbeschichtungsmaterialien, Stein, Eisen, Zink, Kunststoffe
Bindemittelart	PVC/PVAC-Copolymerisate

Pigmentbasis	Licht-, wetter- und alkalibeständige Pigmentgemische
Verdünnung	Nitroverdünnung
Verbrauch	~ 160 ml/m² (bei Heizöllagerräumen mindestens ~ 860 ml/m²)
Trocknung	Staubtrocken: 30 Minuten Überstreichbar: 12 Stunden Begehbar: 24 Stunden Bei ungenügender Durchlüftung ist mit stärkeren Trocknungsverzögerungen zu rechnen
Reinigung der Arbeitsgeräte	Mit Nitroverdünnung
Lagerung	2 Jahre; angebrochene Gebinde gut verschließen
Vorsichtsmaßnahmen	– Bei der Arbeit nicht essen oder rauchen – Von Nahrungsmitteln, Flammen und Funken fernhalten – Dämpfe nicht einatmen – Für ausreichende Lüftung sorgen oder Atemschutzgerät tragen – Im Brandfall mit dafür vorgesehenem Feuerlöscher löschen (Kein Wasser verwenden!)

4.17.3 Verarbeitungshinweise

Vorarbeiten

Mineralische Untergründe (Mindestens 28 Tage alt)

Wie üblich reinigen

Zinkuntergründe

Nach Empfehlung des BFS-Merkblattes Nr. 5 durch Netzmittelwäsche reinigen.

Kunststoffuntergrund

– Vor Anstrich Kunststoffsorte auf Lösemittelbeständigkeit prüfen
– Abwaschen mit Nitroverdünnung
– Anrauhen mit feinem Schleifpapier

Anstrichausführung

Neuanstrich

1 x Kunststofflack (10–20 % verdünnt)
2 x Kunststofflack (unverdünnt)

Renovierungsanstrich

1 x Kunststofflack (ca. 20 % verdünnt)
1 x Kunststofflack (unverdünnt)

Anstrichmängel (Ursachen)

Abplatzungen

– Ungeeigneter Untergrund

Anlöseerscheinungen

– Nicht lösemittelbeständiger Kunststoff
– Nicht lösemittelbeständige Altanstriche (z. B. Dispersionsfarben)

Aufgaben *zu „Polymerisatharzlacke (Kunststofflacke)"*

A 1. Erklären Sie den Begriff Kunststofflack.

A 2. Welche Bindemittel verwendet man für Kunststofflacke?

A 3. Wie trocknen Kunststofflacke?

A 4. Welche Eigenschaften haben Kunststofflacke?

A 5. Wo werden Kunststofflacke eingesetzt?

A 6. Wann würden Sie eine Kalk-Zementputz-Fassade mit einer PVC-Beschichtung versehen?

A 7. Mit welchen Verdünnungsmittel kann man Kunststofflacke verdünnen?

A 8. Zählen Sie einige Vorsichtsmaßnahmen auf, die bei der Verarbeitung von Kunststofflacken zu beachten sind.

A 9. Worauf ist zu achten, wenn man einen Kunststoffuntergrund mit einem Kunststofflack beschichten will?

A 10. Welchen Anstrichaufbau würden Sie bei einer Erstbeschichtung von Beton vorschlagen?

A 11. Welcher Fehler wird gemacht, wenn ein nicht lösemittelbeständiger Untergrund mit Kunststofflack beschichtet wird?

4.18 Silicone

4.18.1 Werkstoffart

– Silicone sind silizium-organische Bindemittel, d. h. es sind organische Stoffe (Kunstharze), die Ketten und Netze aus -Si-O-Si-O- bilden.
– Silicone werden aus Quarzsand und Kohle hergestellt.
– Man kennt folgende Siliconprodukte:
Siliconharze und silikonharzähnliche Anstrichstoffe, z. B.
  - Siliconharzfarben (wasserverdünnbar, pigmentiert)
  - Siloxanfarben (lösemittelverdünnbar, unpigmentiert)

– Sie haben folgende ganz spezielle Eigenschaften:

Wasserabweisend (Hydrophob)

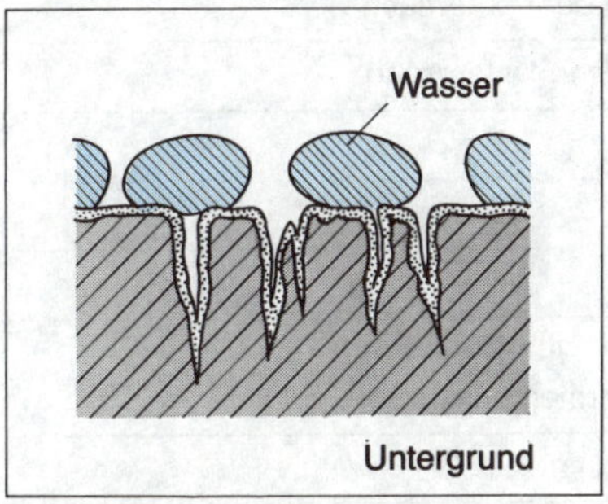

Hitzebeständig (bis max. 500 °C)

Man verwendet sie deshalb als **wasserabweisende Imprägniermittel** für poröse mineralische Untergründe und für **hochtemperaturbeständige Korrosionsschutzanstrichstoffe.**

– Die mit den Siliconen verwandten Kieselsäureester sind zwar nicht wasserabstoßend, dringen dafür aber sehr tief in poröse Sandsteinschichten ein und festigen sie.
– Siliconharzlösungen trocknen physikalisch.

– Kieselsäureester wandeln sich wieder in Quarz zurück und bilden eine *festverankerte, verkieselte Schicht.*

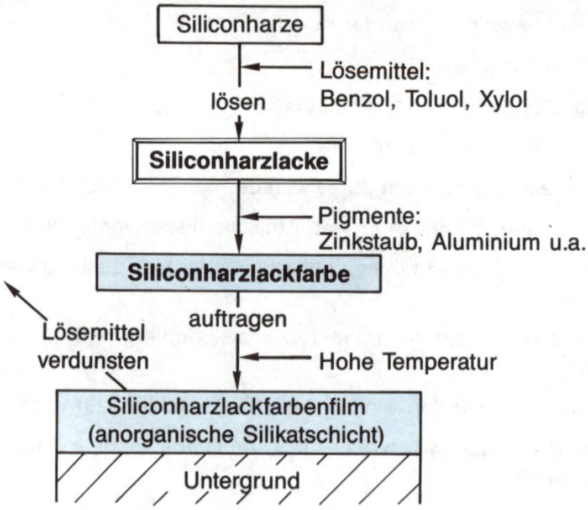

– Siliconharzlacke verändern sich bei Wärmebelastung. Alle organischen Stoffe brennen weg. Es bildet sich eine festhaftende anorganische Anstrichschicht.

Silicone sind die Bindemittel für Siliconharzlacke, Siliconharzimprägniermittel, Siliconharzfarben und Siloxanfarben.

4.18.2 Materialdaten und Verarbeitungshinweise – Siliconharzimprägniermittel

Materialdaten

Eigenschaften	Wasserabweisend bei gleichzeitiger Wasserdampfdurchlässigkeit, keine Veränderung von Porenstruktur und Farbton oder Oberfläche
Anwendung	Imprägnierung für saugende mineralische Untergründe
Bindemittelart	Siliconharz
Pigmentbasis	Pigmentfrei
Verdünnung	Testbenzin
Vorsichtsmaßnahmen	– Metall-, Kunststoff- und Holzteile sind gut abzudecken – Einatmen von Lösemitteldämpfen vermeiden
Verarbeitung	Durch Streichen, Spritzen, Fluten, Sprühen
Verbrauch	Bei schwach saugenden Flächen ab ~ 190 ml/m² Bei stark saugenden Flächen bis ~1000 ml/m²
Trockenzeiten	Nach 4 Stunden wasserabweisend und schlagregensicher
Reinigung der Werkzeuge	Sofort nach Gebrauch mit Testbenzin
Lagerung	Je nach Produkt bis 2 Jahre

Untergrundvorbehandlung

Der Untergrund muß sauber und rißfrei sein. Altanstriche restlos entfernen. Die Alkalität des Untergrundes darf nicht größer als pH 12 sein.

Anstrichausführung

- Um das Eindringen des Imprägniermittels zu gewährleisten, muß der *Untergrund oberflächentrocken* sein
- Es muß bei nebelfreier und niederschlagsfreier Witterung gearbeitet werden
- Zur Grundierung wird das Material mit 50 % Testbenzin verdünnt und satt aufgetragen
- Anschließend eine satte Beschichtung mit unverdünntem Imprägniermittel bis zur Tränkung. Am besten geeignet ist das *Sprühverfahren*
- Bei mehrmaliger Beschichtung muß *naß-in-naß* gearbeitet werden
- Beim Streichen soll die Bürste oft eingetaucht und nur kurz verstrichen werden

Anstrichmängel (Ursachen)

Fleckenbildung bei Regen. Nicht behandelte Stellen werden sichtbar (deshalb *naß-in-naß* arbeiten).

4.18.3 Materialdaten und Verarbeitungshinweise – Siliconharzlacke

Materialdaten

Eigenschaften	Hitzebeständig
Anwendung	Korrosionsschutzanstriche bei atmosphärischer, schwacher chemischer und thermischer Belastung auf Stahl, angewitterten und verzinkten Stahl, angewitterte NE-Metalle
Bindemittelart	Siliconharze
Pigmentbasis	Zinkstaub, Aluminium, Graphit, Silizium-Karbid
Verdünnung	Spezialverdünnung
Vorsichtsmaßnahmen	Bei Anstricharbeiten in geschlossenen Räumen für gute Entlüftung sorgen
Verarbeitung	Für Grundanstriche nur Pinseltechnik Für Deckanstriche auch Spritztechnik möglich
Verbrauch	Grundanstrich: 190 ml/m² Deckanstrich: 130 ml/m² 2. Deckanstrich: 120 ml/m²
Trockenzeiten	Staubtrocken: 1 Stunde Durchgetrocknet: 16 Stunden
Reinigung der Werkzeuge	Sofort nach Gebrauch mit Spezialverdünner
Lagerung	3 Monate

Objektbeurteilung

Bevor mit der eigentlichen Anstricharbeit *bei temperaturbelasteten Objekten* begonnen werden kann, muß das gesamte Objekt beurteilt werden (Temperaturhöhe, Außen- oder Innenanstrich, Temperaturwechsel u. a.).
Daraus werden Untergrundvorbehandlungen und Anstrichtechnik abgeleitet.

Untergrundvorbehandlung

- Bei einer Hitzebeständigkeit bis zu 200 °C ist eine *wolkige Entrostung* (Entrostungsgrad 2) bedingt ausreichend
- Bei einer Hitzebeständigkeit bis zu 600 °C ist eine *metallisch reine Entrostung* (Entrostungsgrad 3) unbedingt erforderlich

Anstrichaufbau

- Für *hitzebeständige Anstriche* genügen zwei Schichten
- Für *Korrosionsschutzanstriche* sind 3 bis 4 Schichten mit einer Gesamtschichtdicke um 100 µm erforderlich
- Zwei *Grundanstriche* mit Siliconharz-Zinkstaubanstrichmittel
- *Deckanstriche* mit Siliconharzlacken ausführen, die mit Aluminium, Eisenglimmer oder Graphit pigmentiert sind
- Jede Anstrichschicht gut durchtrocknen lassen
- Das Auftragen soll mit einem weichen Flächenstreicher erfolgen; dünn ausstreichen
- Der Untergrund soll beim Auftragen schwach warm sein (30 °C)
- 12–24 Stunden nach Schlußbeschichtung gestrichene Teile langsam erhitzen

Anstrichmängel (Ursachen)

Nicht aufeinander haftende Schichten

Zu heiß gestrichen, Lösemittel zu schnell verdunstet

Abblätterung

Dicker und unregelmäßiger Auftrag

Aufgaben *zu „Silicone"*

A 1. Warum nennt man Silicone silizium organische Bindemittel?

A 2. Welche besonderen Eigenschaften besitzen Siliconprodukte?

A 3. Für welche Zwecke verwendet man unpigmentierte Siliconharz-Lösungen?

A 4. Wo werden pigmentierte Siliconharzlacke eingesetzt?

A 5. Für welchen Zweck verwendet man Kieselsäureester?

A 6. Wie trocknen Siliconharzlacke?

A 7. Welche Beschaffenheit hat ein wärmebelasteter Siliconharzlackfilm?

A 8. Beschreiben Sie die Ausführung einer Imprägnierung von Gasbeton.

A 9. Warum können sich nach einem Regen auf einer imprägnierten Fassadenfläche Flecken abzeichnen?

A 10. Welche Pigmentierung haben Siliconharzlacke für hitzebeständige Anstriche?

A 11. Welche alleinige Auftragstechnik ist für Grundanstriche vorgeschrieben?

A 12. Wie hoch ist der durchschnittliche Lackverbrauch für ein dreischichtiges Anstrichsystem?

A 13. Wovon ist der Entrostungsgrad einer Stahlfläche bei hitzebeständigen Anstrichen abhängig?

A 14. Wann **muß** Entrostungsgrad 3 gewählt werden?

A 15. Welches Grundanstrichmittel verwendet man für hitzebeständige Anstriche?

A 16. Wann kann nach der Grundierung die nächste Anstrichschicht aufgebracht werden?

A 17. Nach welchem Zeitpunkt darf man einen frischgestrichenen, hitzebeständigen Anstrich erhitzen?

A 18. Warum können die einzelnen Anstrichschichten aufeinander nicht haften?

A 19. Aus welchem Grund sind Abblätterungen möglich?

4.19 Acrylharzlacke und Polyacrylatharzfarben

4.19.1 Werkstoffart – Acrylharzlack

– Acrylharzlacke bestehen aus Lösungen von polymerisierten Acrylsäureestern.
– Sie bilden harte, hochglänzende und vergilbungsfreie Lackfilme (2-K-Lacke).
– Als 2-Komponentenlack werden heute Acrylharzlacke für Industrielackierungen und Fahrzeuglackierungen eingesetzt.
– 2-K-Lacke trocknen durch chemische Reaktion.

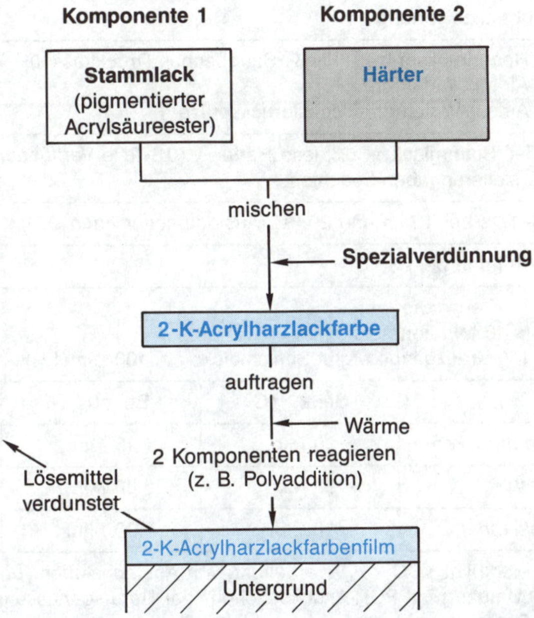

2-K-Acrylharzlackfarben werden aus Stammlack und Härter gemischt. Sie trocknen chemisch.

4.19.2 Materialdaten und Verarbeitungshinweise – 2-K-Acrylharzlacke

Materialdaten

<table>
<tr><td>Arten</td><td colspan="4">– 2-K-Acrylharzlackfarbe, unifarben, (metallic), einschichtig
– 2-K-Acrylharzlackfarbe, metallic (Basislack für 2-Schicht-Lackierung)
– Acrylharzlackfarbe, metallic-thermoplastisch (Basislack)
– 2-K-Acrylharzlackfarbe, Tagesleuchtfarben (Basislack)
– 2-K-Acrylharzlack, (Decklack für 2-Schicht-Lackierung)</td></tr>
<tr><td>Eigenschaften</td><td colspan="4">– Hohe Glanzstabilität
– Sehr hart, mechanisch beständig
– Chemisch beständig (10 %-ige Säuren, Lösemittel)
– Witterungsbeständig
– Hohe Schichtdicke, besonders bei Zweischichtlackierung
– Kurze Trockenzeiten in Trockenkabinen (60 °C)
– Auf allen Untergründen verwendbar (mit Zusätzen)</td></tr>
<tr><td>Anwendung</td><td colspan="4">– PKW-Lackierungen
– LKW- und Nutzfahrzeug-Lackierungen
– Geräte-Lackierungen</td></tr>
<tr><td>Bindemittel/ Kennzeichnung</td><td colspan="4">Acrylatharze, Acryl-Polyurethanharz-Kombinationen/VbF A II (Stammlack)</td></tr>
<tr><td>Härter/ Kennzeichnung</td><td colspan="4">Polyisocyanate/VbF A II, Xn-Kennzeichnung (Härter)</td></tr>
<tr><td>Pigmentbasis</td><td colspan="4">– Lichtbeständige Pigmente (unifarben)
– Metallpigmente (verschiedene Größe und Struktur)
– Leuchtfarbenpigmente (bei klaren Decklacken pigmentfrei)</td></tr>
<tr><td>Verdünnung/ Kennzeichnung</td><td colspan="4">2-K-Spezialverdünnung des Herstellers/VbF A I, Xn-Kennzeichnung</td></tr>
<tr><td>Verarbeitungs-verfahren</td><td colspan="4">– Hochdruckspritzen (Fließ-, Saugbecher, Druckkessel)
– Air-Mix-Verfahren
– Airless-Verfahren (Höchstdruckspritzen)</td></tr>
<tr><td>Mischungs-verhältnis</td><td colspan="4">1 Teil Stammlack + 0,5 Teile Härter + 0,3 Teile Verdünnung, jedoch Herstellerangaben beachten</td></tr>
<tr><td>Spritzviskosität</td><td colspan="4">16–17 s bei 4 mm und 20 °C (Auslaufbecher nach DIN)</td></tr>
<tr><td>Topfzeit</td><td colspan="4">4 Stunden bei 23 °C</td></tr>
<tr><td>Spritztechnik</td><td colspan="4">– ½ Kreuzgang
– 5–10 Minuten ablüften
– 1 ½ Kreuzgänge ergibt Schichtdicke ca. 100 µm (1 ½)</td></tr>
<tr><td rowspan="4">Trockenzeiten</td><td></td><td>Bei 20 °C</td><td>Bei 40 °C</td><td>Bei 60 °C</td></tr>
<tr><td>Staubtrocken</td><td>30 Min.</td><td>15 Min.</td><td>5 Min.</td></tr>
<tr><td>Griffest</td><td>90 Min.</td><td>30 Min.</td><td>15 Min.</td></tr>
<tr><td>Abklebbar</td><td>10 Std.</td><td>90 Min.</td><td>45 Min.</td></tr>
<tr><td>Vorsichts-maßnahmen</td><td colspan="4">– Merkblatt VBG 23 „Verarbeitung von Anstrichstoffen“ und Merkblatt „Umgang mit PUR-Anstrichstoffen“ der Berufsgenossenschaften beachten
– Spritzkabine, Lüftung, Atemschutz, Rauchverbot</td></tr>
<tr><td>Lagerung</td><td colspan="4">2 Jahre in nicht angebrochener Dose bei 23 °C
Angebrochene Gebinde bald verbrauchen</td></tr>
</table>

Untergrundvorbehandlung

	Entfetten/Imprägnieren	*Schleifen*	*Grundieren*
Stahlblech	Reinigungsverdünnung oder Silikonentferner	Rost entfernen	Füller oder Primer
Verzinkte Flächen	Netzmittelwäsche	Nur schwach anschleifen (Schleifvlies), sonst Zerstörung der Schutzschicht	Füller
Aluminium	Spezielle Entfettungsmittel. Keine Nitroverdünnung. Vor und nach Schleifen entfetten	Gründlich anschleifen mit 120er Trockenschleifpapier	Je nach Sorte Füller oder Primer
Kunststoffe	Silikonentferner	Anschleifen mit 120er Trockenschleifpapier	Kunststoff-Haftprimer (bei ABS-Kunststoff direkt mit dem Acryllack lackieren)
Holz	Bläueschutzgrund streichen. Harzreiche Hölzer mit Nitro-Reinigungsverdünnung ausbürsten	Schleifen mit 120er Trockenschleifpapier	Haftgrund oder Füller

Lackieren

Mischen des 2-K-Acrylharzlackes

- Stammlack und Härter im angegebenen Verhältnis mischen. Für manche Kunststoffsorten benötigt man außerdem 20–30 % Weichmacherzusatz.
- Die Topfzeit beachten

Verdünnen

Auf Spritzkonsistenz einstellen (16–17 s bei 4 mm und 20 °C, Auslaufbecher nach DIN); 10–15 % 2-K-Verdünnung zugeben.

Spritzen

1 ½ Kreuzgänge, vom ersten halben Kreuzgang an satt auf Verlauf, in rasch aufeinanderfolgenden Gängen mit nur kurzer Zwischenablüftzeiten (ca. 2 Minuten) spritzen.
Zu vorsichtiges (trockenes) Spritzen führt zu einem raschen Oberflächenabschluß. Dies führt zu Lösemitteleinschlüssen und beim Trocknen zu Kochblasen.
Auf eine Endablüftzeit vor dem Einfahren in den Trockenofen völlig verzichten.
Bei der Verarbeitung auf absolute Wasserfreiheit der Werkzeuge achten, da Lack mit Feuchtigkeit reagieren kann.

4.19.3 Materialdaten und Verarbeitungshinweise – Polyacrylatharzfarben

Materialdaten

Eigenschaften	Unverseifbar, wasserdampfdurchlässig, nicht frostempfindlich, sperrt Nikotin- und Wasserflecken ab
Anwendung	Deckanstrich für mineralische Untergründe, Holzwerkstoffe und feste Altanstriche. Im Innenbereich als Schnellrenovierfarbe

Bindemittelart	Gelöstes Acrylharzpolymerisat
Pigmentbasis	Titandioxid – Rutil –
Verdünnung	Testbenzin, Nitroverdünnung
Vorsichtsmaßnahmen	– Farbspritzer sofort mit Nitroverdünnung entfernen – Vorsicht bei synthetischen Materialien (Teppichböden, Vorhänge u. ä.)
Verarbeitung	Im Streich-, Roll- und Spritzverfahren
Verbrauch	Glatter Untergrund ~ 130–170 ml/m² Sehr rauher Untergrund ~ 470–670 ml/m²
Trockenzeit	Staubtrocken: 1 Stunde Überstreichbar: 12 Stunden (Innenfarbe), 18 Stunden (Außenfarbe)
Untere Temperaturgrenze bei Anwendung	Keine Beschränkung, sofern feststeht, daß der Untergrund eisfrei ist
Reinigung der Werkzeuge	Testbenzin, Nitroverdünnung
Lagerung	Das Material ist *nicht frostempfindlich* Lagerstabilität ca. 12 Monate

Vorbehandlung

Unbehandelte mineralische Untergründe

Kalkausblühungen trocken abbürsten; nicht fluatieren; Anstrich mit lösemittelhaltigem Grundanstrichmittel, bei stark saugenden Untergründen mit Testbenzin einstellen

Gipskarton, Preß- und Spanplatten

Grundanstrich mit lösemittelhaltigem Grundanstrichmittel

Altanstriche

– Leimfarben abwaschen
– Kalk-, Zement- und Silikatfarben abbürsten
– Dispersionsfarben reinigen

Rußverseuchte Flächen

Rußbelag abwaschen und direkt mit Polyacrylatharzlack beschichten

Beschichtung

– Mit *einem* satten Deckanstrich erzielt man fast immer gewünschte Deckfähigkeit
– *Naß-in-naß* arbeiten

Anstrichmängel (Ursachen)

Ansätze

Nicht *naß-in-naß* gearbeitet

Abblätterungen

Auf nicht trockenen Untergrund gestrichen

Aufgaben *zu „Acrylharzlacke und Polyacrylatharzfarben“*

A 1. Wo werden z. B. 2-Komponenten-Acrylharzlacke verwendet?

A 2. Für welche Zwecke setzt man lösemittelhaltige Polyacrylatharzfarben ein?

A 3. Welche Eigenschaften haben 2-K-Acrylharzlacke?

A 4. Welche Verdünnungsmittel verwendet man für 2-K-Acrylharzlacke?

A 5. Nach welcher Zeit ist eine 2-K-Lackierung bei 60 °C-Ofentrocknung abdeckfähig?

A 6. Warum können fertige 2-K-Lackmischungen nicht aufbewahrt werden?

A 7. Welche Vorbehandlung schlagen Sie vor der Lackierung neuer Aluminiumflächen vor?

A 8. Wie wird ein 2-K-Acrylharzlack angemischt?

A 9. Wie groß ist die Topfzeit solcher Mischungen?

A 10. Welche Wartezeiten sollte man zwischen den einzelnen Spritzgängen einlegen?

A 11. Wie entstehen Kochblasen?

A 12. Warum muß auf Wasserfreiheit bei den Werkzeugen geachtet werden?

A 13. Welche Eigenschaften haben Polyacrylatharzfarben?

A 14. Beschreiben Sie die Außenbeschichtung eines neuen noch unbehandelten Kalk-Zementputzes.

A 15. Wie gehen Sie vor, wenn rußverseuchte Decken und Wände renoviert werden sollen?

4.20 Polyurethanlacke (Kurz: PUR-Lacke)

4.20.1 Werkstoffart

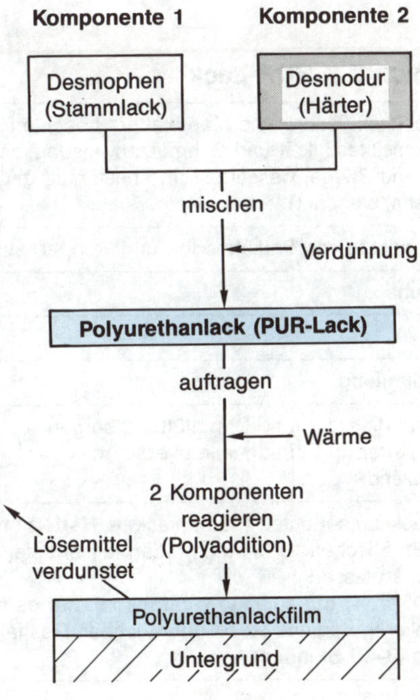

- PUR-Lacke wurden früher als DD-Lacke bezeichnet. Dieser Name stammt von den beiden Lackkomponenten **Desmophen** (Stammlack) und **Desmodur** (Härter).
- Desmodur und Desmophen reagieren nach dem Zusammenmischen chemisch miteinander und bilden durch *Polyaddition* Großmoleküle.
- Nach dem Verdunsten des Lösemittels bilden sich sehr widerstandsfähige Lackfilme.
- Heute kennt man verschiedene PUR-Lacke, die sich auf Grund ihrer Filmbildung unterscheiden.
- Außerdem gibt es noch 1-Komponentenlacke.

1-Komponentenlacke	**2-Komponentenlacke**
Filmbildung durch **H_2O** ⟶ Reaktion mit Feuchtigkeit **O_2** ⟶ Reaktion mit Sauerstoff **+Energie** ⟶ Erhärtung durch Wärme	*Filmbildung (Polyaddition) durch:* ⟶ Reaktion von 2 Komponenten Komponente 1: **Stammlack** = *Desmophen* + Komponente 2: **Härter** = *Desmodur* ⟶ Beschleuniger (Katalysator) **Stammlack** + **Beschleuniger**

- Daneben gibt es heute wäßrige 2-Komponenten-Polyurethanlacke.

Hinweis: Härter und Beschleuniger dürfen nicht gemischt werden (Explosionsgefahr).

PUR-Lacke entstehen durch Polyaddition von *Desmodur* und *Desmophen.*
Heute gibt es verschiedene PUR-Lacksysteme.

4.20.2 Materialdaten von 2-K-PUR-Lack

Eigenschaften	Je nach Lacktyp „Technische Merkblätter“ beachten Hohe Verschleißfestigkeit und Schmutzabweisung, zähelastisch, leichte Reinigung und Pflege, wasserfest und beständig gegen chemische Einflüsse (z. B. Haushaltsreiniger)
Anwendung	z. B. Versiegelung von Parkettböden und Treppen aus Hart- und Weichholz
Bindemittel	Polyurethanharz
Pigmentbasis	Entfällt
Verdünnung	Spezialverdünnung
Vorsichtsmaßnahmen	– Feuergefährlich, für gute Durchlüftung sorgen – Offenes Feuer und Zündquellen verboten – Härter ätzend
Zubereitung	– Beide Lackkomponenten (Stammlack + Härter) im Verhältnis 1:1 mischen – Nach dem Mischen 15 Minuten reifen lassen (stehenlassen, um Reaktion beginnen zu lassen) – Lackgemisch ist nur solange verarbeitbar, wie es noch flüssig ist. Sobald es zu gelieren beginnt, ist es unbrauchbar. Deshalb Topfzeit (potlife) beachten (8–10 Stunden)

Verarbeitung	Streichen mit Flächenstreicher Spritzen mit 2K-Spritzpistole
Verbrauch	~ 70 ml/m² und Anstrich
Trockenzeiten	Staubtrocken: 2 Stunden Klebfrei: 5 Stunden Begehbar: über Nacht (~ 12 Stunden) Strapazierfähig: 5–8 Tage
Reinigung der Werkzeuge	Spezialverdünner
Lagerung	*Stammlack:* praktisch unbegrenzt *Härter:* ½ Jahr

4.20.3 Verarbeitungshinweise

Grundsätzliches

– Parkettboden nach Maschinenschliff fein nachschleifen und sorgfältig mit Staubsauger entstauben
– Mit lösungsmittelfeuchtem Lappen nachwischen
– Holzfeuchte darf vor Beschichtung 12 % nicht überschreiten

Beschichtungsausführung

1. **Parkettboden einlassen**
   Mischen: 1 Teil Stammlack + 1 Teil Härter + 1 Teil Verdünnung
2. **Versiegelung** (2 x bei Hartholz, 3 x bei Weichholz)
   Mischen: 1 Teil Stammlack + 1 Teil Härter

– Bei Bedarf 10 % verdünnen
– Mit Flächenstreicher auftragen
– Zwischentrocknung über Nacht
– Vor nächster Versiegelung Zwischenschliff und Entstaubung
– Zwischentrockenzeiten sollen 48 Stunden nicht überschreiten, sonst ist wegen der Haftung ein besonders gründlicher Zwischenschliff erforderlich
– Die Versiegelung ist am nächsten Tag begehbar

Beschichtungsmängel (Ursachen)

Pockige Oberfläche

– Keine gründliche Entstaubung

Mangelhafte Haftung

– Zwischentrockenzeit zu lange
– Zwischenschliff nicht ausreichend

Hinweis: Materialdaten und Verarbeitungshinweise sind je nach PUR-Lacksorte unterschiedlich. (Technische Merkblätter der Hersteller beachten.)

Aufgaben *zu „Polyurethanlacke“*

A 1. Wie werden Polyutheranlacke noch bezeichnet?

A 2. Wie nennt man die beiden Komponenten?

A 3. Wie erhärten PUR-Lacke?

A 4. Wie unterscheiden sich Einkomponenten- und Zweikomponenten-Polyurethanlacke?

A 5. Welche Eigenschaften weisen Polyurethanlacke auf?

A 6. Wo werden PUR-Lacke eingesetzt?

A 7. Erkläre den Begriff „Reifen“.

A 8. Was versteht man unter Topfzeit?

A 9. Wie erkennt man, ob ein PUR-Lackgemisch noch verarbeitbar ist oder nicht?

A 10. Wie werden PUR-Lacke aufgetragen?

A 11. Ab wann ist eine Versiegelung begehbar?

A 12. Welche Vorarbeiten sind vor dem Versiegeln durchzuführen?

A 13. Wie hoch darf die Holzfeuchtigkeit bei einer Parkettversiegelung maximal sein?

A 14. Welches Mischungsverhältnis ist für das Einlassen des Parketts notwendig?

A 15. Warum muß nach einer Zwischentrockenzeit von mehr als 48 Stunden die Versiegelungsschicht gründlich geschliffen werden?

A 16. Worauf ist eine pockige Versiegelungsoberfläche zurückzuführen?

4.21 Epoxidharzlacke

4.21.1 Werkstoffart

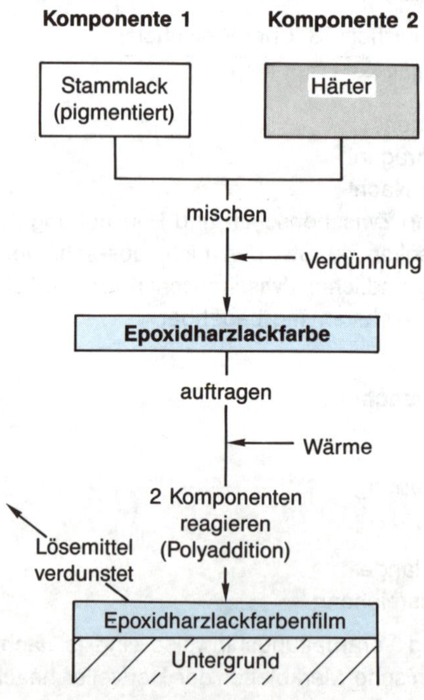

- Epoxidharzlacke sind Reaktionslacke. Sie bestehen aus *Stammlack und Härter* und werden kurz vor der Verarbeitung im vorgeschriebenen Mengenverhältnis gemischt.
- Erst durch den Härter bilden sich durch Polyaddition Großmoleküle aus.

Man unterscheidet folgende Lacksorten auf Epoxidharzbasis:

1. Kalthärtende Epoxidharze

Stammlack (größere Molekülketten) + Lösemittel	+	**Härter**

2. Einbrennlacke auf Epoxidharzbasis

Kombination			
Epoxidharz	Melamin-Harnstoff oder Phenolharz	+	**Wärme** 200 °C

3. Epoxidharzester-Lacke

Das Bindemittel „Epoxidharzester" wird durch chemische Reaktion (Veresterung) von Epoxidharz und Fettsäuren hergestellt.
In Lösemittel gelöste Epoxidharzester trocknen (auch unter Zusatz von Sikkativen) oxidativ.

Epoxidharzester	+	**Luftsauerstoff**

4. Flüssigkunststoffe auf Epoxidharzbasis

Stammlack (Kleinmoleküle)	+	**Härter**

(kein Lösemittel nötig)

5. In Wasser dispergierte 2-K-Epoxidharze

Außerdem gibt es heute Zweikomponenten-Epoxidharze, deren Bestandteile in Wasser feinverteilt (emulgiert) sind.

Stammlack	+	**Härter**

Epoxidharze bzw. Epoxidharzester sind die Bindemittel für 2- bzw. 1-Komponenten-Epoxidharzbeschichtungen.
Sie trocknen entweder oxidativ oder durch Polyaddition.

4.21.2 Materialdaten von 2-K-Epoxidharzlackfarben

Eigenschaft	Hoch abriebfest, sehr gute athmosphärische Beständigkeit, wetterfest, chemikalienbeständig gegenüber Abwasser, Fäkalien, Ölen, Salzlösungen, Zuckerlösungen, Benzin, bestimmten Lösemitteln
Anwendung	– Innen- und Außenbeschichtung auf Beton, Zementestrich, Asbestzement – Schutzanstrich von Stahl und verzinkten Flächen
Bindemittelart	Epoxidharz
Pigmentbasis	– Anorganische oder organische licht- und wetterbeständige Pigmente (Derartig pigmentierte Anstriche neigen bei Witterungseinflüssen zu Glanzabfall und Kreidung. Dies führt jedoch nicht zu einer merklichen Beeinflussung der Haltbarkeit.) – Eisenglimmer (hohe Wetterbeständigkeit) – Aluminium (hohe Farbtonbeständigkeit)
Verdünnung	Spezialverdünnung
Vorsichts-maßnahmen	– Keine Flecken auf Hände, Kleidung, Umgebung bringen (ätzend) – Härter sind kennzeichnungspflichtig: Xn = Gesundheitsschädlich beim Einatmen, Verschlucken oder Berühren mit der Haut (enthält Xylol und Anthylbenzol) – Für ausreichende Entlüftung sorgen – Feuer, offenes Licht und Zündquellen fernhalten (Gefahrenklasse A II)
Zubereitung	Stammlack und Härter gründlich mischen, bis eine schlierenfreie einheitliche Mischung vorliegt, die nach einer Vorreaktionszeit von 30 Minuten verarbeitet werden kann. – Mischungsverhältnisse sind je nach Lacktyp unterschiedlich (vor allem 4 : 1, aber auch 10 : 1,5) – Die Topfzeit beträgt je nach Lacktyp zwischen 12 und 24 Stunden (Herstellervorschrift beachten!)
Verarbeitung	Streichen, Spritzen, Rollen (Bei Temperaturen von mehr als + 5 °C)
Verbrauch	Maximal 170 ml/m² und Schicht (Höhere Einzelschichtdicken führen zu Störungen in der Aushärtung.)
Trockenzeiten	– *Überstreichbar:* 12 Stunden (Bei Zwischenwartezeiten von mehr als 5 Tagen ist ein gründliches Anschleifen mit Schleifpapier der Körnung 180–320 erforderlich.) – *Ausgehärtet:* 1–2 Wochen
Reinigung der Werkzeuge	Spezialverdünner
Lagerung	In kühlen und trockenen Räumen Lagerstabilität der Originalgebinde 12 Monate

4.21.3 Verarbeitungshinweise

1. Innen- und Außenbeschichtungen auf Asbestzement, Beton- und Zementestrich

Vorarbeiten

Asbestzement

Mit Epoxidharz-Einlaßgrund grundieren (Mischungsverhältnis Einlaßgrund : Härter = 10 : 1)

Beton- und Zementestrich

- Abbindezeit mindestens 4 Wochen
- Grundieren mit Epoxidharz-Einlaßgrund
- Geglättete oder gepuderte Zementoberflächen sind nicht tragfähig, sie müssen durch Strahlen entfernt oder mit 10 %iger Salzsäure behandelt werden (mit klarem Waser nachspülen und 12 Stunden trocknen lassen)
- Poröse oder vertiefte Stellen können nach dem Grundieren mit Epoxidharzkunststoff egalisiert werden (Zur Verbesserung der Fülle kann trockener Quarzsand zugemischt werden.)

Schlußbeschichtung

- Um eine langfristige Haltbarkeit zu erzielen, muß eine hohe Trockenschichtdicke erreicht werden. Um derartige porendichte Anstriche zu erzielen, muß man 2–3 Anstriche ausführen
- Nach dem jeweiligen Auftrag der Zwischenhärtung ist ein Zwischenschliff (180–320er Schleifpapier) nötig

2. Korrosionsschutzanstriche

Oberflächenvorbehandlung

Stahl

Strahlen im Norm-Reinheitsgrad, ca. 2½ nach DIN 55 928, Teil 4

Verzinkte Oberflächen

- Netzmittelwäsche und Schleifen mit Schleifvlies
- Bei Unterwasserbelastung sind Sandstrahlung und eine Mindestschichtdicke des Zinküberzugs von 300 μm erforderlich

Beschichtungsaufbau

Stahl – *3-Schichtaufbau*

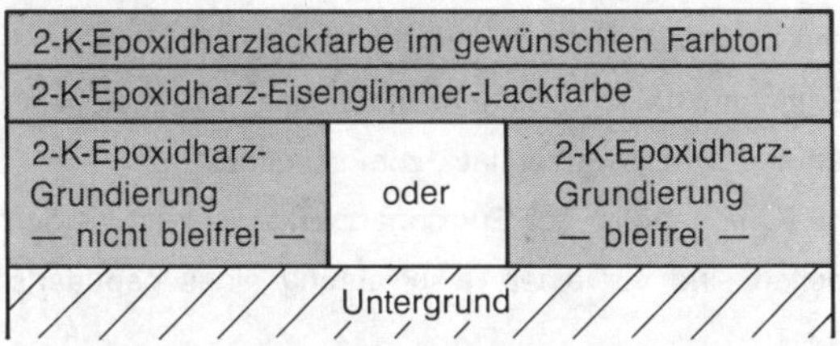

Stahl – *4-Schichtaufbau für extreme Beanspruchung*

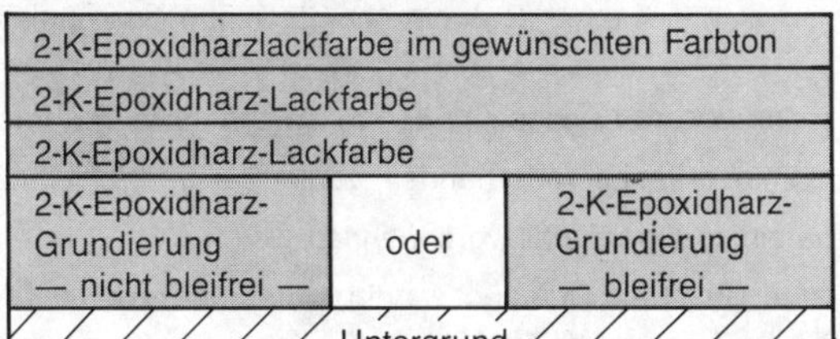

Verzinkte Flächen

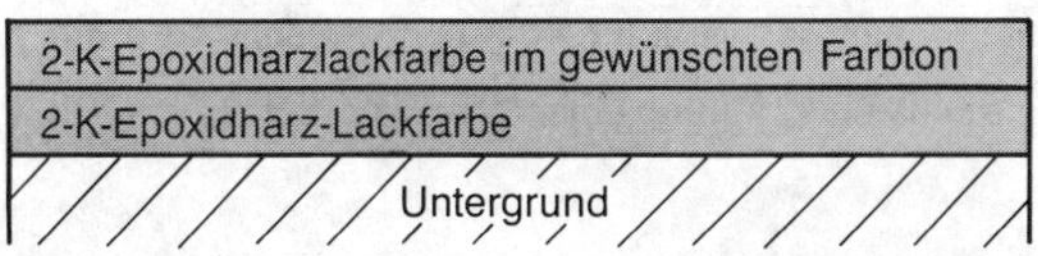

Beschichtungsmängel

Glanzabfall und Abkreidung

Farbig pigmentierte Epoxidharzlacke im Außenbereich verwendet

Keine Durchhärtung

- Stammlack und Härter nicht gründlich gemischt
- Stammlack und Härter nicht im richtigen Mischungsverhältnis angesetzt
- Zu hohe Schichtdicke aufgetragen
- Topfzeit nicht beachtet

Haftungsschwierigkeiten

- Ohne Zwischenschliffe gearbeitet
- Zu lange Zwischenbeschichtungszeiten eingelegt und nicht gründlich geschliffen
- Untergrund nicht ausreichend vorbehandelt

Aufgaben *zu „Epoxidharzlacke"*

A 1. Wie erhärten 2-K-Epoxidharzlacke?

A 2. Welche Epoxidharzlacksorten gibt es?

A 3. Welche besonderen Eigenschaften weisen Epoxidharzbeschichtungen auf?

A 4. Wo kann man Epoxidharzlacke einsetzen?

A 5. Welcher Pigmentzusatz garantiert die beste Wetterbeständigkeit eines Epoxidharzlackanstriches?

A 6. Welche Vorsichtsmaßnahmen müssen bei der Verarbeitung berücksichtigt werden?

A 7. Wie erkennt man, ob ein Stammlack-Härter-Gemisch ausreichend umgerührt wurde?

A 8. Welche Vorreaktionszeit (Reifezeit) ist zu beachten?

A 9. In welchem Verhältnis werden 2-K-Epoxidharzlacke vor allem gemischt?

A 10. Auf welche Arten kann man Epoxidharzlacke auftragen?

A 11. Nach wieviel Stunden ist eine Epoxidharzlackschicht überstreichbar?

A 12. Welche Zeit benötigt ein Epoxidharzlack zum Durchhärten?

A 13. Wie müssen die Komponenten der Epoxidharzlacke gelagert werden?

A 14. Welche Vorarbeiten sind vor einer Beschichtung eines gepuderten Zementestrichs notwendig?

A 15. Wie kann man unebene Beton- bzw. Zementestriche egalisieren?

A 16. Wieviel Schichten sind auf einer Grundierung für einen porenfreien Anstrich mindestens notwendig?

A 17. Warum ist vor jeder weiteren Beschichtung ein Zwischenschliff erforderlich?

A 18. Wie muß eine Stahloberfläche vorbehandelt werden?

A 19. Wie muß eine verzinkte Oberfläche vorbehandelt werden?

A 20. Welcher Schichtaufbau ist auf Stahl notwendig, wenn die Beschichtung extremer Beanspruchung ausgesetzt wird (z. B. Meerwasser)?

A 21. Warum können manche Epoxidharzbeschichtungen abkreiden?

A 22. Welche Erklärungen gibt es, wenn eine 2-K-Lack-Schicht nicht durchhärtet?

A 23. Worauf kann eine schlechte Haftung einer 2-K-Epoxidharzbeschichtung zurückzuführen sein?

4.22 Ungesättigte Polyesterlacke (UP-Lacke)

4.22.1 Werkstoffart

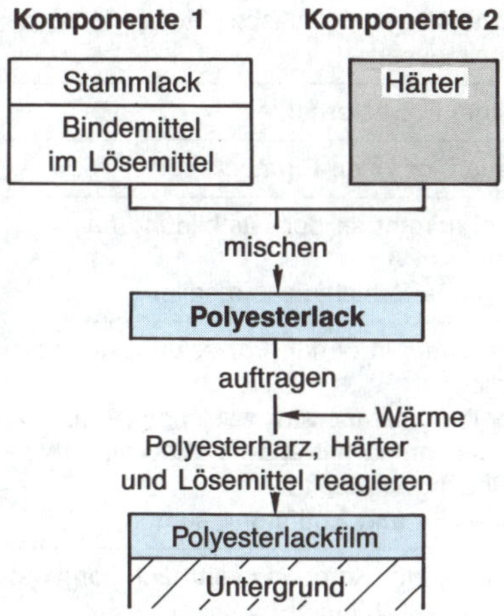

– Polyesterlacke sind *Zweikomponentenmaterialien.*
  Die beiden Komponenten sind:

Stammlack		**Härter**
– Ungesättigtes Polyesterharz – Lösemittel (Monostyrol) – Stabilisatoren	+	Organische Peroxide

– Polyesterlackfilme sind sehr hart und widerstandsfähig sowie gegen viele Chemikalien beständig.
– Bei der Trocknung verdunstet das Lösemittel nicht, sondern nimmt an der Filmbildung durch Polymerisation teil.

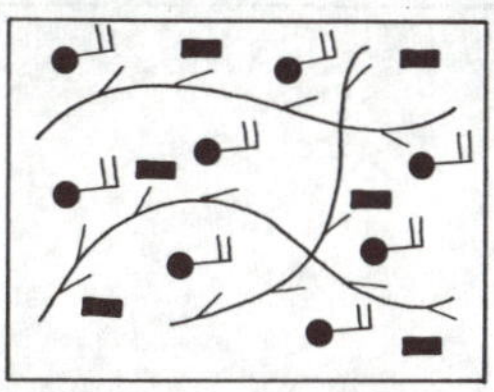

Beginn der Reaktion

Zeichenerklärung:

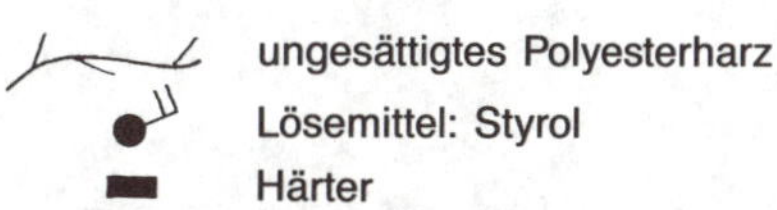

Ende der Reaktion

Zeichenerklärung:

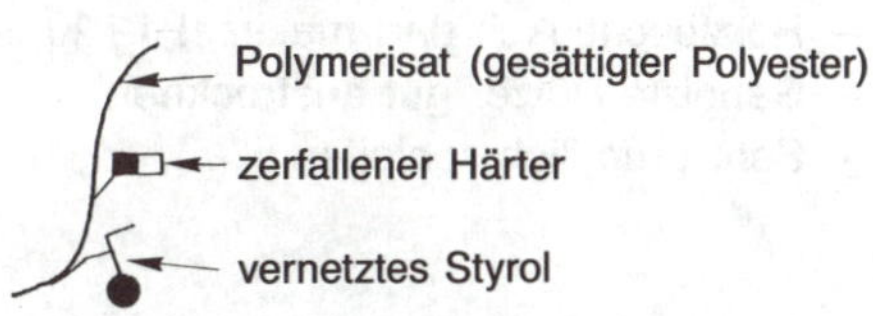

Polyesterlackfilme entstehen durch Reaktion von ungesättigten Polyesterharzen, speziellen Lösemitteln und Härtern.
Sie bilden *unschmelzbare und unlösliche* Überzüge.

4.22.2 Materialdaten von UP-Lacken

Eigenschaften	Sehr hart, beständig gegen viele Chemikalien
Anwendung	– Strapazierfähige Holzbeschichtungen – Spachtelmassen
Bindemittel	Ungesättigte Polyesterharze
Pigmentbasis	Meistens farblos ohne Pigmente
Verdünnung	Monostyrol (nimmt an der Filmbildung teil) Gefahrenklasse A I Dadurch große Schichtdicke möglich
Vorsichtsmaßnahmen	– Arbeitsräume, in denen Polyesterlacke verarbeitet werden, gelten als feuergefährlich – Verarbeitungstemperatur zwischen + 18 °C und + 25 °C – Nicht zusammen mit anderen Lacktypen verarbeiten – Härterlösungen ätzend – Für gute Be- und Entlüftung sorgen
Zubereitung	– Mischen beider Komponenten nach vorgegebenem Verhältnis – Topfzeit 20–30 Minuten
Verarbeitung	– Spritzen mit Zweikomponenten-Spritzpistolen – Gießen mit der Lackgießmaschine
Verbrauch	Je nach Schichtstärke sehr unterschiedlich
Trockenzeiten	Staubtrocken: 1 Stunde Durchgehärtet: 15 Stunden
Reinigung der Werkzeuge	Sofort mit Spezialverdünnung
Lagerung	– Luftdichtverschlossene Original-Gebinde feuersicher und kühl lagern – Lagertemperaturen unter 0 °C erfordern Probelackierungen – Haltbarkeit ~ 4 Wochen

4.22.3 Verarbeitungshinweise

Vorarbeiten

- Exotische Hölzer mit Sperrgrund absperren (isolieren)
- Holzoberfläche muß sauber und fettfrei sein (Spuren von Fett- oder Ölrückständen stören bzw. unterbinden die Durchhärtung)
- Holzfeuchtigkeit darf maximal 12 % betragen
- Gebeizte Hölzer gut austrocknen
- Sehr gründlich schleifen

Beschichtungsausführung

Den gemischten Polyesterlack durch Spritzen oder Gießen auftragen.

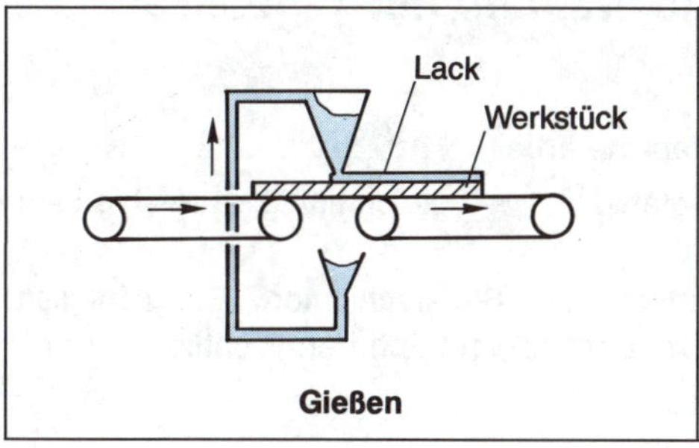

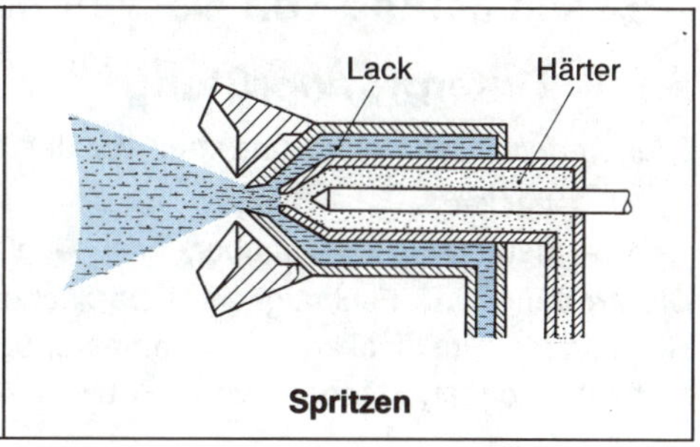

Beschichtungsmängel (Ursachen)

Gestörte oder beim Durchhärten pockige Oberfläche

- Öl oder Fettrückstände auf der Oberfläche
- Schlechter Schliff

Schlechte Haftung

- Zu hohe Holzfeuchtigkeit

Aufgaben *zu „Ungesättigte Polyesterlacke (UP-Lacke)"*

A 1. Aus welchen Bestandteilen wird ein Polyesterlack gemischt?

A 2. Wie trocknen Polyester-Lacke?

A 3. Welche Eigenschaften haben Polyester-Lackfilme?

A 4. Wo werden PE-Lacke eingesetzt?

A 5. Welche Vorsichtsmaßnahmen sind bei der Verarbeitung zu treffen?

A 6. Worauf ist beim Mischen des 2-K-Lackes besonders zu achten?

A 7. Welche Auftragsverfahren gibt es bei den PE-Lacken?

A 8. Wie sollen die 2 Komponenten des PE-Lackes gelagert werden?

A 9. Welche Vorarbeiten sind vor der Beschichtung von Holzoberflächen notwendig?

A 10. Welche Beschichtungsmängel können bei Polyesterlacken auftreten?

5 Tapeten

– Beschichtung von Decken und Wänden mit Tapeten –

5.1 Untergrundprüfung

Grundregeln: Der Untergrund muß vor der Tapezierarbeit

– trocken,	– fest,	– tragfähig,	– gleichmäßig saugfähig sein.
– neutral,	– sauber,	– glatt,	

Die Prüfung auf Feuchtigkeit, Oberflächenfestigkeit, Sinterschichten, Saugfähigkeit, Rödeldrähte, Rostflecken und Trennmittelrückstände erfolgt nach den Richtlinien für die zu bearbeitenden Flächen (siehe Putze).

5.2 Untergrundvorbereitung

Alte Tapeten, Beläge oder Spannstoffe, beschädigte Unterlagstoffe sind bis auf den Untergrund zu entfernen.

Ausnahme: Fondtapeten und Stripmakulatur, die als Wechselgrund ausgestattet sind und die noch einwandfrei am Untergrund haften.

Leimfarbenanstriche sind durch Abwaschen restlos zu entfernen.

Alte Binderfarben und Leimfarben mit Dispersionszusatz, die für eine Tapezierung nicht tragfähig sind, müssen durch Quellen mit Wasser und Abkratzen entfernt werden.

Lose Kalkfarbenanstriche sind zu entfernen, danach die Flächen tiefgrundieren und ggf. beispachteln.

Alte Dispersionsanstriche sind auf Tragfähigkeit zu prüfen, ggf. aufzurauhen. Bei schlechter Haftung mit Abbeizfluid (Dispersionsentferner) entfernen.

Öl- und Lackfarbenanstriche sind auf Tragfähigkeit zu prüfen, ggf. aufzurauhen. Bei schlechter Haftung sind sie zu entfernen.

Nachputzstellen sind zu fluatieren und nachzuwaschen.

Vorhandene Risse müssen überbrückt werden (siehe Rißarmierung).

Unebene Flächen müssen geglättet werden.

Glättungsarbeiten

Mängelfreie Tapezierarbeiten sind nur möglich, wenn der Untergrund glatt und eben ist.

- Leicht rauher Putz wird durch Abschleifen der Putzkörner mit Schleifpapier geglättet.

Bei ungleichmäßigen Putzuntergründen oder Betonflächen, bei denen Schalungsreste zu entfernen sind, und bei allen Untergründen mit ungleichmäßiger rauher Oberfläche sind ein bis zwei Ganzspachtelungen notwendig:

- auf unbehandelten mineralischen Untergründen mit hydraulisch erhärtenden Spachtelmassen,
- auf grundierten Flächen mit Dispersionsspachtelmassen.

Ob gespachtelte Flächen noch Unebenheiten aufweisen, kann man durch Ableuchten mit einer Stableuchte erkennen.

Ungleichmäßige Saugfähigkeit wird mit wasserverdünnbaren oder lösemittelverdünnbaren Grundanstrichen ausgeglichen.

- Bei dünnen Tapeten auf glatten Untergründen genügt ein „Vorkleistern" mit verdünntem Tapetenkleister zur Verminderung der Saugfähigkeit.

5.3 Tapetenunterlagstoffe

Tapetenunterlagstoffe haben die Aufgaben:

- einen glatten und einheitlichen Tapezieruntergrund zu erreichen,
- einen gleichmäßig hellen Untergrund zu schaffen,
- leichte, nicht mehr arbeitende Risse zu überbrücken,
- Forderungen der Wärme- und Schalldämmung zu erfüllen,
- mit bestimmten Unterlagstoffen leichte Abziehbarkeit von Tapeten zu erreichen.

Unterlagstoffe – Anwendung, Hinweise
Flüssiger Tapetenwechselgrund Wenn die Tapete später wieder trocken und mühelos abgezogen werden soll (Zeitersparnis bei Vorarbeiten), Verarbeitung genau nach Herstellerangaben vornehmen.
Tapetenwechselgrund aus Rohpapier Rollenpapier mit besonderer Kunststoffbeschichtung, damit ein gleichmäßig hellgetönter Untergrund erzielt wird und die gesamte Tapete später wieder trocken abgezogen werden kann.
Flüssige Feinmakulatur Meist nur für leichte bis mittelschwere Tapeten.
Rollenmakulatur Für schwere Tapeten und Tapeten, die große Trocknungsspannungen verursachen können. **Tapezieren** (kleben): Spezial-Kleister oder Normalkleister mit 10 % Dispersionskleber.
Unterlagstoffe zum Absperren und Dämmen
Metallfolien Für örtliche Absperrungen, als „Dampfsperre“, verhindert das Durchschlagen von Alkalien, Salze u. a. m. **Tapezieren** (kleben): In Dispersionskleber einlegen und festwalzen.
Kunststoffolien Zum Überbrücken leichter Risse.
Wollfilzpappe Bildet durch hervorstehende Noppen auf der Rückseite schall- und wärmedämmende Luftpolster. **Tapezieren** (kleben): In Dispersionskleberbett einlegen.
Hartschaum Maßgenaue unkaschierte Bahnen bis 5 mm Dicke für leicht beanspruchte Flächen. Druckunempfindliche Hartschaumbahnen mit Filzpappe kaschiert für erhöhte mechanische Belastbarkeit. **Tapezieren** (kleben): Mit Dispersionskleber, der für Hartschaum vom Hersteller empfohlen wird.
Extrudierter Hartschaum Feinzelliger, hochverdichteter, weitgehend druckfester Unterlagstoff mit geschlossenem Gefüge. **Tapezieren** (kleben): Im Zahnspachtelauftrag mit dafür geeigneten Dispersionskleber. Mindestens 24 Stunden trocknen lassen. Bei schweren Tapeten eine Haftbrücke aus verdünntem Dispersionskleber vorstreichen.

5.4 Prüfrichtlinien für die Verarbeitung von Tapeten

Um eine einwandfreie Tapezierung zu erreichen, müssen vor Beginn der Tapezierarbeit folgende Fragen zufriedenstellend beantwortet werden:

1. Sind es die richtigen Tapeten mit der ausgesuchten Musterung und Farbstellung?
2. Entspricht die Liefermenge dem Aufmaß?
3. Haben alle Tapetenrollen die gleiche Anfertigungsnummer?
   – Rollen mit anderen Anfertigungsnummern müssen gesondert verarbeitet werden. –
4. Sind bei der Fächerprobe Farbungleichheiten vorhanden?
5. Gibt es besondere Hinweise der aufgedruckten Tapetensymbole am Ende der Tapetenrolle oder auf Beilagezettel zu beachten?

Tapetensymbole

– *wasserbeständig* (Frische Kleisterflecken können mit feuchtem Schwamm abgetupft werden.)

– *waschbeständig* (Leichte Verschmutzung kann mit nassem Schwamm gereinigt werden.)

– *hochwaschbeständig* (Verschmutzungen außer Ölen und Fetten und dergleichen können mit leichter Seifenlauge und Schwamm gereinigt werden.)

– *scheuerbeständig* (Wasserlösliche Verschmutzungen können mit milder Seifenlauge, mit Schwamm oder weicher Bürste gereinigt werden.)

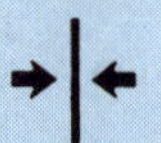
– *gerader Musteransatz* (Gleiche Muster sind in gleicher Höhe nebeneinander.)

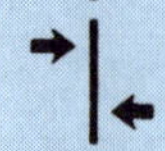
– *versetzter Musteransatz* (Das Muster bei der nächsten Bahn jeweils um die halbe Musterhöhe versetzen [verschieben].)

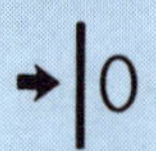
– *ansatzfrei* (Das Muster braucht beim Kleben nicht beachtet zu werden.)

z. B. 53 / 26,5
– *Musterhöhe/Versatz* (Musterhöhe in cm. Bei Versatz jeweils um die Musterhälfte verschieben.)

– *in Pfeilrichtung* tapezieren

– *gestürzt kleben* (Jede zweite Bahn wird in umgekehrter Richtung verklebt.)

– *ausreichend lichtbeständig*

– *gut lichtbeständig*

– *restlos trocken abziehbar* (Die Tapete läßt sich beim Renovieren ohne Rückstand trocken von der Wand abziehen.)

– *spaltbar trocken abziehbar* (Die Oberschicht der Tapete läßt sich trocken abziehen, die Unterschicht bleibt als Makulatur auf der Wand.)

5.5 Tapetenklebstoffe

Bei jeder Tapezierung ist die Verwendung des richtigen Klebematerials für den Erfolg der Arbeit von ausschlaggebender Bedeutung. Es gibt:

Normaltapetenkleister

(Methylzellulose), Ansatz 1:50. Ein Päckchen (125 g) in 6 Liter kaltes Wasser einrühren.

Spezialtapetenkleister

(Methylzellulose + Kunstharzzusatz zur Verbesserung der Klebewirkung), Ansatz 1:20. Ein Päckchen (200 g) in 4 Liter kaltes Wasser einrühren.

Für schwere Tapeten kann die Klebewirkung zusätzlich durch Zugabe von Kunstharz-Dispersionskleber erhöht werden.

Kunstharz-Dispersionskleber

Zur Verarbeitung von Tapetenunterlagstoffen sowie schweren Tapeten, welche eine große Anfangshaftung aufweisen müssen, muß mit Dispersionskleber gearbeitet werden.

Der Auftrag kann mit Lammfellroller, kurzer Deckenbürste oder mit einer Zahnspachtel mit vorgeschriebener Zahnung erfolgen.

Der Kleber wird bei vielen Tapetenunterlagstoffen direkt auf den Untergrund aufgetragen, und der Tapetenunterlagstoff in das noch nasse Kleberbett eingelegt.

In allen Klebefällen sind die Angaben der Hersteller immer genau zu befolgen.

5.6 Tapezierausführung

1. Kleister ansetzen

Den Tapetenkleister nach Herstellerangaben in kaltes Wasser einrühren. (Je schwerer die Tapete, desto dicker muß der Kleister sein.)

2. Tapetenrollen überprüfen

Die vorhandene und die bestellte Rollenzahl müssen übereinstimmen. Die Anfertigungsstempel auf allen verpackten Rollen müssen gleich sein. – Rollen mit anderen Anfertigungsnummern müssen gesondert verarbeitet werden.

1. Kleister ansetzen

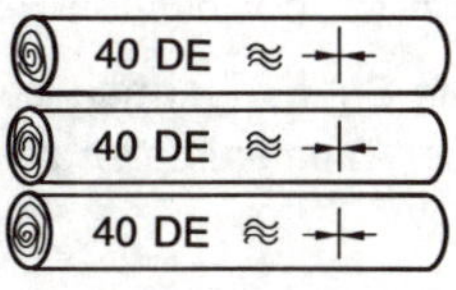

2. Tapetenrollen prüfen

3. Tapetenbahnen ermitteln

Man ermittelt die Anzahl der Tapetenbahnen, indem der Raumumfang durch die Tapetenbreite geteilt wird. Mögliche Abzüge ergeben sich durch Öffnungen.

4. Tapeten zuschneiden

Die Tapetenrolle auf dem Tapeziertisch ausrollen und die einzelnen Bahnen unter Berücksichtigung des Rapports mit einem Zuschlag von 5 bis 10 cm abtrennen.

Tapetenbahnen nur in einer Richtung abrollen. Die Laufrichtung wechselt, wenn „Gestürzt kleben“ vorgeschrieben ist. Während des Zuschneidens auf Druckfehler, Farbfehler und Papierfehler achten.

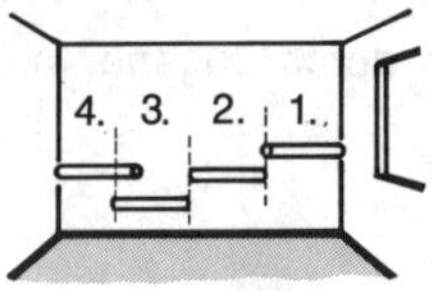

3. Wieviel Bahnen?

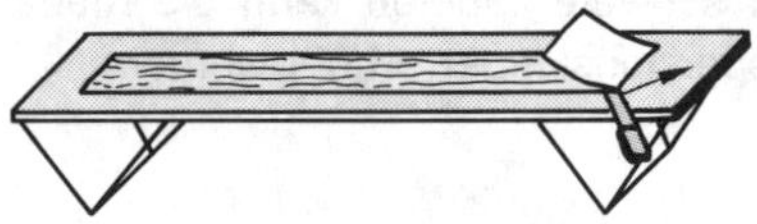

4. Tapeten zuschneiden

5. Umdrehen der Bahnen

Alle Tapetenbahnen auf die Druck- oder Musterseite umdrehen und stufenförmig wie in der Abbildung verschieben.

6. Einkleistern

Die Tapetenbahnen einzeln und gleichmäßig von der Mitte aus einstreichen. Nicht gegen die Tapetenkanten streichen!

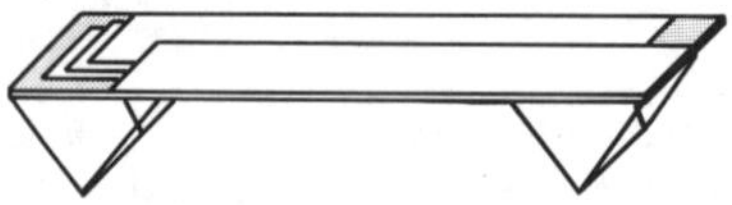

5. Bahnen umdrehen

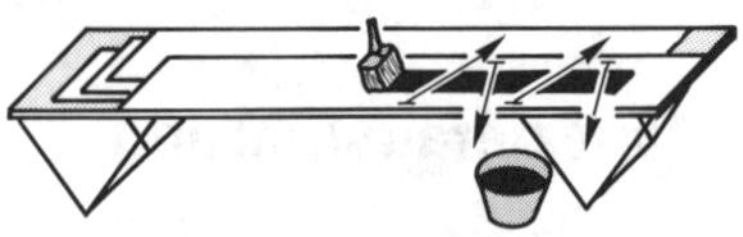

6. Einkleistern

Heute werden Tapeten oft mit Kleistergeräten eingekleistert.

7. Einweichen

Den Kleister einwirken lassen, bis sich die Tapetenbahn weich und geschmeidig anfühlt. Die erforderliche Einweichzeit (3–10 Minuten) ist unterschiedlich, je nach Qualität, Papierstärke und Saugvermögen des Papiers. Die Tapetenbahn am oberen Ende fassen und ein größeres Stück einschlagen. Anschließend das kleinere Reststück einschlagen (ca. 2/3:1/3). Blasen mit der flachen Hand herausschieben, Kanten bündig richten.

Die eingeschlagene Bahn mehrmals zusammenlegen oder einrollen (nicht knicken!), um ein Austrocknen der Tapetenkanten zu verhindern.

Merke: Zu langes Einweichen führt zu aufplatzenden Nähten, zu kurze Weichzeit führt zu Blasenbildung.

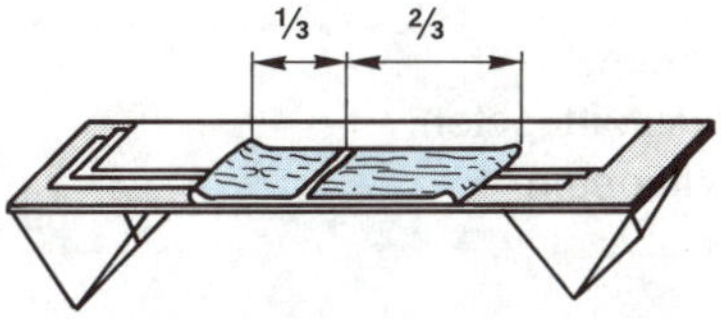

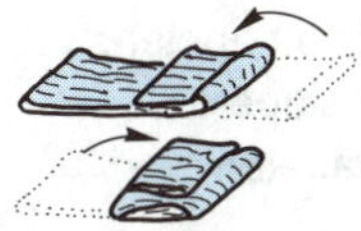

7. Tapetenbahnen einschlagen

Nicht knicken!

8. Tapezieren (kleben)

Bahnen am oberen Ende aufziehen, ablaufen lassen und von oben nach unten anlegen. An einer fensternahen Ecke die erste Bahn ansetzen und ausloten.

Papiertapeten mit Tapezierbürste andrücken, Prägetapeten und aufgeschäumte Tapeten mit trockenem Flanelltuch oder weicher Moosgummiwalze vorsichtig andrücken. Zuerst in der Mitte der Bahn von oben nach unten, dann nach den Seiten hin, so daß keine Luftpolster zurückbleiben.

Ecken ca. 1 cm umkleben, überstehende Tapeten mit Schere oder Cuttermesser abschneiden, ggf. mit Beschneidelineal abreißen.

Die nachfolgenden Bahnen bearbeiten, wie bei Arbeitsablauf Nr. 6, 7, 8 beschrieben. Die Tapeten auf „Stoß" kleben, nicht überlappen!
Die Tapetennähte immer gut andrücken.

auf Stoß

überlappt

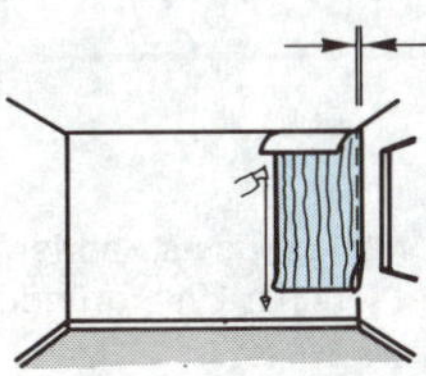

An Fensterecke beginnen – 1 cm überstehen lassen

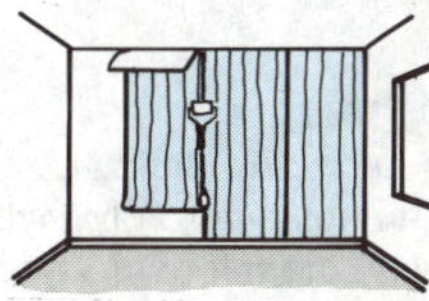

und auf „Stoß" kleben

9. Nachbehandlung

Andrücken und Egalisieren der Nähte mit konischem Nahtroller, bei Relieftapeten, abwaschbaren Tapeten, Metalltapeten u. a. nur mit weichem Flanelltuch.

Kleisterflecken sind sofort mit einem feuchten Schwamm oder Tuch abzutupfen, niemals reiben oder wischen.

5.7 Tapetenarten

Wir unterscheiden:

- Papiertapeten,
- Kunststofftapeten,
- Velourstapeten,
- Textiltapeten,
- Metalltapeten,
- Naturwerkstofftapeten,
- Wandbildtapeten

Tapetenart	**Beschreibung, Besonderheiten**
Papiertapeten	
– *Naturelltapeten* sind aus leichtem Papier, das meist mit Leimfarben bedruckt wird.	Tapeten der unteren Preisgruppe, nicht lichtbeständig. **Tapezieren** (kleben): Normaler Tapetenkleister.
– *Fondtapeten* Das Tapetenpapier erhält vor dem Musteraufdruck einen lichtechten Farbauftrag, der das Vergilben verhindert.	Tapeten mittlerer Preislagen, lichtbeständig. **Tapezieren** (kleben): Normaler Tapetenkleister.
– *Reliefdrucktapeten* sind aus festem Papier, das mit dickem Farbbrei bedruckt wird. Dieser hinterläßt reliefartige, erhabene Strukturen.	Tapetenbahnen wegen der Abbruchgefahr nicht knicken, mit Moosgummiwalze anlegen, keinen Nahtroller verwenden. **Tapezieren** (kleben): Normaler Tapetenkleister.
– *Prägetapeten* Schweres, mehrschichtiges Papier wird durch Prägewalzen haltbar geprägt und dadurch strukturiert.	Weichzeiten beachten, sonst Veränderung der Prägestruktur möglich. **Tapezieren** (kleben): Spezialtapetenkleister, Andrücken der Tapete mit Tuch oder Moosgummiwalze, keinen Nahtroller verwenden. Unbedingt auf Stoß tapezieren.
Kunststofftapeten Sie heißen auch „Vinyltapeten". Sie bestehen aus einer Polyvinylchlorid (PVC)-Schicht, die mit dem Trägerpapier fest verbunden ist. Die PVC-Schicht kann glatt, geprägt oder geschäumt sein. Meist haben sie noch einen Musteraufdruck.	Wasserbeständig, reinigungsfest, abriebfest, für zeitweilig und dauernd feuchte Untergründe nicht geeignet. **Tapezieren** (kleben): Spezialkleister, am besten noch mit bis zu 10 % Dispersionskleberzusatz. Andrücken der Bahnen mit Moosgummiwalze oder mit Tapezierspachtel. Überlappte Tapezierung (z. B. in Ecken) ist mit Dispersionskleber nachzukleben. Kleberreste sind sofort mit Schwamm und klarem Wasser zu entfernen.
Velourstapeten Die Tapetenoberfläche ist ganz oder teilweise – je nach Muster – mit Textil- oder Kunststoffasern bedeckt. Dadurch entsteht ein samtartiger, textiler Charakter	Vorwiegend in waschbarer und wasserfester Qualität. **Tapezieren** (kleben): Mit Spezial-Tapetenkleister. Zum Einkleistern nur eine Bahn auf den Tapeziertisch legen. Mit weichem Tuch andrücken, Überlappungen sind zu vermeiden, Kleisterflecken vermeiden, Druckstellen vor der Trocknung mit weicher Bürste ausbürsten.

Textiltapeten Sie bestehen aus leichtem bis schwerem Papier, das an der Oberseite mit textilem Material (Kettfäden, Gewebe, Gewirke aus Jute, Leinen, Baumwolle, Wolle, Seide, Kunstfasern u. a. in unterschiedlichster Webdichte und Materialstärke) beschichtet ist. Es gibt einfarbige und gemusterte Textiltapeten.	Nicht knicken. Jeweils nur eine Bahn einkleistern. **Tapezieren** (kleben): Spezial-Tapetenkleister, mit Tapezierwalze oder Tapezierspachtel andrücken. Bei Ecküberlappungen von dem um die Ecke geklebten Streifen 2–3 Fäden abziehen, mit der nächsten Bahn überkleben. Kleisterflecken sofort entfernen, trocknen lassen und aufbürsten.
Metalltapeten (Metallic-)Tapeten bestehen aus auf das Tapetenpapier aufgebrachte Metallfolien (meist Aluminium) oder aufgedruckte Metallbronzen, ebenso metallisierte Kunststoffolien. Sie können glatt, geprägt, geriffelt, geätzt, anoxidiert oder eingefärbt sein. Die besondere Wirkung entsteht durch die Metallreflexion von einfallendem Licht.	Lichtbeständig, 100 % waschbar, feuerhemmende Wirkung, strapazierfähig. Der Untergrund muß unbedingt glatt sein. Auf alkalischen Untergründen wegen Verfärbungen nicht geeignet, auch nicht auf nichtsaugenden Untergründen. **Tapezieren** (kleben): Nach Herstellervorschrift entweder mit Spezialkleister oder Spezial-Kleister mit Dispersionskleber. Je nach Herstellerangaben die Klebematerialien auf die Wand oder auf die Tapetenrückseite auftragen, Tapeten nicht knicken, Falten vermeiden, Kleisterflecken noch in nassem Zustand entfernen. Keinen Nahtroller verwenden. Strom abschalten, Schalter und Steckdosen sauber ausschneiden.
Naturwerkstofftapeten Auf Spezialpapier werden Naturwerkstoffe (Gräser, Kork, Holz, Pflanzenfasern) als Gewebe oder als dünne Schicht aufkaschiert. Je nach Naturwerkstoff unterscheiden wir Korktapeten, Holztapeten, Grastapeten.	Unterschiede in Struktur, Farbton, Materialdichte sind bezeichnende Elemente dieser Tapetengruppe. Möglichst „ausschattieren“, d. h. vor dem Verarbeiten an die Wand hängen und nebeneinander passende Bahnen aussuchen. Fleckige Untergründe möglichst gleichfarbig vorstreichen. **Tapezieren** (kleben): Spezial-Tapetenkleister, wenn nicht anders vorgeschrieben. Überlappungen und Kleisterflecken sind zu vermeiden.
Wandbildtapeten Großformatige, meist wandfüllende, bildhafte Motive. Das Bild entsteht durch Nebeneinanderkleben mehrerer sich ergänzender Bahnen. Es gibt: Fotodrucke, Fotopapier-, Fotoleinen-Tapeten.	Erfordern einheitliche helle und glatte Untergründe. **Tapezieren** (kleben): Spezial-Tapetenkleister, wenn nicht vom Hersteller anderes vorgeschrieben.

Rollenmaße: (Beispiele):

- **Europarolle:** b = 0,53 m, l = 10,05 m
- **Rauhfaser:**
  Normalrolle: b = 0,56 m, l = 33,05 m
  Großrolle: b = 0,75 m, l = 125,00 m

Aufgaben *zu „Tapeten“*

A 1. Wie muß ein Untergrund beschaffen sein, damit auf ihm problemlos tapeziert werden kann?

A 2. Nennen Sie wichtige Untergrundprüfungen, die Sie vor dem Bekleben von Wandbelägen vornehmen.

A 3. Welche Vorarbeiten werden notwendig bei den folgenden Untergründen:
a) Alte Tapeten,
b) alte Binderfarben und Leimfarben,
c) Öl- und Lackfarben?

A 4. Weshalb sind bei der Untergrundvorbereitung die Glättungsarbeiten besonders wichtig?

A 5. Welche Regeln gelten für die Vorbereitung von Alt- und Neuuntergründen?

A 6. Welche Aufgaben haben Tapetenunterlagstoffe zu erfüllen?

A 7. Wann und wozu verwenden Sie z. B. Rollenmakulatur?

A 8. Nennen Sie Tapetenunterlagstoffe sowie ihre besondere Verwendung.

A 9. Welche Unterlagstoffe eignen sich zum Absperren und Dämmen?

A 10. Welche Tapetenkontrollen müssen Sie vor der Verklebung vornehmen?

A 11. Was bedeuten diese Tapetensymbole?

a) 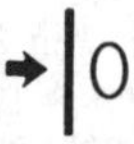 b)  c) 

A 12. Auf einem Tapeten-Beipackzettel befindet sich der Hinweis „Gestürzt kleben!“. Was haben Sie zu tun?

A 13. Beschreiben Sie stichwortartig eine Tapezierausführung, z. B. mit einer Prägetapete.

A 14. Weshalb muß eine Tapete „weichen“?

A 15. Nennen Sie die verschiedenen Tapetenarten.

A 16. Unterscheiden Sie eine Naturelltapete von einer Fondtapete.

A 17. Beschreiben Sie den Aufbau einer **a)** PVC-Tapete (Vinyl-Tapete), **b)** Textil-Tapete.

A 18. Nennen Sie Eigenschaften einer Metall-Tapete.

A 19. Nennen Sie Naturwerkstoff-Tapeten sowie deren Aufbau und besondere Eigenschaften.

A 20. Sie sollen einen Naturwerkstoff (Grastapete) verarbeiten.
Welche Besonderheiten sind zu beachten?
Welche Arbeitsgänge sind erforderlich?

6 Beläge

Wand-, Decken- und Bodenbeläge sind dauerhafte Abdeckungen auf Flächen wie z. B. Wänden, Decken, Sockeln und Böden:

Beläge

- Gegossene, nahtlose Beschichtungen
- Verlegte feste Materialien („Belagstoffe")

ein- oder mehrschichtig hergestellt und **geliefert** als

Fliesen oder **Platten**	**Rollenware**	**Auslegware** (von Wand zu Wand)	**Abgepaßte Ware** (z. B. Teppich)

6.1 Aufgaben und Anwendung der Beläge

Aufgaben	Anwendung	Beispiele
Schmücken 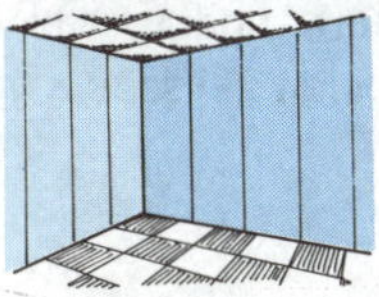	– Raumgestaltung – Verschönerung	Dekorplatten aus Kork, Polystyrol, Textilbeläge, Teppiche, Kunststoffbeläge
Isolieren 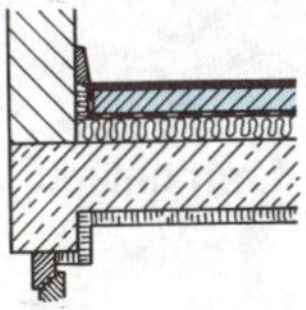	– Sperrende und – überbrückende Isolation bei Feuchtigkeit, Wärme und Kälte	Deckensichtplatten aus Polystyrol-Hartschaum, Kunststoffschaumbeläge, Unterbeläge
Schalldämmen 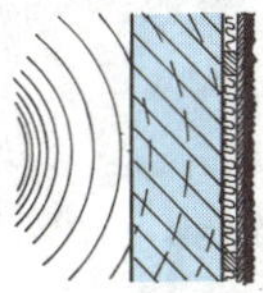	– Schutz gegen Lärmbelästigung, z. B. bei lauten Nachbarwohnungen, lebhaft befahrenen Straßen, Fabrikationsanlagen, Werkstätten	Akustikplatten, Dämmunterlagen aus Gummi- oder Kunststoffgranulat, Nadelvliesbeläge

Aufgaben	Anwendung	Beispiele
Wärmedämmen 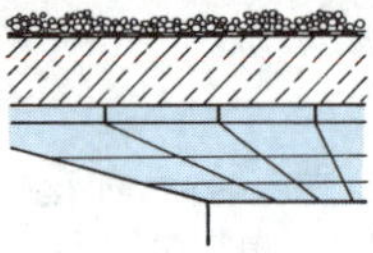	– Wärmedämmung – Maßnahmen gegen Wärmeverluste in Räumen an Decken, Wänden und auf Böden	Wärmedämmende Unterbeläge aus Polystyrol-Hartschaum, Textilbeläge, Teppiche, Teppichböden, Textiltapeten
Für stark strapazierte Räume 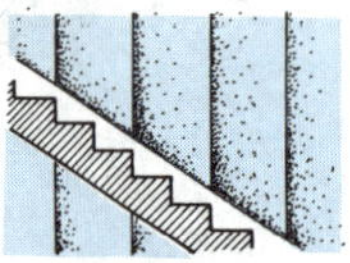	– Wandschutz, Bodenschutz in stark beanspruchten Räumen wie Büros, Schulen, Hotels, Treppenhäusern, Kindergärten, Krankenhäusern mit guter Reinigungsfähigkeit	Wand- und Bodenbeläge aus PVC, PVC-Platten auf Polyester, PVC-Folien
Geh- und Laufkomfort 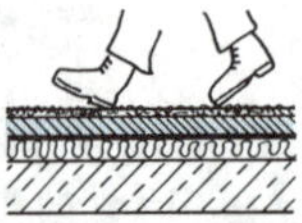	– Angenehmes Gehgefühl – Sportböden Ausstattung der Fußbodenbeläge: weich, flauschig, geräuscharm, gutes Wiederaufnahmevermögen; elastisch, federnd, gute Haftung, belastbar	Textile Bodenbeläge, Teppiche, Gummibeläge, Kunststoffbeläge
Boden belegen 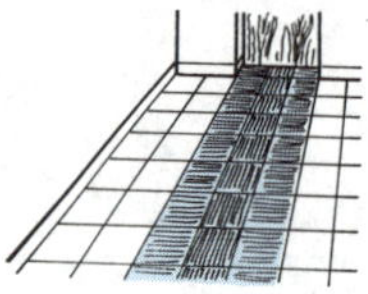	– Fußböden schmücken, schützen, gestalten in unterschiedlich beanspruchten Räumen wie Wohnräume, Kaufhäuser, Fabrikationsgebäude, Öffentliche Gebäude	Kunststoffbeläge, textile Bodenbeläge, Linoleum, Parkett, Keramikfliesen

Beläge erfüllen oft mehrere Aufgaben gleichzeitig. So hat z. B. eine Korkwandplatte nicht nur eine schmückende Aufgabe, sondern bietet auch gleichzeitig einen Teilschutz vor Kälte und Lärm.

6.2 Materialien von Belägen – Übersicht

Bei der Anwendung in der Praxis unterscheidet man die Beläge nach ihren unterschiedlichen Materialien:

Textilbeläge

Naturfasern

- *Pflanzliche Fasern*: Baumwolle, Kapok, Flachs, Hanf, Jute, Sisal, Kokos, Alfagras
- *Tierische Fasern*: Schafwollen, Kamelwollen, Ziegenhaare, Seiden
- *Mineralische Fasern*: Asbest

Chemiefasern

- *Natürliche Polymere*: Zellulosefasern, Gummifasern, Kaseinfasern (Tiereiweißfasern)
- *Synthetische Polymere*: Polykondensatfasern, z. B. aus UP, PA, PUA; Polymerisatfasern, z. B. aus PA, PE, PAC, PP; Polyadditionsfasern, z. B. aus PUR; Komponentenfasern aus verschiedenen Hochpolymeren

Abkürzungen:

UP	Polyester	PE	Polyäthylen	PUR	Polyurethan
PA	Polyamid	PAC	Polyacryl	PVC	Polyvinylchlorid
PUA	Polyharnstoff	PP	Polypropylen		

Andere Fasern: Glasfasern, Gesteinsfasern, Metallfasern, Schlackenfasern

Elastische Beläge

Linoleum

- *Linoleum*: Ein- oder zweischichtiger Belag aus Linoleum auf Unterlagsgewebe (Grundgewebe Jute)
- *Korklinoleum*: Einschichtiger Belag wie Linoleum, jedoch mit gröberem Korkmehlanteil, mit und ohne Pigmentzusatz
- *Linoleum-Verbundbelag*: Mehrschichtiger Belag aus Linoleum-Nutzschicht und Unterschicht (Trägerschicht) aus Korklinoleum und Grundgewebe

Gummi

- Gummibeläge mit glatter oder strukturierter Oberfläche, ein- oder mehrschichtig; *Struktur*: gerillt, gerankt, genarbt, schieferartig (DIN 16 850)
- Gummibeläge wie oben, jedoch mit einer Unterschicht aus Schaumstoff (DIN 16 851)
- Gummibeläge mit profilierter Oberfläche, ein- oder mehrschichtig; *Profil*: genoppt, gerippt, kugel- oder plätzchenförmig (DIN 16 852)

Vinyl-Asbest

- *Vinyl-Asbest-Beläge*: Einschichtige Beläge (Holz- oder Steincharakter), einfarbig, glatt oder geprägt

PVC

- *PVC-Beläge*: Ein- oder mehrschichtige Beläge, gleiche Materialzusammensetzung (DIN 16 951)
- *PVC-Beläge*: Mehrschichtige Beläge mit unterschiedlicher Materialzusammensetzung (DIN 16 951)
- *PVC-Beläge*: Mehrschichtige Beläge mit Textilunterlage (DIN 16 952)
- *PVC-Verbundbeläge*: Mehrschichtige Beläge mit Nutzschicht, Zwischenlage, Trägerschicht
- *PVC-Reliefbeläge*: Mehrschichtige Beläge mit Schaumstoffzwischenschicht (CV-Beläge) mit strukturierter Nutzschicht

CV-Beläge: CV = Cushioned Vinyls, Polstervinyl, mehrschichtige Beläge aus verschiedenen Materialien, darunter als Hauptmaterial Polstervinyl oder Polster-PVC

Parkett

Eiche, Buche, Kiefer, außereuropäische Hölzer

- *Mosaikparkett*: Aus Mosaiklamellen zusammengesetzte Tafeln, die an der Unterseite mittels Kunststoffnetz o. ä. zusammengehalten werden
- *Parkettdielen*: Vorgefertigte Verlegeeinheiten, Hartholzstäbe, auf Weichholzriemen aufgeleimt
- *Parkettplatten*: Vorgefertigte Parkettelemente aus verschiedenen Hölzern
- *Andere*: Parkettstäbe, Parkettriemen, Parkettlamellen

Keramik

Feinkeramische Fliesen

- Steingutfliesen, glasiert;
- Irdengutfliesen, glasiert;
- Steinzeugfliesen, unglasiert;
- Steinzeugfliesen, glasiert

  Saugfähige Steingut- und Irdengutfliesen verwendet man als Wandbeläge, dichte Steinzeugfliesen für Bodenbelagarbeiten.

Die Verlegung keramischer Materialien erfolgt durch die Berufe im Bereich Farbtechnik und Raumgestaltung nur im Dünnbettverfahren (Verklebung).

Mehrschichtige Beläge bestehen meist aus 3 Schichten:

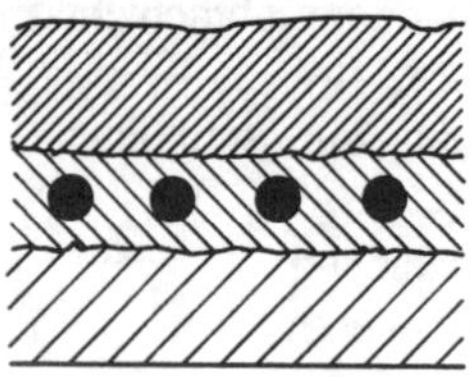

- **Nutzschicht** = obere Schicht, die „genutzt" wird; unterschiedliche Oberflächen, wie glatt, strukturiert, profiliert
- **Unterlagsgewebe** = Zwischenlage aus Gewebe, auf welche die Nutzschicht aufgebracht ist
- **Trägerschicht** (Unterlage) = verarbeitungsfreundlicher Trägerwerkstoff, der gleichzeitig viele positive Eigenschaften, wie z. B. Isolier-, Schallschluck-, Armierungsvermögen besitzt.

Die mittlere Lage ist bei manchen mehrschichtigen Belägen als Mittelschicht verstärkt ausgebaut. Die Trägerschicht kann auch aus einer relativ dünnen Lage (z. B. Polyestervlies) bestehen.

6.3 Decken- und Wandbeläge – *Beschreibung der wichtigsten Beläge*

Textilgewebe aus Natur- oder Synthetikfasern wie Jute- oder Rupfengewebe, Tuftinggewebe, textile Belagstoffe

- wirken durch Material, Struktur, Farbton
- gute schall- und wärmedämmende Eigenschaften
- Unebenheiten im Untergrund lassen sich durch grobe Gewebe überbrücken

Glasfasergewebe (auch Schwedengewebe genannt)

- wirkt durch das Material, die Glasfasern
- auch als Armierung (Rißüberbrückung) verwendet
- alterungsbeständig, überstreichbar

PVC-Schaumstoffe („Polster-PVC"), hochelastische Beläge aus aufgeschaumtem PVC, dreischichtig: *Trägerschicht* aus Tapetenpapier o. ä.; *Elastikschicht* aus Luftzellenschaum und *Deckschicht* aus PVC in Reliefstruktur

- schallabsorbierend, wärmedämmend, verrottungsfest
- Überbrückung von Schwund- und Setzrissen
- wirkt durch Farbton und Struktur des Reliefs
- hochwasch- und lichtbeständig

Dekorsichtplatten aus Polystyrol-Hartschaum oder Hart-PVC, Platten zur Gestaltung von Räumlichkeiten

- sehr gute schall- und wärmedämmende Eigenschaften
- wirken durch die verschiedenen Oberflächenstrukturen, Profile und Farbtöne
- können schwerentflammbar präpariert werden
- werden auch zur Behebung von Kältebrücken eingesetzt

Korkwandplatten, Plattenwerkstoffe aus Naturkork

- wirken durch den Naturstoff Kork
- schall- und wärmedämmende Eigenschaften
- lichtbeständig

Keramikfliesen, feinkeramische Fliesen zur Verlegung durch den Maler und Lackierer im Dünnbettverfahren (d. h. durch Klebeauftrag, nicht in Verlegung in Mörtel)

- Schutz gegen Feuchtigkeit und Verschmutzung
- leicht zu reinigen und zu pflegen
- wirken durch das Material, die Farben und Muster
- große Haltbarkeit

Zierprofile und Zierornamente aus Stuckgips, Polystyrol-Hartschaum oder PUR-Schaum (PUR = Polyurethan)

Zierleisten in verschiedenen Profilen und Abmessungen für Abschlüsse an Decken, Wänden, Sockeln

Ornamente wie Rosetten, Konsolen, Zierstreifen (Konsole = Zierwerk, Bauglied, dient als Auflager für Konstruktionen, Bilder, Möbel, Skulpturen u. ä.)

- für stilgerechte Dekorationen in Verbindung mit Stiltapeten und Stileinrichtungen

Weitere Belagstoffe für Decken, Sockel und Wände: Bastmatten, Holzfurnierbahnen, selbstklebende PVC-Folien, Schallschluckbahnen.

6.4 Bodenbeläge – *Beschreibung der wichtigsten Beläge*

In der Praxis unterscheidet man die Bodenbeläge nach ihren Materialien:
Textile Beläge, Kunststoffbeläge, Linoleum, Gummibeläge, Parkett und Keramik.

Textile Beläge aus Natur- oder Synthetikfasern wie Polyester (PE), Polyacryl (PAC), Polyamid (PA), Polypropylen (PP)

- meist antistatisch, schwer entflammbar
- schall- und wärmedämmend
- pflegeleicht (je nach Qualität und Farbton), strapazierfähig
- wirken durch Material, Farbe, Muster, Oberfläche (veloursartig durch Aufschneiden der Schlingen, boucléartig durch geschlossene Schlingen – Siehe auch Kap. Oberflächenstrukturen von Textilbelägen)

Soweit für textile Beläge keine DIN-Normen bestehen, müssen sie mindestens folgende Eigenschaften besitzen:

- Maßbeständigkeit, Verschleißfestigkeit
- Farb-, Licht- und Wasserechtheit

PVC-Beläge sind ein- und mehrschichtige Kunststoffbeläge, auch CV-Strukturschaumbeläge (CV = Cushioned Vinyls = gepolsterte PVC = Polster-PVC)

- verschiedene Farben, Strukturen, Muster
- sehr strapazierfähig
- verrottungs- und raumbeständig, maßbeständig

Linoleum besteht aus den Materialien Leinöl, Kork- und Holzmehl, Füllstoffen, Pigmenten und Jutegewebe als Trägerwerkstoff

- strapazierfähig, farbtonbeständig
- leichte Reinigung und Pflege

Gummibeläge bis zu 10 mm dicke Beläge aus synthetischem Kautschuk für sehr hohe Beanspruchungen, oft genoppte Oberfläche

- sehr strapazierfähig
- trittsicher (Einsatz z. B. in Sport- und Turnhallen)
- gut reinigungsfähig

Parkett, Kleinparkett aus Harthölzern wie Eiche, Buche

- wirkt durch das verwendete Holz (Farbton, Struktur) und das Verlegemuster
- wird im Regelfall transparent beschichtet, damit der Untergrund voll zur Geltung kommt
- gute Reinigungsfähigkeit und Strapazierfähigkeit

6.5 Übersicht: Oberflächenstrukturen von Textilbelägen und Teppichen

Schnittbild	Fachausdruck	Beschreibung
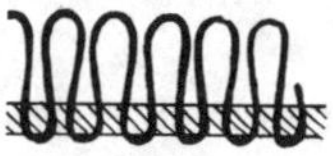	**Tufting-Schlinge**	geschlossene Noppe (verschiedenartige Knoten im Gewebe), gleiche Höhe
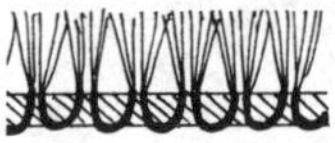	**Tufting-Velours**	Noppe aufgeschnitten und geschoren

Tufting, tuft (engl.) = Büschel, (Haar-)Schopf; Ansammlung, Häufung von Fäden (Fasern), die mit dem Untergrund (Trägermaterial) fest verankert sind.

Schnittbild	Fachausdruck	Beschreibung
	**Scroll**	Noppen verschiedener Höhe; Mustereinrichtung an der Tuftingmaschine

scroll (engl.) = Rolle, gerollt; Aussehen der Auf- und Abbewegung; gewellt

Schnittbild	Fachausdruck	Beschreibung
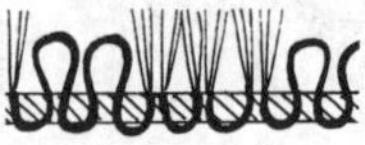	**random sheared**	Willkürlich angeschnittene, hochstehende Schlingen

random sheared (engl.) = aufs Geratewohl abgeschoren (random = aufs Geratewohl, sheared = geschoren)

Schnittbild	Fachausdruck	Beschreibung
	**tip sheared**	Kleine hochstehende Noppen werden angeschoren

tip sheared (engl.) = an der Spitze geschoren (tip = Spitze)

Schnittbild	Fachausdruck	Beschreibung
	**Nadel-Vlies**	Wirrlage von vernadelten Stapelfasern, anschließende Imprägnierung
	**Struktur-Vlies**	Strukturoberfläche durch besondere Nadeltechnik
	Polvlies	
	**Velours-Vlies**	Veloursartige Oberfläche durch besondere Nadeltechnik

Vlies (niederl.) = (Schaf-) Fell, heute: eng verbundene und vernetzte Faserschicht

6.6 Übersicht: Herstellung von Textilbelägen

Bei den textilen Belägen unterscheidet man nach der Art der Herstellung zwischen gewebten, gewirkten (gestrickten), getufteten, genadelten und beflockten Belägen und Teppichen.

Übersicht über die wichtigsten Gruppen:

Gewebe (Webteppiche): Webware aus Kett- und Schußfäden mit oder ohne polbildendes Fadensystem: sogenannte Polware, besteht aus einem Grundgewebe und einem Pol als obere Nutzschicht, ältestes Herstellungsverfahren, exakte Musterung möglich, Waren von bester Qualität.

Lieferform: Als Bahnen und seltener als Fliesen (Platten).

Gewirke (Wirk- und Strickteppiche): Auf Wirk- und Strickmaschinen hergestellte Ware mit oder ohne polbildendes Fadensystem; große Variationsmöglichkeiten bei der Maschentechnik.

Lieferform: Vorzugsweise als Bahnen (Platten).

Flachteppiche oder Polteppiche, in einem Arbeitsgang hergestellt

Tuftingteppiche: Bestehen aus einem Grundgewebe als Trägermaterial, in das der Pol mit Nadeln eingearbeitet ist; die Polfäden (Schlingen) können aufgeschnitten werden (Velours) oder als Schlinge (Bouclé) belassen werden.

Lieferform: Als Bahnen und Fliesen (Platten).

Nadelfilz-Beläge: Bestehen aus einem lediglich durch Nadeln verfestigten Faservlies.

Lieferform: Als Bahnen und Fliesen (Platten).

Nadelvlies-Beläge: Bestehen aus einem durch mechanisches Nadeln und zusätzlich durch Klebstoffe verfestigtem Faservlies (Vliesstoffe).

Lieferform: Als Bahnen und Fliesen (Platten).

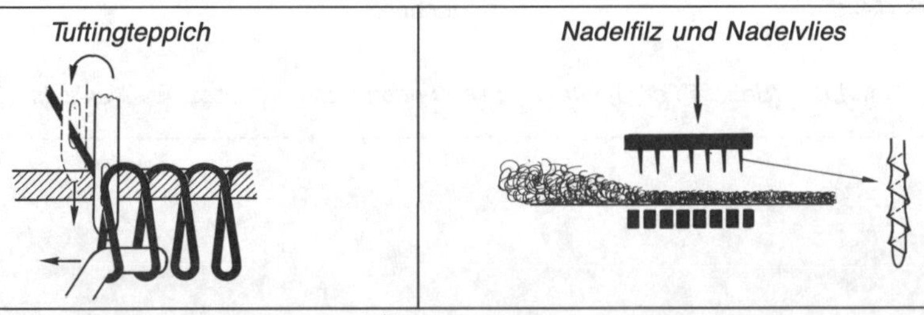

Klebepolteppiche: Verschiedene Schichten (z. B. gebündelte Fasern, gebündelte Fäden, Fadenschnüre, Faservliese) sind auf einem Träger durch Verklebung aufgebracht; hohe Noppendichte.
Lieferform: Als Bahnen und Fliesen (Platten).

Flocktextilien: Flockfasern werden elektrostatisch auf einen vorgefertigten Träger aufgebracht; veloursartige Oberseite.
Lieferform: Als Bahnen und Fliesen (Platten).

Flocktextilien

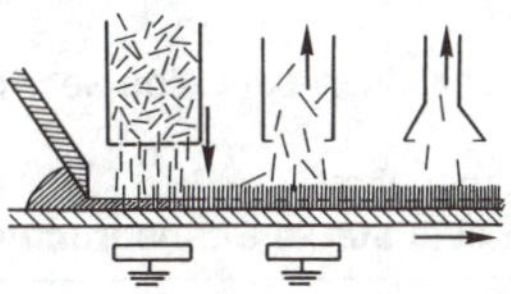

Klebepolteppich

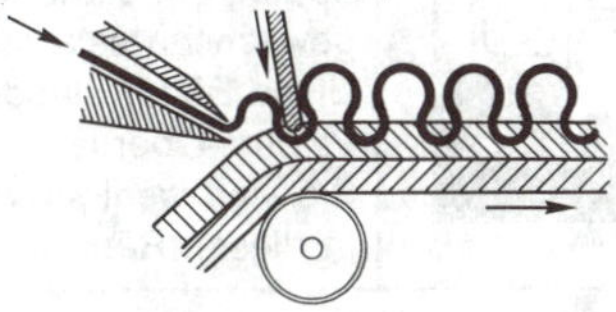

Einige Fachbegriffe aus dem Textilbereich

Kettfäden = Längsfäden
Schußfäden = Querfäden

veloursartig = aufgeschnittene Schlingen
bouclèartig = unaufgeschnittene Schlingen
Pol = florbildendes Fadensystem

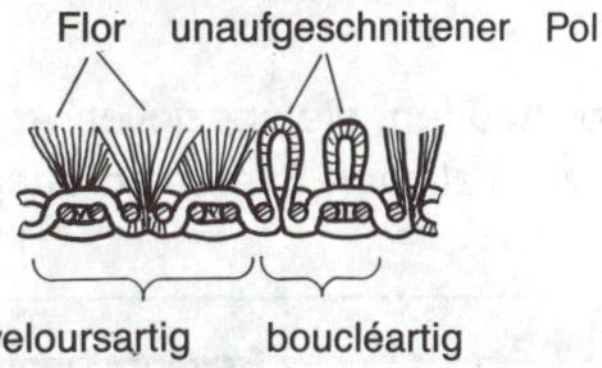

6.7 Teppichsymbole

Teppichböden werden bestimmten Bereichen zugeordnet:

- Ruhebereich, ● Wohnbereich, ● Arbeitsbereich.

Dafür sind von der europäischen Teppichgemeinschaft Symbole entwickelt worden:

Teppichsymbole: Bereiche	Beschreibung
	Im Ruhebereich, z. B. im Schlaf- oder Gästezimmer, handelt es sich um **leicht beanspruchte Teppichböden.** Teppiche dieser Art sind meist weich und haben auch meistens einen höheren Flor. Dadurch bieten sie viel Behaglichkeit, sind aber andererseits für starke Beanspruchungen nicht geeignet.

Teppichsymbole: Bereiche	Beschreibung
	Im Wohnbereich, z. B. als Wohn-, Speise- oder Kinderzimmer, als Diele, Gang, Aufenthaltsraum, Hotelzimmer, Konferenzraum usf. handelt es sich um Teppichböden, die den Anforderungen auch in viel bewohnten Räumen gewachsen sind. Diese Teppichböden sind meist angenehm begehbar, strapazierfähig und gut reinigungsfähig. In diesen Räumen handelt es sich um eine **normale Beanspruchung.**
	Im Arbeitsbereich, z. B. als Großraumbüro, Schule, Kindergarten, Hotelhalle, Verkaufsraum, Theater, Restaurant usf. handelt es sich um Teppichböden, die stark strapazierbar und den stärksten Beanspruchungen gewachsen sein müssen. Diese Böden haben meist enge, feste Schlingen oder eine sehr dichte Velours-Oberfläche. Sie sind weniger weich und weniger angenehm. In diesen Räumen handelt es sich um eine **starke Beanspruchung.**

Die in der europäischen Teppichgemeinschaft zusammengeschlossenen Hersteller haben ein gemeinsames Forschungsinstitut eingerichtet, daß auf Antrag auch Teppiche bestimmten Qualitätsprüfungen unterwirft. Teppiche, die diese Prüfungen absolviert und bestanden haben, erhalten ein Teppich-Siegel, das als ***Kontrollnummer*** *eingetragen wird.*

Teppichböden, die speziellen Anforderungen genügen sollen, sind mit den entsprechenden zusätzlichen Symbolen ausgestattet.

Weitere Teppichsymbole	Beschreibung
	**Stuhlrollen** Teppiche und Teppichböden, die Belastungen gewachsen sind durch – Schreibtische, – Wohnzimmersessel, – Rollstühle und – bewegliche Geräte, die auf Rollen fahren.
	**Treppen** Teppiche und Teppichböden, die den Belastungen auf Treppenstufen gewachsen sind. Diese Böden müssen fest (trittfest, kantenbelastbar) und doch hinreichend elastisch sein. Besonders bei Treppenstufen ist eine fachkundige Bodenbelegung notwendig.
	**Feuchtraum** Teppiche und Teppichböden, die den Belastungen z. B. in Badezimmern gewachsen sind. Diese Böden müssen relativ formfest (kein Verziehen durch Nässe) und unbedingt farbecht sein. Nach dem Trocknen dürfen diese Teppichböden nicht ihre Form verlieren.

Weitere Teppichsymbole	Beschreibung
	**Antistatisch** Teppiche und Teppichböden, die dieses Zeichen tragen, sind dauerhaft antistatisch ausgerüstet, d. h. daß man bei trockener Raumluft und Berührung eines Gegenstandes keinen elektrischen „Schlag“ erhält. Werden größere Flächen verlegt, so müssen diese Teppichböden geerdet sein. Das geschieht mit flachen Kupferleisten.
	**Fußbodenheizung** Teppiche und Teppichböden, die dieses Zeichen führen, sind so aufgebaut, daß sie dem Wärmefluß von unten nach oben keinen besonders großen Widerstand entgegensetzen. Der Effekt der Fußbodenheizung soll erhalten bleiben, ohne daß auf den Teppichkomfort verzichtet werden soll.

6.8 Beschaffenheit und Eigenschaften von Belägen

DIN 18 356 (Bodenbelagarbeiten) beschreibt, wie Beläge beschaffen sein müssen:
„Die Bodenbeläge müssen so beschaffen sein, daß sie einen gut begehbaren Belag ergeben. Es dürfen keine unzumutbaren Belästigungen auftreten.
Farbabweichungen gegenüber Proben dürfen nur geringfügig sein.“

Vor der Verarbeitung sind die Beläge auf ihre Verarbeitungsfähigkeit und zugesicherten Eigenschaften zu überprüfen.

Beläge werden bei der Herstellung verschiedenen Prüfungen unterzogen. Besonders an Bodenbeläge werden hohe Anforderungen gestellt.

Wichtige Prüfungen von Belägen beziehen sich u. a. auf:

- *Nutzschichtdicke*
- *Flächengewicht (flächenbezogene Masse)*
- *Verhalten beim Eindruckversuch (Wiederaufrichtvermögen)*

- *Maßänderung durch Wärmeeinwirkung*
- *Verschleißverhalten*
- *Abriebverhalten (Abreibverhalten)*

- *Lichtechtheit*
- *Isolierfähigkeit, ermittelt durch den Durchgangswiderstand*
- *Brennverhalten*

- *Trittschallminderung*
- *Chemisch-physikalische Einwirkung von bestimmten Prüfmitteln*
- *Einwirkung von glimmenden Tabakwaren*
- *Farbechtheit von Textilien*

Diese Prüfverfahren sind in verschiedenen DIN-Normblättern festgehalten, z. B. in der DIN 51 964 „Prüfung von organischen Bodenbelägen“.

Die Prüfungen geben Aufschluß über die angestrebten **Eigenschaften** der verschiedenen Beläge, z. B. die *Nutzschichtdicke* macht Angaben über die Dauerhaftigkeit, den „Nutzen“, den man von einem Belag hat.

Weitere Eigenschaften wären so u. a. Wiederaufrichtvermögen, Wärmewirkung und Wärmedurchgang, Belastbarkeit, Elastizität, Reinigungsfähigkeit. Andere Eigenschaften lassen sich direkt an den durchgeführten Versuchen ablesen, u. a. Abrieb, Lichtechtheit, Brennverhalten, Trittschallminderung.

6.9 Untergrundprüfungen

Die Prüfung des Untergrundes, insbesondere der Oberfläche, erstreckt sich auf handwerker- und baustellenübliche Verfahren wie z. B.

- *Augenschein*
- *Klebebandtest, Abrißprobe*
- *Benetzungsprobe*
- *Feuchtigkeitsmessung*
- *Kratz- und Klopfprobe*
- *Schleifversuch*
- *Gitterschnitt.*

Nicht sichtbare und erkennbare Mängel werden als *verdeckte Mängel* bezeichnet, für die der Handwerker keine Gewähr leisten kann.

VOB DIN 18 366 (Tapezierarbeiten) und DIN 18 365 (Bodenbelagarbeiten) schreiben vor, daß die Oberfläche des Untergrundes bei Klebe- und Verlegearbeiten vor Arbeitsbeginn zu prüfen ist und daß Bedenken schriftlich geltend gemacht werden sollen. Das betrifft vor allem

- *größere Unebenheiten*
- *Risse in der Oberfläche des Untergrundes*
- *nicht genügend trockener Untergrund*
- *nicht genügend feste Oberflächen des Untergrundes*
- *zu poröse und rauhe Oberflächen des Untergrundes*
- *sandende und mehlende Oberflächen*
- *verunreinigte Oberflächen, z. B. durch Öl, Wachs, Lacke, Fette*
- *Trennmittelrückstände*
- *unrichtige Höhenlage von Fußbodenoberflächen des Untergrundes im Verhältnis zur Höhenlage abschließender Bauteile*
- *Ausblühungen*
- *Schimmelbildung*
- *Spannungs- und Setzrisse*
- *Kalktreiber*
- *Sinterschichten*
- *klaffende Fugen zwischen Putzen und Einbauteilen*
- *stark alkalische Untergründe*
- *ungeeignete Temperatur- und Luftverhältnisse im Raum*
- *Verfärbungen*

Der Untergrund bei Klebe- und Verlegearbeiten muß sauber, fest, trocken, eben, rißfrei und raumbeständig sein.

Im folgenden werden diejenigen Untergrundprüfungen aufgeführt, die für Belagarbeiten von besonderer Bedeutung sind:

Untergrund-prüfung auf	Methode	Mögliche Vorbehandlung
Feuchtigkeit und Nässe wegen Haftvermögen und Durchfeuchtung	Augenschein, Feuchtigkeitsmeßgerät 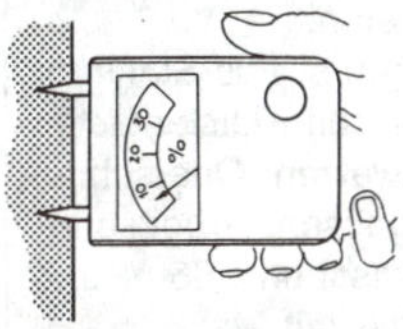	u. U. Trocknung abwarten (mäßig heizen, lüften, Hinterfeuchtung abstellen), bei Belagarbeiten auf untenliegenden Fußbodenheizungen müssen die Unterböden (Estriche) trocken sein. Ein Unterboden ist belegereif, wenn die Feuchtigkeit nicht mehr als 50 % über seiner Haushaltsfeuchtigkeit (gebundene Feuchtigkeit) liegt.
Festigkeit wegen Haftvermögen, Tragfähigkeit, Anhaftung, Belastungen durch Druck, Rollstuhleignung, Beanspruchung	Klebebandtest, Druckprobe, Kratz- und Klopfprobe 	Lose Teile entfernen bzw. abkratzen, Risse und Löcher spachteln, Festigen des Untergrundes mittels Grundanstrich mit Grundanstrichstoff. Bei Belagarbeiten muß die Druckfestigkeit des Untergrundes gegeben sein, besonders bei untenliegenden alten Belägen. Verfestigen des Unterbodens mit geeigneten Materialien.
Saugfähigkeit Porosität wegen Haftvermögen, unterschiedlicher Trocknung	Benetzungsprobe 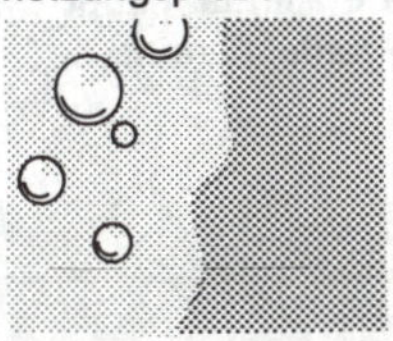	Unterschiedlich saugende Untergründe sind mit geeignetem Grundanstrichstoff zu egalisieren. Gering saugende Untergründe sind anzuschleifen.
Ausbesserungsstellen Wegen unterschiedlicher Materialien und hohler Stellen	Augenschein, Klopfprobe (mit Hammer abklopfen) 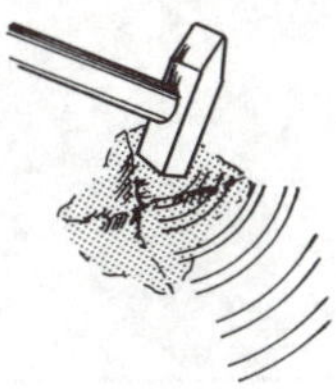	Hohlklingende und unzureichend verputzte Stellen ausbessern, Oberflächenstrukturen u. U. angleichen.
Tragfähigkeit vorhandener Altanstriche und Bodenbeläge wegen Haftvermögen	Kratz- und Klopfprobe, Klebebandtest 	Altanstriche eventuell restlos entfernen; alte Beläge entfernen bzw. auf Haltbarkeit überprüfen. Verfestigen des Untergrundes mit geeignetem Grundanstrichstoff. Lose Belagpartien sind nachzukleben. PVC-Beläge sollen immer **direkt** auf einen festen Untergrund verklebt werden. Altanstriche und Altbeläge sind zu reinigen. Aufbringen von Ausgleichsmassen bei unebenen Altbelägen.

6.10 Werkzeuge und Geräte für Tapezier- und Verlegearbeiten (eine Auswahl)

Werkzeug, Gerät	Beschreibung	Anwendung
Kleistergeräte und **Tapeziergeräte** 	Tisch- und Standgeräte, Geräte zum Einkleistern von Tapeten. *Standgeräte:* Standgerüst aus Stahlrohr und Stahlrohrrahmen mit Kleisterkasten und Kleisterauftragswalzen, Querschneidevorrichtung, Ablagetisch, Arbeitsbreiten je nach Gerät zwischen 0,65 m und 1,50 m, neuere Geräte mit Meßautomatik für Tapetenlängen (Bahnlängen) und Tapetenabhebevorrichtung; gleichmäßiger Kleisterauftrag durch Feinregulierung der Kleisterauftragswalzen möglich; Verwendung von Maschinenkleister	Zum rationellen Einkleistern von Tapeten, gleichmäßiger Kleisterauftrag
Tapezierbürsten 	Aus Pferdehaar (Roßhaar) in unterschiedlichen Größen und Längen; weichere Tapezierbürsten haben längere Haare – auch die Elastizität hängt von der Länge der Pferdehaare ab	Zum Tapezieren und Kleben, zum Andrücken von Belägen, robuste Tapeten erfordern Bürsten mit kurzen Haaren, weichere Tapeten erfordern Bürsten mit längeren Haaren
Tapezierspachtel 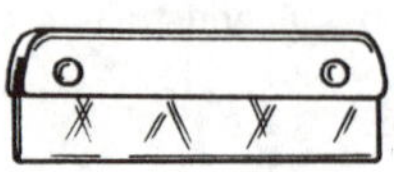	Kunststoffblatt mit Holzgriff, Länge ca. 0,30 m (wird allerdings auch länger geliefert)	Zum Andrücken von Belägen, besonders von PVC-Belägen, zum Glätten von Metallictapeten, dann aber ein Tuch unterlegen, zum Tapezieren und Andrücken von Tapeten, zum Glätten von Tapeten
Andrückrollen 	Gummi- oder Kunststoffrollen, Länge ca. 0,20 m, Durchmesser ca. 0,06 m; Moosgummirollen sind besonders weiche Andrückrollen (gepolsterte Andrückrollen); schwere Andrückrollen mit Stahlauskleidung	Zum Tapezieren, für Belagarbeiten und Folien geeignet, für Verklebungen von Untertapeten und Unterbelägen; schwere Andrückrollen werden für schwere Wandbeläge, wie z. B. PVC-Beläge, verwendet

Werkzeug, Gerät	Beschreibung	Anwendung
Nahtroller 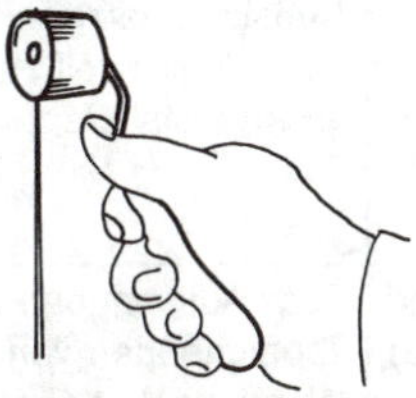	– Nahtroller aus Stahl – Nahtroller aus synthetischem Gummi – Nahtroller aus schwerem Kunststoff, oft geriffelt	Für Beläge aller Art, bei denen Druck ausgeübt wird; für Beläge; für Bespannstoffe
Gewebeschneider 	Scharfes Messer mit spitzer Stahlklinge, auch geschwungen in verschiedenen Formen	Zum Schneiden von Textilbelägen und Textiltapeten bzw. tapetenähnlichen Stoffen
Anschlagleiste 	auch *Kreuzwinkel* genannt – Stahlleiste als Anschlagleiste, aufmontierbar an Bandstahllineale, die sich aufrollen lassen, bis zu 10,00 m lang	Zum Anreißen und Schneiden von Belägen
Tapetenschneider 	Scharfes Messer mit Kreisklinge oder gerader Klinge lieferbar	Zum Schneiden von Tapeten und Geweben, auch Korkbelägen
Teppichschneider 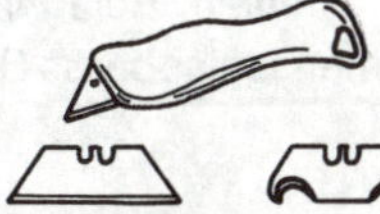	Sehr robustes Messer mit auswechselbaren Klingen, schnelle Montage möglich, im Regelfall mit Schraubverschluß	Für Teppichschneidearbeiten, zum Schneiden textiler Beläge und zum Schneiden von Bespannstoffen
Eckenschneider 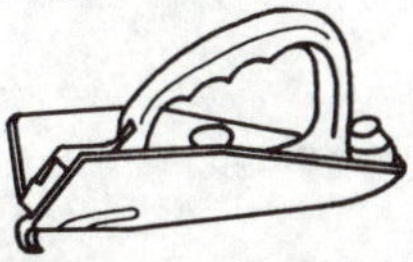	Spezialmesser für Eckenschnitte, Führungsleiste aus Stahl, verstellbar, auswechselbare Klingen, schnelle Montage	Für Ecken- und Kantenschnitte bei Tapeten, Bespannstoffen, Untertapeten und leichteren Belägen
Anreißwerkzeuge und Anreißgeräte 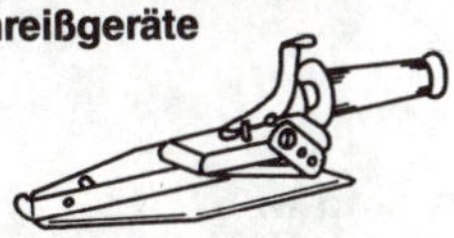	– Anreißnadel – Nahtanreißer, verstellbar – Gegenanreißer, verstellbar	Zum Anreißen
Tastlehre oder **Treppenschmiege** 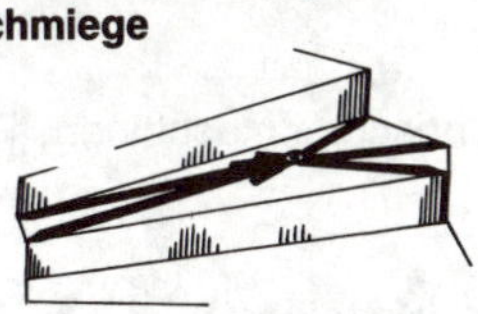	auch *Spinne* genannt – Gerät mit Klemmbrett und zugehörigen Stahlstreifen mit abgeschrägten Spitzen zum genauen Anlegen an Treppenstufen und Treppenecken	Für Meß- und Anreißarbeiten an verwinkelten Ecken, z. B. an Treppenecken

Werkzeug, Gerät	Beschreibung	Anwendung
Heißluftgerät 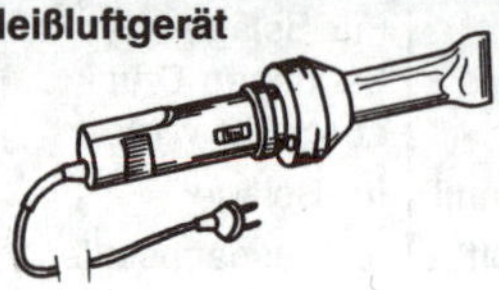	Gerät zum Erhitzen der Luft und der Beläge aus Kunststoffen mit verstellbarem Gebläse und verstellbarer Luftzufuhr, verschiedene Modelle mit z. T. sehr unterschiedlichen Leistungen	Zum Erwärmen von Kunststoffbelägen und zum Verschweißen von Kunststoffen
Teppichspanner 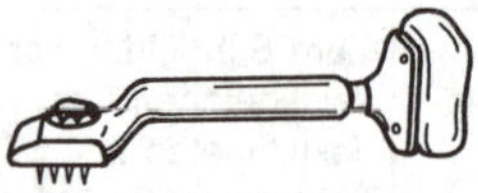	Gerät zum Spannen von Teppichen und Teppichböden, Spannkopf (Spannplatte) mit Nadelplatte (mit verstellbaren Nadeln), zusammensteckbare Stahlrohre, meist verchromt, ca. 1,00 m lang und 30 mm Durchmesser, Feststellhebel, auch als Kniegerät zum Spannen an Treppenstufen	Zum Ausspannen der Teppichböden von Wand zu Wand

Weitere Werkzeuge und Geräte zum Tapezieren und Verlegen sind u. a.

- *Streifenschneidemaschine*, sogenannter Blitzschneider zum Schneiden von Belägen
- *Nahtschneider* mit verstellbaren Klingen
- *Universalmesser*, robustes Messer mit auswechselbaren Klingen (z. B. rund, gebogen, spitz)
- *Cuttermesser*, Allzweckmesser mit abbrechbaren Klingen
- *Tapezierscheren,* Papierscheren aus rostfreiem Stahl (Qualitätsscheren sind TEFLON-beschichtet
- *Tapezierkelle,* Kunststofflineal als Beschneidelineal und dünner Kante als Andrückspachtel
- *Stahllineale* als Meß- und Schneidelineale
- *Gehrungslade,* Schneidelade aus Holz oder Kunststoff mit dazugehöriger Säge zum Schräg- und Geradeschnitt in bestimmten Winkeln bei Leisten, Profilen, Belägen
- *Meßgeräte* wie Meterstab, Bandmaß und Innenmeßgerät (zusammenschiebbares Stahlbandmaß, nach innen verschiebbar)
- *Wasserwaage* für senkrechte und waagerechte Markierungen
- *Patent-Schnurschlaggerät* (Aufrollen und Einfärben der Schlagschnur in einem Arbeitsgang)

Weitere spezielle Verlegewerkzeuge sind u. a.

- *Kanten- und Nahthobelgeräte*, Stahlhobel zum Begradigen der Beläge
- *Fliesenschneidemaschine*
- *Flächenspachtel* mit unterschiedlichen Zahnungen (Zahnspachtel)
- *Nahthämmer*
- *Locheisen*
- Verschiedene *Schräg- und Senkrechtschneider*

Spezielle Werkzeuge, Geräte und Maschinen für Vorarbeiten sind u. a.

- *Perforierwalzen* zum Entfernen von Tapeten und tapetenähnlichen Stoffen
- *Schaber* zum Entfernen von Tapeten und Belägen
- *Spachtel* und *Traufel* für Spachtel- und Verputzarbeiten
- *Schleifmaschinen* für die Untergrundvorbereitung (z. B. Rundschleifmaschinen, Rutscher, transportable Bandschleifmaschinen)
- Gerät zum Verschweißen von PVC-Beläge
- Gerät zum Verbinden von Nähten an textilen Bodenbelägen (Kettelgerät)

6.11 Klebstoffe, Übersicht

Die Auswahl der Klebstoffe richtet sich nach der Art des Belages und des Untergrundes.

Hinsichtlich der Verdünnungs- und Lösemittel unterscheidet man

- Kunstharz-Dispersionskleber (wasserverdünnbar) und
- Spezialkleber (lösemittelverdünnbar)
  z. B. Kunstharzkleber, Polyurethankleber, Epoxidharzkleber, Kunstkautschukkleber (Neoprenkleber), Latexkleber
  Spezialkleber gibt es auch als Zweikomponentenmaterial.

Für die einzelnen Beläge sind folgende Klebstoffgruppen im Handel:
Klebstoffe für

- PVC-Beläge
- Parkett
- Linoleum
- Teppiche und textile Beläge
- Ausgleichsmassen
- die Vorbehandlung von Unterböden und Wänden

Unterschiedliche Kleber erfordern unterschiedliche Spachtelzahnungen.

Beispiele für Spachtelzahnungen

Zahnlückentiefe 1,65 mm
Zahnlückenbreite 1,5 mm
Zahnbrückenbreite 0,5 mm

Zahnlückentiefe 2,1 mm
Zahnlückenbreite 2,3 mm
Zahnbrückenbreite 2,7 mm

Zahnlückentiefe 2,7 mm
Zahnlückenbreite 2,9 mm
Zahnbrückenbreite 2,1 mm

Kunstharz-Dispersionskleber können auch mit **Spritz-** (Sprüh-) **Geräten** aufgebracht werden, und einige Kleber lassen sich mit der **Kleberwalze** auftragen. Die jeweiligen Herstellervorschriften sind dabei zu beachten.
Bei jedem Klebstoff ist angegeben, welche Spachtelzahnung verwendet werden soll.
Die Herstellervorschriften sind zu beachten.

Klebstoffe	Anwendungsbereiche
Kunstharz-Dispersionskleber Wasserverdünnbar, gute Anfangshaftung, gebrauchsfertig geliefert, transparent auftrocknend, feuchtigkeitsunempfindlich	Festverlegung von Teppichböden und Nadelfliesbelägen, Teppichböden mit PVC-Rückseiten, Sisal, Glasfaser-Gewebe, Polystyrol-Hartschaumplatten bis 5 mm, PVC-Beläge auf Polyesterträger, CV-Beläge mit PVC-Rückseiten und PU-Rückseiten, Gummibahnen oder Gummifliesen, genoppte Wollfilzpappe, PVC-Beläge in Bahnen oder Fliesen, Kleinparkett, Zierprofile aus Polystyrol-Hartschaum, Dämmunterlagen und geschäumte PVC-Unterlagen, textile Wandbeläge

Klebstoffe	Anwendungsbereiche
Kunstharz-Kleber Vollsynthetisches Polymerisationsharz oder Kondensationsharz wie z. B. *Vinylharzkleber* Sehr gutes Haftvermögen, lösemittelverdünnbar, transparent auftrocknend, relativ schnelle Trocknung, auch spachtelfähig lieferbar	Teppichböden und Nadelvliesbeläge, PVC-Beläge auf Filz- und Juteträger, PVC-Beläge auf Kork, Linoleum in Bahnen, Mosaikparkett, Klein- und Stabparkett, Exotenparkett (tropische Laubhölzer), Wollfilzpappe als Unterboden und Untertapete, Dämmunterlagen aus Gummigranulat (in Bahnen), Korkfilz und Korkment, Hartfaserplatten und Holzspanplatten (Verklebung zur Stabilisierung des Untergrundes)
Polyurethan-Kleber Sehr gutes Haftvermögen, chemikalienbeständig, abriebfest, wasserbeständig, wärmebeständig (Verlegung auf Fußbodenheizung möglich), transparent auftrocknend, schnelle Trocknung, spachtelfähig	2-Komponenten-Kleber, PVC-Beläge auf Polyesterträger im Naßbereich, PVC-Beläge im Naßbereich, Gummibahnen und Gummifliesen im Naßbereich und besonders strapazierfähig, Industrie-Gummibeläge, Textil-Beläge im Outdoor-Bereich (im Außenbereich), Nagelleisten, Spachtelmassen
Epoxidharzkleber Sehr gutes Haftvermögen, chemikalienbeständig, abriebfest, transparent auftrocknend, wasserbeständig, spachtelfähig	2-Komponenten-Kleber, Textil-Beläge im Outdoor-Bereich, Industrie- und Gummibeläge, Treppen- und Winkelschienen
Kunstkautschukkleber, Neoprenkleber Gutes Haftvermögen, chemikalienbeständig, wasserbeständig, spachtelfähig, transparent auftrocknend	PVC-Beläge, Bauprofile, Linoleum, Gummibahnen und Gummifliesen, Polystyrol-Hartschaumplatten, Keramikfliesen, Mosaike, Vinyl-Asbest-Platten
Netzmaterialien mit Kunstharz-Dispersionskleber behandelt Rutschfest, wieder restlos entfernbar	Teppichrutschbremsen, WA-Verlegung (WA = Wiederaufnahme), Haftbrückenverlegung

6.12 Übersicht über Estriche

Estriche sind Unterböden (Fußböden) für Beläge. Estriche werden flüssig bis pastos aufgetragen und bilden nach Erhärtung im Regelfall eine fugenlose Fläche. Als Materialien für Estriche kommen u. a. Zement, Asphalt, Magnesia, Anhydrit in Frage.

Estrich auf tragendem Untergrund

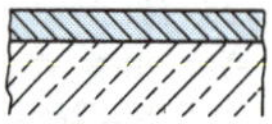

schubfest verbunden als *Verbundestrich*

auf Trennschicht als *Estrich auf Trennschicht*

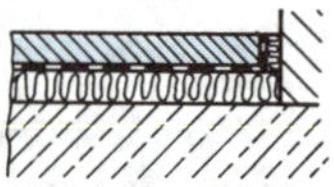

mit Dämmschicht als *schwimmender Estrich*

Estrich nach der Beschaffenheit des Untergrundes

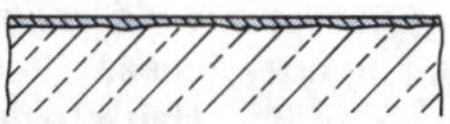

Übergangsschicht zum Beseitigen von **zu**lässigen Unebenheiten des tragenden Untergrundes

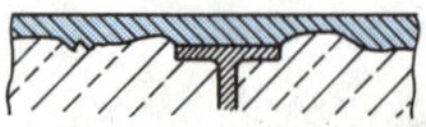

Ausgleichsestrich zum Ausgleichen von **unzu**lässigen Unebenheiten des tragenden Untergrundes

Estrich nach Art der Nutzung

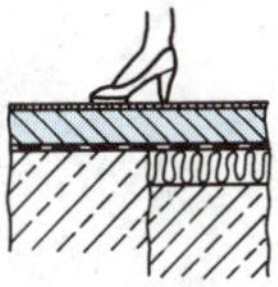

Estrich als Unterlage von Belägen

Estrich als Nutzschicht

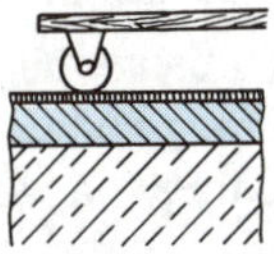

Hartstoffestrich als Nutzschicht („Industrieböden")

Im einzelnen unterscheidet man nach dem *Werkstoff* folgende Estriche:

Zementgebundene Estriche

Größte Gruppe, Bestandteile sind Normzement, gemischtkörniger Sand und Wasser, oft anorganische und organische Zuschläge zur Verbesserung bestimmter Eigenschaften wie z. B. Festigkeit, Schall- und Wärmedämmung, wichtig wegen einer möglichst raschen Trocknung (ca. 1–3 Wochen) ein geringer Wasserverbrauch, größere Flächen (über 30 m²) werden mit Dehnfugen versehen, maximale Haushaltsfeuchtigkeit soll 1,5–3 % betragen (Haushaltsfeuchtigkeit = gebundene Feuchtigkeit des Estrichs)

Anhydrit-Estriche

(Anhydrit = Gips wasserfrei), Zuschlag ist gewaschener Quarzsand, Trockenzeit ca. 8–12 Tage, große Festigkeit, muß vor dem Verlegen mit einem Haftanstrich versehen werden, maximale Haushaltsfeuchtigkeit 1 %

Magnesia-Estriche

Mischung aus Magnesit (mit Chlormagnesium) und Füllstoffen, Metallteile müssen isoliert werden, Auftrag mindestens eine 15 mm dicke Schicht, Trockenzeit ca. 2–3 Wochen, nur auf trockenen Unterböden anwendbar, auf Holzböden geeignet, Voranstrich und Spachtelung notwendig, maximale Haushaltsfeuchtigkeit 8–12 %

Gußasphalt-Estriche

Keine Trockenzeiten, Schutz gegen Bodenfeuchtigkeit, z. B. bei feuchten Unterböden oder nicht unterkellerten Räumen, beim Beschichten dürfen sich keine Wasserdämpfe bilden, bestimmte Eindruckfestigkeit für Belagarbeiten notwendig (maximale Eindrucktiefe von 1,0 mm bei Belastung von 5,25 N/mm² bei 22 °C und einer Belastungsdauer von 5 Stunden), Spachtelung notwendig als Haftbrücke für Kleber und Schutz gegen Durchwanderung von Teerstoffen.

Es gibt keine verbindliche Regel, die bestimmte Estriche bestimmten Belägen zuordnet. Allein die Untergrundbeschaffenheit entscheidet über die Verwendung eines bestimmten Estrichs.

6.13 Vorarbeiten

Verlegearbeiten erfordern bestimmte Vorarbeiten. Dazu gehören u. a.:

Schaffung staubfreier Untergründe und Estriche durch

- Staubentfernung
- Auftrag von Grundanstrichstoffen mit haftvermittelnden Eigenschaften
- Auftrag von verdünnten Klebern zur Staubbindung

Maßnahmen gegen Feuchtigkeit und aufsteigende Feuchtigkeit durch

- Auftrag von Gußasphaltestrich
- Beschichtungen mit Anstrichstoffen mit feuchtigkeitsisolierenden Eigenschaften (mindestens 2 x)
- Isolierung mit Bitumenbahnen (Verlegung quer zu den Belagbahnen)
  einfache Verklebung mittels Kleberauftrag auf den Boden; doppelte Verklebung mittels Kleberauftrag auf dem Boden und den Isolierbahnen

Regel:
Ein Boden ist belegereif, wenn seine Restfeuchte nicht mehr als 50 % über seiner Haushaltsfeuchte liegt (Haushaltsfeuchtigkeit = gebundene Feuchtigkeit)

Schaffung ebener und rißfreier Untergründe und Estriche durch

- Abschleifen gröbster Unebenheiten mit Rundschleifmaschine
- Ausgleichen gröberer Unebenheiten mit Ausgleichmasse (feste Verbindung mit dem Unterboden erforderlich)
- Glätten mit Hilfe von Spachtelmassen
- Aufkratzen und Verdichten der Risse
- Schleifen der Spachtelaufträge als Nacharbeit

Ausgleichen und Vorarbeiten von alten Holzböden durch

- Instandsetzung alter Holzböden mittels Spanplatten, die verschraubt werden
- Aufschüttung von Dämmschichten zum Ausgleichen größerer Unebenheiten und von Bodengefälle
- Abschleifen höherliegender Holzteile und Dielenkanten
- Verschraubung loser Dielen und Dielenteile mit Schrauben, die versenkt werden (gestauchte Drahtstifte, 22 x 60 mm)
- Verlegen von Unterböden als Zwischenlage, z. B. mit Wollfilz- und Korkfilzpappen (Verlegung quer zu den Dielen)

Für eine ausreichende Belüftung des Holzbodens ist durch Anbringen von Lüftungsschlitzen zu sorgen.

Entfernung alter Beläge

mit Hilfe von Schabern und Maschinen zur Belagentfernung.

Verlegung von Kupferbändern,

wenn leitfähige Bodenbeläge zu verarbeiten sind. Bodenbeläge müssen elektrisch leitend ausgeführt werden, wenn die VDE-Vorschriften beachtet werden müssen, so z. B. in Operationssälen, Räumen mit explosionsfähigen Gasgemischen, Computerräumen u. a. Damit sollen elektrostatische Aufladungen, die sich durch bestimmte Bodenbelagtypen und bestimmte Verhältnisse in den Räumen (z. B. relativ niedrige Luftfeuchtigkeit unter 60 %) ergeben, verhindert werden.

Beispiel für die Verlegung von Kupferbändern

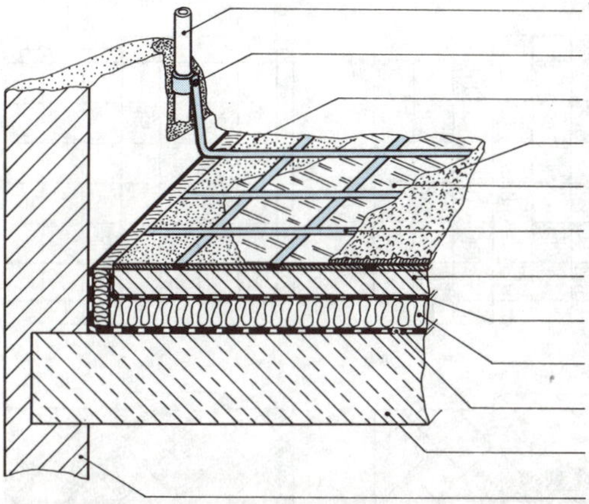

Verlegung von Unterlagen,

wenn schall- und wärmedämmende Maßnahmen erforderlich sind.

Beispiel für die Verlegung von Unterlagen (Unterbelägen)

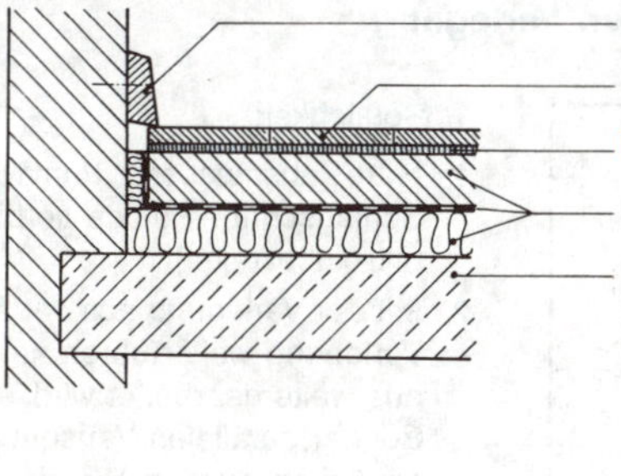

6.14 Verlegepläne

Bevor mit der Verarbeitung von Belägen begonnen wird, fertigt man sich einen *Verlegeplan* für die Bahnen – und Fliesenwerkstoffe an.

Grundregeln für Verlegepläne

- **Bahnen sind in Richtung auf die Hauptfensterwand, in Fluren und Gängen jedoch in Längsrichtung zu verlegen.**
- **Unterlagen und Beläge, die zu kleben sind, müssen so aufgeklebt werden, daß in der ganzen Fläche eine gleichmäßige und feste Verbindung entsteht.**
- **Nähte an Türen, Rohrdurchbrüchen, Wasserbecken usf. sind zu vermeiden.**
- **Teile, die Türschwellen überdecken sollen, sind nicht besonders einzusetzen, sie müssen Bestandteil der Bahnen bleiben. – Raumtemperaturen beachten**

Verlegepläne für Fliesen

Beispiele für parallele Verlegung:

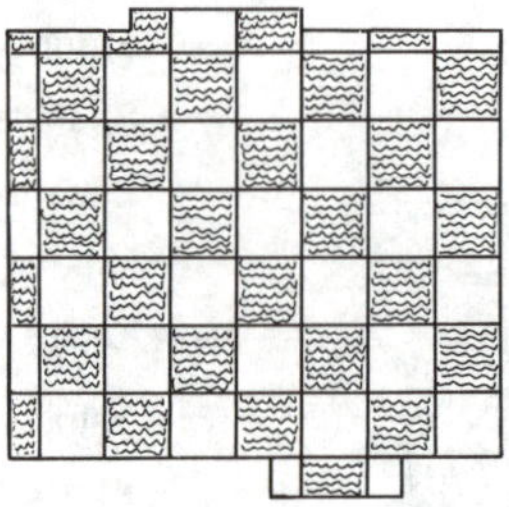

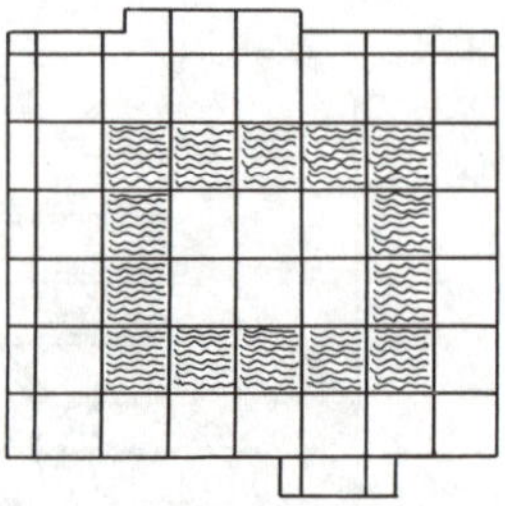

Beispiele für diagonale Verlegung:

Arbeitsschritte bei der parallelen Verlegung

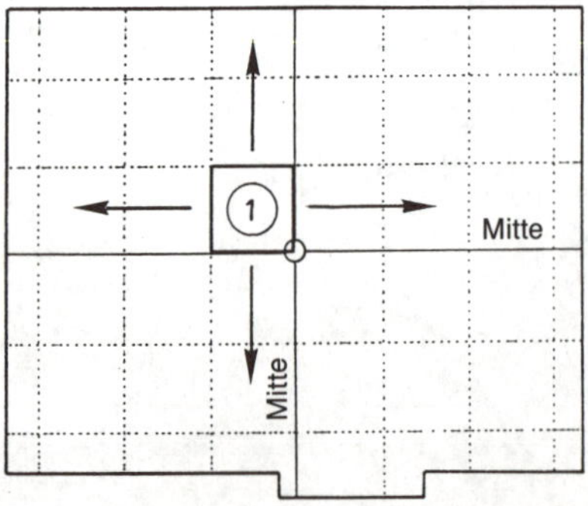

1. Möglichkeit

1. Mitte ausmessen, Punkte markieren, mit der Schlagschnur Punkte verbinden (Türbereich wird mit einbezogen).
2. Mit der Verlegung aus der **Mitte** heraus beginnen, Verlegung weiterführen, indem aus der Mitte heraus weitergearbeitet wird.
   Bei der parallelen Verlegung aus der Mitte heraus entstehen an den Wänden gleichmäßige Ränder (Streifen).

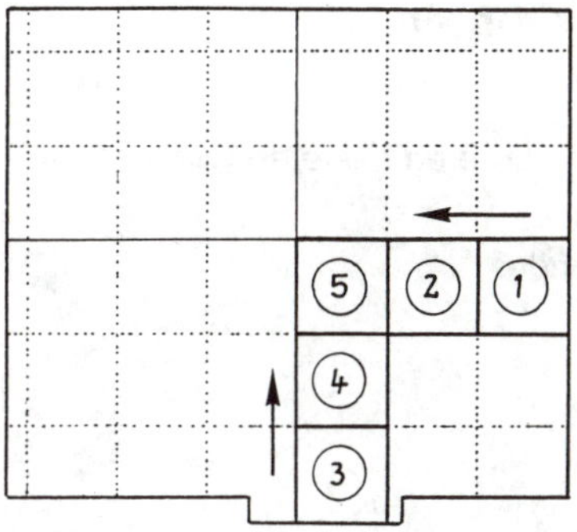

2. Möglichkeit

1. Zwei Fliesen (u. U. auch mehrere, so daß die Türmitte erreicht wird) ① und ② von einer geraden Wand parallel anlegen, mit der Schlagschnur diese Linie markieren, darauf achten, daß diese parallel zur Wand verläuft.
2. Drei Fliesen ③ ④ ⑤ aus dem Türbereich heraus entlang der markierten Linie legen, mit der Schlagschnur die neue Linie markieren, darauf achten, daß diese Linie parallel zur Türwand verläuft. (Die beiden ermittelten Linien müssen sich im rechten Winkel befinden und möglichst parallel zu den Wänden laufen, sofern die Wände gerade sind.)
3. Mit der Verlegung der Fliesen entlang der markierten Linien beginnen.

Arbeitsschritte bei der diagonalen Verlegung

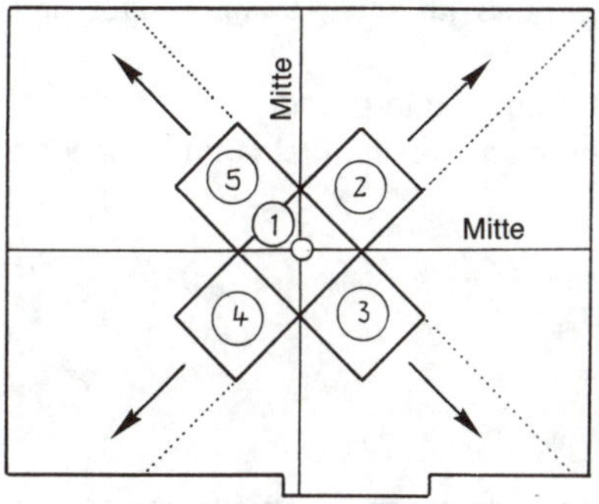

1. Möglichkeit

1. Raum ausmitteln und die erste Fliese ① diagonal anlegen.
2. Weitere Fliesen ② ③ ④ ⑤ diagonal anlegen und die diagonalen Verbindungslinien mit der Schlagschnur markieren.
3. Aus der Mitte heraus mit der diagonalen Verlegung beginnen und diagonal weiterführen.

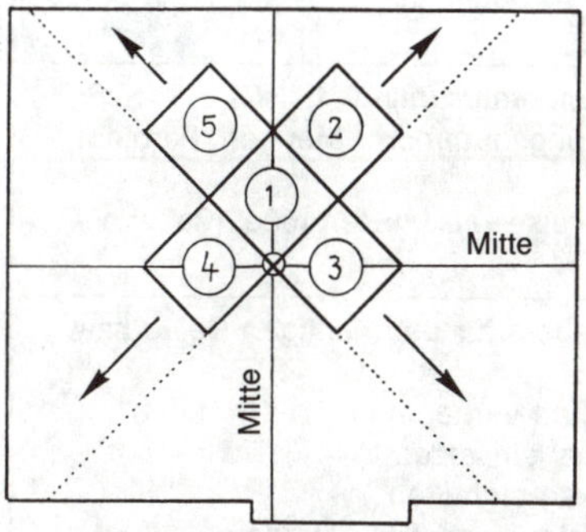

2. Möglichkeit

1. Raum ausmitteln und die erste Fliese ① wie angegeben anlegen.
2. Weitere Fliesen ② ③ ④ ⑤ diagonal anlegen, und die diagonalen Verbindungslinien mit der Schlagschnur markieren.
3. Aus der versetzten Mitte heraus mit der diagonalen Verlegung beginnen und diagonal weiterführen.

Arbeitsschritte bei paralleler Verlegung in nicht rechtwinkligen Räumen

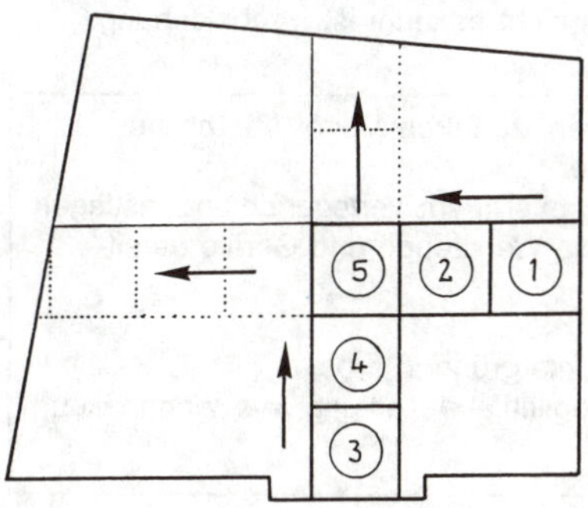

1. Zwei Fliesen ① und ② von einer geraden Wand parallel anlegen.
2. Mit der Schlagschnur diese Linie markieren, darauf achten, daß diese ermittelte Linie parallel zur Wand verläuft.
3. Drei weitere Fliesen ③ ④ ⑤ aus dem Türbereich heraus entlang der Linie anlegen, das Ende der Fliesen markieren und mit der Schlagschnur diese neue Linie ebenfalls markieren, darauf achten, daß diese Linie prallel zur Türwand verläuft.
4. Mit der Verlegung (Fliese 5) beginnen und wie angegeben weiterführen.

6.15 Verarbeitung, allgemeine Verlegeregeln

Die Qualität einer Klebe- oder Verlegearbeit hängt von mehreren *Faktoren* (Gegebenheiten) ab:

- von der Art und Beschaffenheit des Untergrundes,
- von der Qualität des verwendeten Belages,
- von der Qualität der Kleber (Klebstoffe) und
- von der fachgerechten Verarbeitung.

Zu einer fachgerechten *Verarbeitung* gehören u. a.:

- eine fachliche Kundenberatung,
- die Auswahl richtiger Beläge und Bekleidungen und der dazugehörenden Kleber,
- die ordentliche Prüfung des Untergrundes für die Klebe- und Verlegearbeit und die sachgemäße Vorbehandlung des Untergrundes mit richtig ausgewählten und eingesetzten Vorbehandlungsmitteln,
- die sachgerechte Verklebung der Beläge auf dem Untergrund,
- die Beratung des Kunden, wie die Beläge weiterhin zu behandeln und zu pflegen sind.

Wichtig ist die Beachtung der **Herstellervorschriften.**

Allgemeine Regeln:

Herstellervorschrift	Vom Verarbeiter zu beachten
Zuschnitt	– Überprüfung der Raumtemperatur (mind. 15 °C), – Überprüfung von Herstellungsnummern, Mengen, Farbton, Struktur, – Beachtung sonstiger Hinweise wie Mustergröße, Kleberichtung, Auslegen der Ware
Kleber, Klebstoff	– Auswahl des richtigen Klebers für den richtigen Belag bzw. Untergrund – Kleberansatz nach Vorschrift vornehmen – Richtige Verdünnungsmittel einsetzen – Klebermengen beim Auftrag einhalten – Technische Merkblätter beim Hersteller anfordern
Weichzeiten	– Weichzeiten, soweit erforderlich, einhalten – Wenn das Material noch nicht bekannt ist, Probeklebung vornehmen
Verarbeitung	– Raumtemperatur beachten, zu feuchte oder überheizte Räume sind zu vermeiden – U. U. einen Verlegeplan anfertigen, Verlegerichtung festlegen – Richtige und einwandfreie Werkzeuge und Geräte bereitstellen – Durchzug vermeiden – Nur auf einwandfreien Untergründen arbeiten – Hindernisse – soweit möglich – beseitigen, wie Wandhaken, Schalter, Leisten

6.16 Verarbeitung (Verlegung) von Belägen, eine Auswahl

Bei der Verarbeitung von Belägen sind die Herstellervorschriften grundsätzlich zu beachten. Nachfolgende Angaben zu den Verlegetechniken sind als *Vorschläge* zu betrachten.

1. Festverlegung von Teppichböden und Nadelvliesbelägen, Bahnen

Klebstoffe

Kunstharz-Dispersionskleber (KH-Dispersionskleber sind sogenannte WA-Kleber, WA = Wiederaufnahme)

Bei harten und festen Untergründen und Estrichen sind Kunstharz-Kleber, lösemittelhaltig, zu verwenden.

Verlegetechnik

- Verlegeskizze anfertigen
- Bahnen auslegen, mögliche Rapporte beachten
- Florrichtung (= Laufrichtung der Fasern) feststellen, nicht stürzen, nur in Florrichtung verlegen
- an den Wänden einen ca. 3 mm großen Dehnungsraum lassen
- Kleberauftrag gleichmäßig nur auf den Untergrund geben bei zurückgerollten Bahnhälften
- Spachtelzahnung B 1 verwenden (eventuell auch mit Rolle, Sprühgerät arbeiten)
- halbe Bahn ohne Lufteinschlüsse mit den Händen grob einschieben und anreiben, mit der Andrückwalze festwalzen
- Stöße nicht mit Kleber verschmutzen
- Kante der folgenden Bahn an die bereits liegende von oben her andrücken, kann auch *gestaucht* werden („stauchen" = beide Bahnen **gleichzeitig** von oben her zur Mitte zu sehr eng aneinanderlegen)
- Nähte mit Roßhaar- oder Kunststoffbürste senkrecht anklopfen
- an den Wänden den Belag stark in die Ecke drücken
- Überstände mit Stahlschiene, Messer oder Schneidegerät abschneiden
- Sockelleisten montieren

2. Festverlegung von textilen Belägen, Fliesen

Klebstoffe wie oben angegeben verwenden.

Verlegetechnik

- Verlegepläne anfertigen (Siehe auch Verlegepläne für Fliesen)
- Kleberauftrag nur auf den Untergrund aufbringen
- bei Fliesen, die bereits mit einem Kleber beschichtet sind, Schutzfolie entfernen und anschließend nach Herstellervorschrift verlegen
- Randstreifen schneiden
- im wesentlichen wie oben verfahren

3. Festverlegung von PVC-Belägen und Gummi-Belägen, Bahnen

Klebstoffe

Neoprene-Kleber (Kunstkautschuk-Kleber) oder Kunstharz-Dispersions-Kleber als Einseitkleber. Industrie-Gummi-Beläge mit Polyurethan-Kleber oder Epoxidharz-Kleber als 2-Komponenten-Kleber verwenden.

Verlegetechnik

- Verlegeskizze (soweit erforderlich) anfertigen
- Bahnen auslegen, Nähte ca. 2 cm überlappen
- Dehnungsraum ca. 3 mm an den Wänden lassen
- Kleberauftrag bei Neoprene-Kleber mit glattem Spachtel **beidseitig** auf den Untergrund und die zurückgerollte Bahnhälfte
- Ablüftzeit beachten (ca. 10–15 Minuten, Fingerprobe)
- schmale Folienstreifen schneiden (15–20 cm), in der Mitte der Nähte einlegen, um spätere Kleberansätze zu vermeiden
- halbe Bahn ohne Lufteinschlüsse einschieben, mit den Händen anreiben, danach mit Sandsack oder Andrückwalze andrücken – mit der mittleren Bahn beginnen und von dort nach außen arbeiten
  (Ein genaues Arbeiten ist unbedingt erforderlich, weil bei Neoprene-Kleber nachträgliche Korrekturen nicht mehr möglich sind.)
- bei Kunstharz-Dispersions-Kleber wie bei der Festverlegung von textilen Belägen angegeben arbeiten (Einseitkleber)
- nachträglichen Nahtschnitt ausführen, zunächst die obere Bahn mit Stahllineal anschneiden, dann die untere Bahn genau senkrecht an der oben abgetrennten entlang stark einritzen und den Streifen nach hinten abziehen
- Folienstreifen entfernen
- Nähte mit der Hammerkante anreiben
- an den Wänden Beläge mit der Hammerkante anreiben
- Sockelleisten anbringen

4. Festverlegung von PVC-Belägen, Fliesen

Klebstoffe wie oben angegeben verwenden

Verlegetechnik

- Verlegepläne anfertigen (Siehe auch Verlegepläne für Fliesen.)
- im wesentlichen wie oben angegeben arbeiten

5. Verlegung von Teppichböden durch Verspannen, Bahnen

Verarbeitung nur bei Teppichböden mit Unterlage möglich

Klebstoffe

Klebebänder für Nähte (Schmelzkleber)

Verlegetechnik

- Nagelleisten entlang der Wände durch Dübeln oder Verkleben aufbringen
- Ausgleichsmasse entlang der Nagelleisten spachteln
- Teppichbahnen auslegen
- Klebebänder entlang der Nahtstellen anbringen, bei dem Kleber handelt es sich um einen sogenannten *Schmelzkleber*
- Verspannen der Bahnen durch Aufbringen auf die Nagelleisten mit Hilfe von Hebelspannern oder Kniespannern
- mit Bügeleisen über die Klebebänder gehen, dabei schmelzen die Klebebänder und verkleben die Bahnen im Nahtbereich
- Sockelleisten anbringen

6. Festverlegung von Linoleum, Bahnen

Klebstoffe

Kunstharz-Kleber, lösemittelhaltig oder Kunstharz-Dispersionskleber

Verlegetechnik

Im wesentlichen wird wie bei der Verlegung von PVC-Belägen verfahren:

- Grobzuschnitt auf der Rückseite des Linoleums auf Raumlänge/-breite
- Bahnen auslegen, Nähte ca. 2 cm überlappen, Raumtemperatur beachten
- Dehnungsraum an den Wänden lassen, ca. 3 mm
- die Bahnen ausliegen lassen (z. B. über Nacht bei Zuschnitt am Abend), besonders aber, wenn es kälter ist
- Bahnen bis Raummitte zurückschlagen
- Kleberauftrag auf den Untergrund
- Spachtelzahnung B 1 verwenden
- halbe Bahn ohne Lufteinschlüsse einschieben, mit den Händen anreiben, danach mit Sandsack oder Andrückwalze andrücken
- mit der mittleren Bahn beginnen und von dort nach außen arbeiten
- nachträglich Nahtschnitt ausführen

  Methode 1 wie angegeben: Zunächst obere Bahn mit Stahllineal anschneiden und abschneiden, dann anschließend die untere Bahn genau senkrecht an der oberen Bahn entlang einritzen und den Streifen abziehen.

  Methode 2: Vor dem Verkleben wird an die untenliegende Bahn eine saubere Kante angeschnitten; nach dem Einlegen der Bahnen wird ein Nahtanreißer in diesem unteren Nahtschnitt geführt, dabei wird die obenliegende Bahn angerissen; die Randstreifen werden entlang der vorgeritzten Markierungen abgeschnitten.

- Bahnen sorgfältig einlegen und anreiben
- Nähte mit Hammerkante anreiben, ebenso die Stellen an den Wänden
- Sockelleisten anbringen
- Nähte u. U. mit Sandsäcken beschweren

7. Verlegung von Keramikfliesen, Dünnbettverfahren

Klebstoffe

Klebemörtel (Kunststoffvergütete Zementmischungen mit Zusätzen)

Verlegetechnik

Dünnbettverfahren = Verlegung durch Kleberauftrag, nicht Verlegung in Mörtel

- Verlegeskizze anfertigen
- Zuschnitt
- Kleberauftrag mit Zahnspachtel nach Herstellervorschrift
- Fliesen mit leichter Drehung ansetzen und andrücken
- Abstandhalter einsetzen
- Fugen ausfüllen
- Fugenmasse abwaschen
- Anschlußfugen abdichten

Aufgaben *zu „Beläge"*

A 1. In welchen Lieferformen gibt es Beläge?

A 2. Welche wichtigen Aufgaben können Beläge erfüllen?

A 3. Nennen Sie Aufgaben, die Beläge erfüllen, und geben Sie dazu passende Anwendungsbeispiele an.

A 4. Welche Belagarten sind Ihnen bekannt? Geben Sie Beispiele dazu an.

A 5. Nennen Sie Beläge aus Naturfasern.

A 6. Unterscheiden Sie die PVC-Beläge hinsichtlich ihrer Zusammensetzung.

A 7. Welche Chemiefasern gibt es?

A 8. Welche Linoleumsorten kennen Sie?

A 9. Unterscheiden Sie verschiedene elastische Beläge.

A 10. Welche Parkettarten sind Ihnen bekannt?

A 11. Welche feinkeramische Fliesen kann man unterscheiden?

A 12. Beschreiben Sie den Aufbau eines mehrschichtigen Belages.

A 13. Zählen Sie die wichtigsten Decken- und Wandbeläge auf.

A 14. Nennen Sie die wichtigsten Bodenbeläge.

A 15. Welche Oberflächenstrukturen können Sie bei textilen Belägen unterscheiden? Skizzieren Sie dazu das passende Schnittbild.

A 16. Unterscheiden Sie die Textilbeläge nach ihrer Herstellung.

A 17. Unterscheiden Sie zwischen gewebten und gewirkten Teppichen.

A 18. Beschreiben Sie den Vorgang bei der Teppichherstellung durch „Naddu".

A 19. Beschreiben Sie den Vorgang bei der Teppichherstellung durch „Beflocken".

A 20. Erklären Sie die Begriffe „Velours und „Bouclé".

A 21. Welchen Bereichen werden Teppichsymbole zugeordnet?

A 22. Aus welchem Grunde gibt es Teppichsymbole?

A 23. Beschreiben Sie, welche Aussagen das Teppichsymbol „Wohnbereich" macht.

A 24. Welche Aussagen machen die Teppichsymbole „Arbeitsbereich" und „Ruhebereich"?

A 25. Welcher speziellen Anforderung müssen Teppiche genügen, wenn sie mit dem Symbol „Stuhlrollen" gekennzeichnet sind?

A 26. Welchen besonderen Belastungen sind Beläge auf Treppen ausgesetzt?

A 27. Welchen besonderen Anforderungen müssen Teppiche genügen, die mit dem Symbol „Feuchtraum" versehen sind?

A 28. Beschreiben Sie das Teppichsymbol „antistatisch".

A 29. Beschreiben Sie wesentliche Eigenschaften von Belägen.

A 30. Welchen wichtigen Prüfungen werden Beläge unterzogen?

A 31. Warum werden Beläge wichtigen Prüfungen unterzogen?

A 32. Welchen Prüfungen werden Beläge unterzogen?

A 33. DIN 18 356 (Bodenbelagarbeiten) beschreibt, wie Beläge beschaffen sein müssen. Geben Sie kurz den Inhalt an.

A 34. Welche wichtigen Untergrundprüfungen sind vor der Ausführung von Verlegearbeiten durchzuführen?

A 35. Zählen Sie handwerker- und baustellenübliche Prüfmethoden auf.

A 36. Welche **Maßnahmen** zur Vorbehandlung von Untergründen müssen erfolgen, wenn Sie folgende Feststellung treffen:

- ein Verlegeuntergrund ist feucht
- es liegt ein unterschiedlich saugender Untergrund vor
- die Tragfähigkeit von alten Belägen ist nicht mehr gegeben
- die Festigkeit des Untergrundes ist ungenügend?

A 37. Welche Werkzeuge, Geräte und Maschinen stehen Ihnen für Tapezierarbeiten zur Verfügung?

A 38. Nennen Sie die Werkzeuge, Geräte und Maschinen, die Sie für Verlegearbeiten benötigen.

A 39. Nennen Sie mögliche Anwendungsbereiche von folgenden Werkzeugen/Geräten:

- Kleistergerät
- Tapetenschneider
- Eckenschneider
- Streifenschneider
- Treppenschmiege

A 40. Welche Klebestoffe stehen Ihnen bei den Verlegearbeiten zur Verfügung?

A 41. Ordnen Sie bestimmte Kleber bestimmten Anwendungsbereichen zu, z. B. Kunstharz-Dispersionskleber – PVC-Beläge.

A 42. Geben Sie die Daten folgender Auftragspachtel an: A 3, B 1, B 2.

A 43. Beschreiben Sie wichtige Eigenschaften des Kunstharz-Dispersionsklebers, des Kunstharz-Klebers (lösemittelverdünnbar) und des Neoprene-Klebers.

A 44. Nennen und beschreiben Sie die wichtigsten Estriche.

A 45. Nach welchen Gesichtspunkten kann man die Estriche unterscheiden?

A 46. Welche Vorarbeiten für Verlegearbeiten können vorkommen?

A 47. Welche Maßnahmen können Sie ergreifen, um aufsteigender Feuchtigkeit aus dem Boden zu begegnen?

A 48. Wann kann die Verlegung von Kupferbändern erforderlich werden?

A 49. Skizzieren Sie einen Verlegeplan für Kupferbänder, wenn leitfähige Bodenbeläge zu verarbeiten sind.

A 50. Wodurch können Sie rißfreie und ebene Untergründe für Verlegearbeiten schaffen?

A 51. Welche Grundregeln sind bei der Verarbeitung von Belägen zu beachten?

A 52. Fliesenwerkstoffe können unterschiedlich verlegt werden. Welche Verlegepläne sind Ihnen bekannt?

A 53. Beschreiben Sie die Arbeitsschritte bei der parallelen Verlegung.

A 54. Beschreiben Sie die Arbeitsschritte bei der diagonalen Verlegung.

A 55. Welche allgemeinen Regeln haben Sie vor der Verarbeitung von Belägen zu beachten?

A 56. Geben Sie die einzelnen Arbeitsschritte an, die bei der Festverlegung von Teppichböden notwendig sind.

A 57. Sie sollen PVC-Beläge in Bahnenform verarbeiten:
Welche Verlegtechnik wenden Sie an? Welche Kleber können Sie verwenden?

A 58. Beschreiben Sie den Arbeitsvorgang beim Verspannen von Teppichböden in Bahnenform.

A 59. Welche Arbeitsschritte können beim Verlegen von Linoleum notwendig werden?

A 60. Nennen Sie den Arbeitsvorgang beim Verlegen von Keramikfliesen im sogenannten Dünnbettverfahren.

7 Spezielle Beschichtungssysteme

7.1 Problemstellung

- Es gibt keinen „Universallack“ oder einen anderen Beschichtungsstoff, der allen Erfordernissen gerecht wird.
- Im Malersektor z. B. reichen im Prinzip zwar *Alkydharzlacke, Holzlasuren, Dispersionslacke* und *Dispersionsfarben* sowie *Tapeten* als Schlußbeschichtungen aus; doch es gibt auch Fälle, für die *spezielle Beschichtungsstoffe* erforderlich werden.
- Die nachstehende Tabelle zeigt an einigen Beispielen die Grenzen eines herkömmlichen Alkydharzlackes auf und gibt beispielhaft alternative Anstrichstoffe an.

Diese Anforderungen kann ein Alkydharzlack nur bedingt oder gar nicht erfüllen	Diese Anstrichstoffe erfüllen die Anforderungen
– Abriebfest	● DD-Lacke
– Chemikalienfest	● Epoxidharzlacke
– Hitzebeständig	● Silikonharzlacke
– Hohe Schichtdicke	● Polyesterlacke
– Lebensmittelverträglich	● Spirituslacke (Kelterlacke)
– Mit Erde überdeckbar	● Asphaltlacke
– Wasserabstoßend	● Silikonharzlösungen
– Wasserfest	● Chlorkautschuklacke
– Schnelltrocknend	● Celluloselacke
– Verseifungsbeständig	● Alle ölfreien Beschichtungsmaterialien

- Natürlich haben die obenstehenden Materialien verschiedene Eigenschaften, so daß sie oft mehreren Anforderungen gleichzeitig entsprechen (siehe hierzu die einzelnen Abschnitte der aufgeführten Materialien).
- Daneben werden noch weitere Beschichtungssysteme benötigt, die für *ganz spezielle Zwecke* eingesetzt werden: z. B. *feuerhemmende Beschichtungssysteme.*

7.2 Feuerhemmende Beschichtungssysteme

7.2.1 Problemstellung

Durch **Brände** entstehen jährlich Sachwertverluste in Milliardenhöhe. Darüber hinaus sind oft noch Menschenopfer zu beklagen.

Es werden deshalb alle technischen Möglichkeiten ausgeschöpft, um Brände zu verhindern oder zu verzögern, damit **Zeit zum Löschen und Retten** gewonnen werden kann. Aus diesem Grunde haben feuerhemmende Beschichtungssysteme in der letzten Zeit an Bedeutung gewonnen.

Mit derartigen Beschichtungssystemen können leichtentflammbare Baustoffe schwerentflammbar gemacht werden, z. B. **Holz oder Holzwerkstoffe** (nur für den Innenbereich geeignet).

Feuerhemmende Beschichtungen werden jedoch auch für **Stahlkonstruktionen** verwendet. Hier verfolgt man den Zweck, die Stabilität der Konstruktion solange als möglich zu sichern, denn Stahl verliert bei Erhitzung oberhalb 550 °C seine Festigkeit. Gleichzeitig verwerfen sich derartige Konstruktionen auf Grund der Wärmeausdehnung und kommen zum Einsturz.

Die DIN 4102 unterteilt **Baustoffe** nach ihrem Brandverhalten in folgende Gruppen:

A	**Nicht brennbare Baustoffe**	z. B. Stahl
B	**Brennbare Baustoffe** Klasse B 1 (schwerentflammbar)	Mit Flammschutzmitteln beschichtete, brennbare Baustoffe.
	Klasse B 2 (normalentflammbar) Klasse B 3 (leichtentflammbar)	} z. B. Holz je nach Dicke

Bauteile werden in der DIN 4102 nach ihrem Verhalten im Brandfall eingestuft. Mit Flammschutzmitteln beschichtete Bauteile werden der Feuerwiderstandsklasse F 30 (feuerhemmend) zugeordnet, d. h. z. B. tragende Stahlbauteile können ihre Funktion mindestens 30 Minuten erfüllen.

7.2.2 Wirkungsweise feuerhemmender Beschichtungen

Feuerhemmende Anstrichmittel enthalten **Dämmschichtbildner,** die eine Kombination verschiedener Stoffe darstellen.

	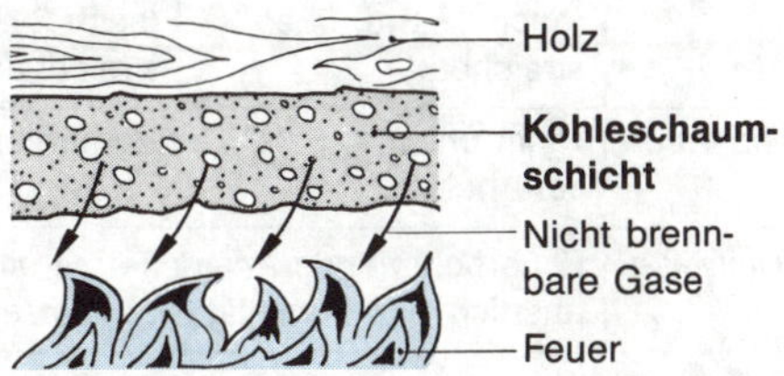
Bei Brandbeginn würde ein normaler Anstrich verbrennen, Holz würde brennbare Gase abspalten und ab ca. 400 °C **Feuer fangen**.	Bei Erhitzung der feuerhemmenden Beschichtung bildet sich Kohlenstoff, gleichzeitig entweichen aus dem Beschichtungssystem nichtbrennbare Gase, die die Kohlenstoffschicht schaumig aufblähen und gleichzeitig **das Feuer ersticken.** Die 3–4 cm starke Kohleschaumschicht hat eine ausgezeichnete Wärmedämmung.

Wirkungsweise von Dämmschichtbildnern (vereinfacht)

- Ein feuerhemmender Anstrich auf Holz kann die Brandausbreitung um ca. 10 Minuten verzögern.
- Tragende Stahlbauteile können mit Hilfe einer feuerhemmenden Beschichtung ihre Funktion mindestens 30 Minuten erfüllen.
- Feuerhemmende Beschichtungssysteme unterliegen einer amtlichen Überwachung.

7.2.3 Materialdaten feuerhemmender Anstrichstoffe

	Dämmschichtbildendes Feuerschutzmittel (nach DIN 4102 feuerhemmend)		
Systeme	Deckendes oder farbloses System auf **Dispersionsbasis**	Deckendes System auf **Lösemittelbasis**	Deckendes System auf **Lösemittelbasis**
für	**1. Holz und Polystyrolschaum**		**2. Metall**
Untergrund	– Vollholz – Holzwerkstoffe – PS-Schaum } roh oder imprägniert		Stahlkonstruktionen innen, unbehandelt
Bindemittelbasis	PVA-Dispersionsbindemittel mit Schaumschichtbildnern und Weichmachern	Kunstharze mit Schaumschichtbildnern	Kunstharze mit Schaumschichtbildnern
Pigmentbasis	Anorganische Pigmente und spezielle Abtönpasten		
Verdünnung	Wasser	Spezialverdünnung	Spezialverdünnung
Auftragsverfahren	Streichen, Rollen, Hochdruckspritzen (Düse 2,5 mm, Druck 3 bar), Airless-Spritzen (Düse 0,5–0,8 mm)		
Auftragsmenge	**Vollholz, Sperrholz = 12 mm** 300 g/m² **Holzfaserplatten = 12 mm** 400 g/m² **Styropor bis 20 mm** 200 g/m²	 350 g/m² 500 g/m² –	1400–3000 g/m² (entspricht einer Trockenschichtdicke von 700–1500 µm)
Trocknungszeiten	24 Stunden (nach 12 Std. überstreichbar)	3 Stunden (nach 24 Std. überstreichbar)	3 Stunden (nach 12 Std. überstreichbar)
Untere Temperaturgrenze	Nicht unter + 5 °C Untergrundtemperatur und über 80 % Luftfeuchtigkeit verarbeiten.		
Sonstige Hinweise	Feuerhemmende Anstriche mit einem Dämmschutz-Schutzlack-Schlußanstrich. Vor Feuchtigkeit schützen.		

7.2.4 Verarbeitungshinweise

1. Feuerhemmendes Anstrichsystem auf Dispersions- oder Lösemittelbasis für Holzbaustoffe und Polystyrol-Hartschaum

● **Untergrundvorbehandlung**

Untergrundbeschaffenheit:

Schmutz-, fett-, wachs- und staubfrei

Altanstriche:

Mit Abbeizmittel oder durch Schleifen entfernen.

Beizen:

Nur reine Wasserbeizen verwenden. (Alkalische Zusätze wie Salmiakgeist führen zu Filmschäden.)

Anstrichreste, grobe Poren:

Mit Dämmschutzgrundierung farblos (1:1 mit Wasser verdünnt) behandeln. Bei dunklem Holz Dämmschutz-Grundierung weiß.

Tropische und harzreine Hölzer:

Bei Benetzungsschwierigkeiten anschleifen und mit Dämmschutzgrundierung farblos vorbehandeln.

Holzschutz:

Wenn erforderlich, Nadelholz mit Holzschutzmittel nach DIN 68 800 imprägnieren.

● **Beschichten**

Zum Beschichten gibt es drei Möglichkeiten: auf Dispersionsbasis weiß oder farblos und auf Lösemittelbasis. Es sind hohe Auftragsmengen notwendig, um die erforderlichen Schichtdicken zu erreichen. Die Trockenschichtdicke des feuerhemmenden Anstrichsystems **vor** der Schlußbeschichtung (Schutzlack) ist durch Messung nachzuweisen.

Untergrund	Dämmschutz **weiß** (Dispersionsbasis)	Dämmschutz **farblos** (Dispersionsbasis)	Dämmschutz (Lösemittelbasis)
Vollholz	1–2 Aufträge	1–2 Aufträge	2 Aufträge
Sperrholz	1–2 Aufträge	1–2 Aufträge	2 Aufträge
Spanplatten	2 Aufträge	2–3 Aufträge	2 Aufträge
Holzfaserplatten	2 Aufträge	2–3 Aufträge	2 Aufträge
Styroporhartschaumplatten	1 Auftrag		

Schutzlack:
- Auf Styropor nicht verwenden.
- Bei Dämmschutz, farblos (Dispersionsbasis) 1 Auftrag erforderlich.
- Sonst nicht unbedingt nötig.

2. Feuerhemmendes Anstrichsystem auf Lösemittelbasis für Stahlbauteile

● Untergrundvorbehandlung

Unbehandelter Stahl:

Sandstrahlen nach DIN 55 928, Sa 2½ (siehe Kap. 2.8.3)

Verzinkter Stahl:

Gründlich entfetten

Altanstriche

sind zu entfernen, sofern sie mit dem Anstrichsystem nicht verträglich sind (z. B. Bleimennige in Öl).

● Beschichten

Rostschutzgrundierung

Spezielle bauaufsichtlich zugelassene Rostschutzgrundierung durch Streichen oder Spritzen aufbringen.

Bei der Verarbeitung sind die allgemeinen Vorschriften für lösemittelhaltige Lacke zu beachten.

Auftragsmenge: 200 g/m^2 (für Stahlstützen und Stahlträger)

Dämmschutz-Material

Je nach Methode (Streichen oder Spritzen) sind 3–4 Arbeitsgänge erforderlich. Außerdem ist die **Auftragsmenge** von der Art der tragenden Stahlteile abhängig.

	Stahlstützen	Stahldeckenträger
Dämmschutzmaterial (grau)	–	650 g/m^2
Dämmschutzmaterial (weiß)	950 g/m^2	650 g/m^2

Die Stärke der Schicht kann mit Hilfe eines magnetischen Schichtdickenmeßgerätes festgestellt werden.

Nach Einsatz der vorgeschriebenen Menge ergeben sich je nach Auftragsart folgende **Schichtdicken** (Grundierung + Dämmschutz):

	Stahlstützen	Stahldeckenträger
gestrichen	560 µm	760 µm
gespritzt	600 µm	800 µm

Das Material ist streich- und spritzfertig eingestellt. Bei Änderung der Viskosität durch Temperatureinflüsse ist ein Verdünnen mit Spezialverdünnung bis max. 5 % zulässig. Beim Auftragen sind Schalter und Steckdosen abzudecken und elektrische Anlagen allpolig abzuschalten. Sprühnebel nicht einatmen. Schutzbrille bei Streichen über Kopf tragen.

Schutzlack

Der Schutzlack dient zum Schutz der Oberflächen vor Feuchtigkeit und sonstige Belastungen. Der Schutzlack muß auf das System abgestimmt und bauaufsichtlich zugelassen sein.

Nach Abschluß der Arbeiten sind Kennzeichnungsschilder mit vorgeschriebenem Text sichtbar anzubringen.

7.3 Systeme zur Sanierung und zum Schutz von Betonoberflächen

7.3.1 Problemstellung

Beton besitzt eine hohe Alkalität. Die im Beton eingelegten Stahlarmierungen können deswegen nicht rosten.

Das Kohlendioxid der Luft carbonatisiert den Beton. Der ph-Wert sinkt unter 9,5 ab. Der Abbau der Alkalität in die Tiefe liegt pro Jahr bei etwa 1 mm, so daß nach ca. 10 Jahren die Stahleinlagen mit „carbonatisiertem" Beton in Berührung kommen. Jetzt setzt das **Rosten der Stahlteile** ein. Infolge des größeren Volumens von Rost gegenüber Stahl setzt eine Sprengwirkung ein, Risse entstehen, der Korrosionsprozeß wird beschleunigt. Dies führt letztlich zu flächenhaften Betonabsprengungen.

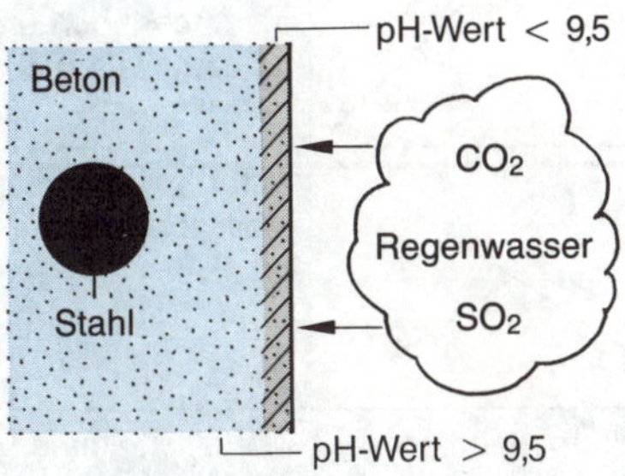

Beginn der Carbonatisierung

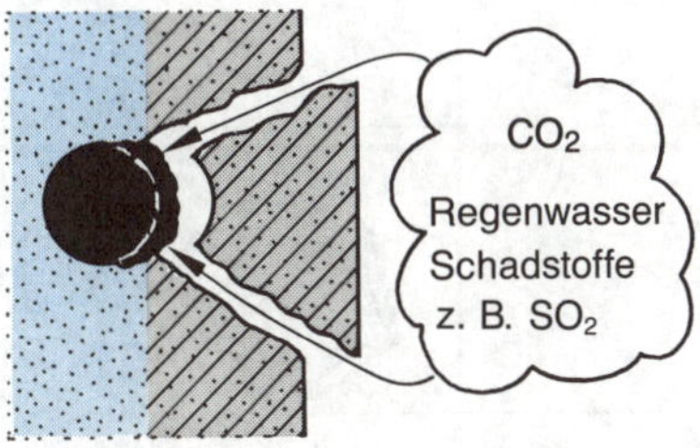

Betonschäden

- In diesen Fällen hilft jetzt nur noch eine gründliche und kostspielige Sanierung.
- Neue Betonflächen sollten vorbeugend geschützt werden.

7.3.2 Sanierung von Betonschäden

Zur Sanierung von Betonschäden werden zwei **Sanierungssysteme** angeboten:

- Das **Epoxid-Mörtel-System** (= Zweikomponenten-Mörtelsystem) für kleine Sanierungsarbeiten
- Das **Zement-Mörtel-System** für großflächige Sanierungsarbeiten.

Beschichtungssystem:		Zweikomponenten-Mörtelsystem	Zementmörtelsystem mit betonähnlichen Eigenschaften
Schäden: / Arbeitsgänge:		Für geringe Aufbrüche 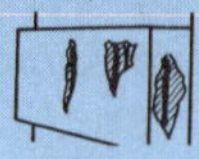	Für alle Aufbrüche 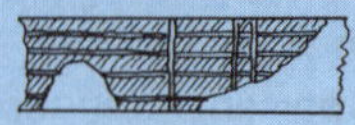
1. **Ausstemmen** Armierung freilegen		Lose Betonteile ausstemmen. Armierungseisen freilegen, bis nichtkorrodierter Stahl zutage tritt.	
2. **Entrosten** der Armierung	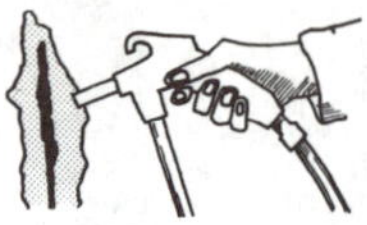	Bewehrungsstahl entrosten durch Sandstrahlen, Abnadeln oder Abbürsten.	
3. **Stahlkonservierung**		Das Rostschutzgrundiermittel (Zweikomponentenmaterial) allseitig auf die Stahlarmierung mit Pinsel auftragen.	
4. **Absanden** auf zweiter Stahlkonservierung	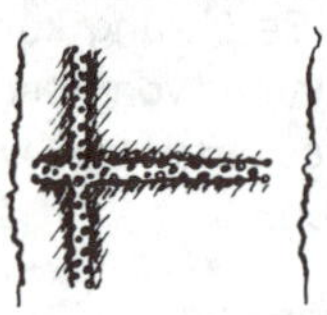		Nochmalige Rostschutzgrundierung (2K-Material) und Absanden mit Quarzsand. (Aufgestreuter Sand bleibt auf frischer Grundierung kleben und bildet so eine Haftbrücke für den Mörtel.) **(1)**
5. **Vornässen**			Aufbruchbereich mit Wasser vernässen
6. **Haftbrücke** aufbringen	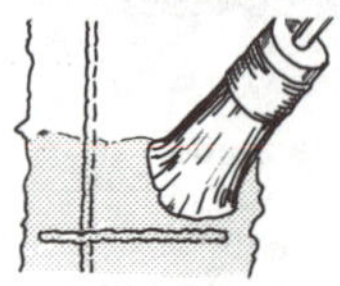	Zweikomponenten-Haftprimer in Aufbruchstelle mit Pinsel einstreichen und naß-in-naß:	Mörtelschlämme (Zementmörtel mit Wasser verdünnt) in Aufbruchstelle mit Pinsel einstreichen und naß-in-naß: **(2)**
7. **Auffüttern**	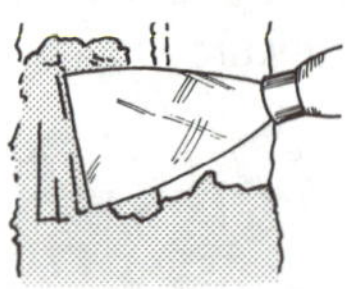	Zweikomponenten-Mörtel einbringen, verdichten und glätten	Zementmörtel einbringen, verdichten und glätten **(2)**
8. **Beschichten**		Imprägniergrundierung und Betonbeschichtungssystem nach Herstellerangaben	

(1), (2) siehe Seite 273 oben

Hinweise zu Seite 272:

(1) Hier sind die Herstellervorschriften unbedingt zu beachten. Je nach Herstellersystem können Abweichungen auftreten.

(2) Je nach Untergrund verschiedene Materialien einsetzen.

Nach Abschluß der Sanierungsarbeiten wird die gesamte Betonfläche mit einer speziellen Acrylat-Dispersionsfarbe beschichtet. Dadurch wird das erneute Eindringen von CO_2, SO_2 u. a. stark gebremst und damit der erneute Angriff des Betons gestoppt. Gleichzeitig erhält die Betonfläche eine farbliche Gestaltung.

Die **Ausführung der Beschichtung**, die im übrigen für noch nicht geschädigte Flächen genauso empfohlen wird, sieht wie folgt aus:

- *Reinigen der Betonoberfläche, Entfernen mürber Stellen.*
- *Grundieren mit Imprägniergrund.*
- *Schließen von Poren, Lunkern u. a. mit Faser-Spachtelmasse.*
- *Zwei deckende Anstriche mit spezieller Acrylat-Dispersionsfarbe.*

7.4 Wärmedämmung im Verbundsystem

7.4.1 Problemstellung

Stark gestiegene Energiekosten und eine rapide Zunahme der Luftbelastung, z. B. durch Heizungsanlagen, hat dazu geführt, daß vom Gesetzgeber her bei Neubauten Vorschriften für wärmeschutztechnische Ausstattungen erlassen wurden, die zur Energieersparnis und damit auch zur Verringerung der Umweltbelastung führen. Im Rahmen von Förderprogrammen wurden darüber hinaus auch bei Altbauten Maßnahmen zur Wärmedämmung bezuschußt.

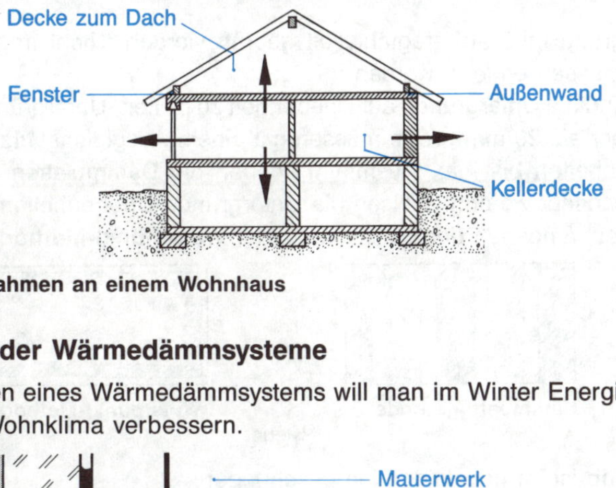

Wärmedämm-Maßnahmen an einem Wohnhaus

7.4.2 Prinzip der Wärmedämmsysteme

Mit dem Aufbringen eines Wärmedämmsystems will man im Winter Energie sparen und im Sommer das Wohnklima verbessern.

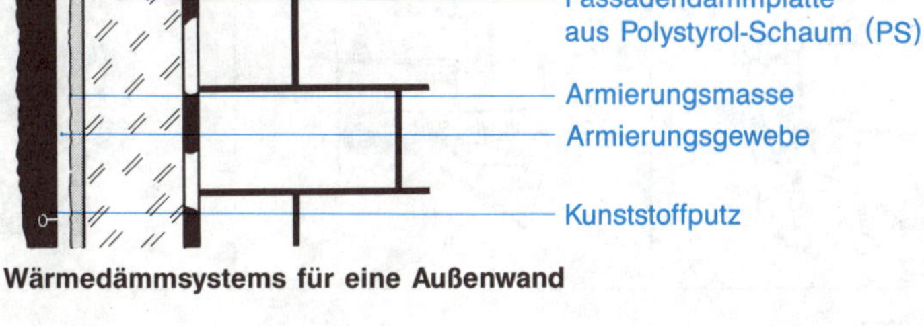

Aufbau eines Wärmedämmsystems für eine Außenwand

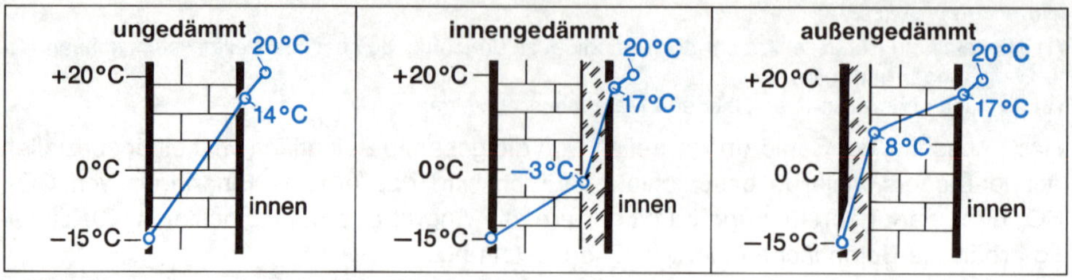

Temperaturverlaufskurve in einer Wand

Im allgemeinen wird nur die **Außendämmung** empfohlen, da bei dieser Ausführung die Wand als Wärmespeicher dient und nur langsam abkühlt.

Eine Innendämmung ist nur für Räume zu empfehlen, die nicht immer genutzt werden, z. B. Wochenendhäuser, Kirchen. Hier sorgt die Innendämmung für ein schnelles Aufheizen. Nach Abschalten der Heizung kühlt der Raum jedoch schnell aus.

Man unterscheidet verschiedene Wärmedämm-Verbundsysteme:

- PS-Schaumplatten mit KH-Putz
- Montagesystem mit PS-Schaumplatten und KH-Putz
- PS-Schaumplatten genutet mit mineralischem Putz
- Mineralwolle-Platten mit mineralischem Putz

7.4.3 Ausführung eines Wärmedämmsystems an einer Fassade

Vorarbeiten

- Der Untergrund muß auf Tragfähigkeit geprüft werden. Nicht tragfähige Putze bzw. Anstriche müssen entfernt werden.
- Daneben sind die Untergründe auf Unebenheit zu prüfen. Untergründe mit Unebenheiten von mehr als 20 mm pro m müssen mit einem Ausgleichsputz versehen werden. Bei Unebenheiten bis max. 10 mm/m können die Dämmplatten in der **Kammbett-Methode** verklebt werden. Weisen die Untergründe Unebenheiten von 10–20 mm/m auf, wird das Verkleben der Platten nach der **Wulstpunkt-Methode** empfohlen.

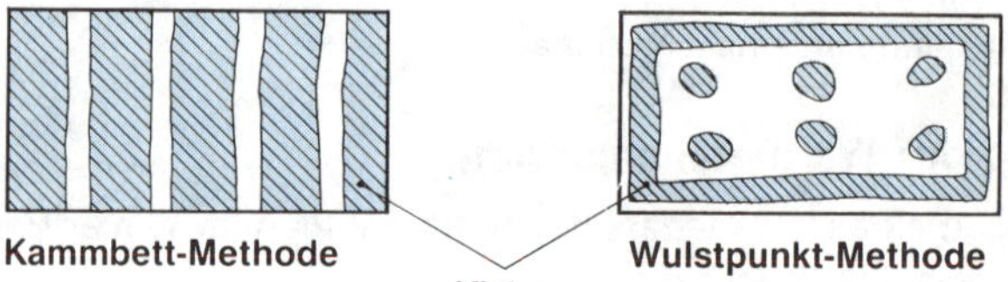

Die **Ausführung** ist im nachfolgenden beschrieben:

1. Mörtelreste entfernen, auf starke Unebenheiten und Feuchtigkeit prüfen	**2.** Sockelleiste waagrecht setzen (dübeln)	**3.** Anmachen des Klebemörtels (nach Herstellerangaben)
	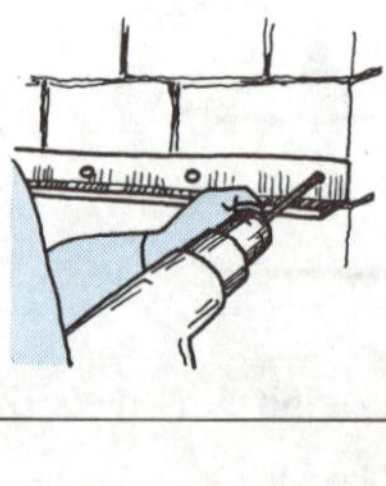	

4. Auftragen des Klebemörtels auf die Dämmplatte 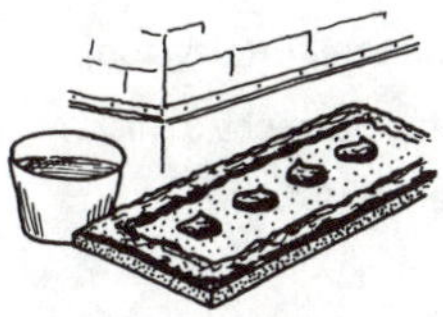	**5.** Anbringen der Dämmplatten im Verbund Stoßfugen müssen frei von Klebemörtel sein 	**6.** Spezialdübel setzen 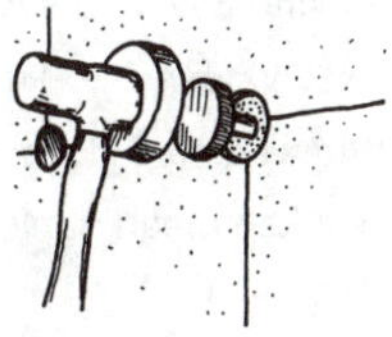
7. Ebenheit der Dämmschicht prüfen. Abhobeln oder schleifen mit Schleifbrett 	**8.** Aufziehen des Armierungsmörtels (ca. 2 mm dick) 	**9.** Eckschienen setzen (z. B. Edelstahl) 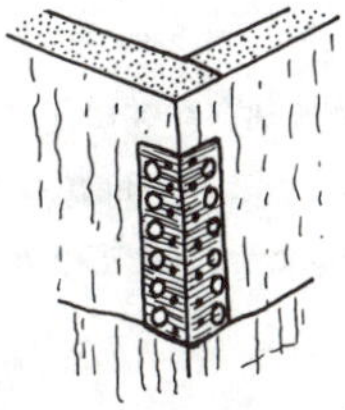
10. Gewebe in Armierungsmörtel einlegen (ca. 10 cm überlappt) und ebnen 	**11.** Voranstrich (Putzgrund) auftragen 	**12.** Schlußbeschichtung (Putz) auftragen und strukturieren 

zu Bild 8, 9 und 10: Arbeiten werden naß-in-naß ausgeführt

Aufgaben *zu „Spezielle Beschichtungssysteme“*

Problemstellung

A 1. Warum gibt es im Beschichtungssektor verschiedene Anstrichmaterialien?

A 2. Aus welchem Grund kann man einen Alkydharzlack nicht auf einen zementhaltigen Untergrund streichen?

Feuerhemmende Beschichtungssysteme

A 3. In welche Gruppe werden nach DIN 4102 Baustoffe eingeteilt?

A 4. Welchen Zweck verfolgt man mit dem Aufbringen feuerhemmender Beschichtungen auf Holz und Stahlkonstruktion?

A 5. Erklären Sie die Wirkungsweise von Dämmschichtbildnern in einem feuerhemmenden Beschichtungssystem.

A 6. Welche Auftragsmengen von dämmschichtbildenden Feuerschutzmitteln sind für Vollholz vorgeschrieben?

A 7. Welche Funktion hat als Schlußanstrich der Dämmschutz-Schutzlack?

A 8. Beschreiben Sie den Beschichtungsaufbau eines feuerhemmenden Anstrichsystems auf Holz (Dispersionsbasis).

A 9. Wie müssen feuerhemmende Anstrichsysteme auf Stahlteilen ausgeführt werden?

A 10. Welche Vorschriften bestehen hinsichtlich der Kennzeichnung eines aufgebrachten feuerhemmenden Beschichtungssystems?

Systeme zur Sanierung und zum Schutz von Beton

A 11. Erklären Sie die Entstehung von Betonschäden.

A 12. Welche Systeme setzt man für großflächige Betonsanierungen ein?

A 13. Beschreiben Sie die Arbeitsausführung bei einem Zweikomponenten-Mörtelsystem.

A 14. Wie werden Betonschäden mit Hilfe des Zementmörtelsystems fachgerecht saniert?

A 15. Wie kann man sanierte Betonflächen vor erneuten Betonschäden schützen?

Beschichtungssysteme zur Wärmedämmung

A 16. Aus welchem Grund wurden für Neubauten Vorschriften für wärmeschutztechnische Ausstattungen erlassen?

A 17. Erklären Sie den Aufbau eines Wärmedämmsystems auf einem Außenmauerwerk.

A 18. Wie unterscheidet sich der Temperaturverlauf in einer gedämmten und ungedämmten Wand?

A 19. Worauf müssen Untergründe vor Aufbringen eines Wärmedämmsystems geprüft werden?

A 20. Beschreiben Sie die Ausführung eines Wärmedämmsystems.

8 Prüf- und Meßverfahren

8.1 Sinn und Zweck des Prüfens und Messens

Um eine gleichbleibende Qualität ihrer Anstrichfarben und Lacke zu sichern, müssen die **Farben- und Lackhersteller:**

- die von der chemischen Industrie angelieferten Farben- und Lackrohstoffe überprüfen (z. B. Eigenschaften von Pigmenten, Bindemitteln, Lösemitteln, Zusatzmitteln u. a.)
- alle Fertigungsgänge bei der Farben- und Lackherstellung überwachen.
- alle hergestellten Produkte durch Kurz- und Langzeitprüfungen fortlaufend kontrollieren.

Um eine fachgerechte Arbeit zu garantieren, müssen die **Verarbeiter von Farben und Lacken** (Maler, Fahrzeuglackierer u. a.):

- die Verarbeitungsvorschriften der Farben- und Lackhersteller beachten.
- Untergründe auf ihre Eignung prüfen.
- Materialien vor und während der Verarbeitung kontrollieren.
- die fertige Beschichtung abschließend überprüfen oder begutachten lassen.

– Um das Überprüfen und Messen zu vereinheitlichen und nachprüfbar zu machen, wurden viele Verfahren genormt.
– Daneben gibt es Kontrollen, die z. B. nur betriebsintern bei den Farben- und Lackherstellern gelten.
– Nicht zuletzt besitzen die Verarbeiter von Farben und Lacken viele eigene Erfahrungswerte, die eine fachmännische Arbeit sichern helfen.

8.2 Prüfverfahren flüssiger Anstrichstoffe

8.2.1 Allgemeines

Anstrichfarben und Lacke sind Gemenge von Bindemittel-Lösungen oder Bindemittel-Dispersionen, Pigmenten und Zusatzstoffen. Für die Herstellung und Verarbeitung interessieren vor allem folgende Eigenschaften:

Viskosität, Thixotropie	*Trocknungsverlauf*
Ausgiebigkeit, Dichte	*Schichtdicke*
Ablauf, Verlauf	

8.2.2 Beschreibung flüssiger Anstrichstoffe

In einer **Lackanalyse** können mit Hilfe physikalischer Trennverfahren und chemischer Analysemethoden die prozentualen Bestandteile von Pigment, Bindemittel und Lösemittel ermittelt und die Art der Einzelbestandteile bestimmt werden.

Lackfarben sind keine chemisch einheitlichen Stoffe, sondern **Stoffgemenge.**
Pigmentierte Lacke bezeichnet man als **Suspensionen.**
Klarlacke sind im allgemeinen **„kolloide Lösungen".**

8.2.3 Viskosität, Thixotropie

Unter **Viskosität** versteht man die Zähigkeit oder innere Reibung eines flüssigen Stoffes oder Stoffgemisches (Viskosität = Fließverhalten von flüssigen Anstrichstoffen).

Die Viskosität hängt in erster Linie von der inneren Zusammenhangskraft **(Kohäsion)** der Einzelmoleküle untereinander ab.

Mit **Thixotropie** bezeichnet man ein besonderes Fließverhalten von Lacken. Thixotrope Flüssigkeiten sind in Ruhe geleeartig eingedickt (Gel- Form), sobald sie durch Rühren u. a. bewegt werden, werden sie dünnflüssig (Sol-Form). Dieser Vorgang ist beliebig wiederholbar. Das aus dem griechischen stammende Wort bedeutet „Wechsel durch Berührung".

Thixotrop eingestellte Anstrichmaterialien tropfen von senkrechten Flächen kaum ab.

Fließverhalten von Lacken: Kettenförmige Bindemittel-Moleküle richten sich aus.

Manche Pigmente lagern sich in Bindemittel-Lösungen **netzartig** zusammen. Beim anschließenden Rühren wird das Gerüst zerstört. Der Lack wird **flüssig.**

Die genaue Messung von Viskosität und Thixotropie geschieht mit dem Rotationsviskosimeter (DIN 532 14). Hier wird die Kraft gemessen, die benötigt wird, um einen zylinderförmigen Meßkörper in einem Lack mit Hilfe eines Motors in Drehbewegung (Rotation) zu versetzen.

In der Praxis wird die Konsistenz (= Dickflüssigkeit) mit verschiedenen Auslaufbechern oder dem Viskospatel über die Auslaufzeit festgestellt.
(Siehe Kapitel *Spritzen*.)

Viskositätsmessung

8.2.4 Ausgiebigkeit, Dichte

Unter **Ausgiebigkeit** versteht man die **Verbrauchsmenge** eines Anstrichmaterials, die notwendig ist, um auf 1 m² einen ausreichend dicken Anstrichfilm zu erzielen.

Wieviel m² mit 1 kg Lackfarbe beschichtet werden können, hängt von der *Beschaffenheit* des Untergrundes und der *Dichte* des Anstrichmaterials ab.

125 ml/m²
Verbrauchsangabe

glatt = wenig Lack

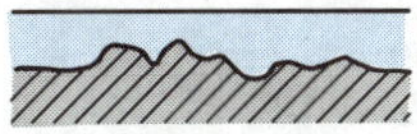

rauh = viel Lack

Unter **Dichte** versteht man die Masse eines Stoffes, bezogen auf ein bestimmtes Volumen. Die Dichte ermöglicht einen Vergleich verschiedener Stoffe untereinander.

Beispiele von Dichten (Durchschnittswerte):

0,87 kg/dm³	Holzschutzmittel	1,40 kg/dm³	Dispersionsfarbe (für außen)
0,88 kg/dm³	Dickschichtlasur	1,60 kg/dm³	Dispersionsfarbe (für innen)
0,92 kg/dm³	Klarlack	1,60 kg/dm³	Silikatfarbe
1,00 kg/dm³	Wasser	1,70 kg/dm³	Reibeputz
1,20 kg/dm³	Lackfarbe	1,80 kg/dm³	Rostschutzgrundierung
1,30 kg/dm³	Vorlack		

$$\textbf{Dichte} = \frac{\textbf{Masse}}{\textbf{Volumen}}$$

Einheit = kg/dm³
oder: g/cm³

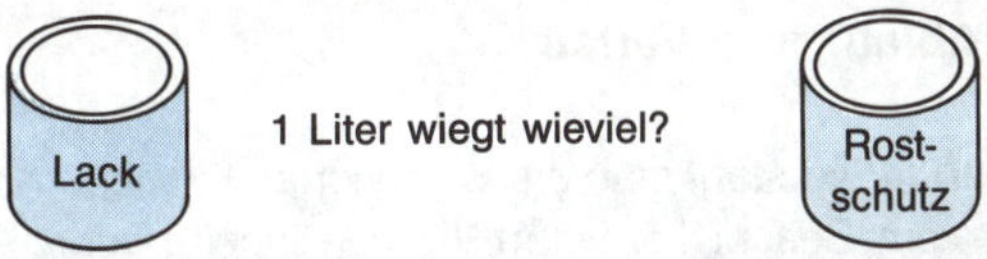

Klarlack
0,92 kg

Rostschutzgrundierung
1,80 kg

Das Volumen kann auch in l (statt dm³) oder ml (statt cm³) angegeben werden. So geschieht das auch in der Praxis.

Neuerdings wird die Ausgiebigkeit (Verbrauch) nur noch in ml pro m² angegeben.

Prüfverfahren

Die **Ausgiebigkeit** ermittelt man dadurch, daß man eine bestimmte Fläche mit dem jeweiligen Anstrichmaterial beschichtet. Durch Wiegen des Gebindes und des Streichwerkzeuges vor und nach dem Versuch, kann man den Verbrauch bezogen auf die Fläche ermitteln. Die Meßergebnisse werden auf ml/m² umgerechnet.

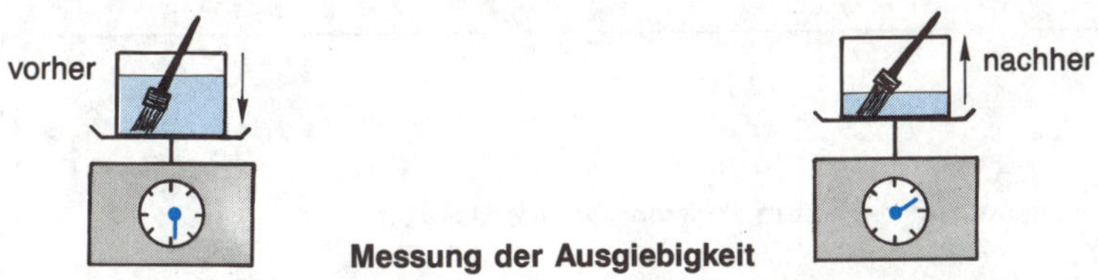

Messung der Ausgiebigkeit

Die **Dichte** von Anstrichstoffen bestimmt man z. B. mit einem *Pyknometer* (DIN 53 217). Hierbei wird das Pyknometer, ein zylinderförmiges Prüfgerät aus Metall, das ein Volumen von 100 ml (100 m³) hat, mit dem zu prüfenden Material gefüllt.
Durch vorheriges und nachheriges Wiegen des Pyknometers ermittelt man die Masse in Gramm und errechnet daraus die Dichte.

Beispiel:

Gewicht des Anstrichstoffes 121 g
Volumen des Pyknometers 100 cm³

$$\text{Dichte} = \frac{121\ \text{g}}{100\ \text{cm}^3} = \underline{\underline{1{,}21\ \text{g/cm}^3}}$$

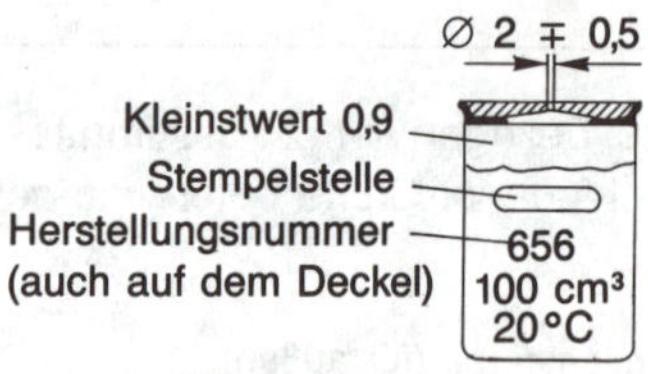

Pyknometer aus Metall (Maße in Millimetern)

Pyknometer nach GAY-LUSSAC

Pyknometer nach HUBBARD

8.2.5 Ablauf und Verlauf

Unter Verlauf versteht man die Eigenschaft flüssiger Anstrichstoffe, kleine Unebenheiten, die vom Beschichten herrühren (Pinselfurchen, Narben beim Spritzen) auszugleichen und auf dem Untergrund von selbst zu einer glatten Schicht zu verlaufen.

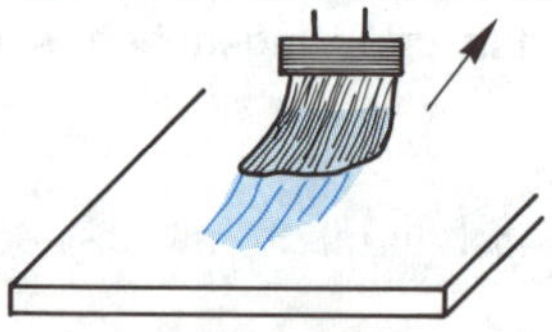

Pinselfurchen

Die Lackschicht hat sich selbst gespannt und glattgezogen = Verlauf

Schlecht verlaufende Spritzlacke bilden den **Orangenschaleneffekt** aus.
Der Verlauf eines Lackes wird von der Oberflächenspannung des Lackes bestimmt. Jeder flüssige Stoff will sich tropfenförmig zusammenziehen. Beim Streichen z. B. wird die Oberflächenspannung des Lackes überwunden. Nach Aufhören der Kraft „spannt" sich die nasse Lackschicht von selbst, der Lack verläuft.

Lacktröpfchen direkt nach dem Spritzen: *Orangenschalenstruktur*

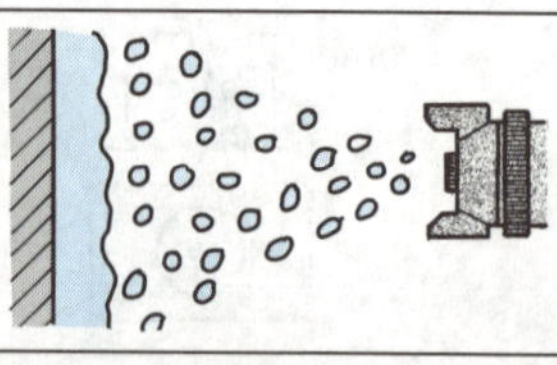

Unter **Ablauf** versteht man die Neigung von Anstrichstoffen, von senkrechten Flächen mehr oder weniger stark abzulaufen und Läufer (Gardinen) zu bilden.

Thixotrop eingestellte Lacke verhindern das Ablaufen. Zu stark verdünnte Lacke zeigen große Läuferbildung.

Schwerkraft und Viskosität bestimmen also im wesentlichen die Ablaufneigung.
Verlauf und Ablauf eines Lackes werden mit einer Verlauf- und Ablaufprüfrakel kontrolliert.

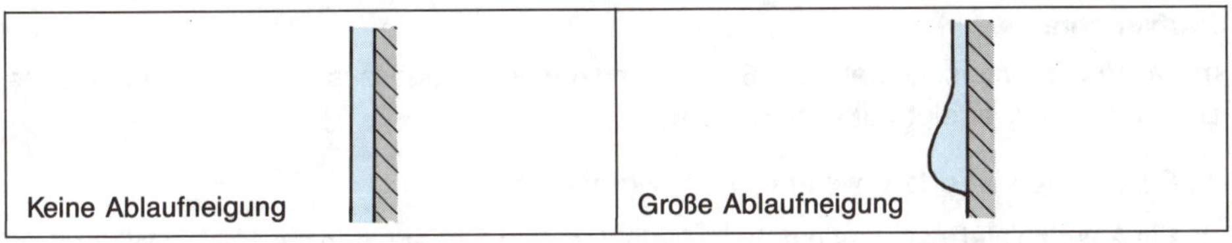

Prüfverfahren

Bei der **Verlaufprüfung** werden mit Hilfe einer Rakel 5 Filmstreifenpaare auf einen Untergrund aufgezogen. Die Filmstreifenpaare haben unterschiedliche *Spalthöhe* (0,25 mm, 0,5 mm, 1 mm, 2 mm, 4 mm).

Bei der Auswertung wird festgestellt, welche Filmstreifenpaare zusammengelaufen sind. Je kleiner die Spalthöhen waren, bei denen noch ein Zusammenlaufen festgestellt werden kann, desto besser ist der Verlauf.

Bei der **Ablaufprüfung** werden mit Hilfe einer Rakel Filmstreifen genau festgelegter Schichtdicke auf einen Prüfuntergrund aufgezogen. Sofort nach dem Auftragen des Films wird der Prüfuntergrund senkrecht gestellt. Dabei liegen die Filmstreifen waagerecht, die dünnste Schicht befindet sich oben. Je nach Material verlaufen jetzt die Streifen mehr oder weniger ineinander. Die Höhen der einzelnen Spalten betragen:
75 – 100 – 125 – 150 – 175 – 200 – 225 – 250 – 275 und 300 μm

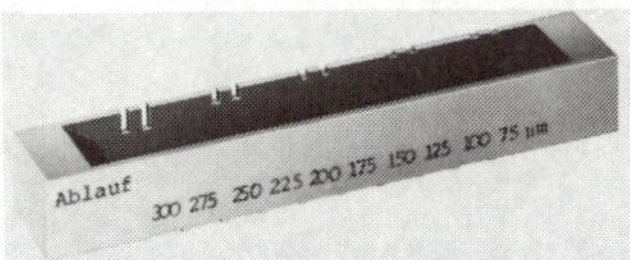

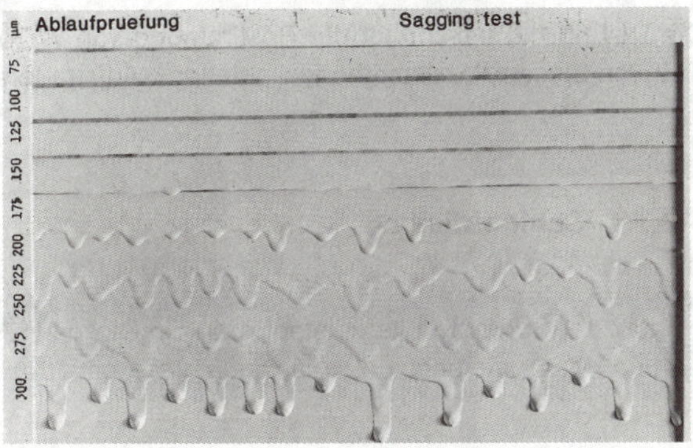

Ablaufrakel mit Ablaufprüfung

8.2.6 Trocknungsverlauf

Der Trocknungsverlauf eines Anstrichstoffes gibt an, in welcher Zeit eine Beschichtung einen festen, belastbaren Film ausbildet.

Da die Filmbildung nicht schlagartig, sondern stufenweise erfolgt, unterscheidet man *Trockengrade*. Diese Trockengrade geben den Trocknungszustand des Anstrichstoffes an.

Prüfverfahren

In der Praxis unterscheidet man 6 verschiedene Trocknungszustände eines Anstriches. Die Beurteilung erfolgt mit den Fingern.

1. Ein Anstrich ist **offen**, wenn er sich ölig anfühlt.
2. Ein Anstrich **zieht an**, wenn er beim Befühlen dem Finger einen merkbaren Widerstand entgegensetzt.
3. Ein Anstrich ist **klebrig**, wenn man beim Darübergleiten mit dem Finger kleben bleibt.
4. Ein Anstrich ist **staubtrocken**, wenn die Finger beim Befühlen nicht mehr kleben bleiben.
5. Ein Anstrich ist **druckfest**, wenn beim Aufdrücken mit dem Finger kein Abdruck sichtbar wird.
6. Ein Anstrich ist **durchgetrocknet**, wenn er sich durch mechanische Beanspruchungen kaum noch verletzen läßt.

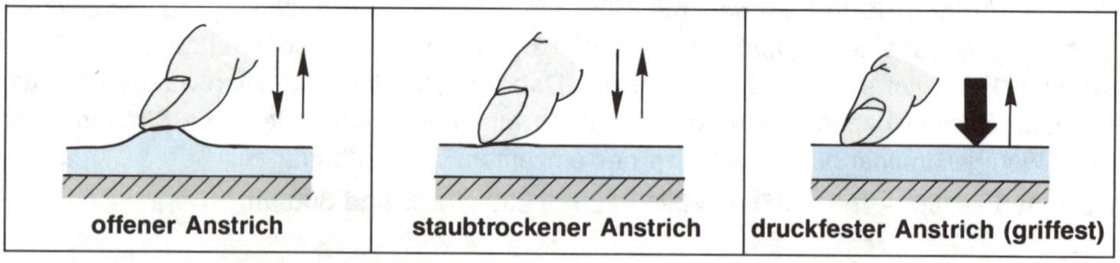

Die DIN 53 150 beschreibt die Bestimmung von 7 Trockengraden, deren Prüfverfahren sich von diesen Praxismethoden ableiten. (Aufstreuen von Glasperlen, Belasten)

8.2.7 Schichtdicke

Unter der Schichtdicke versteht man die Dicke eines Anstrichfilms auf einem Untergrund. Man unterscheidet *Naßschichtdicke* und *Trockenschichtdicke*.

Die Naßschichtdicke ist dabei größer als die Trockenschichtdicke, da der Lösemittelanteil verdunstet. Den festen Anteil des Films nennt man Festkörperanteil.

Die Schichtdicke wird in µm angegeben.
(1 µm = $\frac{1}{1000}$ mm = 1 Mikrometer).

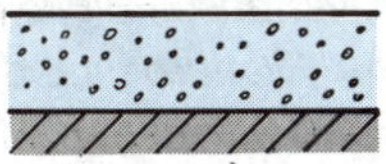 Naßschicht	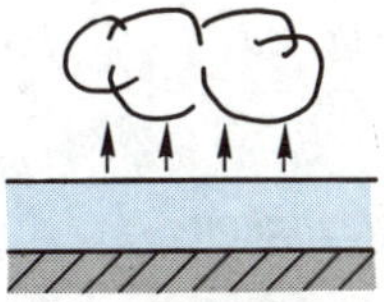 Trockenschicht

Prüfverfahren

Die **Naßschichtdicke** wird mit *Meßrädern, kammartigen Geräten* oder mit einer *Meßuhr* festgestellt. Das Messen mit dem Rollrad beruht auf dem Prinzip, daß eine im Rollrad exzentrische eingearbeitete Meßrippe im Anstrich abgerollt wird. Sie wird erst dann vom Anstrich benetzt, wenn der Abstand zwischen Rollfelgen und Meßrippe der Filmdicke entspricht.

Das Prinzip des *Naßfilmdickenmessers* nach Rossmann beruht darauf, daß das kammartige Meßgerät in senkrechter Haltung kurz durch den nassen Film gezogen wird. Jeder Zahn hat einen anderen Abstand vom Untergrund. Die Naßschichtdicke ergibt sich durch die Benetzung bzw. Nichtbenetzung der einzelnen Zähne. Die Werte der Schichtdicke sind im Meßgerät eingraviert.

Die **Trockenschichtdicke** kann z. B. mit der *Meßuhr* nach Rossmann ausgeführt werden. Hier wird der Lackfilm an einer Stelle bis zum Untergrund entfernt. Jetzt kann mit Hilfe der zwei feststehenden Meßfüße und einem beweglichen Taster die Schichtdicke bestimmt werden.

 Naßschichtdickenmeßgerät	 P.I.G. (Paint-Inspection-Gage) Trockenschichtdickenmeßgerät

Der Meßwert ist abzulesen.

Für **magnetische Materialien** kann man z. B. das *Mikrotest-Gerät* benutzen. Das Meßprinzip beruht darauf, daß man die Abzugskraft eines Magneten von der jeweiligen Lackierung mißt. Je dicker die Schicht, desto geringer die Anziehungskraft des Magneten, desto geringer dann auch die Abzugskraft, die durch wiederholtes Spannen einer Spiralfeder mit Hilfe einer drehbaren Meßscheibe erzeugt wird.

8.3 Prüfverfahren getrockneter Anstrichfilme

8.3.1 Allgemeines

Getrocknete Lackfilme können z. B. auf folgende Eigenschaften hin geprüft werden:

Haftfestigkeit	*Farbe*	*Wasserdampfdurchlässigkeit*
Elastizität	*Glanz*	*Chemikalienbeständigkeit*
Härte	*Deckvermögen*	*Licht- und Wetterbeständigkeit u. a.*
Abriebfestigkeit		*Korrosionsschutzeigenschaften*

8.3.2 Haftfestigkeit

Unter **Haftfestigkeit** versteht man das mehr oder weniger gute Anhaften von trockenen Anstrichfilmen auf einem Untergrund wie z. B. Holz, Metalle, Kunststoffe u. a. Innerhalb eines Beschichtungssystems müssen auch die einzelnen Schichten aufeinander haften.

Die Haftfestigkeit wird durch Anhangskräfte (Adhäsionskräfte), die an den Berührungsflächen zweier Stoffe wirksam werden, hergestellt.

Diese Verankerung ist von der Schichtdicke unabhängig und für jedes Anstrichmittel eine gegebene Größe. Öle, Fette u. a. heben die Haftfestigkeit auf. Anstriche schälen sich dabei ab.

Adhäsion wirkt an den Grenzflächen

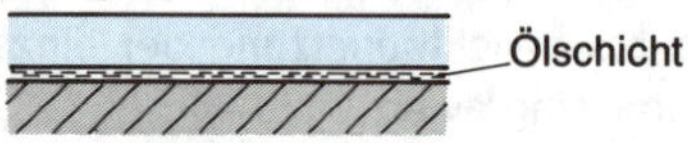

Öl- und Fettschichten heben Adhäsion auf

Prüfverfahren

In der Praxis wird üblicherweise die **Gitterschnittprüfung** nach DIN 53 151 angewandt. Hierbei werden mit einem Ein- oder Mehrschneidengerät Schnittbänder in Längs- und Querrichtung in die Lackschicht bis auf den Untergrund geritzt. Nach Abbürsten der Schnittstelle wird die Haftung durch einen Gitterschnittkennwert bewertet.

kein Abplatzen der Schnittränder: Gt 0

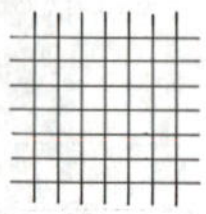

15 % der Fläche ausgeplatzt: Gt 2

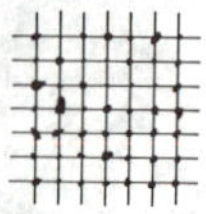

Gitterschnittprüfung zur Bestimmung der Haftfestigkeit

In der Lackindustrie verwendet man spezielle Prüfmaschinen, die entweder die Abzugskraft oder die Verdrehkraft messen, die erforderlich ist, um einen aufgeklebten Prüfstempel abzuziehen.

Messung von Abzugs- und Verdrehungskraft

8.3.3 Elastizität

Unter **Elastizität** versteht man die Fähigkeit eines Stoffes, sich unter Krafteinwirkung zu verformen und nach Aufhören der Kraft wieder in den Ausgangszustand zurückzukehren. Die Elastizität beruht darauf, daß manche Stoffe in der Lage sind, durch ihre elektromagnetischen Zusammenhangskräfte ihr ursprüngliches Gleichgewicht wieder herzustellen. In der Praxis werden Beschichtungen oft auf Schlag oder Biegung beansprucht. Hierbei erwartet man von einer guten Lackierung elastische Eigenschaften, d. h. daß Lackfilme Formänderungen mitmachen, ohne daß sie brechen.

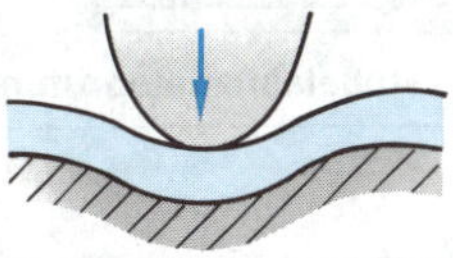

Deformation eines Lackfilmes

Lackfilm hat Formänderung ohne Reißen mitgemacht (biegeelastisch)

Prüfverfahren

In der Praxis kann die Elastizität durch die *Spanprüfung nach Peters* (DIN 53 155) beurteilt werden. Man schneidet mit Hilfe einer Rasierklinge, die in einem Halter steckt, Lackspäne aus dem Film.

Spanprüfung

Die Beurteilung erfolgt mit Hilfe von Kennwerten.

Kennwert 1: Filmspanstücke mit einer Mindestlänge von 30 mm

- weich und lappig ungerollt (Kennwert 1.1)
- zusammengerollter Span, der sich glattstreichen läßt (Kennwert 1.2)
- zusammengerollter Span, der beim Glätten bricht (Kennwert 1.3)

Kennwert 2: Filmspanstücke mit einer Länge zwischen 3 und 30 mm

Kennwert 3: Filmspanstücke mit einer Länge unter 3 mm oder pulverförmige Späne.

In Lacklabors können folgende Verfahren angewendet werden:

- **Tiefungsverfahren** von Erichsen geprüft. Hier wird ein beschichtetes Blech solange verformt, bis sich in der Beschichtung der erste Riß bildet. Der zurückgelegte Wert des Stößels ist der Tiefungswert.
- **Dornbiegeprüfung** mit zylindrischen Dornen (DIN 53 152) oder einem konischem Dorn.
  Hierbei wird ein Prüfblech durch Biegung deformiert. Auf Grund der auftretenden Risse wird die Elastizität beurteilt.
- **Stoßelastizitätsprüfung**, z. B. mit dem Kugelschlagprüfgerät.
  Hier läßt man auf das beschichtete Prüfblech von unterschiedlicher Höhe aus einen Körper („Fallkörper“) fallen.

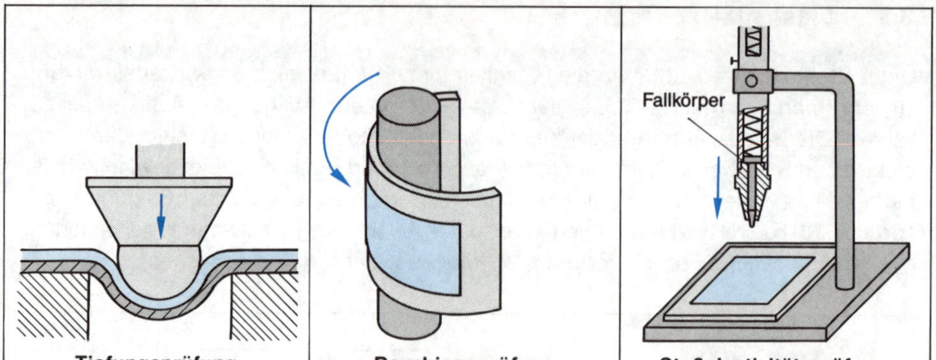

Tiefungsprüfung | Dornbiegeprüfung | Stoßelastizitätsprüfung

8.3.4 Härte

Unter **Härte** versteht man den Widerstand, den ein Körper dem Eindringen eines anderen entgegensetzt.

- Härte, Elastizität und Sprödigkeit stehen in gegenseitiger Abhängigkeit.
- Je elastischer ein Lackfilm ist, um so weicher ist er.
- Je spröder ein Lackfilm ist, um so härter ist er.

Prüfverfahren

Um die Härte von Beschichtungen zu beurteilen, verwendet man verschiedene Verfahren, die nach unterschiedlichen Prinzipien aufgebaut sind.

Ritzhärteprüfungen

Hier wird mit Hilfe von Bleistiften unterschiedlicher Härte oder mit einem Härteprüfstab, bei dem eine Hartmetallspitze unterschiedlich stark belastet werden kann, der Lackfilm geritzt.

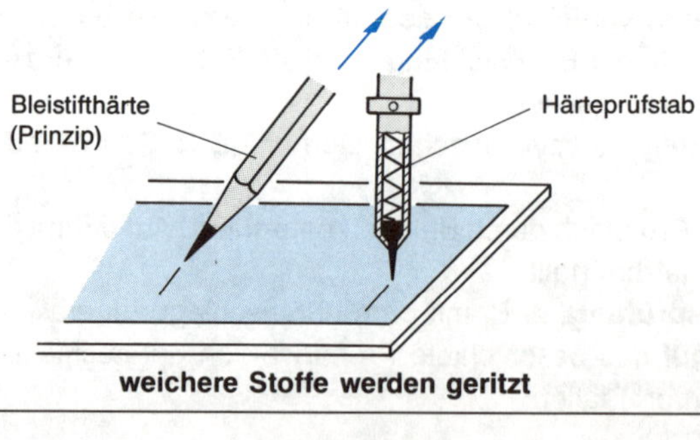

weichere Stoffe werden geritzt

Eindruckhärteprüfung

Hier wird das Meßgerät (500 g) 30 Sekunden lang auf einen Lackfilm gestellt. Das Meßgerät selbst hat als Auflage 2 Spitzen und einen doppelkegelstumpfförmigen Eindringkörper. Die Eindrucklänge wird mit einer Lupe ermittelt. Je länger Eindruck, um so weicher der Lack.

Pendel- und Schaukelhärteprüfung

Hier wird nach dem Prinzip gemessen, daß weiche Lackfilme die Hin- und Herbewegung eines Körpers schnell, harte Lackfilme diese Bewegungsvorgänge langsam abdämpfen. Als Maß für die Härte wird die Anzahl der Schwingungen in Sekunden angegeben.

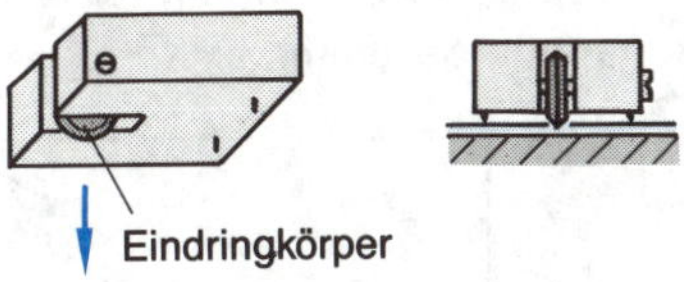

Eindruckhärteprüfung

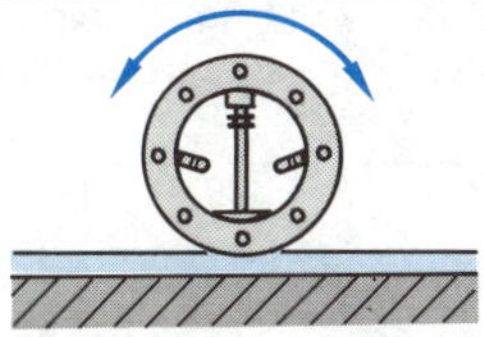

Schaukelhärteprüfung

8.3.5 Abriebfestigkeit

Unter Abriebfestigkeit versteht man die Eigenschaft einer Beschichtung, einen mehr oder weniger großen Widerstand gegen Oberflächenverschleiß zu entwickeln.

Prüfverfahren

Zur Feststellung des Abriebs wendet man unterschiedliche Methoden an. Unter anderem läßt man eine bestimmte Menge an Sand, Stahlkugeln u. a. im freien Fall über schräggestellte Prüfbleche rieseln. Als Maß gilt die Sandmenge, die benötigt wird, einen Film bis auf den Untergrund abzutragen.

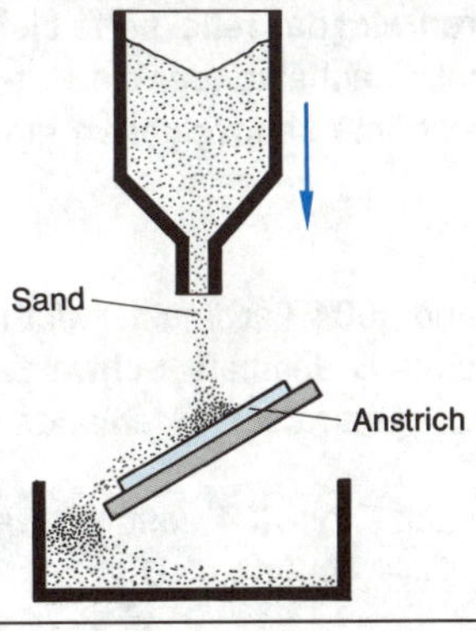

Prüfung der Abriebfestigkeit

8.3.6 Farbe

Unter Farbe versteht man nach DIN 5033 einen durch das Auge vermittelten Sinneseindruck.

Licht ist sichtbare Strahlung im Wellenbereich von 380 bis 720 nm (1 nm = 1 Nanometer = 10^{-9} m).

> Farbe entsteht dadurch, daß Stoffe auftreffendes Licht teilweise schlucken (absorbieren), teilweise zurückwerfen (reflektieren). Das reflektierte Licht erweckt in unserem Auge den jeweiligen Farbeindruck.

- Wird alles Licht reflektiert, entsteht **weiß**, wird alles Licht absorbiert, entsteht **schwarz**.
- Der Eindruck von bunt entsteht, wenn ein Teil des Lichtes absorbiert, ein Teil reflektiert wird, wobei der reflektierte Teil des Lichtes den Farbton bestimmt.

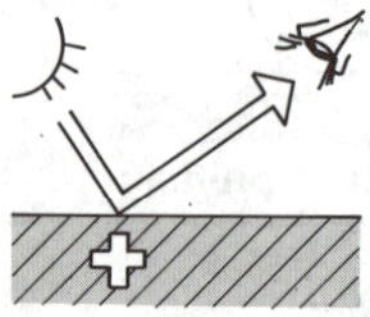

weiß = alles Licht wird reflektiert.

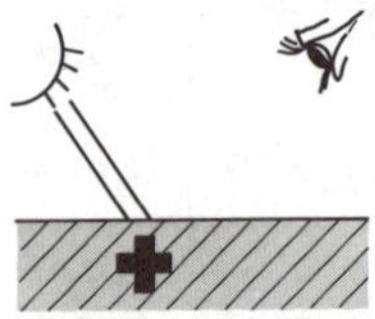

schwarz = alles Licht wird absorbiert.

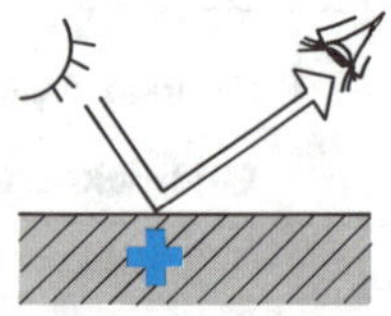

bunt = teilweise reflektiert, teilweise absorbiert.

Hinweis:

- Sonnenlicht kann durch Brechung, z. B. im Regenbogen, in seine Spektralfarben zerlegt werden (violett, blau, grün, gelb, orange, rot).
- Die Summe aller **Lichtfarben** ergibt **weiß** (additive Farbmischung).
- Die Summe aller **Körperfarben** ergibt **schwarz** (subtraktive Farbmischung).

Prüfverfahren

- Farbmessungen können mit Hilfe komplizierter Meßgeräte, die mit einem Computer gekoppelt sind, durchgeführt werden.
- Beim **Spektralverfahren** wird Licht auf Grund seines reflektierten Anteils mit Hilfe eines Photometers gemessen und eine Reflexions-Kurve der gemessenen Probe erstellt.
- Beim **Dreibereichsverfahren** wird das reflektierte Licht durch eine Fotozelle gemessen. Danach wird vor die Fotozelle nacheinander ein Rot-, Grün- und Blaufilter geschoben. Die jetzt gemessenen Fotoströme kennzeichnen die drei gesuchten Farbwerte.

Farbordnungssysteme

- In der **DIN-Farbenkarte** sind 1004 Farbmuster enthalten und nach Buntton T, Sättigungsstufe S und Dunkelstufe D definiert. Schwarz, grau und weiß (unbunte Farben) werden festgelegt nach N = neutral, O = fehlende Farbsättigung, D = Dunkelstufe.

> Eine bunte Farbe kann nach DIN 6164 definiert werden durch
> **Buntton T + Sättigung S + Helligkeit D**

- Daneben gibt es das RAL-Farbregister 840 HR (Ausschuß für Lieferbedingungen und Gütesicherung), das 157 Farbtöne durch Farbmuster (matt bzw. glänzend) festlegt.
- Farben werden auch zur Sicherheitskennzeichnung (DIN 4844), zur Kennzeichnung von Rohrleitungen nach dem Durchflußstoff (DIN 2403) und zur Kennzeichnung von Heizungsrohren (DIN 2404) eingesetzt.

Durchflußstoff	RAL-Gruppe	Farbe	
Wasser	1	grün	RAL 6018
Wasserdampf	2	rot	RAL 3000
Luft	3	grau	RAL 7001
Brennbare Gase	4	gelb	RAL 1021
Nicht brennbare Gase	5	gelb	RAL 1021 *mit Zusatzfarbe schwarz oder schwarz*
Säuren	6	orange	RAL 2000
Laugen	7	violett	RAL 4001
Brennbare Flüssigkeiten	8	braun	RAL 8001 *oder braun mit Zusatzfarbe rot*
Nicht brennbare Flüssigkeiten	9	braun	RAL 8001 *mit Zusatzfarbe schwarz oder schwarz*

8.3.7 Glanz

Unter Glanz versteht man die mehr oder weniger gerichtete Reflexion des Lichtes von einer Oberfläche.

Eine Fläche erscheint **hochglänzend**, wenn das Licht oder der größte Teil des reflektierten Lichtes gerichtet (parallel) zurückgeworfen (reflektiert) wird.

Eine Fläche erscheint **matt**, wenn das reflektierte Licht ungerichtet (diffus) zurückgeworfen (reflektiert) wird.

Glanz hängt also von der Oberflächenbeschaffenheit ab.

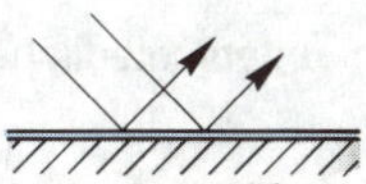
hochglänzend

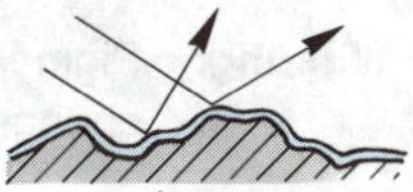
matt

Prüfverfahren

Neben **fotoelektrischen Glanzmeßgeräten,** bei denen das von der Oberfläche direkt reflektierte Licht gemessen wird, verwendet man zur vergleichenden Beurteilung einer Oberfläche die **Glanzskala nach Boller** (DIN 67 530).

Hier wird das zu prüfende Teil mit Musterplättchen der Glanzskala bewertet. Diese Skala enthält in den Farben weiß, grau, rot und schwarz je 21 Glanzstandards.
Damit ist der Bereich von **hochglänzend** bis **stumpfmatt** lückenlos erfaßt.

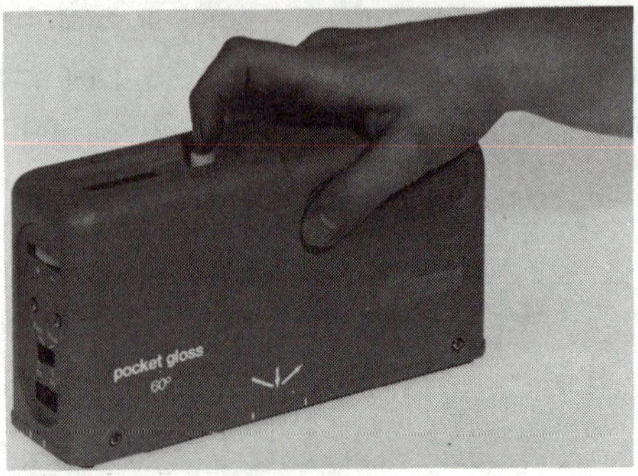

Fotoelektronisches Glanzmeßgerät

8.3.8 Deckvermögen

Unter **Deckvermögen** versteht man die Fähigkeit eines Anstrichstoffes, den Untergrund praktisch zu verdecken.

Die Pigmente sind für das Deckvermögen verantwortlich. Allerdings ist zu berücksichtigen, daß das Deckvermögen von Pigmenten im Zusammenhang mit der Bindemittel-Lösung gesehen werden muß.

So deckt z. B. Kreide als Pigment in wasserverdünnbaren Anstrichstoffen gut; in lösemittelhaltigen Anstrichstoffen hat die Kreide dagegen **lasierende** Wirkung.

(Je mehr die Lichtbrechung von Pigmenten und Bindemittel voneinander abweichen, desto besser ist das Deckvermögen und umgekehrt)

Lasierende Wirkung: Pigment und Bindemittel haben ähnliches Lichtbrechungsvermögen.

Deckende Wirkung: Pigment und Bindemittel haben unterschiedliches Lichtbrechungsvermögen.

Des weiteren hängt das Deckvermögen ab
- vom Pigmentanteil,
- von Teilchenform und Größe der Pigmente.

Prüfverfahren (DIN 53 162)
Auf schwarzem und weißem Untergrund werden gleichdicke Schichten der Anstrichfarbe aufgetragen, nach dem Trocknen mit einem Photometer gemessen und aus den Meßwerten der Deckvermögenswert errechnet.

8.3.9 Kapillarität, Diffusion

Unter **Kapillarität** versteht man die Eigenschaft von porösen Stoffen, Flüssigkeit in ihre Haarröhrchen (Kapillaren) einzusaugen.

Dieses Saugvermögen hängt u. a. von folgenden Faktoren ab:
- *Durchmesser der Kapillaren* des Untergrundes,
- *Größe der Adhäsion* zwischen Kapillaren und Flüssigkeit,
- *Größe der Oberflächenspannung* der Flüssigkeit (Benetzungsverhalten).

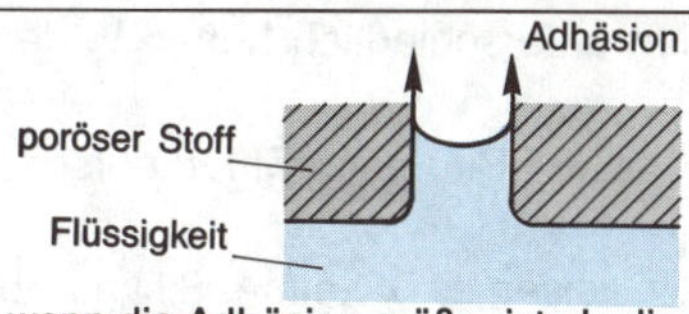

Der Saugvorgang findet statt, wenn die Adhäsion größer ist als die Kohäsion (innere Anziehungskräfte) der Flüssigkeit.

In feineren Kapillaren steigt die Flüssigkeit höher.

Das beste Eindringvermögen von Flüssigkeiten ist bei folgenden Voraussetzungen gegeben:
- Feine Kapillaren des Untergrundes,
- Geringe Oberflächenspannung der Flüssigkeit.
  (Flüssigkeiten mit zu großer Oberflächenspannung benetzen den Untergrund nicht und werden daher nicht eingesaugt. Silikonharzlösungen machen Stoffe „wasserabstoßend“: hydrophob. Leicht mit Wasser benetzbare Stoffe nennt man hydrophil.)

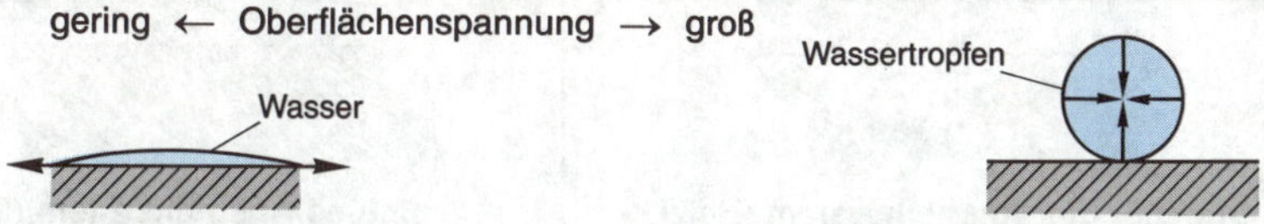

hydrophil **hydrophob**

Imprägniermittel und Grundiermittel sollten wegen ihrer Schutzwirkung und ihrer Verankerungsmöglichkeit für nachfolgende Anstrichschichten gut in poröse Stoffe (z. B. Holz, Putz) eindringen.

Die **Bindemittelanteile eines Schlußlackes** werden von noch teilweise saugfähigen Schichten eingesaugt. Dieses „Wegschlagen“ führt z. B. zu Glanzverlusten (unterschiedlich glänzender Film) sowie zur Verringerung der Schutzwirkung.

Bindemittel wandert ab:
Glanzverlust

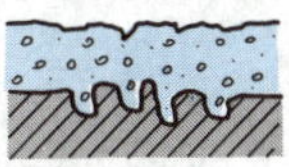

hochglänzend

Unter **Diffusion** versteht man das Eindringen bzw. Hindurchwandern von Flüssigkeiten, gelösten Stoffen und Gasen durch Stoffe (z. B. Anstrichfilme).

Diffusionsvorgänge haben bei Anstrichfilmen eine besondere Bedeutung.
Hinsichtlich des Vermögens, Wasserdampf (Luftfeuchtigkeit) aufzunehmen oder abzugeben, unterscheidet man:

- *offenporige* (wasserdampfdurchlässige) Anstrichsysteme
- *geschlossenporige* (dichte) Anstrichsysteme

Bindemittelfilme zeigen einen unterschiedlich hohen Widerstand, Wasserdampf aufzunehmen.

- *Großen Dampfwiderstand* haben Bitumen, Chlorkautschuk, Epoxidharz, Alkydharze, Öle
- *Geringen Dampfwiderstand* weisen z. B. Leime, Silikatfarben, Kunststoff-Dispersionen auf.

Bestimmte Füllstoffe verbessern z. B. in Ventilationsgründen die Wasserdampfdurchlässigkeit von Beschichtungen an die Umgebungsluft.
Gleichzeitig wird das Eindringen von Wasser verhindert.

Diffundierende Anstriche sind für Holz und Putze vorteilhaft (Feuchtigkeitsausgleich zwischen Untergrund und Umgebung), bei Metallen würden derartige Systeme das Unterrosten fördern.

Salze und Farbstoffe können ebenfalls durch Anstrichfilme diffundieren und den Anstrich zerstören bzw. verfärben.

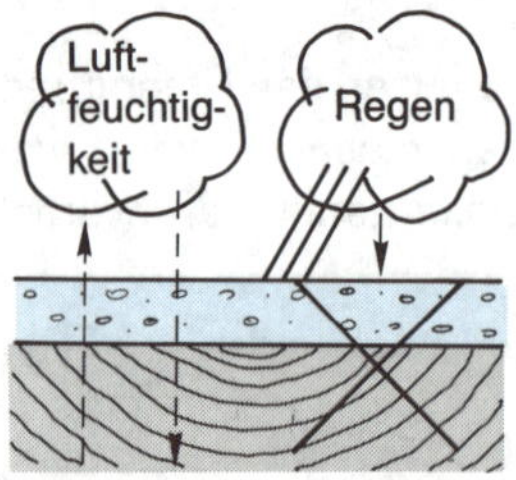

Offenporiges Anstrichsystem (Holz)

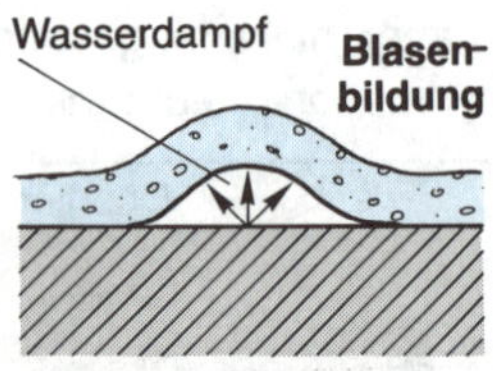

dichtes Anstrichsystem (Metall)

8.3.10 Chemikalienbeständigkeit

Unter **Chemikalienbeständigkeit** versteht man die Eigenschaft eines Anstrichs, sich bei Einwirkung von Chemikalien nicht zu verändern.

Die Bindemittelbasis eines Anstrichstoffes ist hierbei vor allem bestimmend.

Prüfverfahren

Zur Prüfung auf Langzeitbeständigkeit werden Stahlbleche, die allseitig mit dem jeweiligen Anstrichstoff beschichtet wurden, in Bechergläser gestellt. Die Gläser sind zur Hälfte mit der betreffenden Chemikalie gefüllt oder auch nur mit Wasser, wenn man die Wasserbeständigkeit zu prüfen wünscht.

Nach einer Prüfdauer von 4 Wochen werden die beanspruchten Beschichtungsteile mit den unbeanspruchten verglichen. Beurteilt werden u. a. Riß- und Blasenbildung, Glanz- und Farbtonveränderung.

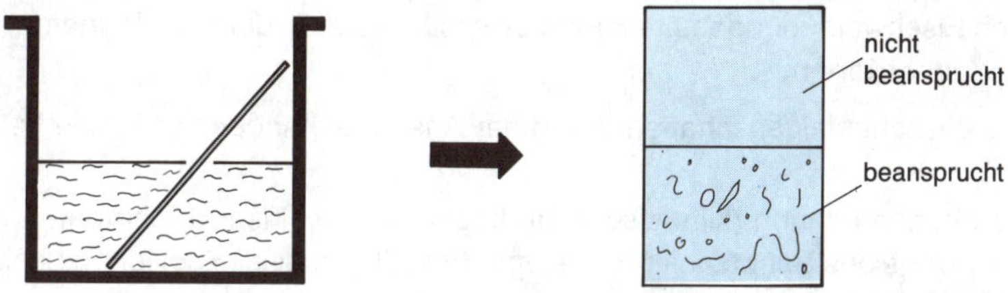

Prüfung der Chemikalienbeständigkeit

8.3.11 Licht- und Wetterbeständigkeit

Unter **Licht- und Wetterbeständigkeit** versteht man die Eigenschaft eines Anstrichs, sich unter Einwirkung der Witterung weder im Farbton, Glanz oder Bindemittelbeschaffenheit noch in seiner Haftung zu verändern.

Feinde des Anstrichs sind:

- UV-Strahlung
- Hohe Temperaturen
- Temperaturwechsel
- Niederschläge
- Industriegase und salzhaltige Luft
- Hohe Luftfeuchtigkeit.

Prüfverfahren

Es gibt verschiedene Labortests (Schnelltest). Daneben werden von den Farben- und Lackherstellern Bewitterungsstationen in verschiedenen Klimazonen unterhalten: *Wüstenklima, Tropenklima, Gebirgsklima, Industrieklima, Seeklima*.

Dabei wird die Licht- und Wetterbeständigkeit mit Hilfe von Testtafeln an Ort und Stelle untersucht.
Die Testtafeln werden im wesentlichen in einem Winkel von 45 ° in die Bewitterungsstände eingelegt. In unserem Raum erfolgt das Auslegen der Prüfbleche in Südrichtung.

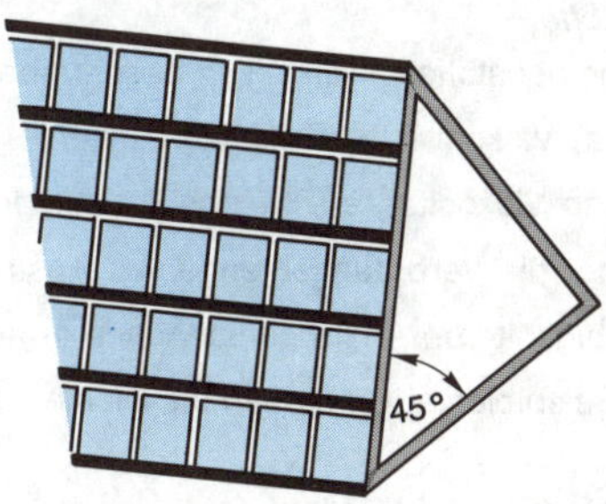

Bewitterungsstand

8.3.12 Korrosionsschutzeigenschaften

Luftsauerstoff, Feuchtigkeit, Salze und Rauchgase beginnen von der Oberfläche her, Gußeisen und Stahl zu zerstören. Diese Zerstörung nennt man *Korrosion*.

Beim **Rosten** findet eine Volumenvergrößerung statt (Anstriche platzen ab). Um dem Rosten von Eisen vorzubeugen, muß man es schützen, z. B. durch Aufbringen von **Korrosionsschutzanstrichen.**

Die Korrosionsschutzeigenschaften derartiger Anstriche hängen von vielen Faktoren ab, z. B.:

- Art der Beanspruchung (klimatische Bedingungen, Schiffsanstriche usw.)
- Art des Korrosions-Schutzanstrichsystems (Alkydharzbasis, Epoxidharzbasis usw.)
- Größe der Schichtdicke

Prüfungen

Normalklima:	Hier finden *Langzeittests* bei normaler **Freibewitterung** statt.
	Daneben gibt es Prüfmethoden, die als *Kurzzeitprüfungen* die einzelnen Beanspruchungen simulieren. Dazu gehören:
Küstenklima:	**Salzsprühnebeltest:** Hier wird die Einwirkung des Küstenklimas und des Streusalzes getestet.
Tropenklima:	**Kondenswasserklimaprüfung:** Hier werden tropische Klimaverhältnisse, Bedingungen in Hallenbädern, Küchen usw. simuliert.
Industrieklima:	**Kondenswasser-Wechselklima-Prüfung mit schwefeldioxidhaltiger Atmosphäre:** Eine verschärfte Prüfung unter Industrieatmosphäre.
Küsten-Tropenklima:	**Klima-Wechseltest:** Hier werden Proben einem Salzsprühnebel und einem Kondenswasserklima ausgesetzt.

Aufgaben *zu „Prüf- und Meßverfahren"*

Sinn und Zweck des Prüfens und Messens

A 1. Warum kontrollieren Farben- und Lackhersteller Anstrichfarben und Lacke?

A 2. Aus welchem Grund prüfen die Verarbeiter von Farben und Lacken ihre Materialien und Untergründe?

Prüfverfahren flüssiger Anstrichstoffe

A 3. Wie kann man flüssige Anstrichstoffe physikalisch beschreiben?

A 4. Erläutern Sie die Begriffe **a)** Viskosität **b)** Thixotropie

A 5. Auf welche Weise kann man Viskosität, auf welche Weise kann man Thixotropie messen?

A 6. Von welchen Faktoren hängt die Verbrauchsmenge von Anstrichmaterialien ab?

A 7. Wie kann man die Ausgiebigkeit von Anstrichmaterialien ermitteln?

A 8. Zeigen Sie anhand eines Beispieles auf, wie man die Dichte eines Anstrichmaterials feststellen kann.

A 9. Erklären Sie die Begriffe **a)** Verlauf, **b)** Ablauf.

A 10. Wie kann man **a)** Verlauf, **b)** Ablauf eines Anstrichmaterials prüfen?

A 11. Welche Trocknungszustände unterscheidet man bei einem Anstrich?

A 12. Erläutern Sie den Unterschied zwischen Naßschichtdicke und Trockenschichtdicke.

A 13. Welche Meßverfahren gibt es, um die Naßschichtdicke festzustellen?

A 14. Mit Hilfe welcher Meßgeräte kann man die Trockenschichtdicke bestimmen?

Prüfverfahren getrockneter Anstrichfilme

A 15. Welche Kräfte sind für die Haftfestigkeit verantwortlich?

A 16. Wie kann man die Haftfestigkeit prüfen?

A 17. Warum sollte ein Anstrichfilm elastisch sein?

A 18. Wie kann man die Elastizität eines Anstrichfilmes prüfen?

A 19. Welche Abhängigkeit besteht zwischen Härte und Sprödigkeit eines Anstrichfilmes?

A 20. Welche Härteprüfverfahren kennen Sie?

A 21. Wie überprüfen Lackhersteller die Abriebfestigkeit ihres Produktes?

A 22. Wann erscheint ein Gegenstand **a)** weiß, **b)** schwarz, **c)** bunt?

A 23. Von welchen Faktoren hängt es ab, ob eine Fläche matt oder glänzend erscheint?

A 24. Warum können dieselben Pigmente in verschiedenen Bindemitteln deckend bzw. lasierend wirken?

A 25. Nach welchen Gesichtspunkten werden nach DIN 6164 Farbtöne definiert?

A 26. Von welchen Bedingungen hängt das Saugvermögen von Untergründen gegenüber Anstrichmaterialien ab?

A 27. Erklären Sie den Unterschied zwischen „hydrophoben" und „hydrophilen" Anstrichmaterialien.

A 28. Was versteht man unter dem Begriff „Wegschlagen"?

A 29. Erläutern Sie den Begriff Diffusion.

A 30. Worin unterscheiden sich offenporige von geschlossenporigen Anstrichsystemen?

A 31. Wann kann man einen Anstrich als chemikalienbeständig bezeichnen?

A 32. Erklären Sie den Begriff pH-Wert.

A 33. Wie kann man den pH-Wert von sauren bzw. laugenhaften Stoffen bestimmen?

A 34. Wann verseifen ölhaltige Anstrichstoffe?

A 35. Erläutern Sie den Begriff Neutralisation an einem Beispiel aus der Praxis.

A 36. Wie entstehen an einem Mauerwerk Salzausblühungen?

A 37. Welche Vorsichtsmaßnahmen sind beim Umgang mit Säuren und Laugen zu beachten?

A 38. Wie kann man die Licht- und Wetterbeständigkeit überprüfen?

A 39. Wovon hängen die Korrosionsschutzeigenschaften von Anstrichen ab?

A 40. Wie kann man die Korrosionsschutzeigenschaften von Anstrichen prüfen?

9 Baustile

9.1 Romanik – ca. 1000 bis 1250

Die staufischen Kaiser besaßen durch das Lehen (= Leihherrschaft) außer ihrer weltlichen auch kirchliche Macht. Nach Streitigkeiten mit den Päpsten ging die katholische Kirche gestärkt hervor.
In diesem Zeitraum kam es zu zahlreichen Kirchenbauten und Klostergründungen. Ebenso wurden zu dieser Zeit die Kreuzzüge durchgeführt. Der Begriff „Romanik" wurde erst im 19. Jh. festgelegt.

Baukunst

Der Schwerpunkt war der Kirchenbau, ausgehend von der frühchristlichen Basilika, die um das Querschiff und den Chor erweitert wurde. Der Grundriß gleicht einem lateinischen Kreuz. Die Grundform der frühchristlichen Basilika bestand aus einem Mittelschiff, zwei Seitenschiffen und der Apsis.

Gesamteindruck

- Schwere, wuchtige Bauwerke (meterdicke Wände)
- Aneinandergereihter, vielheitlicher Baukörper (Außenform = Innenform)
- Vielturmfassaden
- Im Innenraum bildete das Vierungsquadrat die Ausgangsgröße für das gebundene System (Rasterung).

Stilelemente

- Fenster, Portale und Arkaden in halbkreisförmiger Rundbogenform
- Gedrungene, schwere, schlichte Pfeiler und Säulen im Wechsel oder einzeln
- Flachdecken, Tonnengewölbe, Kreuzgewölbe.
- Besondere Kapitellform auf Säulen (Würfelkapitell u. a.)
- Portale, mehrfach gestuft, bei großer Wanddicke (z. B. Worms 6 m)
- Türme in Kegel- oder Pyramidenform (quadratische, sechs- oder achteckige Grundfläche) in stumpfer Form
  Ornamente: Rundbogenfries, Rautenfries, Rollenfries

Bauwerke

- Kaiserdome in Speyer, Worms und Mainz
- Kölns romanische Kirchen, z. B. St. Andreas, St. Aposteln
- Dome in Bamberg, Hildesheim, Limburg, Paderborn, Trier
- Klosterkirchen in Maulbronn, Eberbach, Hirsau, Cluny/Frankreich, Maria Laach/Eifel
- Kaiserliche Pfalzbauten in Gelnhausen, Bad Wimpfen, Eisenach, Braunschweig
- Kirchen in Murbach, Marmoutier/Elsaß, Niederbreisig, Sinzig, Schwarz-Rheindorf, Gurk/Kärnten, Schwarzach/Rheinmünster

Schriften

Hauptsächlich Mönche fertigten einzelne, umfangreiche Handschriften auf Pergament. Diese Handschrift war die karolingische Minuskel in Gemeinen (kleinen Buchstaben).

Bildbeispiele Romanik

Basilika
(Ausgangsform romanischer Kirchen)

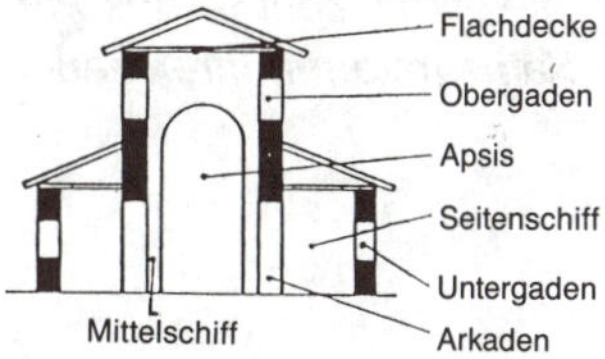

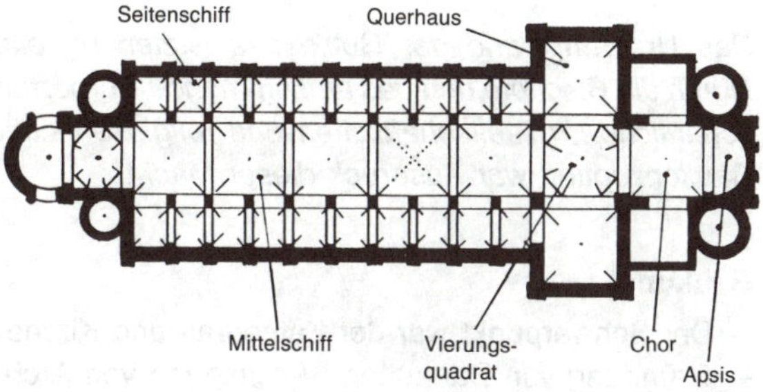

Klosterkirche Maria Laach/Eifel

Kaiserdom Worms

Fenster und Arkaden in Rundbogenform

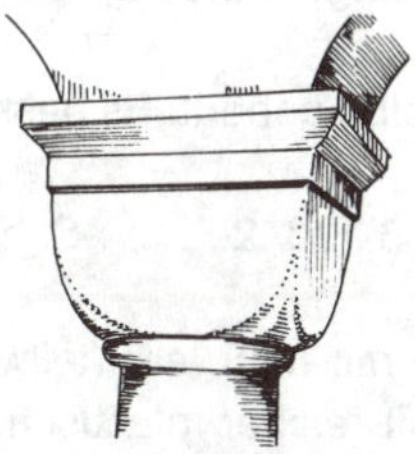

Würfelkapitell

Portal, mehrfach gestuft

Ornamente an Friesen

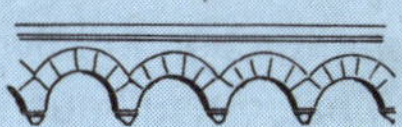

Rundbogenfries

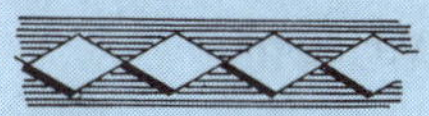

Rautenfries

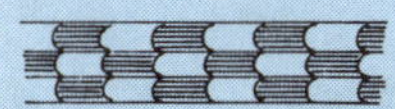

Rollenfries

Karolingische Schrift

karolingiſche minuskel

Innenraum Kaiserdom Worms

9.2 Gotik – ca. 1250–1500

Das Ursprungsland der Gotik, des letzten mittelalterlichen Baustils, war ***Frankreich.*** *Durch die Bischöfe und das aufkommende Bürgertum wurden die Städte Zentren des wirtschaftlichen, gesellschaftlichen und religiösen Lebens. Die Kathedrale mit ihrer neuen Baukonzeption war Ausdruck dieser Macht.*

Baukunst

- Der Schwerpunkt war der Kathedral- und Kirchenbau.
- Gründung von Bauhütten (Vereinigung von Architekten und Handwerker)
- Erstmals wurden Pläne und Zeichnungen gefertigt.

Gesamteindruck

- Der Grundriß bildete eine Einheit (keine Vielheit wie in der Romanik).
- Nach oben steigende, räumliche Gliederung, bei geringer Raumbreite und großer Höhe (keine statische Schwere wie in der Romanik)
- Das Querschiff ist nur angedeutet.
- Gerüst- oder Skelettbau (Pfeiler und dünne Wände umhüllen den Kirchenraum)
- Das äußere Strebewerk (Strebepfeiler, -bögen) nimmt den statischen Seitenschub des inneren freien Gewölbes auf.

Stilelemente

- Fenster und Gewölbe in schlanker Spitzbogenform
- Bündelpfeiler aus einer Vielzahl von angedeuteten, dünnen Säulen (Diensten) bestehend
- Die Decken sind als Kreuzrippengewölbe gebaut. Es besteht aus Gurtbogen, Diagonalrippen und Schlußstein.
- Verschiedenes Maßwerk (z. B. 2-, ... 6-Paß, 2-, ... 4-Schneuß) an Fenstern, Rosetten, Portalen, Türmen
- Hohe, spitze, z. T. offene Kirchtürme mit Maßwerk (teilweise unvollendet)
- Portale in Spitzbogenform, gestuft mit reicher, plastischer Verzierung
- Ornamente an Friesen (Laub-, Spitzbogen-, Kreuzbogenfries)
- Bunte Verglasungen an Fenstern und großen Rosetten

Bauwerke

- in Frankreich: Kathedralen in Chartres, Paris, Reims, Straßburg
- in Deutschland: Münster in Ulm, Freiburg, Paderborn, Kölner Dom, Kirchen in Eßlingen, Marburg, Nürnberg, Lübeck, Rathaus in Münster, Kaufhaus in Freiburg
- in Italien: Dome in Florenz, Pisa, Mailand. Dogenpalast Venedig
- in England: Kathedralen in Salisbury, Canterbury, London

Innendekoration, Möbel

- Wandteppiche aus Seide, mit Goldfäden durchwobenen Brokatstoffen
- Von Süditalien und dem Orient wurden gewebte Baumwoll- und Samtstoffe eingeführt.
- Tische, Truhen, Sessel, Bänke in gedrechselter und gehobelter schwerer Ausführung (der Hobel wurde im 13. Jahrhundert erfunden)
- Verzierungen an Möbeln waren: Rosetten, Füllungen mit Blendmaßwerk, Arkaden, Fialen (spitze Ziertürmchen).

Schriften

Aufbauend auf der karolingischen Minuskel entstand die gotische Textura. Die Kennzeichen dieser handgeschriebenen Schrift sind:

- Versalien (Großbuchstaben) sind vorhanden
- Unterschiedliche Strichstärke durch schräggestellte Schreibfeder
- Gebrochen, d. h. keine runden Buchstaben
- Gerade Form, gitterartiger Gesamteindruck
- Großbuchstaben verziert mit feinem Beistrich und Schmuckelementen

Schnitt durch den Skelettbau einer gotischen Kathedrale

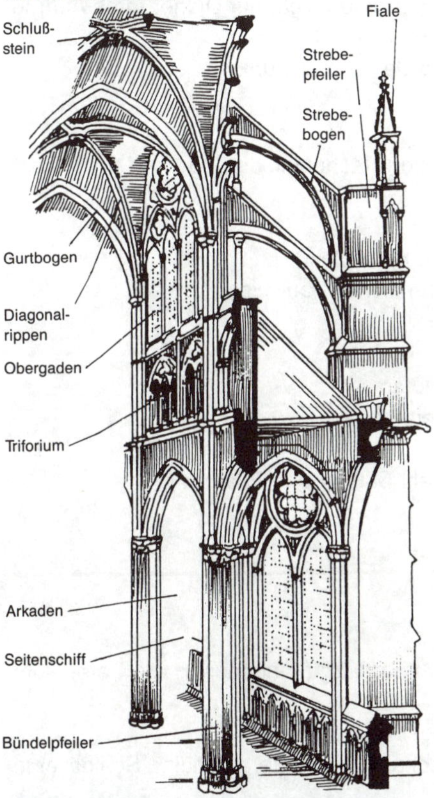

Paris, Kathedrale Notre-Dame, einheitlicher Grundriß

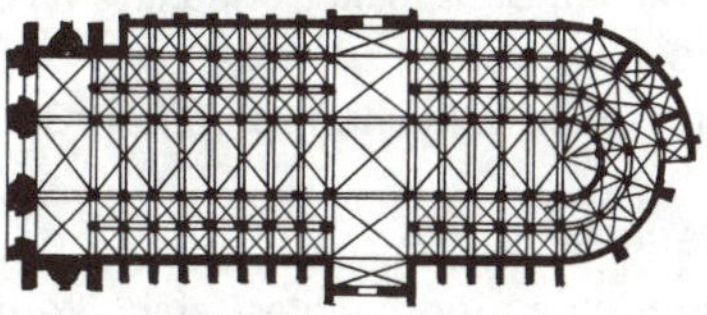

Paris, Notre-Dame, Fassade

Rathaus Münster

Maßwerk mit Dreipaß

Gedrechselter gotischer Stuhl

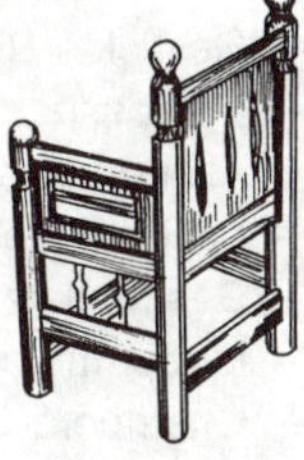

Ornamente an Friesen

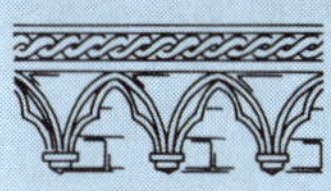

Spitzbogenfries

Kreuzbogenfries

Laubfries

Textur-Schrift

Gotische Textur

9.3 Renaissance – ca. 1500–1650

*Der Mensch, bisher in die Kirche und die absolute Monarchie stark eingebunden, entdeckt sich selbst und stellt seine Würde, Bildung und freie Entfaltung in den Vordergrund (Humanismus, Reformation, wissenschaftliche und künstlerische Erneuerung). Von **Italien** (Florenz) kommend, verbreitet sich diese antike Kulturepoche über ganz Europa. (Renaissance, frz. = Wiedergeburt).*

Baukunst

- Das Ziel war es, der Antike an Schönheit und Ausdruck gleichzutun.
- Die Künstler, Baumeister entfalteten sich frei, sie waren nicht nur Diener ihres Auftraggebers.
- Besonders in weltlichen, profanen Bauten lag der Schwerpunkt.

Gesamteindruck

- Körperhafte, proportionale Bauwerke mit ruhiger Flächengliederung
- Betonung der Horizontalen durch Gesimse
- Zentral- und Kuppelbauten
- Wiederholung antiker Säulen und Pilaster mit Kapitellen
- Fachwerkhäuser in ober-, mittel- und niederdeutscher Bauweise

Stilelemente

- Ziergiebel in Dreiecksform mit Obelisken, Voluten
- Rustika-Mauerwerk im Sockel- und Fensterbereich
- Fenster mit Gesimsen und Dreiecksgiebeln
- Waagerechte Gesimse waren stärker betont als Säulen und Pilaster.
- Freistehende Plastiken
- Ornamente (Zahnschnitt, Eierstab, Perlstab)
- Wendeltreppen mit Arkaden

Bauwerke

- Kirchen: St. Michael München, Freudenstadt, Würzburg (Langhäuser), St. Peter Rom, Florenz (Zentralbauten)
- Rathäuser: Bremen, Münster, Paderborn, Augsburg, Eßlingen
- Schlösser: Heidelberg, Weikersheim/Ddw., Aschaffenburg, Mergentheim, Schlösser im Loire-Gebiet/Frankreich
- Bürgerbauten: Stadtwaage Bremen, Hochzeitshaus Hameln, Gewandhaus Braunschweig, Knochenhauer-Amtshaus Hildesheim, Steinbauten der Weser-Renaissance, Fachwerkhäuser im Weserbergland, Neckargebiet, Hessen

Innendekoration, Möbel

- Gestickte Bildteppiche mit weltlichen und religiösen Motiven
- Stoffbespannungen an den Wänden mit stilisierten, pflanzlichen Motiven (Granatapfel, Akanthusblatt)
- Ledertapeten
- Geschnitzte Holzkassettendecken (Augsburg, Heiligenberg/Bodensee)
- Möbel mit starken Gesimsen, Schnitzereien und Intarsienarbeiten
- Öltempera- und Freskomalerei

Schriften

Entscheidend war die erste Papierherstellung in Deutschland (1390) und die Erfindung des Buchdruckes durch den Mainzer J. Gutenberg (1455). Daraus entwickelten sich folgende Druckschriften:
- Garamond-Antiqua: Schrift nach einem franz. Stecher 1480–1561
- Bembo-Antiqua

Kennzeichen dieser Renaissance-Antiqua-Schriften:
- Geringe Unterschiede in der Strichstärke
- Weiche, gerundete Serifen
- Runde Buchstaben haben eine schräge Mittenachse.

Bei den Handschriften entwickelten sich in der Renaissance:
- Schwabacher Schrift: Einfache Fraktur- und Gebrauchsschrift
- Humanistische Cursive: Schräggestellte Buchstaben.

Paderborn, Rathaus (Weserrenaissance)

Esslingen, Rathaus

Vorderseite

Rückseite in oberdeutschem Fachwerk

Rustica-Mauerwerk

Fenster

Portal

Eppingen, mitteldeutsches Fachwerk

Ornamente an Friesen

Zahnschnitt

Eierstab

Perlstab

Tapete mit Granatapfel-Motiv

Garamond-Schrift

Garamond

Schwabacher Frakturschrift

Schwabacher

Höxter, niederdeutsches Fachwerk

9.4 Barock – ca. 1650–1770 (Rokoko – ca. 1730–1770)

Nach dem Ende des Dreißigjährigen Krieges (1648) bis zum Beginn der französischen Revolution (1789) gab es wenige politische Veränderungen in Europa. Die absoluten Monarchen (Könige, Fürsten) führten die Baukunst und höfische Repräsentation zu einer Prachtentfaltung, wie sie es in Europa nie gab.
Die Überhöhung des Barocks (barocco, port. = schiefrund, unregelmäßig) war das Rokoko (von rocaille, frz. = Muschelwerk).

Baukunst

- Das Bauwerk war ein Gesamtwerk von Architekten, Künstlern und Handwerkern.
- Große Architekten waren:

B. Neumann 1687–1753	J. Dietzenhofer 1689–1751
D. Zimmermann 1685–1773	E. Asam 1692–1750

- Große Bauten, hohe bauliche Ansprüche, neue Techniken erforderten große Geldsummen bei der Erstellung.

Gesamteindruck

- Unregelmäßige Raum- und Körperformen
- Lebhaft gegliederte Flächen und Fassaden
- Ovale Grundrisse, Decken, Arkaden, Fenster
- Überschwengliche Verzierungen und Innendekoration
- Große Schloß- und Gartenanlagen

Stilelemente

- Giebel gesprengt, gekröpft, in Wellenform
- Gesimse mehrfach gekröpft (viele Abstufungen)
- Gewundene Säulen mit Phantasiekapitellen
- Fenster in Oval-, Rundbogen-, Stichbogen- und Rechteckform
- Türme mit Welscher Haube, als Zwiebelturm, als Volutenhelm
- Farbgebung Fassaden: Gelb, hellgrau, sandsteinrot (z. T. Blendmalerei)
- Wetterbeständige Ölvergoldungen auf Kunstschmiedearbeiten, Hauben

Bauwerke

- Kirchen: Steinhausen, Ochsenhausen, Birnau, Zwiefalten, Weingarten, Vierzehnheiligen, Steingaden (Wieskirche), Neresheim, München (Asamkirche), St. Gallen, Einsiedeln, Fulda
- Schlösser: Residenz Würzburg, Zwinger Dresden, Solitude Stuttgart, Ludwigsburg, Bruchsal, Schwetzingen, Versailles/Frankreich
- Bürgerhäuser: Opernhaus und Zeughaus Berlin, Invalidendom Paris, Buddenbrook-Haus Lübeck

Innendekoration, Möbel

- Große Deckenfresken (Würzburger Residenz, Tiepolo)
- Stuckdekorationen besonders im Rokoko (Rocaille, Putten, Engel)
- Spiegelwände
- Poliment- oder Glanzvergoldungen
- Künstliche Marmorierungen (Stuckmarmor) an Säulen, Pilastern
- Geschweifte Treppenaufgänge mit Grotten (z. B. Bruchsal)

– Bei Möbeln, Tapeten, Gardinen, Stoffbespannungen unterscheidet man nach Ländern folgende Stilrichtungen:

England:	Charles II., Queen Anne, Chippendale
Frankreich:	Louis XIV-, Regence-, Louis-XV.-Stil
Deutschland:	Barock, Rokoko

Schriften:

– Handschriften: Die Frakturschriften erreichten im Barock ihren Formenhöhepunkt, z. B. Kanzlei- und Zierform, fette Fraktur.
– Druckschriften: Barock-Antiqua-Schriften z. B. Baskerville, Caslon, Times (Nachbildung der Neuzeit). Im Vergleich zu den Renaissance-Schriften sind die Strichstärken unterschiedlicher, die Serifen feiner und härter, die Rundungen stehen senkrecht.

Steinhausen, Wallfahrtskirche (1728)

Lübeck, Buddenbrookhaus (1758)

Dresden, Zwinger (1711)

Ochsenaugefenster

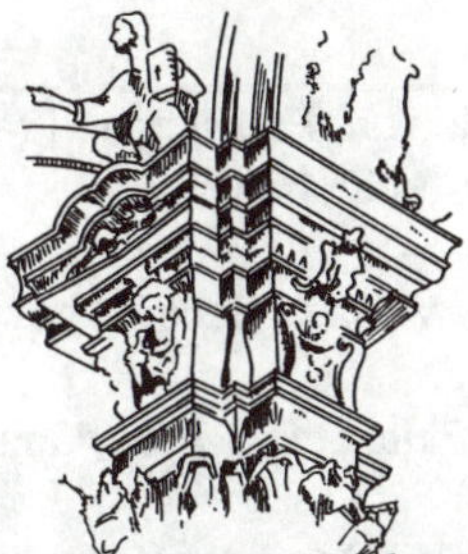

Gesims gekröpft, Steinhausen

Portal, Spätbarock

Rokoko-Wanddekoration mit Rocaille, Putten, Spiegel und vergoldetem Gesims

Barock-Antiqua-Schrift: Times (Nachbildung)

Times Caslon

Fette Fraktur

Fette Fraktur

9.5 Klassizismus – ca. 1770–1850

Besonders die französische Revolution (1789–1799) führte zu einer Stärkung des Bürgertums. Entscheidend war ebenso die industrielle Revolution mit den zahlreichen Erfindungen (z. B. Dampfmaschine, Kunstdünger, Elektrotechnik) auf das Umfeld des Menschen. Gleichzeitig begann die systematische Altertumsforschung (1748 Ausgrabungen Pompeji).

Baukunst

- Auf die überschwengliche, absolute Stilrichtung Barock und Rokoko folgte der klare und nüchterne Klassizismus.
- Vorbilder waren die klassische Antike (Griechen, Römer).
- Öffentliche, profane Bauten und Kirchen kamen im Klassizismus zur Anwendung.

Gesamteindruck

- Blockhafte, wuchtige Gebäudegliederung
- Unverzierte, großflächige Fassaden
- Symmetrische Bauweise
- Antike Säulen und Säulenreihen

Stilelemente

- Dreiecksgiebel
- Portikus (Eingangsvorbau mit Dreiecksgiebel und Säulen)
- Breite, gerade Treppen
- Dorische, ionische und korinthische Säulen
- Pilaster (rechteckig, angedeutete Wandpfeiler) an Fassaden
- Obelisken, Pyramiden (z. B. Karlsruhe)
- Große zentrale Kuppelbauten
- Friese mit Ornamenten (Mäanderband, Wellenband, Palmetten)
- Freistehende, figürliche Plastiken

Bauwerke

- Kirchen: Klosterkirche St. Blasien, Paulskirche Frankfurt, Stadtkirche Karlsruhe, Nikoleikirche Potsdam, Hofkirche München
- Öffentliche Bauten:
  Berlin: Brandenburger Tor, Münze, Nationaltheater, Neue Wache, Schauspielhaus (Architekt Schinkel)
  München: Glyptothek, Alte Pinakothek, Propyläen, Ruhmeshalle (Architekt von Klenze), Nationaltheater
  Karlsruhe: Marktplatz, Rathaus (Architekt Weinbrenner)
  Hannover: Opernhaus, Leineschloß (Architekt Laves)
  Paris: Triumphbogen, Stadtpalais, Pantheon
  Washington: Kapitol
  Mailand: Scala (Oper)

Innendekoration, Möbel

- Schmuckmotive: Girlanden, Urnen, Medaillons, Ornamente
- Wandbespannungen, Tapeten, Möbeln nach verschiedenen Stilrichtungen
  in Frankreich: Louis-XVI-, Directoire-, Empire-, Restauration-, Louis-Philippe-Stil
  in England: Sheraton-, Regency-Stil
  in Deutschland: Klassizismus, Biedermeier, Romantik
  Stilepochen verschiedener Länder enthalten ähnliche Merkmale.

Schriften

– Klassizistische Antiqua-Schriften: Walbaum- und Bodoni-Schrift
  Merkmale:
  – Sehr große Unterschiede in der Strichstärke.
  – Serifen sind dünn und übergangslos.
  – Mittenachsen der runden Buchstaben stehen senkrecht.
  – Die Schrift wirkt sehr hart (Kupferstecherschrift).
– Serifenbetonte Linearantiqua-Schriften: Egyptienne- und Clarendon-Schrift
  Merkmale:
  – Gleiche Strichstärke (wie Grotesk)
  – Blockserifen in Strichstärke
– Linearantiqua-Schriften (= Grotesk-Schrift): Aufkommend von England
  Merkmale:
  – Sehr gute Lesbarkeit
  – Gleiche Strichstärke
  – Keine Serifen
– Frakturschriften: Weiterführend vom Barock, in geringem Umfang

Schauspielhaus Berlin (Schinkel)

Propyläen München (von Klenze)

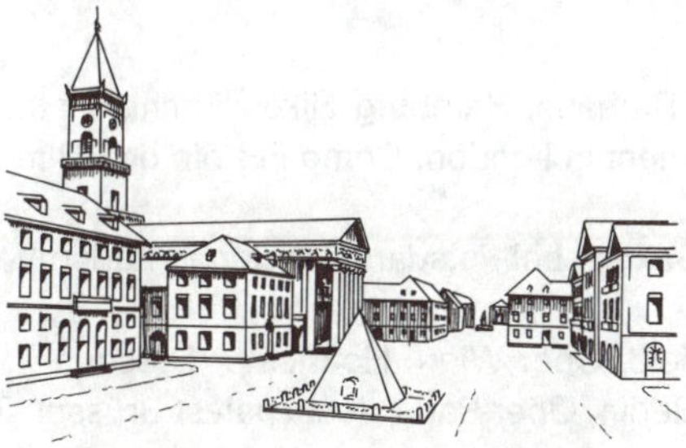

Marktplatz, Karlsruhe (Weinbrenner)

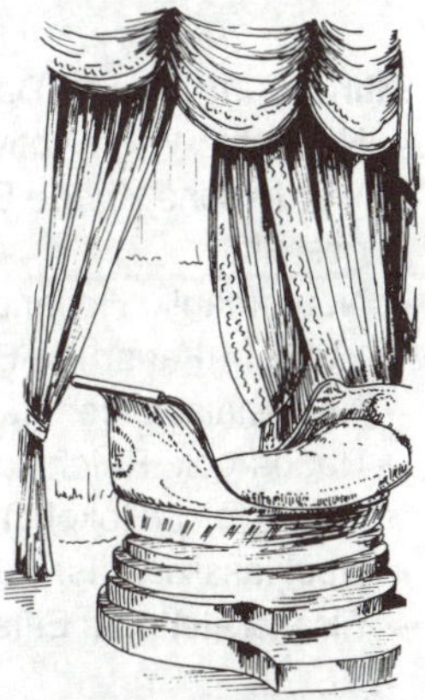

Empire-Dekoration mit typischem Empire-Bett

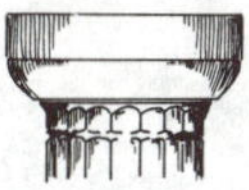

Dorisches Kapitell

Ionisches Kapitell

Korinthisches Kapitell

Klassizistische Antiqua: Walbaum

Walbaum

Serifenbetonte Linear-Antiqua: Egyptienne

Egyptienne

Ornamente an Friesen:

Palmetten

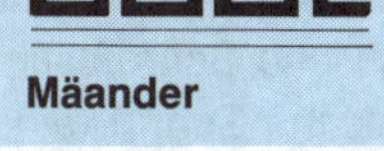

Mäander

9.6 Historismus – ca. 1850–1890

Die technische Entwicklung, das starke Anwachsen der Bevölkerung in den Städten, erforderte neue öffentliche und industrielle Bauten.

Baukunst

Der Historismus ist ein Baustil ohne eigene neue Ausdrucksform, er wiederholt vorangegangene Baustile.
Die einzelnen Stilrichtungen des Historismus sind:
- Neugotik = Neogotik
- Neuromanik (In Deutschland als Rundbogenstil bezeichnet)
- Neurenaissance
- Neubarock (In Deutschland als Gründerstil bezeichnet)

Gesamteindruck

Hauptsächlich entstanden Großbauten, wie Kirchen, Verwaltungsgebäude, Bahnhöfe, nach funktionalen Gesichtspunkten.
Gleichzeitig kamen neue Baustoffe, z. B. Stahl, Gußeisen, Aluminium, Beton, Stahlbeton, Glas verstärkt zur Anwendung.
Durch das starke Bevölkerungswachstum und die Landflucht wurden in den Großstädten große Mietshäuser (Kasernen) gebaut, z. B. in Berlin.

Stilrichtungen und Bauwerke
- Neugotik: Wien Votivkirche und Rathaus, Hamburg Nikoleikirche, Rathaus München, Werdersche Kirche Berlin, Parlament in London, Dome in Köln und Ulm wurden fertiggestellt
- Neuromanik: Heilandskirche in Sakrow bei Potsdam, Bauten in Karlsruhe von Heinrich Hübsch (Karlsruhe-Bulach)
- Neurenaissance: Rathaus Bielefeld, Oper Wien, Hoftheater Dresden
- Neubarock: Reichstaggebäude Berlin, Oper Paris, Justizpalast Brüssel, Schloß Linderhof/Bayern (Rokoko)
- Neuklassizismus: Paulskirche Frankfurt
- Eisenskelettbau: Eiffelturm in Paris, Kristallpalast in London, Nordelbebrücke in Hamburg

Innendekoration, Möbel
- **Verschiedene Stilrichtungen**
  in Frankreich: Napoleon III.
  in Deutschland: Historismus und das 2. Rokoko
- Möbel: Thonet-Stühle in kostengünstiger Massenfertigung

Schriften
- Serifenlose Linear-Antiqua-Schrift (Grotesk-Schrift)
- Englische Schreibschrift (Künstlerschreibschrift)
- Deutsche Schrift (eine Mischung aus Fraktur- und Schreibschrift)

Bildbeispiele Historismus

Neuromanik (Rundbogenstil)
Sakrow bei Potsdam, Heilandskirche (1841)

Neurenaissance
Bielefeld, Rathaus (1901)

Neubarock
Oper in Paris/Frankreich

Neugotischer Tisch (1841)

Englische Schreibschrift (Künstlerschreibschrift)

Stilkunde

Deutsche Schrift

Deutsche Schrift

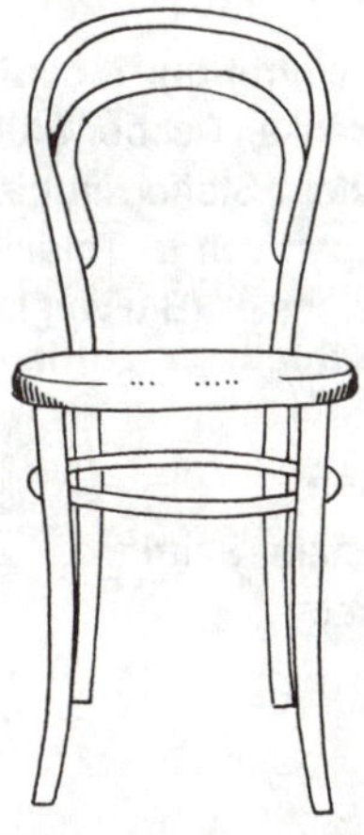

Thonet-Stuhl (1858), Deutschland

9.7 Jugendstil – ca. 1890–1910

Der Jugendstil ist eine Gegenreaktion auf den Historismus, der in der Architektur und im Kunsthandwerk keine eigenen Stilmerkmale hervorgebracht hat.

In Frankreich wurde der Jugendstil als „Art Nouveau“, in England als „New Style“ und in Österreich als „Sezessionsstil“ bezeichnet.

Besonders in Kunstgewerbe, Graphik und Malerei ist der Jugendstil sehr ausdrucksstark und empfindsam durch Ornamente, Linien und Farben.

Baukunst, Gesamteindruck, Stilmerkmale

- Weiche, unregelmäßige Linien und Flächen bestimmen den Baukörper.
- Die geschwungenen Formen ließen kein industrielles
- Bevorzugte Motive waren:
  - Wasser, Wellen, Meeresgarten, Fische, Wassermann
  - Feuer, Flammen, Rauch
  - Luft, Wolken, Dunst, Mondsichel
  - Erde, Pflanzenschlingen, Lianen, Blätter, Seerosen, Orchideen
  - Menschen, Tiere, Frauen, lange Haare, Pfauen, Schwäne

Bauwerke

- Darmstadt: Mathildenhöhe
- Heilbronn: Villa
- Gütersloh: Bürgerhaus
- Zürich: Haus Chacheli, Villa Tobler und Utoschloss
- Schloß Hünegg, Hilferfingen/Schweiz
- Florenz: Villa Caraceni
- Barcelona: Casa Battlò, Dasa Mila und Kathedrale Sagrad Familia
- Nancy: Haus Huot
- Paris: Metro-Station

Innendekoration, Möbel

- Schränke, Tische, Stühle in geschwungenen Jugendstilformen
- Tapeten, Stoffe mit bizzaren Blumen, Lianen und Fabelwesen
- Lampen von L. Tiffany (USA)
- Glasfenster (Bleiverglasungen mit Opalescentglas)

Schriften

- Eckmann-Schrift
- Plakate

Bildbeispiele Jugendstil

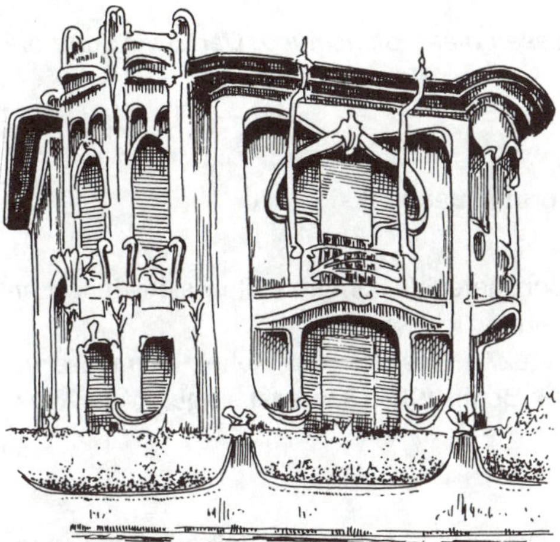

Florenz/Italien,
Villa Caraceni (1900)

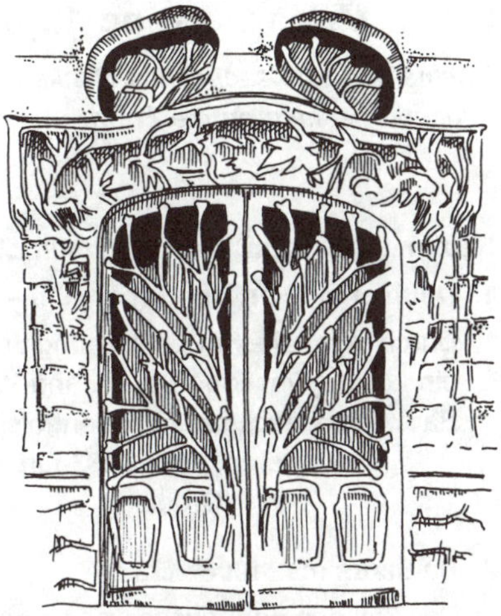

Nancy/Frankreich
Eingang Haus Huot (1903)

Zürich, Villa Tobler,
Glasfenster

Nancy, Haus Huot, Eßzimmer

Jugendstilschrift

Eckmann 1890

9.8 Moderne – ab 1910

Nüchternes und sachliches Denken beeinflussen diese Stilrichtung. Der Zweck und die Funktion bestimmen die Form.

Baukunst, Gesamteindruck, Stilrichtungen und Bauwerke

1. **Deutscher Werkbund** (ca. 1907–1929)

   Durch rationelle Serienfertigung und funktionsgerechte Formen sollte vielen Menschen ein kostengünstiges Bauen und Wohnen ermöglicht werden.
   Bauwerke: Stuttgart, Weißenhofsiedlung 1927 (Mies van der Rohe), Siemensstadt Berlin 1928, AEG-Turbinenfabrik Berlin 1909 (Behrens), Fagus-Werk Alfeld 1911 (Gropius)

2. **Bauhaus** (ca. 1906–1933)

   Das Ziel des Bauhauses war es, die Verbindung von Kunst und Technik zu einer umfassenden Lebensgestaltung zu schaffen.
   Bauwerke: Dessau, Bauhaus 1925 (Gropius)

3. Nach dem 2. Weltkrieg wurde die Baukunst durch namhafte Architekten beeinflußt. Das Ziel war es, Bauten von technischer Perfektion zu erstellen. Die Funktion bestimmte ohne das ästhetische Formengefühl das Bauwerk, man sprach teilweise von einer Brutalisierung.

   Herausragende Bauwerke und Architekten:

– Wallfahrtskirche in Ronchamp/Frankreich	1950	(Le Corbusier)
– Dreifaltigkeitskirche in Wien-Mauer	1974	(Wotruba)
– Philharmonie in Berlin	1963	(H. Scharoun)
– Guggenheim-Museum New York/USA	1957	(F. L. Wright)
– Fernsehturm in Stuttgart	1956	
– Parlamentsgebäude Brasilia		(O. Niemeyer)
– UNO-Gebäude, New York		(Le Corbusier)
– Haus über Wasserfall, Bear Run/USA		(F. L. Wright)

Innendekoration, Möbel

- Die Kunst von 1919–1932 wurde als „Art deco" bezeichnet. Die wichtigsten einzelnen Strömungen waren: Expressionismus, Kubismus, Surrealismus.
- Durch die Erfindung der Kunststoffe wurden Kunststoffasern in Gardinen, Stoffe, Tapeten, Bodenbeläge miteingearbeitet.
- Möbel z. B. Sessel von G. Rietveld (1918), Stahlrohrsessel von M. Stam (1929)

Schriften

- Serifenlose Linear-Antiqua-Schrift: Gill-Schrift, Futura-Schrift, Helvetica-Schrift
- Deutsche Schulschrift: Bis 1945 in Sütterlinform, nach 1945 in Schreibschrift

Bildbeispiele Moderne

1. Deutscher Werkbund

Haus von Le Corbusier

Innenraum

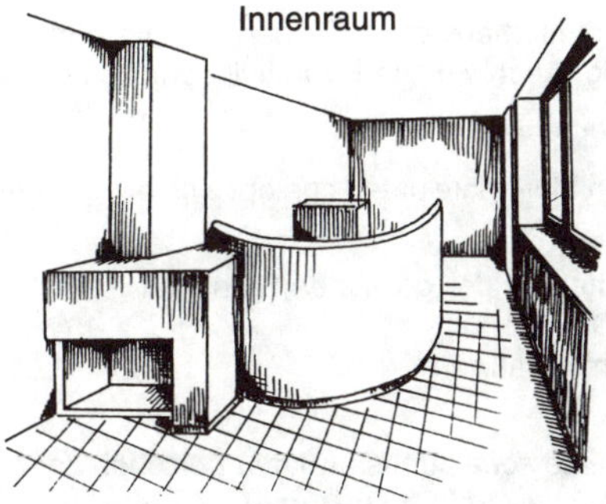

Weißenhof-Siedlung, Stuttgart 1927

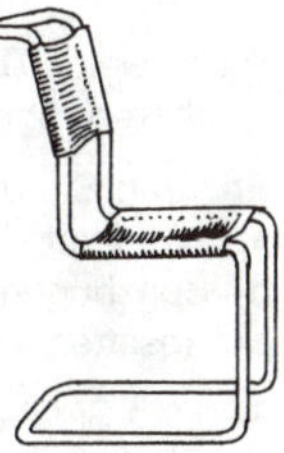

Stahlrohrstuhl M. Stam 1926

2. Bauhaus

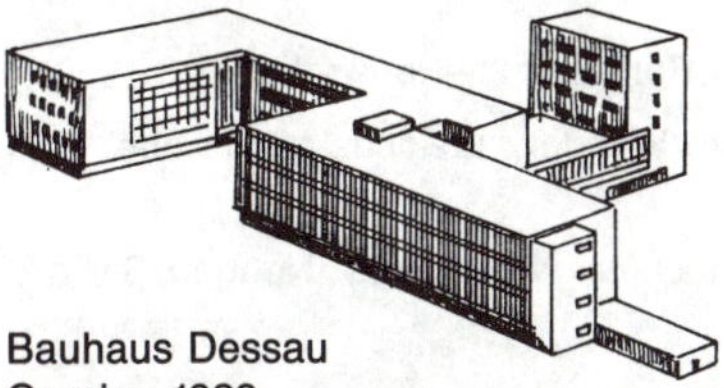

Bauhaus Dessau
Gropius 1928

Blauroter Stuhl,

Rietveld 1924

3. Nach dem 2. Weltkrieg

Wallfahrtskirche, Ronchamp/Frankreich
Le Corbusier 1950

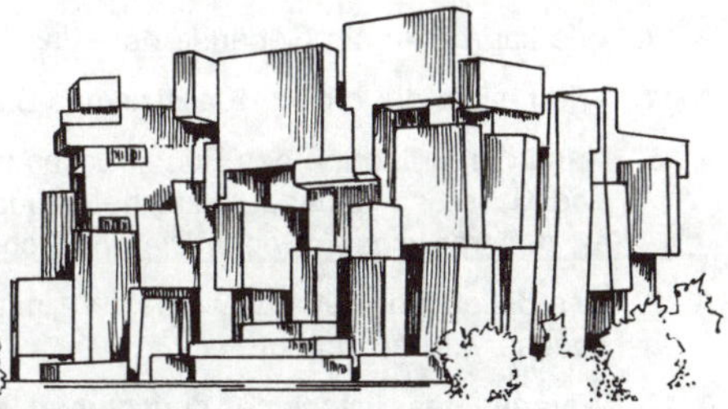

Dreifaltigkeitskirche, Wien-Mauer
Wotruba 1974

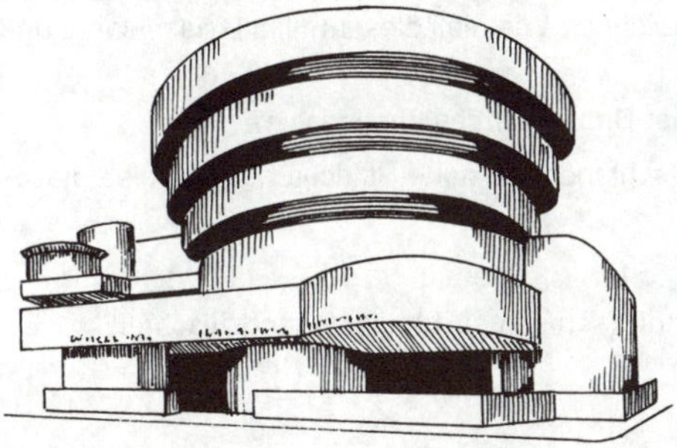

Guggenheim-Museum, New York/USA
F. L. Wright

Futura buch

ABCab

Helvetica breitfett

ABCDEFGH ab

Schreibschrift

Schulschrift

Aufgaben *zu „Baustile“*

A 1. Die Ausgangsform für die romanischen Kirchen war die frühchristliche Basilika. Wie war die Basilika aufgebaut, und durch welche Raumteile wurde sie in der Romanik erweitert?

A 2. Nennen Sie fünf Stilelemente der Romanik.

A 3. Durch welche baulichen Merkmale unterscheidet sich die gotische Kathedrale von einer romanischen Kirche?

A 4. Erklären Sie die Begriffe aus der gotischen Stilrichtung:
a) Bündelpfeiler und Dienste
b) Spitzbogenfenster mit Maßwerk
c) Rosetten

A 5. Nennen Sie das Hauptunterscheidungsmerkmal zwischen der romanischen Schrift (karolingischen ...) und der gotischen Schrift (Textura).

A 6. Zählen Sie fünf gotische Bauwerke auf.

A 7. Welches waren die geistigen und gesellschaftlichen Hintergründe, die zur Entstehung der Renaissance führten?

A 8. Nennen Sie zwei Renaissance-Stilelemente und zwei Renaissance-Bauwerke.

A 9. In der Renaissance entstanden Stoffbespannungen an Wänden. Welches pflanzliche Motiv wurde damals und auch heute noch verwendet?

A 10. Besonders die Innendekoration kam im Barock zu höchster Vollendung. Nennen Sie drei Arbeitstechniken dazu.

A 11. Zählen Sie je drei Barockkirchen und -schlösser auf.

A 12. Nennen Sie den Zeitraum des Barocks und den dazugehörenden Nachfolgestil als Höhepunkt des Barocks.

A 13. Wie kann man ein Gebäude des Klassizismus erkennen? Nennen Sie drei Merkmale.

A 14. Wie heißen die großen Klassizismus-Baumeister von Berlin, München und Karlsruhe?

A 15. Nach der Erfindung des Buchdruckes im Jahre 1455 kamen während Renaissance, Barock und Klassizismus bedeutende, heute noch verwendete Druckschriften auf. Zu welcher Schriftart gehören diese? Geben Sie drei Schriften an.

A 16. Das Bielefelder Rathaus wurde 1901 mit Renaissance-Stilelementen erbaut. Zu welcher Stilepoche wird es zugeordnet?

A 17. Während des Historismus spricht man in Deutschland von dem Gründerstil. Welchen Baustil meint man damit?

A 18. Eine Stilrichtung in Europa wurde in Frankreich als „Art Nouveau“, in England als „New Style“, in Österreich als „Sezessionsstil“ bezeichnet. Wie hieß dieser Stil in Deutschland, und in welchem Zeitraum kam er vor?

A 19. Nennen Sie drei bevorzugte Motive und zwei Bauwerke des Jugendstiles.

A 20. Noch vor dem 1. Weltkrieg entstand in Deutschland eine neue Stilrichtung. Wie hieß diese? Nennen Sie zwei bauliche Merkmale.

A 21. Zählen Sie drei moderne Bauwerke auf.

A 22. Wie erkennt man **a)** die Linear-Antiqua-Schrift (serifenlos), **b)** die Jugendstilschrift?

10 Schmuck- und Werktechniken

10.1 Übersicht

Die Arbeit des Malers gründet sich auf eine lange Geschichte des Menschen und seiner Verbindung zur Farbe.

Ihre Ursprünge gehen weit zurück über Jahrhunderte und Jahrtausende.

- Die ältesten bekannten Zeugen der Verwendung von Farbe sind ca. 25 000 Jahre alt. Es handelt sich dabei um Höhlenmalereien.
- Die Spur der Farbe zieht weiter durch die Zeiten, so in den Pyramiden der Ägypter.

Ägyptische Sklaven bei der Arbeit *(Wandmalerei in einem Grab bei Theben)*

- Tempel- oder Hausbemalungen der Griechen und Römer
- Bemalungen des Körpers bei Naturvölkern, aber auch bei uns zur Fastnacht
- Schmuck durch Farben am Bau bis heute

Im Laufe der Zeit haben sich verschiedene Schmuck- und Werktechniken herausgebildet. Dies zeigt die folgende Übersicht:

Technik	Untergründe	Bindemittel	Pigmente	Trocknung	Anwendung
Aquarell-malerei	holzfreies Papier	Dextrin, Stärke, Gummileim	lasierende Pigmente	Wasser verdunstet, reversibel	Aufmalen, stark verdünnt
Beizen	Holz	Spiritus, Metallsalze, Säuren, Wachs, Ammoniak	lösliche Farbstoffe, Chemikalien	Wasser verdunstet, chem. Reaktion, irreversibel	Färbung der Holzfasern, nicht filmbildend
Enkaustik = Wachsmalerei	Holz, Naturstein	Wachs, erhitzt	Erd- und Mineral-pigmente	Wachs erstarrt, reversibel	Pinsel u. erwärmte Eisenspatel
Freskomalerei: buono	frischer, nasser Kalkputz	Kalk, Kasein	alkalibeständige Pigmente	Wasser verdunstet, CO_2-Aufnahme, irreversibel	Malen in frischem Putz
secco	neuer, trockener Kalkputz	Kalk, Kasein	alkalibeständige Pigmente	wie buono	Aufmalen auf trockenen Putz

Technik	Untergründe	Bindemittel	Pigmente	Trocknung	Anwendung
Gipsschnitt	mineralisch	Gips	alle Pigmente	Wasser verdunstet, Gips erstarrt, irreversibel	aus erstarrtem Gips Motive schneiden
Kaseinmalerei	Holz u. mineralisch	Quark + Kalk	Erd- und Mineralpigmente	Wasser verdunstet, irreversibel	Aufmalen
Lasuren	alle Untergründe, vor allem Holz	Leinöl, Lack, Bier, Leim, Essig, KH-Dispersion	lasierende Pigmente in Leinöl u. Lack, auch Kreide	Wasser verdunstet reversibel, Oxidation irreversibel	Holzimitationen, schmückende Arbeiten
Leimfarbenmalerei	Holz und mineralische	Stärke-, Haut-, Zelluloseleim	alkalibeständige	Wasser verdunstet, reversibel	Aufmalen
Marmormalerei	Holz, mineralische	Kasein, Fixativ = Kaliwasserglas, Leinöl, KH-Dispersion	alkalibeständige	Wasser verdunstet, Oxidation, Verkieselung je nach Bindemittel	Aufmalen der Marmorimitation
Mosaik	Putze, Beton, Glas	Kalk-, Zementmörtel	Steine, Tonplättchen, Glasteile	Abbinden des Mörtels irreversibel	Verlegung der Teile in Mörtel
Ölfarbenmalerei	Holz u. Leinwand	Leinöl u. Harzlösungen	alle Pigmente	Oxidation irreversibel	Aufmalen
Ölvergoldung	alle nicht alkalischen	Mixtion (= fetter Öllack)	Blattmetalle: Gold, Silber u. a.	Oxidation irreversibel	Blattmetalle in Mixtion einlegen
Polimentvergoldung (= Imitation echten Goldbleches)	Kreide oder farbige Tone, mit Leimwasser gefestigt	wäßrige alkoholische Lösung (= Netze)	Blattmetalle: Gold, Silber u. a.	Wasser verdunstet, **hochglänzend**	Blattmetalle in Netze eingelegt und poliert
Silikatmalerei	alle mineralischen, Natur-, Kunststein, Silikatfarbenanstriche, ausgenommen Gips	Fixativ (= Kaliwasserglas)	alkalibeständige	Wasser verdunstet, CO_2-Aufnahme, Verkieselung mit dem Untergrund, irreversibel	Aufmalen, Verdünnung nur mit Fixativ
Temperamalerei	Holz	Eiweiß, Eigelb mit Leim, Harz, Leinöl emulgiert	Lasurpigmente	Wasser verdunstet, Oxidation des Leinöls irreversibel	Aufmalen

10.2 Die Anwendung der Schmuck- und Werktechniken

10.2.1 Kalkputz/Kalk-Zementputz/Zementputz/Beton als Untergrund

Freskomalerei:

Auf frischen Kalkputz wird mit in Wasser angeteigten Pigmentpulvern ohne Bindemittelzusatz gemalt. Die Bindung an den Untergrund erfolgt durch Einziehen der Pigmente in den Kalkputz und Abbinden mit demselben. Dabei entsteht eine Sinterhaut als Schutzschicht.

1. Obere Fläche ist fertiggestellt **2. Untere Fläche Kalkputz auftragen** **3. Aufmalen mit Pigmentpulvern**

Marmormalerei:

Auf Putz- oder Holzuntergründen marmorähnliche Malerei. Sie kann in Kasein-, Silikat-, Dispersions- oder Ölfarbentechnik ausgeführt werden.

Ursprünglich als Ersatz für den sehr teuren echten Marmor ausgeführte Technik. Vor allem barocke Bauwerke und Altäre erhielten Marmorimitationen auf Säulen oder Platten aus Holz, Putz oder Stein.

In die feuchte Grundfarbe werden andere Farbtöne eingemalt und mittels weicher Haarpinsel verteilt, so daß eine originalgetreue Marmorierung entsteht.

1. Grobe Struktur mit Schwamm auf Kreidegrund auftragen **2. Helle Aderzeichnung mit Gänsefeder malen** **3. Nach Lasurüberzug mit Achat polieren**

Mosaiken:

Auf festes Trägerpapier wird der Entwurf negativ aufgezeichnet. Auf diese Zeichnung werden die Mosaikplättchen mit der Vorderseite mittels wasserlöslichem Leim (Hautleim) aufgeklebt. Das so vorbereitete Mosaik wird in das Mörtelbett eingedrückt, bei großen Mosaiken in Teilstücken. Nach Erhärtung des Mörtels kann das Trägerpapier mit Wasser aufgeweicht und entfernt werden. Danach fugt man aus.

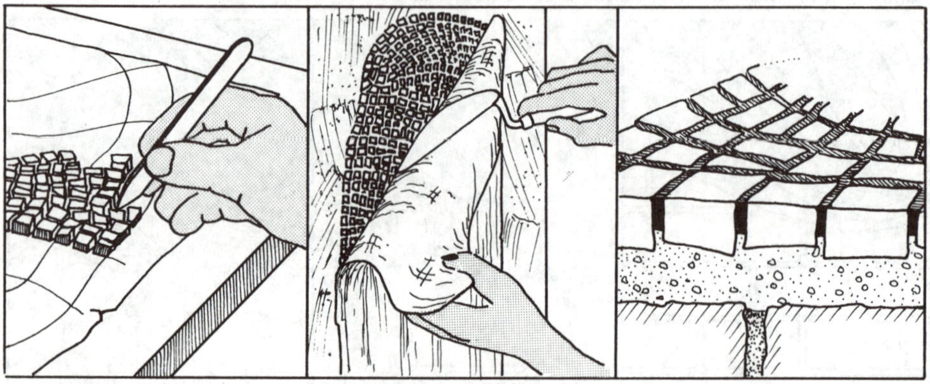

1. Negativer Entwurf mit aufgeleimtem, umgedrehten Mosaik **2. Mosaik in Mörtelbett eindrücken u. Papier abziehen** **3. Ausfugen des Mosaiks**

Ölvergoldung:

Auf allen nichtalkalischen Untergründen lassen sich Blattmetalle in das noch nicht vollständig getrocknete Mixtion einlegen. Dabei entstehen matte oder wenig glänzende Oberflächen. Sie können nicht poliert werden.

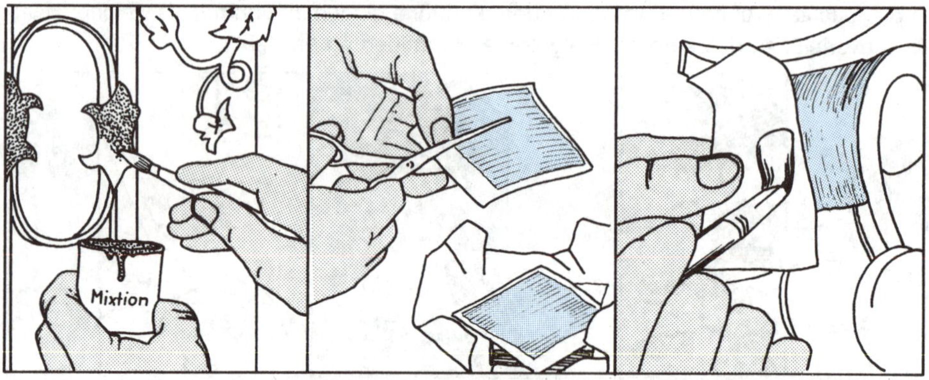

1. Mixtionauftrag **2. Blattgold zuschneiden** **3. Blattgold anpressen**

Polimentvergoldung:

Glanzvergoldung auf Polimentgrund. Das ist ein mittels Kreide oder farbigen Tonen plastisch gestalteter Untergrund. Dieser erhält seine Festigkeit durch mehrfache Tränkung mit Leimwasser. Darauf werden mit einer Netze (wäßrige alkoholische Lösung) Blattgold oder andere Blattmetalle aufgebracht. Diese können noch durch Polieren mit Achatsteinen auf Hochglanz gebracht werden. Nur innen anwendbar.

1. **Mehrschichtiges Auftragen, Schleifen und Kratzen des Kreidegrundes**
2. **Anlegen des Blattgoldes mit Wasser und Alkohol**
3. **Polieren mit Achatstein**

Sgraffito:

Auf rauhem Grundputz werden verschieden gefärbte, ca. 5 mm starke, feinsandige Putzschichten übereinander aufgebracht. Nach dem Antrocknen des Putzes, etwa nach 2–8 Stunden, wird der Bildentwurf auf den Putz aufgepaust und entlang der Konturen bis zum gewünschten Farbton durchgeschnitten. Breite farbige Flächen werden mit Metallwerkzeugen ausgekratzt.

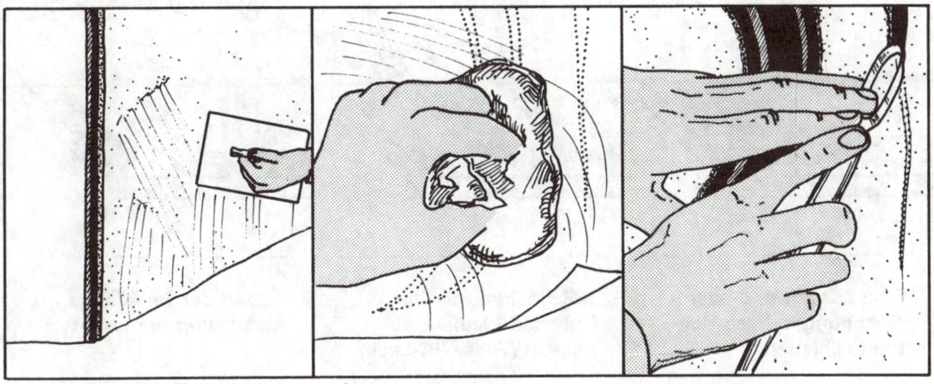

1. **Putz mehrlagig und mehrfarbig auftragen**
2. **Vorlage übertragen, z. B. Stechpause**
3. **Auskratzen mit Kratzschlinge**

Silikatmalerei:

Auf Natur- und Kunststein oder Silikatfarbenanstrichen und mineralischen Putzen, ausgenommen Gips. Pigmente in Fixativ (= Kaliwasserglas als Bindemittel angeteigt) werden mittels Pinsel auf den Untergrund aufgemalt. Abbinden erfolgt durch Verkieselung mit dem Untergrund. Es entstehen sehr lange haltbare und farbklare Malereien.

10.2.2 Holz als Untergrund

Beizen:

Die rohen Holzuntergründe müssen zuerst mit warmem Wasser und Schwamm angefeuchtet werden. Während der Trocknung erheben sich die losen Holzfasern, die sich jetzt leicht abschleifen lassen. Ohne diese Vorarbeiten stellen sich die losen Fasern beim Trocknen der Beize auf, so daß unterhalb der Fasern ungebeizte Stellen verbleiben. Dies würde zu einem fleckigen Beizbild führen.

Durch das Auftragen der Beize mittels Pinsel oder Schwamm lassen sich ein- oder mehrfarbige Motive gestalten.
Für die Beize müssen rostfreie Gefäße verwendet werden.

Holzteile, die im Naturholzton bleiben sollen, müssen vor dem Auftragen der Beize mit farblosem Nitrolack exakt abgedeckt werden. Um eine gute Abdeckung zu erreichen, muß meist ein zweimaliger Lackauftrag erfolgen.
Nach dem Beizen wird der Nitrolack mit Verdünnung wieder abgewaschen.
Sobald die Beize getrocknet ist, kann die Fläche farblos lackiert oder gewachst werden.

Eine weitere Technik, um Holz zu beizen, ist durch Einwirkung von speziellen Laugen (Salmiakgeist) oder Säuren (Pyrogallussäure u. a.) möglich.

Bei allen Beiztechniken sollten Probebeizungen durchgeführt werden, weil die verschiedenen Holzarten zu unterschiedlichen Farbtönen führen.

1. **Holz nässen und nach Trocknung in Faserrichtung schleifen**
2. **Holzflächen, die im Naturton bleiben, abdecken (Folie, NC-Lack)**
3. **Beizen der Restfläche, Abdeckung entfernen**

Lasuren:

Bei den Lasuren werden durch Verwendung von nicht- oder gering deckenden Pigmenten in verschiedenen Bindemitteln Anstrichfilme meist auf Holz aufgebracht. Dadurch lassen sich Holzimitationen herstellen. Durch Verwendung besonderer Maserierwerkzeuge entstehen naturnahe Holzmaserungen.

Für Schmucktechniken mit Lasuren verwendet man Stahlkämme, Gummikämme, Gummistifte, Gewebe (Schächter), zum Teil auch aus Karton o. ä. selbst hergestellte Werkzeuge. Die Lasurtechnik erlaubt, eine Vielzahl von Formen und Techniken anzuwenden.

Alle aufgeführten Techniken lassen sich je nach Untergrund auf vielfältige Weise zu schmückenden Arbeiten verwenden.

Nicht alle diese Techniken werden noch angewandt. Manche, die Jahrhunderte überdauerten, haben wegen der Umweltverschmutzung keine ausreichende Haltbarkeit mehr. Außerdem sind auch Schmucktechniken der Mode und damit dem Wandel unterworfen. Doch werden neuerdings alte Techniken wieder vermehrt ausgeführt, weil die Notwendigkeit der Erhaltung und Restaurierung der vorhandenen Bauten den Menschen wieder bewußt wird.

Ebenso lassen sich durch Schmucktechniken die Verkehrsbauten, Fabriken, Schulen, Kliniken u. ä. sowie die phantasielosen Einheitsbauten der unmittelbaren Nachkriegszeit schöner gestalten.

Aufgaben *zu „Schmuck- und Werktechniken"*

A 1. Aus welcher Zeit kennen wir die ersten Darstellungen mittels Farbe?

A 2. Welche Untergründe sind für Beiztechniken geeignet?

A 3. Auf welche Weise trocknet die Freskomalerei?

A 4. Wofür werden Lasurarbeiten eingesetzt?

A 5. Wodurch unterscheidet sich die Mosaiktechnik von den Malereitechniken?

A 6. Welche Untergründe werden für die Polimentvergoldung verwendet?

A 7. Welches Bindemittel wird bei der Silikatmalerei benutzt?

A 8. Erkläre die Freskomaltechnik (buono).

A 9. Wodurch erhalten bei der Freskomalerei (buono) die aufgemalten Pigmente ihre Haftung?

A 10. Warum wurden Marmormalereien aufgeführt?

A 11. Warum ist bei Polimentuntergründen die Tränkung mit Leimwasser erforderlich?

A 12. Wie entsteht bei der Polimentvergoldung der Hochglanz?

A 13. Warum werden bei der Sgraffitotechnik mehrere verschieden gefärbte Putze aufgezogen?

A 14. Warum müssen Holzuntergründe vor dem Beizen gewässert werden?

A 15. Beim Gestalten von Beizarbeiten müssen manche Holzteile vor dem Eindringen von Beize geschützt werden. Auf welche Weise läßt sich das erreichen?

A 16. Warum sollen vor dem Beizen Probebeizungen durchgeführt werden?

A 17. Mit welchen Werkzeugen lassen sich bei der Lasurtechnik schmückende Arbeiten erzielen?

A 18. Warum werden manche der alten Techniken derzeit wieder ausgeführt?

11 Drucken – Druckverfahren

11.1 Druckverfahren

Drucken heißt, mit Hilfe einer eingefärbten Druckform (z. B. Stempel) Vervielfältigungen von Text und Bild auf geeigneten Untergründen (z. B. Papier, Metall) herzustellen.

Man unterscheidet folgende Druckverfahren:

Hochdruck 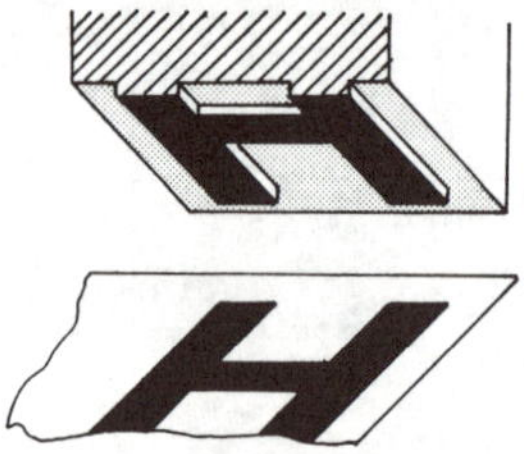	*Merkmale:* Die **hochstehenden** Teile der Druckform werden eingefärbt und bedrucken den Untergrund. *Anwendungen:* Buchdruck, Holzschnitt, Stempeldruck (z. B. Neoprint), Linoldruck, Tapetenhochdruck *Vorteile:* Einfache Druckformherstellung, Massendruck (z. B. Zeitungsdruck)
Tiefdruck 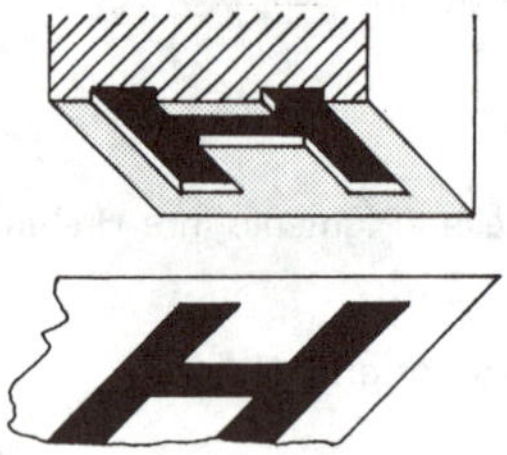	*Merkmale:* Die **tiefliegenden,** eingefärbten Teile der Druckform bedrukken den Untergrund. *Anwendungen:* Kupferstich, Radierung *Vorteile:* Künstlerische Drucke mit feiner Linienstärke
Flachdruck 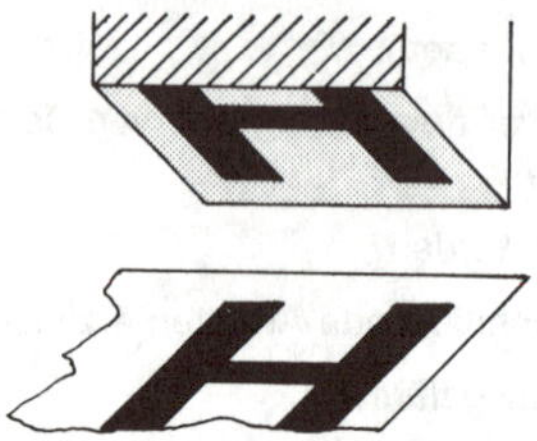	*Merkmale:* Druckende und nichtdruckende Teile liegen auf einer Fläche. Die druckenden Flächen sind so chemisch präpariert, daß sie die fetthaltige Druckfarbe annehmen. *Anwendungen:* Steindruck (Lithographie), Offsetdruck *Vorteile:* Feinste Hell-Dunkel-Unterschiede
Durchdruck 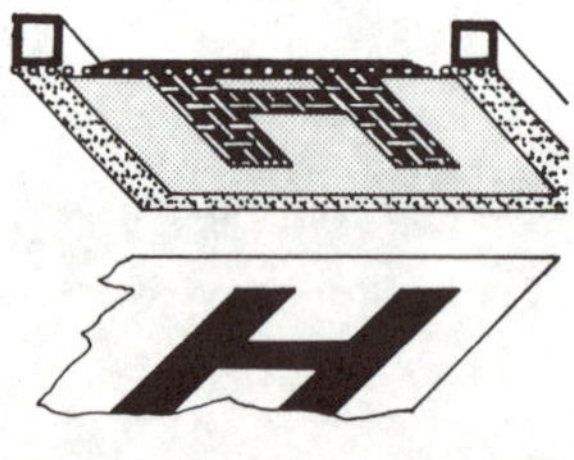	*Merkmale:* Durch die offenen Flächen einer **Schablone** wird Beschichtungsstoff durchgedruckt. *Anwendungen:* Schablonendruck (z. B. Papier-, Kunststoff-, Metallschablonen), Siebdruck *Vorteile:* Einfache Schablonenherstellung, hohe Schichtdicke der Druckfarbe

11.2 Siebdrucken

11.2.1 Allgemeines

Beim Siebdrucken wird der Beschichtungsstoff (Druckfarbe) durch die offenen Flächen einer Schablone auf den Untergrund gedruckt.

Zum Drucken verwendet man ein Sieb, das aus einem Rahmen (Holz, Stahl- oder Aluminiumrohr) besteht. Auf diesen Rahmen ist mit 2K-Kleber das Siebdruckgewebe im gespannten Zustand aufgeklebt. Dieses Siebdruckgewebe hat die Aufgabe, die gesamte Schablone zu halten sowie beim Drucken vom Druckuntergrund elastisch „abzuspringen".

Vergleich:

Papierschablone einfachster Art	**Metallschablone** mit Stegen	**Siebdruckschablone**

Innenteile fehlen.	Innenteile werden durch Stege gehalten.	Das Gewebe ersetzt die Stege. Auf dem Druck nicht sichtbar.

Die Größe des Siebdruckrahmens soll mindestens um 50 % größer sein als die Außenmaße der Druckfläche.

Somit ist eine saubere Schablonenherstellung und ein einwandfreies Drucken möglich.

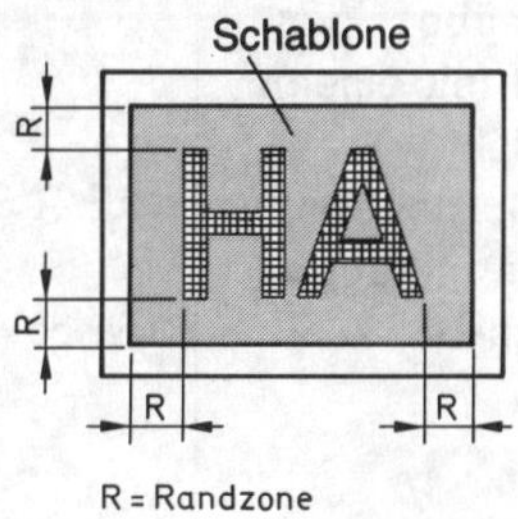

11.2.2 Siebdruckgewebe

Das Siebdruckgewebe hat eine Leinwandbindung aus Kett- und Schußfaden.

Fadenwerkstoffe:

a) Naturfasern, z. B. Seide
b) Synthetische Fasern, z. B. Nylon (N), Polyester (P). Diese können als monofile (einadrige) und polyfile (mehradrige) Fäden hergestellt werden.
c) Metallfasern, z. B. rostfreier Stahl

Nach der Anzahl der Drucke, Schichtdicke und Feinheit der Drucklinien wählt man Siebdruckgewebe mit unterschiedlicher *Gewebefeinheit* und *Fadenstärke*.

Gewebefeinheit = Anzahl der Fäden pro Zentimeter,
Auswahl von 15 bis 200 Fäden pro cm

Fadenstärke = Durchmesser des Fadens, unterteilt in 4 Gruppen
S = leichte Qualität (S = engl. small)
M = leichte bis mittlere Qualität (m = engl. medium)
T = mittelschwere Qualität (t = thick)
HD = schwere Qualität (HD = heavy duty)

Praktisches Beispiel:

P 110 T = Polyestergewebe mono, 110 Fäden auf 1 cm, mittelschwere Qualität
mono

Maßstäblicher Vergleich eines monofilen Gewebes 24 T und 150 T:

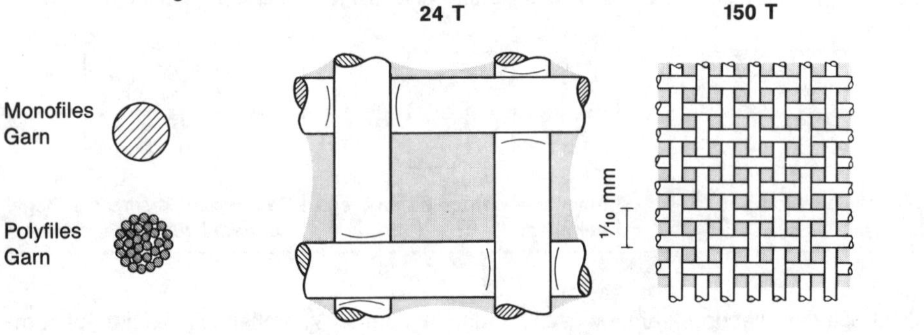

Maßstab: 50 : 1 (50 mm der Zeichnung = 1 mm des Originals oder: 5 mm = 1/10)

Das Siebdruckgewebe wird mit Hilfe von pneumatischen Spannzangen über den Siebdruckrahmen gespannt und mit einem Zweikomponentenkleber festgeklebt.
Bei Beschädigungen des Siebdruckgewebes wird dieses vom Rahmen entfernt (abgeschliffen). Der Siebdruckrahmen kann wiederverwendet werden.

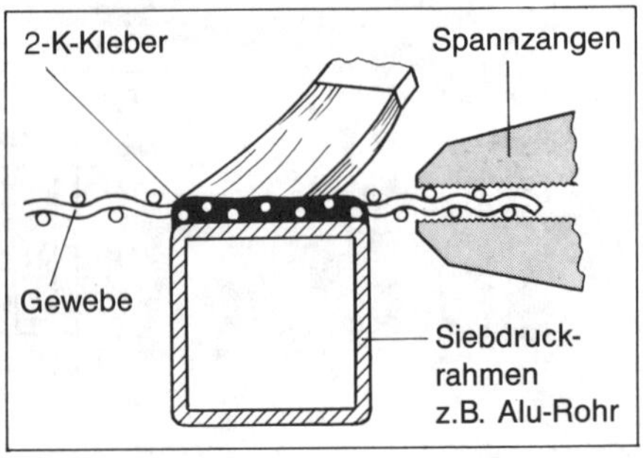

11.2.3 Schablonenherstellung

Ein sauberer und exakter Druck wird durch eine kantenscharfe, gut haftende Schablone erreicht.

Von einer Vielzahl von Schablonenarten sind die beiden gebräuchlichsten:

Indirektschablone (wasserlöslicher Schneidefilm = Kapillarfilm)

Von einem dreischichtigen Schneidefilm wird die Schutzschicht abgezogen. Die mittlere, transparentfarbige Schneideschicht wird mit einem Folienmesser auf einer Diavorlage

(Leuchttisch) beschnitten (Abb. 1). Diese Schneideschicht wird mit Hilfe eines wasserfeuchten Schwammes auf die Druckseite (Außenseite) des gereinigten, fettfreien Siebes übertragen (Abb. 2). Nach Abziehen der Trägerschicht und Abdecken der Randzonen kann gedruckt werden.

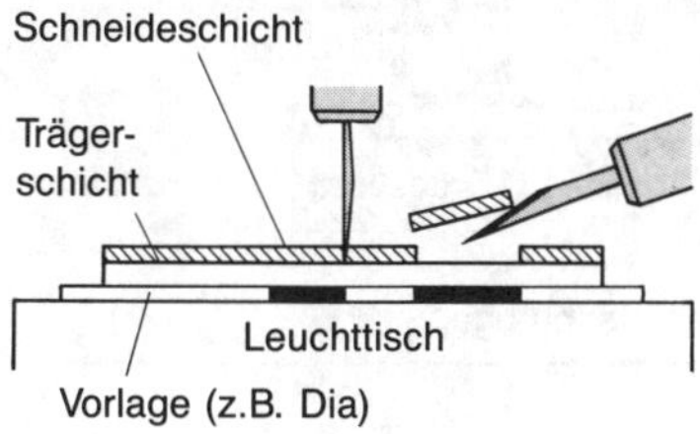

Abb. 1

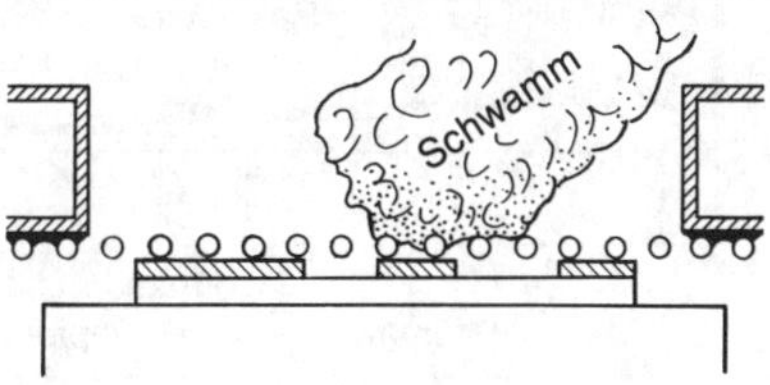

Abb. 2

Direktschablone (fotomechanisch)

Mit Hilfe einer Rinne wird das Siebdruckgewebe mit einer lichtempfindlichen Kopierschicht beschichtet. Nach Trocknung der Kopierschicht wird eine Diavorlage darüber gelegt und belichtet.

Die nichtbelichteten, druckenden Flächen bleiben wasserlöslich und werden ausgewaschen. Die belichteten Flächen erhärten und können nicht ausgewaschen werden.

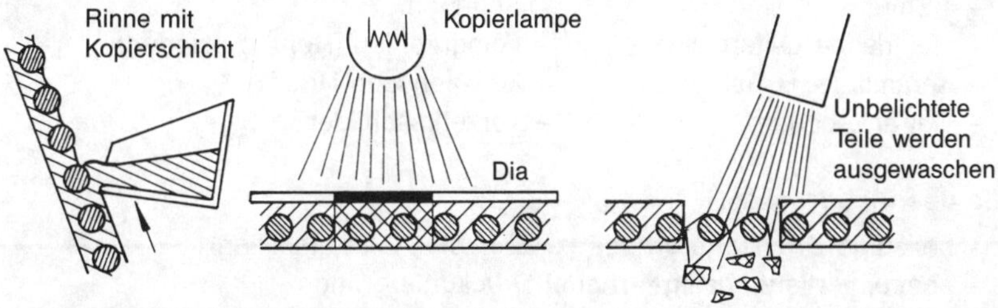

Andere ***Schablonenarten*** *sind:*

- Papierschablone
- Abdeckschablone
- Auswaschschablone
- Emulsions-Schablone
- Indirekt-Direkt-Schablone
- Kombischablone

Die Schablonen können mit Wasser und starken chemischen Entfernern von dem Siebdruckgewebe entfernt werden.

11.2.4 Druckvorgang

Auf einem Drucktisch mit Schwinge wird der schablonierte Siebdruckrahmen so eingespannt, daß das Sieb 3 bis 5 mm (= Absprung) über dem Drucktisch steht. Der Druckuntergrund (z. B. Papier) wird durch ein Vakuum eben angesaugt und seitlich durch Paßmarken genau arretiert. Die lösemittelhaltige Druckfarbe wird mit einer Gummirakel durch das Siebdruckgewebe gedrückt. Nach dem Durchziehen der Rakel federt das Gewebe in seine waagrechte Ausgangslage zurück.

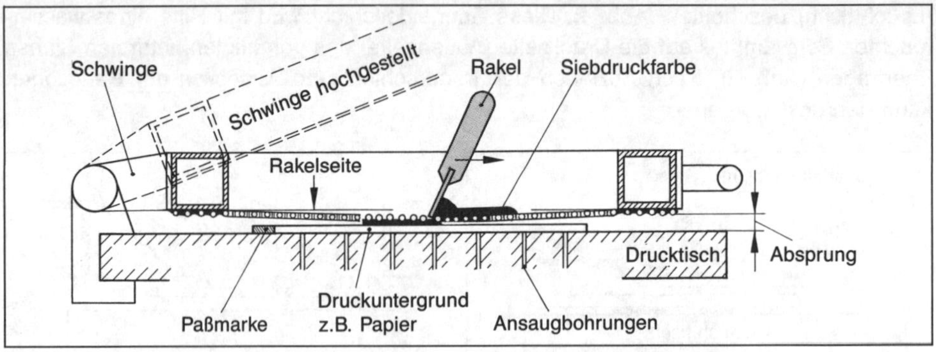

Nach der Art des Untergrundes, der Beanspruchung, der Trocknungsart, der Leuchtkraft bzw. Farbigkeit kann man unter einer Vielzahl von Druckfarben auswählen.

11.2.5 Anwendungen, Vor- und Nachteile

Anwendungen des Siebdruckes:

- Plakate
- Tapeten
- T-Shirts
- elektrische Leiterplatten
- Keramik (z. B. Teller)
- Getränkedosen
- Kunststofftüten
- Werbeflächen (z. B. im Stadion)
- Schriften
- Fotographien (Reproduktionen)
- künstlerische Drucke
- Verkehrsschilder

Vorteile des Siebdruckes:

- beliebige Druckuntergründe (z. B. Papier, Glas, Textilien)
- ebene, vertiefte, ballige (runde) Druckuntergründe
- hohe Schichtdicke (z. B. für Wetterbeständigkeit)
- starke Farbigkeit (z. B. Verkehrsschilder)
- Druckflächen bis ca. 20 m^2 möglich
- handlicher Siebdruckrahmen (z. B. Siebdruck auf PKW-Türe)
- bis zu 100 000 Drucke bei der Direktschablone
- Rahmen und Sieb nach Reinigung wiederverwendbar
- bis zu einer Linienbreite von minimal 1/10 mm anwendbar
- Hell-Dunkel-Übergänge (z. B. Fotographie) kann man durch Rastern fotomechanisch herstellen
- geringe Anschaffungskosten bei einfachen Drucken

Nachteile des Siebdruckes:

- Für jede Farbe (z. B. rot, grün usw.) muß ein eigenes Sieb mit Schablone hergestellt werden
- die Reinigung des Siebes von der lösemittelhaltigen Druckfarbe ist aufwendig und bei guter Entlüftung durchzuführen
- bei fotographischer Dia- und Schablonenherstellung entstehen hohe Anschaffungskosten

Aufgaben *zu „Drucken – Druckverfahren"*

A 1. Nennen Sie die vier Druckverfahren, und geben Sie je ein praktisches Anwendungsbeispiel an.

A 2. Eine Zeitung wird im Hochdruckverfahren hergestellt. Wie sieht der Druckstempel aus, und an welcher Fläche haftet die Druckfarbe? Nennen Sie ein Hochdruckverfahren im Malerbereich.

A 3. Welche Hauptaufgaben übernimmt das Sieb beim Siebdrucken (2)?

A 4. Wie unterscheiden sich monofile und polyfile Fäden?

A 5. Erklären Sie die Bezeichnung: „Siebdruckgewebe N 140 S mono".

A 6. Mit welchem Kleber wird das Gewebe an einem Siebdruckrahmen befestigt? Nennen Sie hierzu zwei Rahmenwerkstoffe.

A 7. Erklären Sie die Herstellung einer Direktschablone.

A 8. Warum wird mit lösemittelhaltigen Druckfarben auf wasserlöslichen Siebdruckschablonen gedruckt?

A 9. Beim Drucken benötigt man eine Rakel. Welche Aufgabe hat sie? Erklären Sie hierzu den Begriff „Absprung".

A 10. Nennen Sie je fünf praktische Anwendungen und Vorteile des Siebdruckens.

12 Gerüste

12.1 Verwendungsarten

Gerüste sind Hilfskonstruktionen, auf denen Arbeiten in verschiedenen Höhen sicher ausgeführt werden können.

Man unterscheidet **Gerüste nach der Verwendung:**

- Fassadengerüste (an senkrechten Fassaden, Wänden)
- Raumgerüste (in Hallen, Kirchen, einschl. der Decken)
- Hängegerüste (an Hochhäusern bei Dacharbeiten)
- Fahrbare Gerüste (innerhalb und außerhalb von Gebäuden)
- Schutzgerüste (Schutz von Personen, Winterbau)

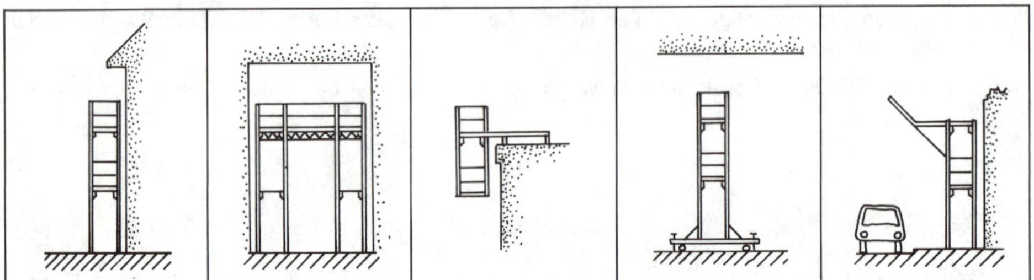

Fassadengerüst | **Raumgerüst** | **Hängegerüst** | **Fahrbares Gerüst** | **Schutzgerüst**

Weitere gerüstähnliche Arbeitseinrichtungen sind:

- Fensterstühle
- Arbeitskörbe
- Aufzüge
- Hubarbeitsbühnen
- Sicherheitsgeschirr als Absturzsicherung

12.2 Konstruktionsarten

Ein anderes Unterscheidungsmerkmal ist die **Konstruktion des Gerüstes.**

Konstruktionsart	*Hinweise, Verwendung*
1. Leitern-Behelfsgerüste	bis max. 3 m Belaghöhe
2. Stangengerüste	Gipsergerüst aus Stangen, Winkel, Dielen
3. Leiterngerüste	Dachdeckergerüst, lange Holzleitern
4. Steckrahmengerüste	meistverwendetes Malergerüst
5. Lehr- und Steckrohrgerüste	Spezialgerüste für unförmige Baukörper

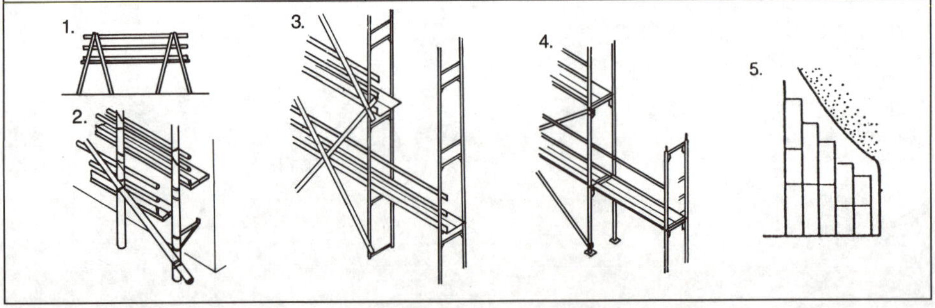

12.3 Technische Vorschriften, Bauanweisungen

Bei Gerüstarbeiten sind folgende Punkte zu beachten (Beispiel: Steckrahmengerüst):

1. Vorschriften

- DIN 4420 „Gerüste“
- Zulassungsbescheid des Gerüstherstellers
- Unfallverhütungsvorschriften der Bauberufsgenossenschaften

2. Belastung

Die Gerüste sind in mehrere Belastungsgruppen eingeteilt. Die gebräuchlichsten sind:

Gruppe II: Max. 2 kN/m², Belagfläche bei mindestens 60 cm Belagbreite (Gerüste für Maler, Gipser).

Gruppe III: Max. 3 kN/m², Belagfläche bei mindestens 95 cm Belagbreite (Gerüste für Maurer).

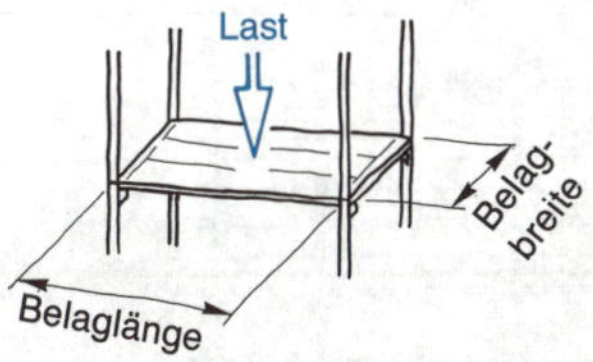

Beispiel für Gruppe II:

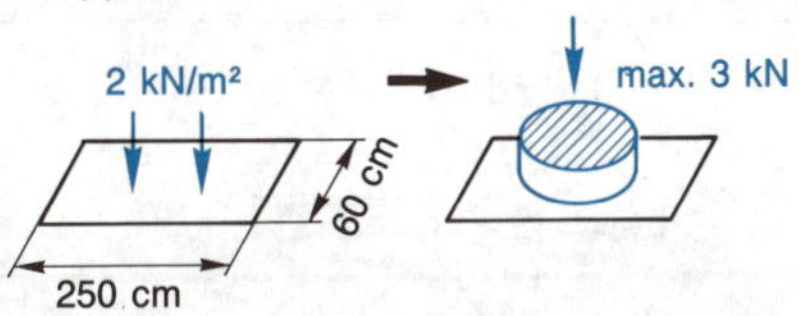

Last = 0,60 m · 2,50 m · 2 kN/m² = 3 kN

3. Fußpunkte

Fußpunkte müssen unverschiebbar und gegen Einsinken gesichert sein. Unterlagen wie Steine, Eimer, dünne Bretter sind ungeeignet.
Zum Höhenausgleich nimmt man Spindeln, Steckrahmen in 66 cm oder 100 cm Bauhöhe oder Rohre mit Kupplungen.

4. Verstrebungen

Gegenläufige, diagonale Streben sichern das Gerüst gegen seitliches Kippen.
Diese Verstrebungen müssen feste Knotenpunkte haben.

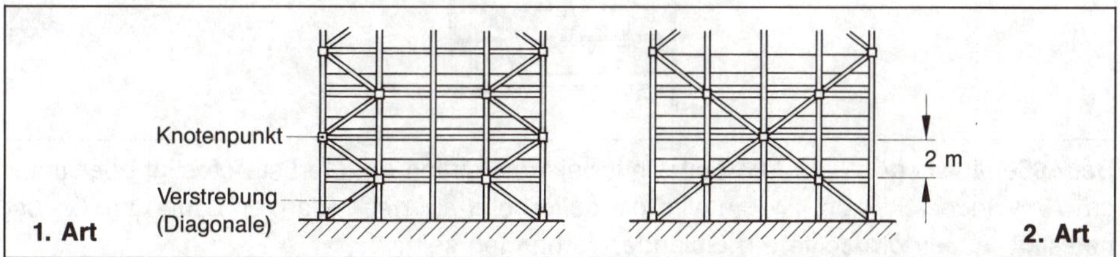

5. Seitenschutz

Ab 2 m Belaghöhe muß ein Seitenschutz vorhanden sein. Er besteht aus:

– Geländerholm, – Zwischenholm, – Bordbrett

Der Wandabstand zur Belagfläche darf höchstens 30 cm betragen. Die vorgeschriebenen Abstandsmaße nach DIN 4420 sind in der folgenden Abb. angegeben.

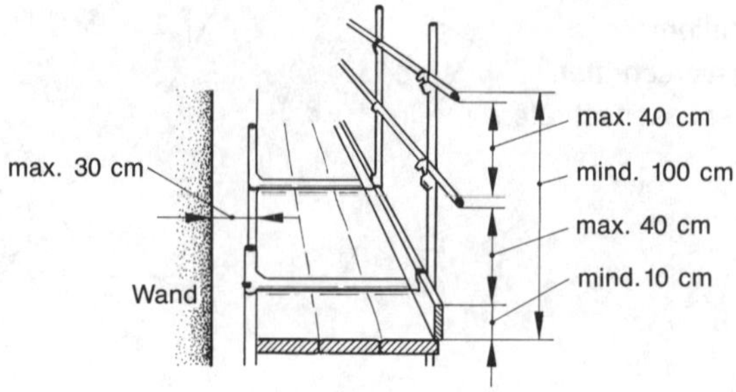

6. Verankerungen

Von entscheidender Bedeutung ist die Verankerung eines Gerüstes zur Wand. Diese muß auf Zug und Druck beanspruchbar sein.
Befestigungen an Fensterrahmen, Dachkanälen und Blitzableitern sind unzulässig. Die Anzahl der Verankerungen ist im Zulassungsbescheid angegeben.

Beispiel: Aluminiumsteckrahmen mit Belagflächen aus Sperrholz

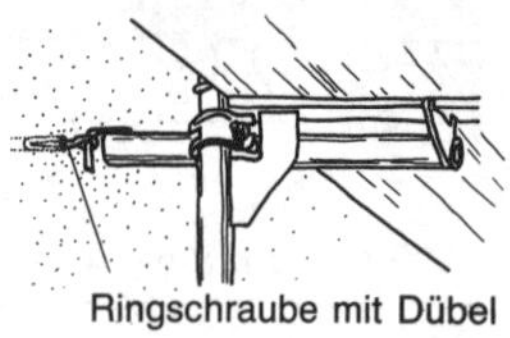

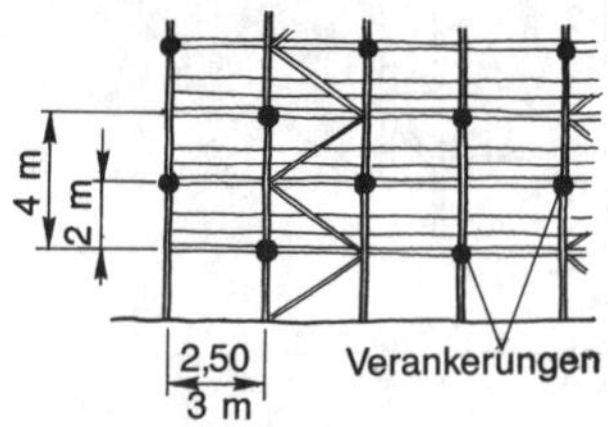

7. Leitern, Aufstiege

Bei innen liegenden Aufstiegen müssen die Leitern versetzt sein. Die Luken sind nach dem Durchsteigen sofort zu schließen.

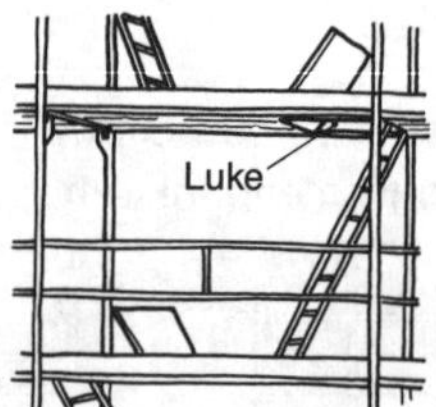

Bei Außenaufstiegen kann die Leiter mit beiden Holmen am Gerüst befestigt oder unter ca. 75 ° angestellt sein. Hierzu wird ein Leiterholm auf der gesamten Länge am Gerüst befestigt. Außerdem sollte ein Geländer vorhanden sein.

8. Weitere Punkte, die zu beachten sind:

- Schutzhelm beim Auf- und Abbau des Gerüstes tragen.
- Gerüste gegen Passanten, Fahrzeuge und unbeaufsichtigtes Besteigen sichern.
- Vorsicht bei elektrischen Frei- oder Oberleitungen.
- Gerüste sind nach Sturm, Regen, Frost und längeren Zeiträumen zu überprüfen.
- Gerüste mit Planen, Schutzdächern und Vorbauten, besonders im oberen Bereich, erfordern zusätzliche Verankerungen.
- Zum freien Überbauen von Einfahrten oder Balkonen werden Gitterrohrträger bis 8 m Länge verwendet (siehe Abb. Raumgerüst).
- Zwischenräume, Fassadenecken sind mit Rohren, Kupplungen nach den Vorschriften zu vervollständigen.
- Beschädigte Gerüstteile sind sofort zu demontieren und dürfen nicht mehr verwendet werden.
- Bei Dachvorbauten verwendet man beim Steckrahmengerüst Konsolen von 30 cm Auskragung.

12.4 Fahrbare Standgerüste (Fahrgerüste)

Fahrbare Gerüste dienen zum Arbeiten an Decken und Hochflächen. Durch mehrmaliges Verschieben dieses Fahrgerüstes kann eine große Deckenfläche bearbeitet werden, ohne daß ein Raumgerüst benötigt wird.

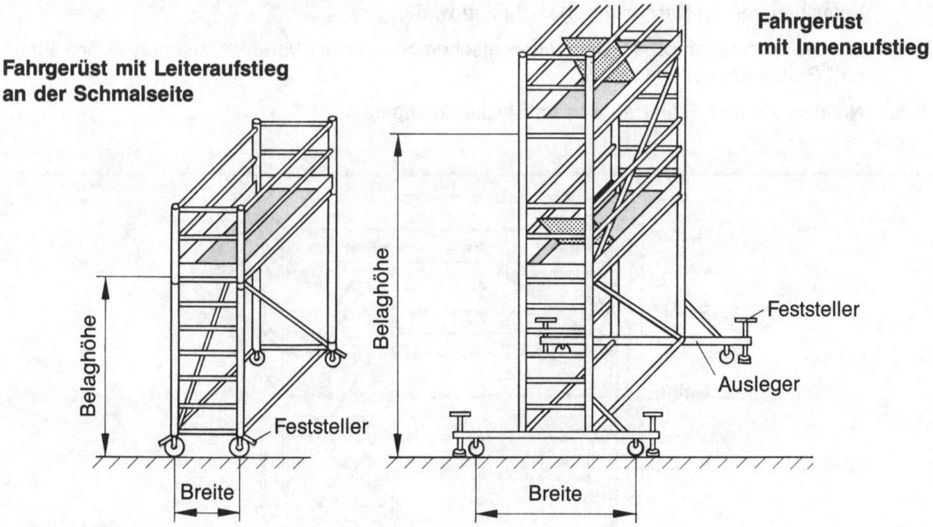

Beim Auf- und Abbau sowie beim Arbeiten auf Fahrgerüsten sind zu beachten:

1. Das Verhältnis **Breite : Belaghöhe** darf maximal betragen:

   a) in geschlossenen Räumen 1 : 4

   b) in offenen Räumen, im Freien 1 : 3

   Beispiel:

   Bei einer Breite des Fahrgerüstes (= Abstand der Rollen) von 70 cm ist eine maximale Belaghöhe von 2,10 m im Freien und von 2,80 m in geschlossenen Räumen zulässig.

2. Das Fahrgerüst muß DIN 4420 und dem Zulassungsbescheid des Gerüstherstellers entsprechen.
3. Es darf nur auf ebenem, festen Untergrund langsam in Längsrichtung oder über Eck verfahren werden.
4. Zum Verfahren sind die Spindeln zu lüften und danach sofort wieder festzustellen.
5. Beim Verfahren dürfen keine Personen auf dem Gerüst sein.
6. Beim Arbeiten auf dem Fahrgerüst darf man sich nicht gegen die Wand stemmen (Kippgefahr).
7. Anlegeleitern dürfen nicht angestellt werden (Kippgefahr). Leiteraufstieg direkt an der Schmalseite oder am Innenaufstieg.
8. Rahmen, Einzelteile, Rollen usw. gegen Herausfallen sichern.
9. Nicht an der Längsseite außen auf- und umsteigen.

Aufgaben *zu „Gerüste"*

A 1. Nennen Sie Gerüste nach den verschiedenen Konstruktionsunterscheidungen. Welches Gerüst wird hauptsächlich im Malerbereich verwendet?

A 2. Eine große Hallendecke (200 m², 6 m Höhe) ist mit Dispersionsfarbe zu beschichten. Welche Gerüstarten würden Sie vorschlagen? Nennen Sie Vor- und Nachteile dieser Gerüste.

A 3. Welche Last kann man auf eine Belagfläche von 2,50 m x 1,0 m aufbringen, daß die maximale Belastung von 3 kN/m² nicht überschritten wird?

A 4. Aus welchen technischen Unterlagen ersehen Sie, wieviel Verankerungen zwischen Wand und Gerüst anzubringen sind?

A 5. Nennen Sie fünf Fehler an diesem Steckrahmengerüst.

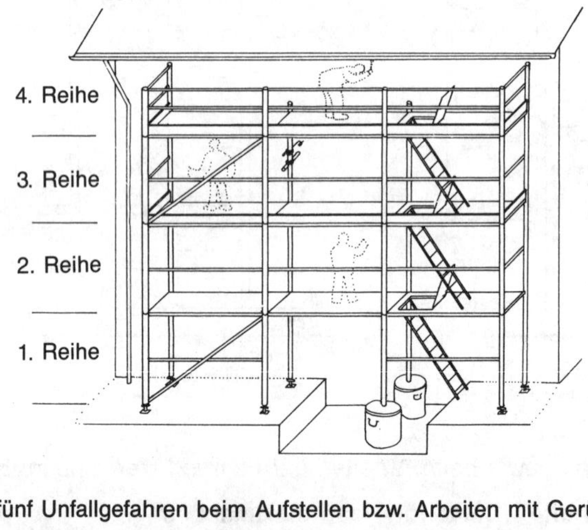

A 6. Zählen Sie fünf Unfallgefahren beim Aufstellen bzw. Arbeiten mit Gerüsten auf.

A 7. Aus welchen Einzelteilen muß der Seitenschutz bestehen?

A 8. Wie groß darf der maximale Wandabstand zum Gerüst sein?

A 9. Bei einem Fahrgerüst beträgt die Belaghöhe 6 m für Arbeiten im Freien. Wie breit müssen die Ausleger mindestens sein?

A 10. Nennen Sie vier Unfallgefahren beim Arbeiten mit Fahrgerüsten.

13 Grundbegriffe der Elektrotechnik

Fast alle Maschinen und Geräte, die im Berufsfeld Farbe eingesetzt werden, sind elektrisch angetrieben.
Den zum Betrieb der Elektrogeräte erforderlichen Strom liefert durch isolierte Metalleitungen das Elektrizitätswerk zur Steckdose oder zum Schalter in Haus und Werkstätten.

Die Steckdose enthält zwei Metallbuchsen, die durch Leitungen mit dem Elektrizitätswerk verbunden sind: 1. Hinleitung (Isolierung – schwarz); 2. Rückleitung (Isolierung – blau). Die Rückleitung ist im Elektrizitätswerk als sogenannter PEN-Leiter leitend mit der Erde verbunden. Außerdem ist ein Schutzleiter (Isolierung – gelb/grün) in den Leitungen, der direkt, z. B. durch Anschluß an ein Wasserrohr, geerdet ist.

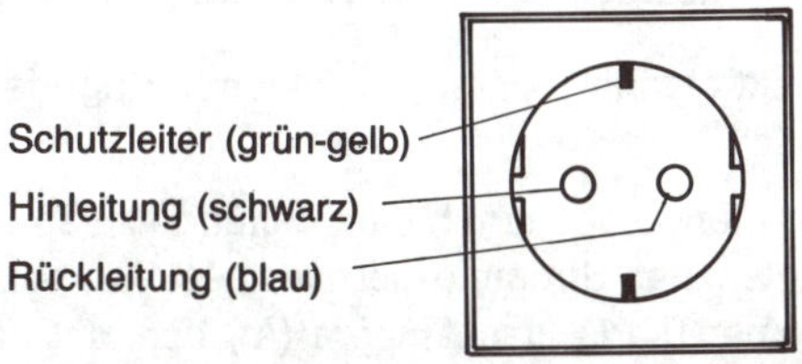

Der vom Elektrizitätswerk gelieferte Strom kann nur in einem geschlossenen Stromkreis genutzt werden. Der Stromfluß wird in diesem Stromkreis mittels eines Schalters geöffnet und geschlossen (An – Aus), also die Maschine an- oder ausgeschaltet.

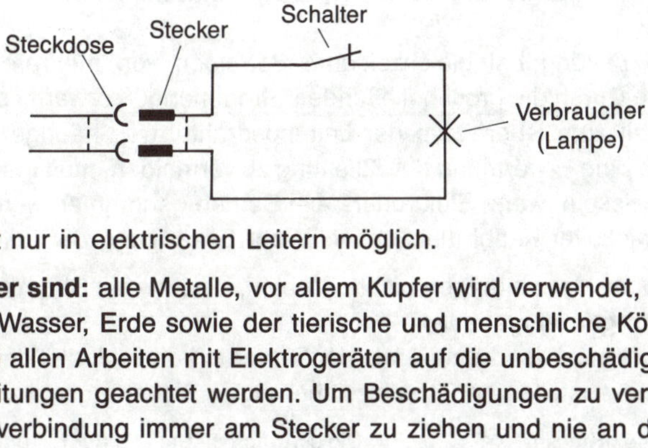

Der Stromfluß ist nur in elektrischen Leitern möglich.

Elektrische Leiter sind: alle Metalle, vor allem Kupfer wird verwendet, außerdem Kohle, Leitungswasser, Wasser, Erde sowie der tierische und menschliche Körper.
Deshalb muß bei allen Arbeiten mit Elektrogeräten auf die unbeschädigte Isolierung der Geräte und Zuleitungen geachtet werden. Um Beschädigungen zu vermeiden, ist beim Lösen der Steckverbindung immer am Stecker zu ziehen und nie an der Leitung.

Reparaturen an Elektrogeräten und Zuleitungen dürfen nur von einem Fachmann ausgeführt werden.

Nichtleiter sind: Kunststoffe, Porzellan, Glas, Textilien, Gummi und Luft.

Diese Nichtleiter sind auch als **Isolierstoffe** geeignet.

Da der Strom immer den kürzesten Weg zur Erde sucht, sind alle Arbeiten in der Nähe von Freileitungen gefährlich.
Vor Arbeiten an Fassaden, auf Dächern und beim Gerüstbau sind alle Freileitungen mit isolierenden Umhüllungen durch das Elektrizitätswerk zu versehen.
Auch in Innenräumen gibt es bei gleichzeitiger Feuchtigkeit Unfallgefahren.

Bei notwendigen Arbeiten in Feuchträumen werden Geräte und Leuchten mit Kleinspannungen bis ca. 50 Volt verwendet, weil dadurch die Gefahren vermindert werden.

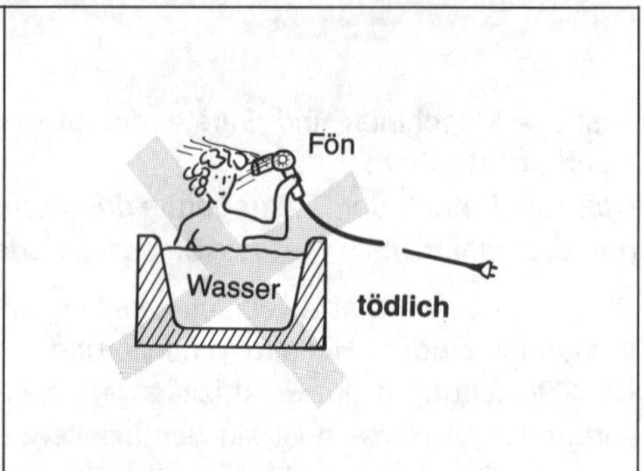

Wasser ist ein sehr guter elektrischer Leiter.

Zum Verständnis der Elektrotechnik klären wir folgende Begriffe:

Die Stromstärke (I)

Mit Stromstärke wird die Menge des durch eine Leitung fließenden Stromes bezeichnet. Diese Menge kann mittels eines Strommessers festgestellt werden.

Die Maßeinheit der Stromstärke ist das Ampère (A), benannt nach dem französischen Physiker Ampère.

Stromstärke = Elektrizitätsmenge, die je Sekunde durch die Leitung fließt.

Die Zahl der Verbraucher bestimmt die Stromstärke. Je mehr Geräte an einer Leitung betrieben werden, um so größer ist die Stärke des in der Leitung fließenden Stromes. Die Stromstärke wird auch vergrößert, wenn Geräte oder Maschinen sehr viel Strom zu ihrem Betrieb benötigen.

Deshalb ist eine Leitung bei gleichzeitigem Betreiben von mehreren Elektrogeräten oftmals überlastet. Durch die großen fließenden Strommengen erwärmt sich die Zuleitung und führt eventuell zum Überhitzen der Leitungsdrähte, was häufige Brandursache in Gebäuden ist. Um eine Erwärmung der Zuleitung zu vermeiden, muß man das Kabel einer Kabeltrommel abwickeln, wenn Elektrogeräte in Betrieb genommen werden. Die Verwendung nicht abgewickelter Kabel führt ebenfalls zur Erwärmung der Zuleitungen.

Damit Überlastungen der Leitungen nicht auftreten, sind in den Stromkreis als schwächste Stelle **Sicherungen** eingebaut.

Bei Überlastung schmilzt der dünne Draht der Sicherung und schaltet dadurch den Stromfluß ab. Heute sind anstelle von Schmelzsicherungen Sicherungsautomaten eingesetzt.

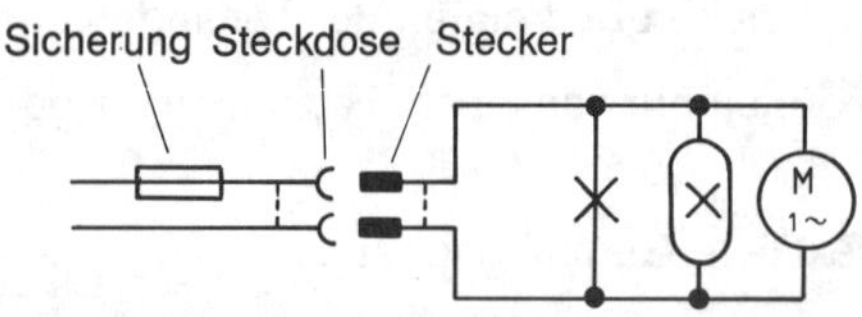

Die schwächste Stelle einer Leitung ist die Sicherung. Bei Überbelastung (viele Verbraucher) schmilzt sie.

Die Spannung (*U*)

Um den Strom in einer Leitung zum Fließen zu bringen, ist Spannung erforderlich. Die Spannung, durch einen Generator erzeugt, drückt den Strom durch die Leitungen zum Verbraucher, d. h. zur Steckdose oder zum Schalter.

Die Maßeinheit der elektrischen Spannung ist das Volt (V), benannt nach dem italienischen Physiker Volta.

Sobald ein Gerät eingeschaltet wird, fließt durch den Druck der Spannung Strom. Eine Steckdose z. B. steht immer unter Spannung, auch wenn kein Gerät angeschlossen ist und somit kein Strom fließt.
Die Spannung, die vom Elektrizitätswerk zu den Verbrauchern geliefert wird, ist meist 220 V, für stärkere Motoren 380 V.
Die verwendeten Geräte müssen für die jeweilig vorhandenen Spannungen gebaut sein.
Die höchstens zulässige Spannung ist auf dem Geräteschild angegeben.
Die Spannung läßt sich mittels eines Spannungsmessers (Voltmeter) messen. Spannungen über 50 V sind bereits gefährlich.

Der elektrische Widerstand (*R*)

Alle elektrischen Leiter und Energieverbraucher setzen dem Strom Widerstand entgegen.
Die Maßeinheit des elektrischen Widerstandes heißt Ohm (Ω), benannt nach dem deutschen Physiker Ohm.
Mit Hilfe der vom Elektrizitätswerk gelieferten Spannung und des Widerstandes eines Elektrogerätes läßt sich die Stromstärke, also die zum Gerät fließende Strommenge errechnen.

$$\text{Stromstärke } (I) = \frac{\text{Spannung } (U)}{\text{Widerstand } (R)};\; I = \frac{U}{R}$$

Beispiel:

$$\frac{220 \text{ V}}{0{,}8 \text{ Ohm}} = \underline{1{,}25 \text{ Ampère}}$$

Die elektrische Leistung (*P*)

Jedes Elektrogerät und jede elektrisch betriebene Maschine bringt eine bestimmte Leistung. Diese ist auf dem Typenschild des Gerätes angegeben.
Die Maßeinheit der elektrischen Leistung wird in Watt (W) oder Kilowatt (kW) gemessen (1 kW = 1000 Watt), benannt nach dem englischen Physiker James Watt.
Bei Geräten mit sehr hoher Leistungsaufnahme oder bei gleichzeitigem Betrieb vieler Geräte steigt die Stromstärke stark an.

Beispielrechnung:

Heizlüfter	2000 Watt
Schleifmaschine	1500 Watt
Kompressor	600 Watt
Bohrmaschine	400 Watt
Glühlampe	100 Watt
	4600 Watt

$$I = \frac{P}{U} = \frac{4600 \text{ W}}{220 \text{ V}} = \underline{20{,}9 \text{ Ampère}}$$

Leitungen für die Haushalte sind in der Regel mit 16 A (Ampère) gesichert. So ist verständlich, daß deshalb eine Überlastung der Leitungen entstehen kann und Sicherungen durchschmelzen.

Elektrische Arbeit (*W*)

Der vom Elektrizitätswerk gelieferte Strom leistet die Arbeit des Geräteantriebs. Der dafür notwendige Stromverbrauch wird mittels eines Kilowattstundenzählers festgestellt.
Das Maß der elektrischen Arbeit wird in Wh berechnet.
Der Verbrauch ergibt sich aus der Leistung (*P*) des Elektrogerätes in Watt oder Kilowatt mal der Betriebszeit (*t*).

Beispielrechnung:
Eine Schleifmaschine mit 1,5 kW Leistungsaufnahme ist 4 Stunden in Betrieb.
$W = P(\text{kW}) \cdot t\ (\text{Stunden}) = \underline{6\ \text{kWh}} = 1{,}5\ \text{kW} \cdot 4\ \text{Stunden}$

Die elektrische Arbeit entspricht also in diesem Beispiel 6 Kilowattstunden. Für jede kWh muß ein bestimmter Betrag an das Elektrizitätswerk bezahlt werden.

Stromarten

Nicht alle Geräte und Maschinen lassen sich mit der gleichen Stromart betreiben. Es gibt deshalb verschiedene Stromarten.

Der Gleichstrom

Gleichstrom fließt immer von Plus: + nach Minus: – .
Diese Stromart wird verwendet, um chemische Wirkungen zu erzielen: so zum Auftragen von Metallüberzügen auf andere Metalle, z. B. Verchromung, und für Gleichstrommotoren.

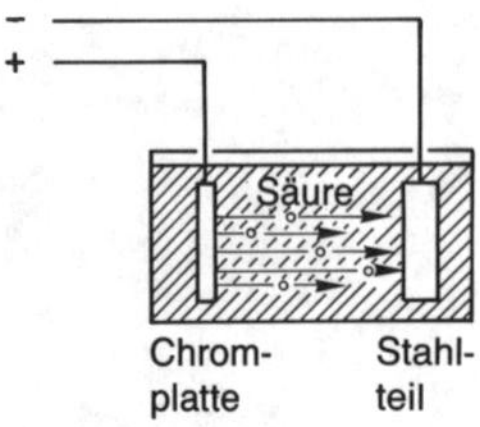

Galvanisches Bad (Verchromung)

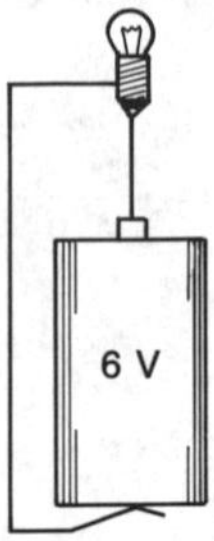

Batterien liefern nur Gleichstrom.

Der Drehstrom

Drehstrom ist eigentlich ein Wechselstrom, der für spezielle Drehstrommotoren verwendet wird, die besonders günstige Eigenschaften besitzen.

Der Wechselstrom

Der Wechselstrom wechselt seine Fließrichtung 100 mal in jeder Sekunde. Zwei Richtungswechsel = eine Periode, deshalb in einer Sekunde 50 Perioden.
Die Maßeinheit dieser periodischen Wechsel heißt *Hertz* (Hz), benannt nach dem deutschen Physiker Heinrich Hertz.
Heute wird vor allem Wechselstrom vom Elektrizitätswerk geliefert, weil er sich leicht und fast verlustlos auf höhere oder niedrigere Spannungen durch Transformatoren verändern läßt.

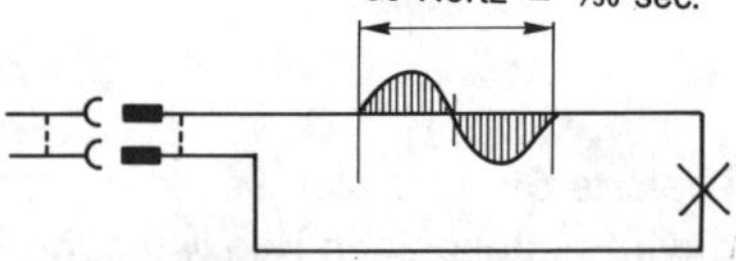

Darum sind die meisten Elektrogeräte und Maschinen für Wechselstrom gebaut. Allerdings gibt es auch Allstromgeräte, d. h. für Gleich- und Wechselstrom.

Die Typenschilder der Elektrogeräte und Maschinen zeigen durch Symbole an, für welche Stromart, für welche Leistung und für welche Spannung sie gebaut sind. Dazu sind oft weitere Angaben durch Symbole auf dem Typenschild vermerkt.

Symbole an elektrischen Geräten

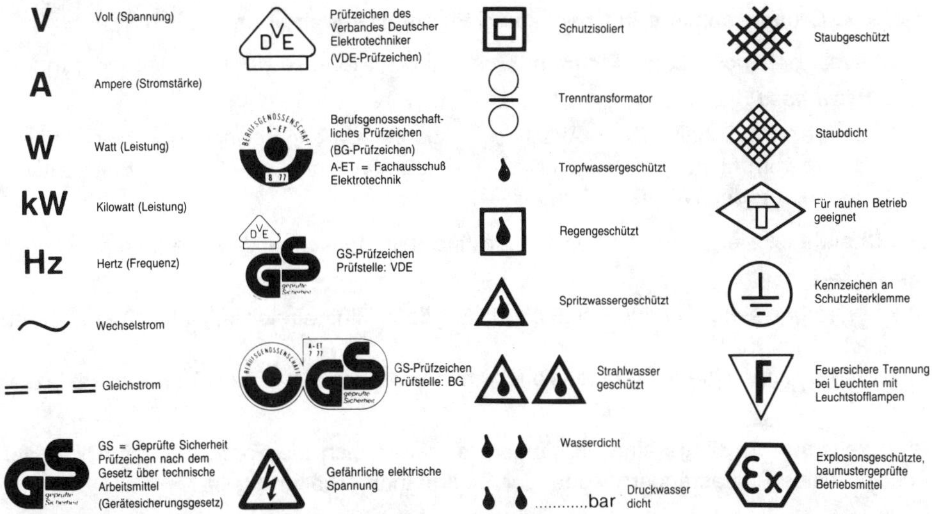

Aufgaben *zu „Grundbegriffe der Elektrotechnik“*

A 1. Durch welche Leitungen sind die Steckdosen mit dem Elektrizitätswerk verbunden?

A 2. Welche Farbe hat die Isolierung des Schutzleiters?

A 3. Wodurch wird der Stromfluß in einem Stromkreis geöffnet und geschlossen?

A 4. Welche Stoffe sind elektrische Leiter?

A 5. Warum müssen Steckverbindungen immer am Stecker und nicht an der Leitung aus der Steckdose gezogen werden?

A 6. Wer ist befugt, Freileitungen zu isolieren?

A 7. Bis zu welcher Stärke sind elektrische Spannungen ungefährlich?

A 8. Erkläre den Begriff „Stromstärke“.

A 9. Wodurch können Leitungen überlastet werden?

A 10. Warum muß bei der Verwendung von Kabeltrommeln das Kabel abgewickelt werden?

A 11. Welche Aufgabe haben Sicherungen?

A 12. Warum ist Spannung im Stromkreis erforderlich?

A 13. Wo läßt sich bei einem Elektrogerät die Leistung feststellen?

A 14. Warum können Sicherungen durchschmelzen?

A 15. Auf welche Weise läßt sich die elektrische Arbeit eines Gerätes errechnen?

A 16. Wozu wird Gleichstrom verwendet?

A 17. Warum wird vom Elektrizitätswerk vor allem Wechselstrom geliefert?

A 18. Erkläre folgende Symbole auf dem Typenschild eines Elektrogerätes:

a) Hz, **b)** ~, **c)** kWh, **d)** , **e)** 

14 Physikalische und chemische Grundlagen

Zum Verständnis der Werkstoffe und ihrer Verwendung auf den verschiedenen Untergründen sind Grundkenntnisse in Chemie und Physik (Naturlehre) unerläßlich.

Die **Physik** behandelt Lage, Form und Zustand der Stoffe sowie deren Veränderungen.

Teilgebiete der Physik:

Lehre vom Schall	= Akustik	Lehre von der Bewegung =	Mechanik
Lehre vom Licht	= Optik	Lehre von der	Elektrizität
Lehre von der Wärme	= Kalorik		

Die **Chemie** ist die Lehre von den Stoffen und den stofflichen Veränderungen.

Man unterscheidet:

a) die *anorganische Chemie* mit Stoffen aus dem Mineralreich (Metalle, Salze, Erden u. a.)
b) die *organische Chemie* (Kohlenstoffchemie) mit Stoffen aus dem Tier- und Pflanzenreich.

Physikalische Vorgänge sind Vorgänge, bei denen sich die Form, die Lage oder der Zustand eines Stoffes ändert, wobei der Stoff jedoch erhalten bleibt.

Beispiele:
Tapete zuschneiden, Lösemittel verdunstet, Anstrichstoffe mischen, Untergrund schleifen u. a.

Chemische Vorgänge sind Vorgänge, bei denen aus vorhandenen Stoffen neue Stoffe mit völlig neuen Eigenschaften entstehen.

Beispiele:
Eisen rostet, Ölfarbe ablaugen, Zweikomponenten-Lack erhärtet, Silikatfarbe verkieselt u. a.

Weitere Informationen: Kap. 2 „Untergründe“ und Kap. 8 „Prüf- und Meßverfahren“

• Physikalische Grundbegriffe

• Aggregatzustand (Zustandsform)

Es gibt feste, flüssige und gasförmige Stoffe. Der Aggregatzustand eines Stoffes hängt von der Anordnung seiner kleinsten Teilchen (Atome oder Moleküle) im Stoff sowie der im Stoff wirkenden Kraft (Kohäsion) ab. Diese ist bei Wärme geringer als bei Kälte. Ein Stoff dehnt sich daher bei Wärme aus und zieht sich bei Kälte zusammen.

Der Aggregatzustand kann durch Änderung der Temperatur verändert werden:

– **Schmelzen**

Wird einem festen Stoff genügend Wärme zugeführt, so schmilzt er bei einer bestimmten Temperatur (Schmelzpunkt) und wird flüssig.

Beispiele:
Eis schmilzt bei 273 Kelvin (0 Grad Celsius),
Blei schmilzt bei 600 Kelvin (327 Grad Celsius).

– **Verdampfen**

Wird ein flüssiger Stoff erhitzt, so siedet er bei einer bestimmten Temperatur (Siedepunkt), er verdampft.

Beispiele:
Wasser siedet bei 373 Kelvin (100 Grad Celsius).
Gold siedet bei 2973 Kelvin (2700 Grad Celsius).

- **Verdunsten**
  Auch ohne zu sieden, verwandeln sich Wasser oder Lösemittel in Dampf. Die an der Flüssigkeitsoberfläche stattfindende Dampfbildung nennt man Verdunstung.
  Die Verdunstung geht um so schneller vor sich, je größer die Verdunstungsfläche, je höher die Temperatur, je stärker der Luftzug ist.
- **Kondensieren**
  Wenn sich Gase abkühlen, werden sie bei einer bestimmten Temperatur (Kondensationspunkt) flüssig.

  Beispiele:
  Beschlagen von Fenstern im Winter. In Badezimmern und Küchen schlägt sich der Dampf auf undurchlässigen Untergründen als Wasser nieder.
- **Erstarren**
  Jede Flüssigkeit erstarrt bei einer bestimmten Temperatur (Erstarrungspunkt) und wird fest.

Hinweis Bau:
- Öle und Lacke werden durch Kälte dick-, durch Wärme dünnflüssig.
- Harze, Wachse und bestimmte Kunststoffe sind fest, werden bei Wärme flüssig, bei Abkühlung wieder fest.
- Dasselbe gilt auch für Metalle.

● Kohäsion (Zusammenhangskraft)

Das ist die Kraft, welche die Moleküle eines Stoffes zusammenhält. Sie ist bei festen Stoffen am größten, bei flüssigen reicht sie zur Tropfenbildung; gasförmige Stoffe haben keine Kohäsion.

Kohäsionsabhängige Eigenschaften fester Stoffe:

– Härte

Als Härte bezeichnet man den Widerstand, den ein Körper dem Eindringen eines anderen entgegensetzt.
Harte Stoffe sind z. B. Metalle, Beton, eingebrannte Lacke.
- Harte Lackfilme sind stoß- und kratzbeständig.
- Harte Bodenbeschichtungen sind abriebfest.
- Harte Untergründe erfordern mühsame Schleifarbeiten.

Unterschiedliche Härte hängt von der Molekülstruktur ab. Aus Kristallen aufgebaute Stoffe sind meist härter als solche ohne Kristalle.

– Sprödigkeit

Spröde Stoffe sind hart, aber leicht zerbrechlich.
Beispiele: Glas, Gußeisen, magere Anstrichfilme.

– Elastizität

Elastische Stoffe machen durch Druck- oder Zugkräfte Formveränderungen mit und kehren nach Aufhören der formverändernden Kraft wieder in die ursprüngliche Ausgangslage zurück.
Beispiele: Gummi, Kunstharze, fette Öl- und Lackfilme.

- Anstrichmaterialien müssen elastisch sein, um den Untergrundbewegungen folgen zu können.

– **Plastizität**

Plastische Stoffe lassen sich durch Drücken, Prägen, Pressen oder Ziehen in eine andere Form bringen (verformen), ohne zu reißen oder zu brechen.

Beispiele:

- Kunststoffe,
- Kitte, Dichtmassen, Fugenvergußmassen,
- Plastische Beschichtungen (Rollputz, Strukturputz)

● Adhäsion (Anhangskraft)

Das ist die Kraft, welche verschiedene Stoffe aneinander haften läßt. Bindemittel müssen eine große Adhäsion haben, sonst haften die Anstriche nicht am Untergrund.
Kleben, Leimen, Streichen, Spachteln, Spritzen beruhen auf Adhäsion.

● Dichte (früher „spezifisches Gewicht" genannt)

Die Dichte eines Stoffes ist das Verhältnis aus der Masse (Kilogramm) und dem Volumen (in Liter). Die Dichte gibt an, wieviel mal leichter oder schwerer ein Stoff ist als die gleiche Menge Wasser. (Gleiche Mengen verschiedener Stoffe haben verschiedenes Gewicht.)

$$\text{Dichte} = \frac{\text{Masse}}{\text{Volumen}} = \frac{m}{V} = \left[\frac{1\ \text{kg}}{1\ \text{dm}^3}\right] \text{ oder } \left[\frac{1\ \text{g}}{1\ \text{cm}^3}\right]$$

● Porosität

Poren sind kleine luftgefüllte Hohlräume in festen Stoffen. Sie können sich nach Entweichen der Luft mit Flüssigkeit vollsaugen (Putz, Holz usw.).
Der Maler schließt die Poren mit einem Grundanstrichstoff.

● Kapillarität (Haarröhrchenkraft)

In Stoffen mit sehr engen Poren (sog. Kapillaren) saugt sich Flüssigkeit hoch.

Beispiele:

- Schwamm, Löschpapier, Pinsel.
- Holz, Putze, Beton, Natursteine.
- In porösem Mauerwerk steigt das Grundwasser in die Höhe. Daher ist die Abdichtung des Fundamentes mit Isolierpappe notwendig.
- Ein Anstrichuntergrund, der Kapillaren aufweist, begünstigt das tiefe Eindringen von Imprägnier- und Anstrichstoffen aller Art und bewirkt eine gute Verankerung des Anstrichs.
- Grundanstrichstoffe (Tiefgründe) machen den Untergrund gleichmäßig saugfähig, um fleckiges Auftrocknen der Anstriche zu verhindern.

● Benetzbarkeit

Das ist die Eigenschaft fester Stoffe, Flüssigkeiten anzunehmen. Manche Pigmente, wie z. B. Signalrot und Ruß, lassen sich in Bindemitteln nur anrühren, wenn man etwas „Netzmittel" dazugibt.
Ursache ist die große Oberflächenspannung bestimmter Flüssigkeiten, die sich nachteilig auf die Benetzung auswirkt.

Beispiele:

- Wasser perlt auf eingefettetem Untergrund.
- Ein Anstrichstoff perlt auf silikonhaltigem und deshalb schlecht benetzbarem Untergrund.

Mit Netzmitteln (Alkohol, Seife, Haushaltswaschmittel u. a.) setzt man die Oberflächenspannung herab.

Beispiel:

- Zum schnelleren Einweichen von Alttapeten vor dem Ablösen nimmt man mit Netzmittel entspanntes Wasser.

Eigenschaften flüssiger Stoffe

– Viskosität

ist das Fließvermögen von Flüssigkeiten bzw. Anstrichstoffen.
Man unterscheidet:
a) niedrigviskose Stoffe (Wasser, Lösemittel, Grundanstrichstoffe)
b) mittelviskose Stoffe (Lacke, Dispersionsfarben, Leim, Öle)
c) hochviskose Stoffe (Kleister, Kleber, Spachtelmassen)
Mit Viskositätsmeßgeräten (DIN-Becher, Viskospatel, Tauchauslaufbecher, Viscosimeter) kann man die Viskosität der Anstrichstoffe messen.

– Thixotropie

ist eine vorübergehende Eindickung von Anstrichstoffen, die bei Bewegung (streichen, walzen, spritzen u. a.) wieder verschwindet.
Thixotrope Anstrichstoffe
- sind tropffrei,
- bilden keinen Bodensatz,
- laufen an senkrechten Flächen auch bei hoher Schichtdicke nicht ab.

Einsatzgebiet: Thixotrope Korrosionsschutzanstrichstoffe zur Erreichung hoher Schichtstärken.

Eigenschaften gasförmiger Stoffe

– Diffusion

Unter Diffusion versteht man die Eigenschaft von Gasen, Konzentrationsunterschiede durch stetige Vermischungsvorgänge ohne äußere Krafteinwirkung auszugleichen.
Je stärker der Druck- oder Konzentrationsunterschied zwischen den Gasen ist, desto stärker ist die Diffusion.
Die Diffusion hängt von der Porosität der Stoffe sowie Anzahl und Dicke der Anstrichschichten ab.
Jeder Stoff hat einen mehr oder weniger großen „Diffusionswiderstand“ (z. B. bei Silikatfarbe gering, bei Lackfarben hoch).
Die *erwünschte Diffusion* ermöglicht den Gasdurchgang durch die Wände und schafft dadurch ein günstiges Raumklima:
- verbrauchte CO^2-haltige Luft nach außen,
- sauerstoffhaltige Luft nach innen,
- Feuchtigkeit nach außen.

Unerwünschte Diffusion führt
- zur Korrosion, wenn Feuchtigkeit und Sauerstoff durch Metallanstriche hindurchdiffundieren,
- zur Fäulnis bei Holzuntergründen.

– Osmose

nennt man das einseitige Durchdringen von halbdurchlässigen Schichten. Besitzt eine Schicht (z. B. Lackfilm) nur winzige Poren, können nur Stoffe (z. B. Wasserdampf) hindurchdiffundieren, deren Teilchen kleiner sind als die Poren. Dieser Vorgang
- findet im Gegensatz zur Diffusion nur in einer Richtung statt.
- führt bei Salzrückständen auf Untergründen zu Wasserblasen,
- führt neben den Blasen zur Korrosion.

Diese Schäden sind auf mineralischen Untergründen und auf Holz möglich.

● Aus der Kalorik

– Wärme

ist eine Energieform. Je heftiger die Teilchenbewegung von Atomen oder Molekülen im Stoff erfolgt, desto stärker erwärmt sich der Stoff.
Bei Erhöhung der Wärmeenergie (Erhitzen) dehnen sich die Stoffe aus, bei Verminderung der Wärmeenergie (Abkühlen) ziehen sie sich zusammen.
Natürliche Wärme: Sonne, Erdwärme u. a.
Künstliche Wärme: durch Reibung, chemische Reaktionen, Verbrennung, Elektrizität, Kernspaltung u. a.

Hinweis: Wärme bestimmt die Viskosität und die Trocknung von Anstrichstoffen.

– Temperatur

ist der augenblickliche Wärmezustand eines Stoffes, welchen wir mit einem Thermometer messen können.
Je nach Temperaturstufe sind verschiedene Thermometer gebräuchlich: Quecksilberthermometer, Alkoholthermometer, Bimetallthermometer, Elektrothermometer u. a.

Maßeinheiten für die Temperaturbestimmung:

- **Kelvin (K)**
  Die Maßskala geht vom absoluten Nullpunkt aus, welcher bei –273,16 Grad Celsius liegt.
- **Grad Celsius**
  Die Maßskala bezieht sich auf verschiedene Temperaturstufen (z. B. bei Eiswasser 0 Grad Celsius und bei siedendem Waser 100 Grad Celsius).

Umrechnungsbeispiele:

20 Grad Celsius entsprechen 293 Kelvin,
100 Grad Celsius entsprechen 373 Kelvin,
-50 Grad Celsius entsprechen 223 Kelvin.

– Stoffausdehnung

Bei Wärmezufuhr dehnen sich die Stoffe nach allen Richtungen aus, bei Temperaturabnahme ziehen sie sich wieder zusammen. Die Längenausdehnung ist proportional der Temperaturänderung.
Die Ausdehnung ist je nach Stoff verschieden. Man spricht vom „Längenausdehnungskoeffizient" eines Stoffes. Er ist die Stoffkonstante, die angibt, um wieviel sich ein Stoff bei einer Temperaturerhöhung um 1 Kelvin ausdehnt.

Beispiele:

Zink und Aluminium dehnen sich stärker aus als z. B. Beton oder Quarz.

Hinweis Bau:

- Zink ist wegen seiner großen Ausdehnung ein schwieriger Anstrichuntergrund.
- Aufheizung durch dunkelgetönte Anstriche.

– Wärmeübertragung

Wärme ist Energie. Sie wird übertragen durch

- **Wärmeströmung**
  Mitführen von Wärme durch strömende Flüssigkeiten und Gase.
  Beispiele:
  Heißluftschweißgerät, Heißluftabbrenngerät.

– **Wärmestrahlung**
durch Abstrahlen von Wärmeenergie.

Beispiele:
Strahlungstrockenofen, Infrarottrockner, Wärmereflexionstapeten.

– **Wärmeleitung**
durch Ausbreiten von Wärmeenergie innerhalb eines Stoffes.
Wir unterscheiden
gute Wärmeleiter: Metalle (Lötkolben, Herdplatte),
schlechte Wärmeleiter: Luft, Baustoffe, Kunststoffe, Textilien.

– **Wärmedämmung**

Gute Wärmedämmung wird durch schlechte Wärmeleiter erzielt.

– **Wärmeleitzahl**
Sie ist die Grundlage jeder Wärmedämmberechnung der verschiedenen Materialien.
Sie ist eine Stoffkonstante, die angibt
– wieviel Watt
– pro Quadratmeter Fläche
– bei 1 Meter Schichtdicke des Baustoffes
– bei 1 Kelvin Temperaturunterschied der beiden Oberflächen
hindurchfließen.
Die Wärmeleitzahl ist für die gängigen Baustoffe in der DIN 4108 festgelegt oder kann nach DIN 52 612 ermittelt werden.
Merke: Je kleiner die Wärmeleitzahl eines Stoffes, desto besser seine Wärmedämmung.

– **Wärmedämmwert**
auch Wärmedurchlaßwiderstand genannt, wird aus der Dicke des verwendeten Baustoffes und seiner Wärmeleitzahl errechnet.
Er gibt den Widerstand der Schicht (des Werk- oder Baustoffes) gegen das Durchströmen von Wärme an. Bei mehreren Schichten addieren sich diese.
Wärmedämmwerte sind in der DIN 4108 festgelegt.

– **Wärmedämmstoffe**
– Styropor-Hartschaumplatten,
– Steinwolle-Glaswolle-Isoliermatten,
– Wärmedämmputze,
– Textile Wand- und Fußbodenbeläge,
– Kork-, Filzmatten.

● Aus der Akustik

– **Schall**

ist eine Energieform. Er entsteht durch wellenförmige Schwingungen, die sich in gasförmigen, flüssigen und festen Stoffen ausbreiten, insbesondere im Frequenzbereich des menschlichen Hörens von etwa 16 Hz bis 20 000 Hz.
Frequenz ist die Anzahl der Schwingungen je Sekunde.
Hertz ist die Einheit der Frequenz. Eine Schwingung pro Sekunde ist 1 Hertz.
Die Tonhöhe, die von den Schwingungen ausgeht, hängt ab von der Zahl der Schwingungen in einer Sekunde: Je höher der Ton, desto mehr Schwingungen.
Man unterscheidet verschiedene Schallarten:
– **Hörschall:** Schall im Frequenzbereich des menschlichen Hörens.
– **Infraschall:** Schall, dessen Frequenz unter 16 Hz liegt.
– **Ultraschall:** Schall, dessen Frequenz über 20 000 Hz liegt.

– Schallausbreitung

Schallwellen breiten sich mit großer Geschwindigkeit aus. Die Fortpflanzungsgeschwindigkeit ist in den verschiedenen Stoffen unterschiedlich und hängt auch von ihrer Temperatur ab.

Beispiele für Schallgeschwindigkeiten:

Gummi	40 m/sec	Luft	340 m/sec	Holz	ca. 3500 m/sec	Beton	4000 m/sec
Weich PVC	180 m/sec	Wasser	1450 m/sec	Ziegelstein	3600 m/sec	Stahl	5000 m/sec

Stoffe mit dichter, glatter Oberfläche führen zur Schallreflexion, was einen großen Nachhall zur Folge hat.
Poröse Oberflächen absorbieren (verschlucken) Schallenergie und wandeln sie in Wärme um.

Man unterscheidet:
- **Luftschall:** Die Schallausbreitung erfolgt über die Luft.
- **Körperschall** breitet sich in festen Stoffen aus.
- **Trittschall:** Schall, der beim Begehen und bei ähnlicher Anregung einer Decke als Körperschall entsteht und teilweise als Luftschall abgestrahlt wird.

– Schalldämmung

Schalldämmung ist notwendig, wenn ein Bauwerk nicht genügend schallgeschützt ist. Wenn die Umfassungswände zu leicht gebaut sind, lassen sich innen wie außen schalldämmende Maßnahmen durchführen.

Außen: Mineralwollematten, Polystyrol-Hartschaumplatten u. a.

Innen: Schalldämmplatten für Decken und Wände aus Polystyrol-Hartschaumplatten oder aus Mineralfasern, Lochplatten, Weichschaum-Strukturtapeten, Luftpolster-Untertapeten u. a.

● Aus der Optik

– Licht

Licht ist elektromagnetische Strahlung, die sich in Wellenbewegung, auch Schwingung genannt, mit einer Geschwindigkeit von etwa 300 000 km/sec im Raum ausbreitet.
Der Wellenbereich zwischen 380 und 780 nm (Nanometer = 1/1 000 000 mm) ist uns als „Licht" sichtbar.
Die Sonne, Glühlampen, brennende Gegenstände, Leuchtstoffröhren strahlen Licht aus. Das Sonnenlicht und einige künstliche Lichtquellen senden auch noch Strahlungen aus, die das menschliche Auge nicht sehen kann, weil sie andere Wellenlängen haben als das für uns sichtbare Licht (Röntgenstrahlen, UV-, IR-, Radar- und Rundfunkstrahlen).

- **UV-Licht (UV-Strahlen)**

  kurzwellige ultraviolette Strahlung unter 380 nm.
  - wirkt zerstörend: Sonnenbrand, Werkstoffveränderung, Farbtonveränderung, Versprödung von Bindemitteln.

- **IR-Licht** (Infrarot-Strahlen)

  langwellige Wärmestrahlung jenseits des uns noch sichtbaren Rotbereichs (über 780 nm).
  - führt zu Aufheizungen, Wasserdampfdruck unter Anstrichfilmen, Erweichung von Harzen und Wachsen.

– Lichtbrechung (Refraktion)

Wenn ein Lichtstrahl schräg auf einen durchsichtigen Stoff trifft, wird er in seiner Richtung abgelenkt, er wird gebrochen.
Die Brechkraft der einzelnen Stoffe ist unterschiedlich und wird als „Brechungszahl" angegeben.

Beispiele:

Luft	(1,00)	Leinöl	(1,5)	Titandioxid	(2,7)
Wasser	(1,33)	Zinksulfid	(2,37)	Kreide	(1,54)

Hinweis: Je größer die Brechungszahldifferenz zwischen Bindemittel und Pigment, um so besser deckt der Anstrichstoff.

Beispiele:

Kreide in Leim (Leimfarbe)	deckt gut,
Kreide in Leinöl	deckt schlecht,
Titandioxid in Leinöl	deckt sehr gut.

– Spektralfarben

Läßt man Sonnenlicht durch ein Glasprisma fallen, so wird es in die Spektralfarben zerlegt.
Im Sonnenlicht sind somit die Spektralfarben Rot, Orange, Gelb, Grün, Blau, Violett enthalten.
Das Farbband der Spektralfarben wird als Spektrum bezeichnet.
Werden alle Farben des Spektrums durch eine Sammellinse wieder zusammengeführt, so erhält man wieder weißes Licht.

– Reflexion

Fällt Licht auf eine glatte, ebene Fläche, so wird es im gleichen Winkel zurückgestrahlt. Diesen Vorgang nennt man Reflexion.

Gerichtete Reflexion
Treffen parallele Lichtstrahlen auf eine ebene, polierte Fläche, so werden sie parallel zurückgeworfen. Bei einer gerichteten Reflexion erscheint die Oberfläche glänzend.

Diffuse Reflexion
Treffen Lichtstrahlen auf eine rauhe, unebene Fläche, so wird jeder Lichtstrahl in eine andere Richtung reflektiert. Das Licht wird nicht parallel, sondern diffus reflektiert; die Oberfläche erscheint matt.

Hinweis Bau: **Glanzerhöhung** durch feinstes Schleifen und anschließendes Aufpolieren oder mit Klarlackierung
Glanzverminderung durch Schleifen, durch Aufrauhen der Oberfläche

– Absorption

Absorbieren heißt Verschlucken oder Aufnehmen. Bestimmte Stoffe haben die Eigenschaft, die auf sie auftreffenden Lichtstrahlen zu verschlucken und die durch sie hindurchgehenden Strahlen abzuschwächen.
Absorbiert ein Stoff alles auffallende Licht, hat er ein schwarzes Aussehen.

– Farbigkeit

Bestimmte Stoffe haben die Eigenschaft, die auf sie einfallenden Lichtstrahlen zu verschlucken (absorbieren) oder sie ganz oder teilweise zu reflektieren.

– Weiße Stoffe reflektieren alle Lichtstrahlen.
– Schwarze Stoffe absorbieren alle Lichtstrahlen.
– Farbige Stoffe reflektieren die Farbstrahlen, welche wir dann als Farbe warhnehmen.

Beispiel:

Von einem roten Stoff wird die rote Spektralfarbe reflektiert, die anderen Spektralfarben werden absorbiert.

– Farbmischung

– **Additive Farbmischung** ist gegeben, wenn sich die Spektralfarben wieder zu Weiß zusammenfügen.
  Die Ausgangsfarben sind Grün, Orangerot und Violettblau.
  Werden die drei Lichtfarben übereinandergelagert, ergeben sie Weiß.
  Überlagern sich nur zwei dieser Ausgangsfarben, so entstehen aus
  Orangerot und Violettblau = Magentarot,
  Grün und Violettblau = Cyanblau,
  Orangerot und Grün = Gelb.
  Diese durch Lichtmischung entstandenen Farben sind zugleich die Primärfarben der subtraktiven Farbmischung.
  Hinweis: In der Malerpraxis hat die additive Farbmischung keine Bedeutung.

– **Subtraktive Farbmischung** findet dann statt, wenn durch Mischen farbiger Medien (z. B. farbiger Anstrichstoffe) spektrale Bestandteile entzogen (subtrahiert) werden. Bei jedem Mischvorgang wird zunehmend Licht absorbiert.
  Jede Mischung von farbigen Anstrichstoffen ist eine subtraktive Farbmischung.
  Beispiele:
  Blau und Gelb ergibt Grün,
  Rot und Gelb ergibt Orange,
  Blau und Rot ergibt Violett.
  Mischt man alle Farben in bestimmten Mengen zusammen, erhält man „Schwarz“, in der Regel ein dunkles Grau.

● Aus der Elektrizität

– Statische Elektrizität

Statische Elektrizität entsteht meist durch Reiben bestimmter Stoffe (z. B. Kunststoffe). Es entstehen negative (-) oder positive (+) Elektrizitäten, welche auf der Oberfläche von Stoffen oder Körpern ruhen.
Gleichnamige Elektrizitäten stoßen sich ab,
Ungleichnamige Elektrizitäten ziehen sich an.
Statische Elektrizität läßt sich auf andere Stoffe übertragen. Gleiche Mengen positiver und negativer Elektrizität gleichen sich bei Annäherung durch einen kurzzeitigen Funken aus und heben sich in ihrer Wirkung auf; sie entladen sich.
Mit einem Elektroskop oder einem Elektrometer kann man die Menge der statischen Elektrizität messen.
Das Anziehen ungleichnamiger Elektrizitäten wird in unserem Beruf vielfältig ausgenützt:
– Elektrostatisches Beflocken,
– Pulverlackierung, Elektrostatisches Spritzen,
– Elektrotauchlackierung,
– Verwendung antistatischer Mittel bei Staubanhaftung auf Kunststoffuntergründen.

– Elektrischer Strom

Elektrischer Strom ist fließende Elektrizität, welche sich in bestimmten Stoffen gut, in anderen Stoffen nicht oder schlecht fortbewegt.
Wir unterscheiden elektrische Leiter und Nichtleiter (Isolatoren).
Leiter: Silber, Kupfer, Aluminium, Kohle, Erde, Salzlösungen.
Nichtleiter: Glas, Porzellan, Kunststoff, Öl, Anstriche.

Chemische Grundbegriffe

Für die chemische Beschaffenheit eines Stoffes sind zwei Merkmale bestimmend:
a) seine Zusammensetzung und
b) sein Verhalten gegenüber anderen Stoffen.

Die Stoffe unserer Natur kommen als Reinstoffe oder in Stoffgemengen vor.

Reinstoffe

Reinstoffe sind Stoffe, die bei fortschreitender Zerteilung in immer kleinere Teilchen immer wieder die gleichen Eigenschaften aufweisen.

Beispiele:

Eisen, Wasser, Gold, Kohle, Salze u. a.

Reinstoffe kommen als chemische **Grundstoffe** (Elemente) und als chemische **Verbindungen** vor.

Stoffgemenge

(Mischungen, Gemische) bestehen aus zwei oder mehreren Reinstoffen. In jedem Stoffgemenge bleiben die charakteristischen Eigenschaften der Reinstoffe, aus denen es sich zusammensetzt, erhalten.

Wir unterscheiden:
a) homogene (einheitliche) Gemenge: Lösungen, Legierungen.
b) heterogene (uneinheitliche) Gemenge: Anstrichstoffe, Dispersionen, Spachtelmassen.

Jedes Stoffgemenge läßt sich durch physikalische Trennverfahren wieder in seine Reinstoffe zerlegen, d. h. durch Auslesen, Auflösen, Sieben, Destillieren, Schlämmen, Windsichten u. a.

Chemische Grundstoffe

(Elemente) sind Reinstoffe, die nicht in einfachere Stoffe zerlegbar sind. Bis heute sind 104 chemische Grundstoffe bekannt: 92 davon kommen natürlich vor.

Chemische Grundstoffe werden in Metalle und Nichtmetalle eingeteilt.

– **Metalle**
  a) *Leichtmetalle:* Aluminium, Barium, Magnesium, Natrium u. a.
  b) *Schwermetalle:* Gold, Silber, Eisen, Blei, Kupfer, Zink u. a.

– **Nichtmetalle**
  Schwefel, Phosphor, Kohlenstoff, Silizium, Sauerstoff, Wasserstoff, Stickstoff, Chlor, Fluor u. a.

Alle chemischen Grundstoffe sind aufgebaut aus Atomen. Ein Atom ist somit der kleinste Teil eines chemischen Grundstoffes.

Chemische Bezeichnung

Alle chemischen Grundstoffe werden mit den Anfangsbuchstaben ihrer lateinischen oder griechischen Namen bezeichnet. Wichtig für den Maler sind:

– **Metalle**

Aluminium = **AL** / Barium = **Ba** / Blei = **Pb** (Plumbum) / Chrom = **Cr** / Eisen = **Fe** (Ferrum) / Gold = **Au** (Aurum) / Kalium = **K** / Calzium = **Ca** / Kadmium = **Cd** / Cobalt = **Co** / Kupfer = **Cu** (Cuprum) / Mangan = **Mn** / Magnesium = **Mg** / Natrium = **Na** / Silber = **Ag** (Argentum) / Titan = **Ti** / Zink = **Zn** / Zinn = **Sn** (Stannum) ...

– **Nichtmetalle**

Chlor = **Cl** / Fluor = **F** / Kohlenstoff = **C** (Carboneum) / Sauerstoff = **O** (Oxygenium) / Schwefel = **S** (Sulfur) / Silizium = **Si** / Stickstoff = **N** (Nitrogenium) / Wasserstoff = **H** (Hydrogenium) ...

– Atom

Das Atom ist der kleinste Teil eines chemischen Grundstoffes. Jedes Atom besteht aus einem Atomkern und einer Atomhülle.
Im Atomkern befinden sich elektrisch positiv geladene „Protonen“ und elektrisch neutrale „Neutronen“.
In der Atomhülle umkreisen elektrisch negativ geladene „Elektronen“ den Atomkern. Gleiche Anzahl von Protonen und Elektronen ergeben ein elektrisch neutrales Atom.

– Ionen

Ionen sind elektrisch geladene Atome.
- Anionen sind (durch Elektronenüberschuß) negativ geladene Ionen. Im elektrischen Kraftfeld wandern sie zur positiv geladenen Anode.
- Kationen sind (durch Elektronenmangel) positiv geladene Ionen. Sie wandern im elektrischen Kraftfeld zur negativ geladenen Katode.

Anwendung Bau: Elektrostatisches Spritzen, Elektrophorese.

Chemische Verbindungen

Sie sind Verbindungen verschiedener Stoffe zu neuen Stoffen mit neuen Eigenschaften. Sie bestehen aus zwei oder mehreren Grundstoffen. Eine chemische Verbindung läßt sich nur mit chemischen Mitteln wieder in die einzelnen Ausgangsstoffe trennen.
Beispiel:
Wasser H_2O ist eine Verbindung von 2 Atomen Wasserstoff und 1 Atom Sauerstoff (beides Gase).

– Molekül

Ein Molekül ist der kleinste Teil einer chemischen Verbindung. Zwei oder mehr Atome desselben Grundstoffes oder verschiedener Grundstoffe zusammen bilden ein Molekül.
Beispiel:
2 Atome Wasserstoff und 1 Atom Sauerstoff ergeben zusammen 1 Molekül Wasser.

– Makromolekül

Makromoleküle sind Riesenmoleküle. Sie enthalten mindestens 1000 oder mehr Atome, diese können kettenförmig oder verzweigt aneinandergeordnet sein. Die Bildung der Makromoleküle erfolgt über die chemischen Prozesse der **Polymerisation, Polykondensation** und **Polyaddition.**
Sämtliche Kunstharze und Kunststoffe bestehen aus Makromolekülen.

Synthese

Die Synthese ist das künstliche Herstellen einer chemischen Verbindung.

Analyse

Eine Analyse ist die Zerlegung von chemischen Verbindungen in ihre Bestandteile.
Qualitative Analyse ist die Prüfung der Art der Stoffe, die in chemischen Verbindungen enthalten sind. Hierbei stellt man fest, welche Grundstoffe oder Verbindungen in dem zu prüfenden Stoff sind.
Quantitative Analyse ist die Prüfung der Mengen der einzelnen Stoffe, die in chemischen Verbindungen enthalten sind. Hierbei stellt man fest, wie groß der Anteil der gefundenen Grundstoffe oder Verbindungen ist.

Anorganische Stoffe

Sie stammen aus dem „leblosen“ Bereich der Natur, aus dem Bereich der Mineralien (Erden, Steine, Salze, Metalle).
Hinweis Bau: Zu den anorganischen Stoffen gehören
- viele Pigmente, wie Ocker, Kreide, Bleiweiß, Zinkgelb u. a.
- Bindemittel, wie Kalk, Zement, Wasserglas.
- Anstrichuntergründe, wie Metalle, Glas, Putze, Steine, Beton.
- Hilfsstoffe, wie Stahlwolle, Bleifolie, Säuren, Laugen.

Organische Stoffe

Sie stammen aus der „lebenden“ Natur, aus dem Tier- und Pflanzenreich. Organische Stoffe enthalten alle Kohlenstoff, welcher bei einer Verbrennung sichtbar wird.
Hinweis Bau: Zu den organischen Stoffen gehören
- viele Bindemittel, wie Leime, Öle, Lacke, Klebstoffe.
- alle Lösemittel, außer Wasser.
- viele Anstrichuntergründe, wie Holz, Kunststoffe, Pappe, Gewebe.

Makromolekulare Stoffe

Sie sind Stoffe, die aus Riesenmolekülen aufgebaut sind.
Dazu gehören vor allem die Kunststoffe. Je nach Art der Anordnung der Grundbausteine im Makromolekül (ihre Struktur) unterscheidet man
- kettenförmige Makromoleküle (Thermoplaste)
- dreidimensional vernetzte Makromoleküle (Duroplaste).

Ebenfalls zu den makromolekularen Stoffen gehören die synthetischen Fasern, die Klebstoffe und eine Reihe von Lacken.

Laugen (Basen)

Herstellung:

Laugen sind chemische Verbindungen von Alkalimetallen mit Wasser. Alkalimetalle (Alkalien) sind u. a. die Leichtmetalle Natrium (Na), Kalium (K), Calcium (Ca), sie sind schneidbar, silberglänzend, verbinden sich unter Aufbrausen mit Wasser.
Natrium und Wasser ergibt Natronlauge,
Kalium und Wasser ergibt Kalilauge,
Calcium und Wasser ergibt Calciumlauge („Kalkwasser“)
Ausnahme: „Salmiakgeist“ ist eine Verbindung von Ammoniakgas und Wasser.

Eigenschaften:

- Laugen ätzen, d. h. sie zerstören vor allem organische Stoffe wie Haut, Haare, Pinsel ... (Vorsicht!), auch bestimmte Leichtmetalle wie z. B. Aluminium,
- Laugen verseifen Öle und Fette, machen diese wasserlöslich,
- färben rotes Lackmuspapier blau und farbloses Phenolphthalein leuchtend rot,
- bilden mit Säuren Salze und Seifen,
- Calciumlauge ist die Ursache der Alkalität von Kalk- und Zementuntergründen.

Verwendung:

- zum An- und Ablaugen ölhaltiger Anstrichschichten

Vorzugsweise wird im Malerhandwerk Ammoniaklösung (Salmiakgeist) verwendet; diese hat gegenüber den anderen Laugen den Vorteil, daß keine ätzenden und verseifenden Rückstände auf oder in der abgelaugten Fläche zurückbleiben.

• Säuren

Herstellung:

Säuren sind chemische Verbindungen von Nichtmetallen mit Wasserstoff, oft auch mit Sauerstoff.

Es gibt organische und anorganische Säuren, letztere sind stärker.

Anorganische Säuren:

Salzsäure, Schwefelsäure, Salpetersäure, Phosphorsäure, Kieselsäure, Flußsäure, Kieselflußsäure (Fluate).

Organische (kohlenstoffhaltige) Säuren:

Essigsäure, Ölsäure, Linolsäure, Linolensäure, Oxalsäure, Benzoesäure, Phthalsäure.

Eigenschaften:

- Säuren sind giftig und wirken ätzend auf organische und anorganische Stoffe (Vorsicht!).
- lösen Metalle und Metalloxide auf,
- neutralisieren Laugen, machen diese wirkungslos,
- färben blaues Lackmuspapier rot, rotes Phenolphthalein wird farblos.

Verwendung:

- Salzsäure zum Aufrauhen von glatten Metalluntergründen,
- zum Entrosten von Eisenteilen (nur fabrikmäßig),
- Phosphorsäure zum Phosphatieren von Eisenuntergründen, wandelt Rost in unlösliche Verbindungen um. Geringe Mengen scheiden sich auf der Oberfläche als schwarze Schutzschicht (Eisenphosphatschicht) aus, die gleichzeitig einen guten Haftgrund für nachfolgende Anstriche darstellt (Rostumwandler).
- Fluat zum Neutralisieren alkalischer Untergründe, wenn mit verseifbaren Anstrichstoffen gearbeitet werden muß.
- Säuren sind Bindemittelbestandteile,
- wirken als „Härter“ in bestimmten Beschichtungsstoffen.

Vorsicht! Säuren sind gefährlich. Beim Verdünnen von Säuren: zuerst das Wasser, dann die Säure..., Schutzmaßnahmen beachten!

pH-Wert

Der pH-Wert (potential Hydrogenium) gibt die Wasserstoffionenkonzentration einer Lösung an. Man bestimmt damit den sauren oder alkalischen Charakter einer Lösung.

Merke: pH-Wert **0– 3** ist stark sauer,
pH-Wert **4– 6** ist schwach sauer,
pH-Wert **7** ist neutral (weder sauer noch alkalisch),
pH-Wert **8–10** ist schwach alkalisch,
pH-Wert **12–14** ist stark alkalisch.

Genaue pH-Werte lassen sich mit einem pH-Meter oder am Bau mit Universal-Indikator-Papier ermitteln.

● Neutralisation

Bringt man Laugen und Säuren zusammen, so verlieren beide ihre Wirkung. Gleichzeitig entstehen Salz und Wasser.

Anwendung:

- Abgelaugtes Holz wird mit verdünnter Säure überstrichen und mit Wasser nachgewaschen. Die Säure neutralisiert die noch vorhandenen Laugenreste.
- Alkalische Untergründe (Kalk- und Zementputze, Beton u. a.) neutralisiert man mit Säure (Fluat), bevor man diese mit verseifbaren Anstrichstoffen streichen muß.

● Salze

Salze sind Verbindungen von Metallen mit Säuren.

Entstehung:

a) Durch Auflösen von Metallen in Säuren (es entweicht Wasserstoff)
b) Durch Neutralisation von Laugen und Säuren. Dabei entstehen Salze. Wenn sie wasserlöslich sind, bleiben sie in Lösung. Sind sie wasserunlöslich, so setzen sie sich als feste Stoffe ab. Der Vorgang wird „Fällung“ genannt.
c) Durch Fällung aus Lösungen verschiedener Salze.

Die Salze werden nach den Säuren benannt.

Beispiele:

Kohlensäure	bildet kohlensaure	Salze	= Karbonate,
Schwefelsäure	bildet schwefelsaure	Salze	= Sulfate,
Salpetersäure	bildet salpetersaure	Salze	= Nitrate,
Salzsäure	bildet salzsaure	Salze	= Chloride,
Kieselsäure	bildet kieselsaure	Salze	= Silikate,
Essigsäure	bildet essigsaure	Salze	= Azetate.

Für den Maler wichtige Salze, die meist als Füllstoffe (Extender) in den Anstrichstoffen und Spachtelmassen ihre Verwendung finden:

Bariumsulfat (Schwerspat), Calciumsulfat (Leichtspat), Calciumcarbonat (Kreide und Kalkspat), Calcium-Magnesiumcarbonat (Dolomit), Magnesiumsilikat (Talkum und Asbest), Aluminiumsilikat (Tonerde, Kaolin) u. a.

Hinweis Bau:

- Schädliche Salzausblühungen im Mauerwerk oder in Putzen.
- Salze sind z. T. stark hygroskopisch, d. h. sie ziehen Wasser an und bewirken die allmähliche Zerstörung von Untergrund und Anstrichstoff.
- Salze rufen osmotische Wirkungen hervor.

● Seifen

Harzsäuren und Fettsäuren lassen sich wie die übrigen Säuren mit Laugen zu Salzen neutralisieren, die man als Seifen bezeichnet.
Es gibt wasserlösliche und wasserunlösliche Seifen.

Anwendung:

- Beim Entfernen ölhaltiger Anstrichschichten durch Ablaugen mit alkalischen Abbeizmitteln erfolgt eine Umwandlung (Verseifung) des unlöslichen Ölbindemittels in wasserlösliche Seife.
- Aktive Pigmente verbinden sich mit der Öl- oder Harzsäure zu wetterfesten, wasserunlöslichen Metallseifen (Blei- und Zinkseifen).

● Ester

Herstellung: Ester entstehen durch Verbindung von Säuren mit Alkoholen unter Wasserabspaltung.

Verwendung als

- *Bindemittel:*
  - Öle als Fettsäure-Glycerin-Ester,
  - Acrylharze sind Acrylsäure-Ester,
  - Alkydharze sind Pthalsäure-Ester,
  - Polyester.
- *Lösemittel:*
  - Äthylacetat, Butylacetat, Vinylacetat.

Nachfolgend alphabetisch genannte Firmen im Fachbereich Farbtechnik und Raumgestaltung haben unsere Arbeit am vorliegenden Fachkundebuch durch die freundliche Zurverfügungstellung von Technischen Merkblättern, Informationen und Publikationen nachhaltig und wesentlich gestützt und gefördert:

Byk Labotron, Meßtechnik AG – Geretsried 2

Caparol, Deutsche Amphibolin-Werke von Robert Murjahn in Ober-Ramstadt

Ceresit GmbH in Unna

Glasurit GmbH in Münster-Hiltrup

Herberts Baufarben GmbH in München

Herbol GmbH in Köln

Sikkens GmbH in Hannover-Garbsen 1

Südwest, Lacke und Farben – Böhler Lackfabrik in Böhl-Iggelheim 2

Unitecta Oberflächenschutz GmbH in Bochum

Diesen renommierten Firmen sind wir zu großem Dank verpflichtet.

G. Springer
und Mitautoren

Sachwortverzeichnis